Riegersburg (63)
Greillenstein (65)
Breiteneich (64)
Rosenau (67)
Harmannsdorf (72)
Schönborn (58)
Ernstbrunn (59)
Weinberg (96)
Schwertberg (84)
Greinburg (82)
Persenbeug (78)
Artstetten (62)
Schönbühel (78)
Kleinwetzdorf (60)
Sierndorf (57)
Grafenegg (54)
Obersiebenbrunn (56)
Marchegg (48)
Schloßhof (43)
Eferding (97)
Linz (80)
Gutenbrunn (77)
Pottenbrunn (70)
Wien (18–37)
Eckartsau (44)
Hartheim (85)
Hohenbrunn (86)
eim (94)
Schallaburg (74)
Laxenburg (49)
Petronell (46)
Würting (98)
Mayerling (73)
Rohrau (45)
Steyr (89)
Ebreichsdorf (53)
Kittsee (42)
Halbturn (40)
Scharnstein (88)
Hernstein (52)
Eisenstadt (38)
Ort (90)
Brandhof (112)
Kobersdorf (41)
Trautenfels (114)
Schielleiten (105)
fgastein (144)
Murau (109)
Piber (113)
Graz (100–103)
Pöckstein (117)
Spittal a. d. Dr. (126)
Wolfsberg (118)
Seggau (106)
Ehrenhausen (104)
Hollenegg (110)
Biberstein (124)
Mageregg (129)
Tanzenberg (122)
Wernberg (121)
Klagenfurt (116)
Velden (125)

Von Schloß zu Schloß in Österreich

b

Gerhard Stenzel

Von Schloß zu Schloß

in Österreich

Mit Flugbildaufnahmen von Lothar Beckel

Verlag Kremayr & Scheriau · Wien

Die Bilder auf dem Schutzumschlag zeigen Schloß Riegersburg, Niederösterreich (Vorderseite), und den Gobelinsaal in der Residenz zu Salzburg (Rückseite). Das Bild gegenüber der Titelseite zeigt einen Ausschnitt aus Salomon Kleiners »Prospect gegen der Ao. 1735 neuerbauten Kayserlichen Reitschule«.

Die Flugaufnahmen von Dr. Lothar Beckel wurden vom BMfLV mit Zl. 4941/RAbt. B/76 freigegeben

Gesamtherstellung: Wiener Verlag, Wien
ISBN 3 218 00288 5

Inhalt

Worte zum Buch

Von den einst weit über 2000 Herrschaftssitzen auf dem Gebiet des heutigen Österreich steht nur noch ein Teil. Sie sind als Burg, Schloß oder Ansitz nicht immer deutlich voneinander abzugrenzen.

Die meisten Schlösser gehen auf mittelalterliche Wehranlagen zurück; sie wurden bereits in »Von Burg zu Burg in Österreich«, erschienen im selben Verlag, behandelt. Auf einige von ihnen muß auch in diesem Werk eingegangen werden.

Seine typischen Ausprägungen erhielt das Schloß nach 1500 als wehrhafter Wohn- und Verwaltungssitz des landständischen Klein- und Hochadels; nach 1683 als Repräsentationsanlage und Mittelpunkt höfischer Gesellschaftskultur; und nach 1790 als romantisch-historisierender Prestigebau und Statussymbol aufkommender Industriezeitalter.

Dieses Buch will dem Interessierten die Schlösser vor allem in ihren historischen Funktionen — als für die österreichischen Länder politisch, siedlungs- und kulturgeschichtlich prägende Zentren — nahebringen. Erst in zweiter Linie wird auf das Schloß als erhaltenswertes Kunstdenkmal verwiesen.

Aus Österreichs Schlösserzeit

Burg- und Wehrschlösser · 16. und 17. Jahrhundert

ZUR ZEITGESCHICHTE 16. und 17. Jh. stehen im Zeichen der Reformation und Gegenreformation, der Glaubens-, Bauern- und Türkenkriege.

Prälaten, Herren und Ritter, deren Untertanen zur Robot und zum Zehent verpflichtet sind, bestimmen als souveräne Grundherren die Politik der Länder und auch die des Landesfürsten. Der habsburgische Erzherzog oder römisch-deutsche Kaiser ist darauf angewiesen, sich von den in den Landtagen vereinigten landständischen Adligen die notwendigen Mittel zur Landes- und Reichsverteidigung bewilligen zu lassen. Übergriffe der Grundherren, erhöhte Robot- und Abgabenforderungen lösen Aufstände der Bauern aus.

Im 16. Jh. sieht sich das um eine zentrale Lenkung der Länder bemühte katholische Herrscherhaus einem fast geschlossen protestantischen Landadel gegenüber. In den beiden ersten Jahrzehnten des 17. Jh. führen die Gegensätze zur entscheidenden Konfrontation zwischen Landes-

ZUR SCHLOSSGESCHICHTE Im 16. Jh. verlassen Herren, Ritter und »edle Knechte« die unwohnlichen und längst überholten mittelalterlichen Wohnbauten auf den Bergen endgültig. Im Tal adaptieren sie Höfe und Meierhöfe zu »Freihöfen« und »Edelmannssitzen« oder errichten moderne feste Häuser, meist Gebäude mit vier regelmäßig um einen Hof gelagerten Trakten. Wassergraben und Zugbrücken, Ecktürme und Schießscharten machen sie gegen Übergriffe der Türken und des Landesfürsten verteidigungsfähig. Seit der Mitte des 15. Jh. nennt man solche Höfe immer häufiger »Gslos«.

Bleibt ein Herr, Ritter oder Edelmann in der Burg auf dem Berg oder im »Turm« — kleine Wehrsitze werden oft auch als »Gesäß« und »Burgstall« bezeichnet —, so modernisiert er seinen Besitz und läßt ihn gegen die neuen Feuerwaffen mit Bastionen und Basteien zu kleineren oder größeren »Vesten« ausbauen. Auch wo Palas, Wohntrakt und Nebengebäude einer Burg durch Umbau-

fürst und »Landschaft«. In der Schlacht am Weißen Berg bei Prag im November 1620 unterliegen die böhmischen Stände, ihr neugewählter König und der mit ihnen verbündete protestantische Adel Nieder- und Oberösterreichs dem in der katholischen Liga vereinten kaiserlichen Heer. Nach der Zerschlagung des Adelsaufstandes im Land unter und ob der Enns zwingt Kaiser Ferdinand II. in den Jahren 1628/29 auch den protestantischen Adel der Steiermark und Kärntens zur Emigration.

Nach dem Westfälischen Frieden lassen die europäischen Vorgänge — der Aufstieg der Monarchie zur Großmacht — die innerösterreichischen Geschehnisse in den Hintergrund treten.

ten zu einer regelmäßigen, geschlossenen Anlage unter einem einheitlichen Dach um einen Hof — womöglich mit Arkaden — gestaltet werden, entsteht ein »Gslos«. Fürsten, Grafen, vermögende Freiherrn, Ritter und Edelleute lassen sich jetzt Schlösser von italienischen Architekten errichten. Vorbild ist der Palazzo — sie haben ihn im Verlauf von Kavaliersreisen im Süden kennengelernt — mit Laubengängen, Loggien, Zinnenaufbauten, venezianischen Kaminen, reichem Bild- und Wappenschmuck sowie Inschriften. Für die Steiermark und auch Kärnten sind im 16. Jh. die Schlößchen der vermögenden Gewerken, in Tirol und Salzburg die »Ansitze« des Kleinadels typisch.

Zur Zeit der Glaubenskämpfe und in den Türkenkriegen

ZUR ZEITGESCHICHTE Maximilian I., 1508—1519, unternimmt erste Versuche, eine österreichische Zentralverwaltung einzuführen. 1515 schließt er in der Wiener Hofburg einen Freundschaftspakt mit den Fürsten Böhmens und Ungarns und sichert Habsburg durch eine »Doppelhochzeit« die Nachfolge in beiden Ländern.

Karl V., 1519—1556, der Enkel Maximilians, ist Erbe der österreichischen Länder, Burgunds, Spaniens samt Nebenländern und Kolonien. 1521 übergibt er seinem Bruder Ferdinand I. die Regentschaft über die österreichischen Erbländer.

1522 läßt Ferdinand I. in Wiener Neustadt ständische Adlige und Wiener Ratsherrn wegen Anmaßung landesfürstlicher Vorrechte hinrichten. 1525/26 erheben sich die Bauern Tirols und Salzburgs. Nach dem Tod des Ungarnkönigs Ludwig II. erwirbt der Regent durch die »Wiener Doppelhochzeit« die Krone Ungarns und Böhmens. Seine »Hofstaatsordnung« vom 1. Januar 1527 beendet formal den Ständestaat und begründet den habsburgischen Beamtenstaat.

Vom 21. September bis 15. Oktober 1529 wird Wien von den Türken belagert, 1539 erobert die Pforte Ofen. Mittelungarn kommt für eineinhalb Jahrhunderte unter osmanische Herrschaft.

In der Schlacht bei Mühlberg, 1547, schlägt Karl V. das Heer der deutschen Protestanten. Der »Augsburger Religionsfriede« von 1555 gewährt Religionsfreiheit nach dem Grundsatz: Wer das Land regiert, bestimmt die Religion. Als Karl V. 1556 abdankt, untersteht seinem Sohn Philipp die spanische, seinem Bruder Ferdinand die österreichische Linie des Hauses Habsburg.

Ferdinand I., 1556—1564, wird 1556 römisch-deutscher Kaiser. In seinem Wiener Testament teilt er die Regierung der Erbländer unter seine Söhne: Maximilian erhält die Kaiserkrone, Böhmen, Ungarn und Donauösterreich,

ZUR SCHLOSSGESCHICHTE Unter Kaiser Ferdinand I. wandelt sich in **Wien** die Alte Burg in die *Hofburg* neueren Stils, die *Stallburg* wird erbaut. Unter Maximilian II. entstehen die Rudolfsburg, die spätere *Amalienburg*, und das *Neugebäude*, ein Schloßbau ohne Beispiel. In der Herrengasse erbauen die Stände das *Landhaus.*

Im **Burgenland** werden *Deutschkreutz* in seiner ersten Gestalt und das neue Schloß *Kobersdorf* errichtet.

In **Niederösterreich** bauen um 1500 die Puchheimer *Göllersdorf*, die Harrach *Bruck a. d. Leitha* und *Rohrau* zu Schlössern aus. Die Stadtburg *Marchegg* wird erweitert. In *Ebreichsdorf* richtet sich Hieronymus Beck ein. Schon 1518 stattet Wilhelm von Zelking die Kapelle von *Sierning* mit dem Renaissancealtar und Halbreliefs aus; man baut an *Harmannsdorf*, *Breiteneich* bietet sich fast in der heutigen Gestalt dar; auch *Greillenstein*, das Schloß der Kuefstein, erhält nach 1560 seine Grundform. Die Grabner erweitern die *Rosenburg* und *Pottenbrunn.* Das benachbarte *Wasserburg* ist bereits 1515 Schloß geworden. In der Gutshofsiedlung *Rosenau* entsteht ein neuer Schloßbau, die Familie Streun läßt *Schwarzenau* aufführen. Gegen Ende des Jh. wird die Kuenringerburg *Weitra* zum Schloß des Wolf Rumpf. Protestantenschlösser besonderer Art sind die *Schallaburg* der Losensteiner, *Walpersdorf* und *Judenau* der Jörger. An der Donau lassen die Zelking in Dürnstein ein elegantes Gebäude errichten. Burg *Persenbeug* wird Großschloß.

Gegen Ende des 15. Jh. hatten in **Oberösterreich** die Brüder Prüschenk den ersten Bau der *Greinburg* aufführen lassen. Neben *Parz, Ennsegg, Puchheim* ist für diese Zeit vor allem *Aistersheim* zu nennen. Die Jörger bauen an *Tollet* und *Aschach*, östl. von Gmunden an *Scharnstein.* Unter den Tschernembl wird *Schwertberg* zum Protestantenschloß des Landes, Christoph Geumann errichtet

Ferdinand Tirol und die Vorlande, Karl Innerösterreich.
Maximilian II., 1564—1576, gestattet den protestantischen Ständen gegen Bewilligung einer außerordentlichen Türkensteuer freie Religionsausübung.
Rudolf II., 1576—1612, regiert in Prag. Unter ihm beginnt die zwangsweise Rekatholisierung. Karl II. von Innerösterreich setzt nach anfänglichen Zugeständnissen 1587 katholische »Reformationskommissionen« gegen den protestantischen Adel und dessen Untertanen ein. Er stirbt 1590. 1595 übernimmt sein Sohn Ferdinand die Regierung Innerösterreichs.
In Niederösterreich kommt es 1596/97 zu Bauernaufständen. Mit Unterstützung des ständischen Adels wird Erzherzog Matthias 1608 als Regent anerkannt. Er zwingt seinen Bruder Rudolf II. zum Verzicht. Im selben Jahr versammeln sich die protestantischen Stände in Horn und nötigen Matthias zu weitreichenden Zugeständnissen.
Unter Matthias, 1612—1619, löst der »Prager Fenstersturz«, 1618, den Dreißigjährigen Krieg aus.
Mit Ferdinand II., 1619—1637, dem Sohn Karls II. von Innerösterreich, fällt die Entscheidung im Machtkampf zwischen landständischem Adel und Landesfürsten. Am 11. Juni 1619 befreit in der Wiener Hofburg das Kürassier-Regiment Dampierre den von ständischen Adligen bedrängten Kaiser. Am 10. August verbinden sich die nieder- und oberösterreichischen Protestanten mit den böhmischen Ständen und wählen am 26. August Friedrich von der Pfalz zum König. Ferdinand wird für abgesetzt erklärt. Im Oktober plant Erasmus Tschernembl mit den bis in die Nähe Wiens und bis Preßburg vorgerückten böhmischen und ungarischen Truppen die Eroberung der Hauptstadt.
1620 verpfändet Ferdinand Oberösterreich an den Kurfürsten von Bayern. Adam von Herberstorff wird bayerischer Statthalter. Nach Verhandlungen mit Hans Ludwig Kuefstein als Vertreter des »Horner Bundes« huldigt Ferdinand II. ein Teil des protestantischen Adels. Die »Rebellen« werden geächtet. In Schloß Greillenstein planen kaiserliche und bayerische Heerführer den Feldzug gegen Böhmen. Am 8. November besiegen die in der katholischen »Liga« vereinten Truppen in der Schlacht am Weißen Berg bei Prag den »Winterkönig« und sein protestantisches Heer.

Walchen. Die Passauer Bischöfe haben *Ebelsberg* erbaut, als die Zelkinger *Weinberg* erweitern und Kaiser Rudolf II. das *Linzer Schloß* neu zu erbauen befiehlt. In der Stadt steht zu dieser Zeit bereits das *Landhaus* der Stände. Nach 1600 bezieht Jakob Aspan von Hag *Hartheim,* und Christoph Weiß beginnt *Würting* prachtvoll auszustatten.
In der **Steiermark** bestimmen der Ausbau der *Hofburg* und des *Schloßberges,* die Errichtung des *Landhauses* in Graz das Schloßbaugeschehen der Zeit. Der Bau des dell'Allio macht Schule bei Schlössern wie *Hollenegg, Spielberg, Goppelsbach, Thannhausen* u. a. Rupprecht von Eggenberg baut *Ehrenhausen* aus und läßt das Mausoleum erstellen. In der Obersteiermark haben die protestantischen Hofmann längst neben Strechau auch Neuhaus *(Trautenfels)* ausstatten lassen.
In Kärnten ist das Schloß des Gabriel Salamanca, das spätere *Porcia,* Schloßbau-Ereignis der Zeit. In Konkurrenz führen die Keutschacher *Tanzenberg* auf. Schon früh sind *Moosburg, Hallegg* und *Wasserleonburg* als Schlösser genannt. Das Schlößchen der Herren von *Kellerberg* entsteht nach der Jahrhundertmitte, ebenso *Mageregg.* Damals wurden die *Hollenburg* und *Biberstein* wohnhafter gestaltet. Mehr eine politische als eine bauliche Bedeutung hat die Errichtung des Klagenfurter *Landhauses* 1574/90.
In **Salzburg** läßt Erzbischof Wolf Dietrich die ersten Trakte der *Residenz* aufführen, nach 1600 für Salome Alt das spätere Schloß *Mirabell.* Im Gasteinertal baut der reiche Gewerke *Weitmoser,* nach 1525 müssen die Bauern auf Befehl der Erzbischöfe *Mittersill* wiedererrichten. 1613 befiehlt Markus Sittikus, die Anlagen von *Hellbrunn* aufzuführen.
In Tirol sind *Tratzberg* und *Ambras* die Schlösser der Epoche. Ansitze wie *Büchsenhausen, Münichau* und Schlößchen wie *Stumm* entstehen viele in diesem Jahrhundert. Die *Innsbrucker Hofburg* erhält 1553 die Hofkirche.
In **Vorarlberg** führt Martin Longo für Mark Sittich Schloß und Anlagen von *Hohenems* auf, die Raitenauer bauen Schloß *Hofen.*

Im Dreißigjährigen Krieg und zur Zeit des »Türkenpoldls«

ZUR ZEITGESCHICHTE 1626 erheben sich die oberösterreichischen Bauern unter Stefan Fadinger. 1628 endet die bayerische Besetzung des Landes, 1629 wird Adam Graf Herberstorff ermordet.
Ein Mandat Ferdinands II. von 1628 zwingt den pro-

ZUR SCHLOSSGESCHICHTE Die Kriegsumstände lassen in der *Hofburg* zu **Wien** nur den Leopoldinischen Trakt entstehen.
Im **Burgenland** erhält *Deutschkreutz* sein jetziges Aussehen, auch *Bernstein* wird Schloß, die Grafen Kéry

testantischen Adel Steiermarks und Kärntens zu emigrieren.
1630 wird Wallenstein entlassen. Auf Bitte des Kaisers verhandelt 1631 und 1632 Ulrich von Eggenberg in Znaim und Göllersdorf mit dem Friedländer und bewegt ihn, wieder in die Dienste Ferdinands zu treten. 1632 wird Wallenstein geächtet, zwei Jahre danach in Eger ermordet.
Unter Ferdinand III., 1637—1657, kommt es am 24. Oktober 1648 in Münster zum Abschluß des Westfälischen Friedens. 1652 läßt der Kaiser Reformationskommissionen aufstellen und Verzeichnisse nichtkatholischer Adeliger anlegen. 154 Herren aus 43 Geschlechtern bekennen sich in Niederösterreich noch zum Protestantismus, unter ihnen die Puchheim, Starhemberg, Auersperg u. a., ebenso 76 Ritter aus 29 Familien.
Unter Leopold I., 1658—1705, steht Österreich im Zweifrontenkrieg gegen die Türken und Frankreich. 1664 schlägt Montecuccoli den »Erbfeind« bei Mogersdorf, vom 14. Juli bis 12. September 1683 belagert Großwesir Kara Mustapha Wien. In Verfolgungsschlachten erobert Max Emanuel von Bayern Belgrad. Während Frankreich einen Angriffskrieg auf die Pfalz eröffnet, verbündet sich Leopold I. mit den protestantischen Seemächten England und Holland gegen Ludwig XIV.

erweitern *Kobersdorf*. Im Auftrag der Fürsten Esterházy erbaut C. M. Carlone in *Eisenstadt* über der Wasserburg das frühbarocke Großschloß.
In **Niederösterreich** ist neben *Marchegg*, *Walpersdorf* und *Niederwallsee* vor allem *Petronell*, ein Werk der Carlone, zu nennen. Nach 1660 läßt der Windhager die *Rosenburg* dreizehntürmig ausbauen. Unter Graf Sinzendorf wird *Ernstbrunn* Wohnschloß.
In **Oberösterreich** erhält die *Greinburg* unter dem Grafen Meggau an drei Seiten Laubengänge, auf dem Hügel nächst St. Florian wächst die *Tillysburg*, und Propst Födermayr hat sich von Jakob Prandtauer *Hohenbrunn* bauen lassen.
In der **Steiermark** beginnt Ulrich von *Eggenberg* mit dem Schloßbau, nach 1650 wird *Seggau* geschlossene Anlage. *Herberstein* erhält seinen »Florentiner Hof«. Schon zwanzig Jahre vorher entsteht über dem Burgschloß der Anna Neumann das neue Schloß *Obermurau*. In der Obersteiermark gibt Friedrich Graf Trauttmansdorff *Trautenfels* Aussehen und Namen.
In **Kärnten** baut man für Christoph Graf Lodron in *Gmünd* das neue Schloß.
In **Salzburg** wird während des großen Krieges nur an der *Hohensalzburg* gebaut, *Mirabell* erhält eine neue Gartenanlage.

Residenzen, Barock- und Prunkschlösser · 17. und 18. Jahrhundert

ZUR ZEITGESCHICHTE Die Güter der Rebellen von 1619/1620 und der Emigranten von 1628/29 fallen an kaiser- und glaubenstreue Adlige, vielfach auch an Angehörige von aus allen Teilen Europas zugewanderten Adelsfamilien. Durch kaiserliche Huld Begnadigte erhalten ihre Besitzungen wieder oder kaufen sie zurück.
Unter dem Prinzen Eugen von Savoyen erlebt Österreich zwischen 1683 und 1730 sein Heldenzeitalter. Im Zweifrontenkrieg der Monarchie gegen die Türken im Osten und Frankreich im Westen stellt sich ein Teil des europäischen Hochadels in den Dienst des Hauses Habsburg. Die protestantischen Seemächte England und Holland werden Österreichs Bündnispartner.
Die Reichsreformen Maria Theresias und Josephs II. führen jetzt zu der vom Herrscherhaus langerstrebten zentralen Verwaltung der Länder. Der sich allmählich formierende absolutistische Beamtenstaat schwächt die Machtposition der alten föderalistischen Landstände und die bereits überholte Grundherrschaftsordnung der Länder. Die Landtage verlieren an Bedeutung, unter Jo-

ZUR SCHLOSSGESCHICHTE Nach der Befreiung Wiens und Österreichs, Ungarns, und der Karpatenländer von jahrhundertelanger Bedrohung und türkischer Vorherrschaft, 1683/1718, verändert sich der Schloßbau von Grund auf. Schon im frühen 17. Jh. sieht man das Schloß nicht mehr nur als Nachfolgebau der alten Burg. Der Adel nützt die Errichtung von Wohn- und Verwaltungssitzen immer häufiger zu Repräsentation und Selbstverherrlichung. »Das Geld ist nur, schene Monumenten zu hinterlassen zue ebiger und unsterblicher Gedechtnuß«, meint Fürst Karl Eusebius Liechtenstein 1679 in seinem »Werk von der Architektur«.
Als nach 1626 in Österreich erste Darstellungen der Residenz und des Parks von Versailles bekannt geworden waren, die sich Ludwig XIV. an der Stelle eines Jagdschlosses nächst Paris hatte errichten lassen, werden der französische Park und das dazugehörende Schloß europäische Vorbilder.
Aus einer Synthese italienischer und französischer Architektur-Elemente entsteht in Österreich die neue Schloß-

seph II. sind sie zeitweise aufgehoben. Kaiserliche Patente sichern jetzt das Erbrecht der bäuerlichen Untertanen, Bauernland darf nicht mehr Herrenland werden, die Robot wird eingeschränkt, unter Joseph II. weitgehend aufgehoben. Seit 1774 ist es auch privilegierten Großhändlern und Industriellen möglich, die früher nur dem Adel vorbehaltene Landstandschaft zu erwerben, seit 1785 auch besitzlosen Bürgern. Aus der allmächtigen Organisation der adligen Grundherrn ist eine Notablenversammlung geworden.

baukunst. Johann Bernhard Fischer aus Graz, Lukas Hildebrandt, Sohn eines österreichischen Bauingenieurs und einer Genueserin, und der St. Pöltener Bauernsohn Jakob Prandtauer begründen den Stil der neuen Residenzen, der weltlichen Schlösser und der geistlichen, der Stifte. Dieser österreichische Stil des Barock entwickelt sich zwischen 1690 und 1740. In rokokohafter und klassizistischer Variante errichtete man Barockschlösser noch bis ins 19. Jh. Seit Ende des 17. Jh. entstehen in Wien, Graz und Innsbruck Stadtpalais und Lustgärten, die kleinen Residenzen des Hof- und Hochadels.

In der Prinz-Eugen-Zeit

ZUR ZEITGESCHICHTE Der Sieg des Prinzen Eugen bei Zenta, September 1697, und der Friede von Karlowitz, 1699, befreien Ungarn von der Türkenherrschaft. Österreich erwirbt neben Siebenbürgen (seit 1691) Kroatien und Slawonien (ohne Banat).

1700 stirbt der letzte spanische Habsburger, Karl II., nachdem er, von Ludwig XIV. bedrängt, die spanische Krone Philipp von Anjou, einem Enkel des Sonnenkönigs, testamentarisch zugesprochen hatte. Im Kampf um das spanische Erbe stehen die Kurfürsten von Bayern und Köln sowie Franz II. Rákóczi an der Seite Frankreichs. Mit ihrer Unterstützung besetzt Ludwig XIV. 1701 Spanien, Belgien, Mailand, später auch Süddeutschland.

Brandenburg stellt sich an die Seite Österreichs und erhält dafür die preußische Königskrone. Im September 1701 verbünden sich England und Holland mit Österreich.

In einem kühnen Unternehmen überschreitet Prinz Eugen im Mai 1701 mit seinem Heer bei Rovereto die hier für unpassierbar gehaltenen Alpen und dringt in Italien ein. Am 12. September 1703 überträgt Leopold I. in der kaiserlichen Favorita in Wien vor versammelten Geheim- und Konferenzräten seinem Sohn Karl die gesamte spanische Monarchie mit Nebenländern und Kolonien. 1706 wird der Erzherzog in Madrid als Karl III. zum König von Spanien gewählt. Während des Spanischen Erbfolgekrieges, 1701—1714, besiegt Prinz Eugen mit dem englischen Herzog von Malborough am 13. August 1704 die Franzosen und ihre Verbündeten bei Höchstädt (Blenheim) und unterwirft Süddeutschland. Eugens Sieg bei Turin am 7. September 1706 vertreibt die Franzosen aus Italien.

Unter Joseph I., 1705—1711, erficht Eugen weitere Siege bei Oudenaarde und Malplaquet (Juli 1708 und September 1709). Frankreich verliert seine Stellung in Belgien.

Dem im 33. Lebensjahr an Blattern verstorbenen Jo-

ZUR SCHLOSSGESCHICHTE Als kaiserlicher Hofarchitekt entwirft in **Wien** Johann Bernhard Fischer von Erlach für Leopold I. die Residenz *Schönbrunn* als ein »Über-Versailles«. Es bleibt beim Entwurf. Nach 1710 kommen neben Fischer von Erlach Lukas von Hildebrandt und Fischers Sohn Josef Emanuel zur Geltung. In der *Hofburg* entstehen Hofbibliothek, Hofstallungen, Reichskanzleitrakt und Winterreitschule. Das *Schwarzenberg-Palais* mit seinen Anlagen, an dessen Ausgestaltung die beiden Fischer und Lukas von Hildebrandt beteiligt sind, ist einer der bedeutendsten unter den in dieser Zeit entstehenden Adelspalästen in Wien. Sein Garten übertraf sogar den des *Belvedere,* zwischen 1714 und 1722 von Lukas von Hildebrandt für den Prinzen Eugen errichtet. Nach Plänen J. B. Fischers enstehen das Palais im *Augarten* und das Lustschloß *Neuwaldegg* für den Grafen Strattmann.

Im **Burgenland** ist *Halbturn,* 1610/11, von Lukas von Hildebrandt, zu nennen, *Kittsee* wird seit 1630 nach Wiener Vorbildern umgebaut.

In **Niederösterreich** läßt sich der Verteidiger Wiens, Ernst Rüdiger Graf Starhemberg, von J. B. Fischer Schloß und Anlagen *Niederweiden* nächst Engelhartstetten entwerfen, nach 1707 ist Lukas von Hildebrandt für die Harrach mit Plänen zu Schloß und Park von *Bruck a. d. Leitha* beschäftigt. Seit 1712 erbaut er für den Reichsvizekanzler Graf *Schönborn* das »Königreich« bei Göllersdorf, im Dienste des Prinzen Eugen seit 1725 das Millionenobjekt *Schloßhof* an der March, nach 1728 den Pavillon von *Obersiebenbrunn.* Fürst Kinsky läßt sich von dem jüngeren Fischer Schloß *Eckartsau* ausstatten, Entwürfe von ihm benützt auch Reichsgraf Friederich Siegmund Khevenhüller beim Bau des Schlosses *Riegersburg.* Prospekte und Pläne des älteren Fischer inspirieren die Grafen Kuefstein zur prächtigen Ausgestaltung von *Greillenstein.* Noch vor der Jahrhundertmitte entsteht *Heiligenkreuz-Guttenbrunn* in seiner Frühgestalt, sind

seph I. folgt nach acht Jahren glückloser Herrschaft in Spanien
Karl VI., 1711—1740. Die von ihm am 19. April 1713 verkündete »Pragmatische Sanktion« erklärt Österreich zum erstenmal als staatsrechtliche Einheit, legt dessen Unteilbarkeit fest und bestimmt im Falle des Aussterbens des habsburgischen Mannesstammes die Töchter Karls VI. zur Erbfolge.

Mit dem Frieden von Rastatt im März 1714 endet der spanische Erbfolgekrieg. Die Monarchia Austriaca erhält die Lombardei, Neapel und Sardinien (dafür später Sizilien und Belgien), doch verzichtet Karl VI. auf das spanische Hauptland und die Kolonien.

1714 kommt es zu einer neuerlichen Auseinandersetzung Österreichs mit der Pforte. Prinz Eugen besiegt die Türken in den Schlachten von Peterwardein und Belgrad, 1716 und 1717. Nach den Friedensverhandlungen von Passarowitz fällt Österreich das Banat, Nordserbien und die Westwalachei zu.

Durch Kolonisation in den Karpatenländern und Ansiedlung von Bauern, durch Landerschließungen im Vorfeld der Reichshauptstadt ist Prinz Eugen bestrebt, das nun zur Großmacht gewordene Österreich mit seinen Schlüsselpositionen in Deutschland, Italien und in den Donauländern gegen Bedrohungen aus dem Südosten abzusichern. Kuruzzeneinfälle in den Jahren 1703 bis 1711 verwüsten Teile der Steiermark, des Burgenlandes und bedrohen auch Wien.

Mit der 1719 ins Leben gerufenen »Handelskompagnie von Ostende« versucht Österreich, sich in den Überseehandel einzuschalten. Bündnisse mit Rußland und Preußen von 1726 festigen die Stellung der Monarchie.

1736 stirbt Prinz Eugen. In einem neuerlichen Türkenkrieg 1737/39 verliert Österreich im Frieden von Belgrad außer dem Banat alle Erwerbungen von 1718.

Von der Weide in Maria Enzersdorf, *Seefeld, Gobelsburg, Ladendorf* und auch *Stetteldorf* mit seinem Portal zu nennen.

Schon im zu Ende gehenden 17. Jh. wird in **Oberösterreich** am Schloß *Aurolzmünster* gearbeitet, um 1710 verleiht Barthelmä Khevenhüller dem Seeschloß *Kammer* sein jetziges Aussehen, nach 1727 baut der Linzer Johann Michael Prunner für die Grafen Lamberg Schloß *Steyr*. Um Kaiser Karl VI. bei sich empfangen zu können, läßt Johann Albert Graf von Saint Julien *Neu-Wartenburg*, das Schloß an der Vöckla, errichten.

Für die **Steiermark** ist in diesem Zeitraum *Piber*, das Schloß der Lambacher Bischöfe, anzuführen, als einfacher Landsitz *Külml*, als Prachtbau das Schloß des Feldmarschalls und Grafen Heister in *Kirchberg an der Raab*. Noch 1732 beginnt Graf Wurmbrand nach Wiener Vorbildern das Talschloß *Schielleiten* zu errichten, die Grafen Attems geben das Schloß *Gösting* in Auftrag.

Ein bescheidener Auftakt der Bauepoche ist in **Kärnten** *Griffen*, das Schloß der Grafen Grottenegg. Im neuen Schloß *Trabuschgen* arbeitet Josef Ferdinand Fromiller. Nach 1739 beginnt er das *Klagenfurter Landhaus* mit Wappen und der Darstellung der Erbhuldigung der Stände vor Karl VI. auszustatten. Inzwischen hat *Wasserleonburg* die Westfassade und die Kapelle erhalten.

In **Salzburg** heißt das Schloß des ersten Jahrzehnts im neuen Jahrhundert *Kleßheim*, nach 1700 von J. B. Fischer für Erzbischof Johann Ernst Graf Thun errichtet. Unter Anton Fürst Harrach entsteht zwischen 1721 und 1727 nach Plänen Hildebrandts das neue Schloß *Mirabell*. In diesen Jahren erhält die *Residenz* ihr heutiges Aussehen, 1736 läßt sich Erzbischof Leopold Anton Freiherr von Firmian *Leopoldskron* errichten.

Für **Tirol** ist der Bau des *Innsbrucker Landhauses* durch Georg Adam Gumpp anzuführen.

Unter Maria Theresia und Joseph II.

ZUR ZEITGESCHICHTE Maria Theresia, 1740—1780, Großherzogin von Toskana, Königin von Ungarn und Böhmen, seit 1745 Kaiser-Gemahlin Franz I. von Lothringen, 1745—1765.

Maria Theresias Regierungsantritt löst den Österreichischen Erbfolgekrieg aus — Preußen, Bayern, Sachsen, Frankreich und Spanien erheben Anspruch auf Teile der Monarchie —, der 1748 ohne wesentliche Verluste endet. In zwei »Schlesischen Kriegen«, 1740/42 und 1744/45, gegen Friedrich II. von Preußen geht Schlesien verloren. Reformen unter Graf Haugwitz 1748/49 stärken die Krongewalt. Die in Kreisämter und Gubernien unterteilten Länder erhalten eine einheitliche Beamtenverwaltung.

ZUR SCHLOSSGESCHICHTE Im mariatheresianischen **Wien** entsteht *Schönbrunn* in neuer Gestalt, es erhält das Blumenparterre, Tiergarten und Gloriette, das Schloßtheater und seine prächtige Ausstattung. Auch *Hetzendorf* wird »schönbrunnisiert«. 1775 macht Joseph II. den *Augarten* allgemein zugänglich und erbaut sich das »Joseph-Stöckl«. 1775 bezieht auch *Laudon* sein Schloß in Hadersdorf.

Im **Burgenland** wird das Esterházyschloß in *Eisenstadt* mit einem französischen Park ausgestattet, und Maria Theresia läßt *Halbturn* mit dem Maulpertsch-Gemälde schmücken.

In **Niederösterreich** kauft sich die Regentin in *Laxenburg*

Dem Bündnis zwischen Preußen und England, 1756, begegnet Maria Theresias Außenminister Graf Kaunitz durch ein Angriffsbündnis mit Frankreich, 1756/57. Im Siebenjährigen Krieg nimmt Maria Theresia gegen das eingekreiste Preußen den Kampf um die Wiedergewinnung Schlesiens auf. Graf Daun schlägt den Preußenkönig am 18. Juni 1757 bei Kolin und im Oktober 1758 bei Hochkirch, im August 1759 besiegt Laudon ihn bei Kunersdorf, im Juni 1760 bei Landshut.

Auch die Reformen der Jahre 1760/65 stärken die österreichische Zentralverwaltung. Die Rechte der Grundherrn werden weiter eingeschränkt, der Volksschulunterricht wird eingeführt.

Nach dem unerwarteten Tod Franz I. von Lothringen wird Joseph II., 1765—1790 bis zum Ableben Maria Theresias, 1780, Mitregent.

Nach der ersten Teilung Polens, 1780, erhält Österreich Galizien und Lodomerien. Ein gegen den Willen der Mutter unternommener Versuch Josephs, Bayern zu erwerben, scheitert. Im Frieden von Teschen, 1779, kommt das Innviertel an Österreich. Auch der Plan, Belgien gegen Bayern einzutauschen, mißlingt 1785.

In den Jahren seiner Alleinregierung seit 1780 versucht Joseph II. durch überstürzte Reformen den angestrebten Einheitsstaat zu begründen. Adelsstände und Kirche werden der kaiserlichen Zentralregierung unterstellt. Das Toleranzpatent gewährt den Konfessionen Gleichberechtigung, die Bauernbefreiung beseitigt das alte Untertanenverhältnis. Klosteraufhebungen, die Einführung der deutschen Sprache als Universalsprache, Kolonisation und Reglementierungen auch im Privatbereich des Bürgers lassen in Belgien, Ungarn und Österreich Gegenbewegungen und Opposition entstehen.

Mit der Eroberung Belgrads durch Laudon, 1789, wird die Türkengefahr ein für allemal gebannt.

an, der Blaue Hof wird Schloß, der barocke Park entsteht, neben dem Joseph II. den englischen Garten anlegen läßt. Auch *Schloßhof* und *Niederweiden* werden aufgestockt und verändert. Graf Schallenberg baut im Waldviertel *Rosenau* aus und richtet im Schloß die Freimaurerloge ein. Der von der Kaiserin begünstigte Weihbischof Dr. Marxer erwirbt *Heiligenkreuz-Guttenbrunn,* läßt das Schloß umbauen und die Wallfahrtskirche errichten. *Mannersdorf* bekommt seine schöne Fassade und die Ausstattung. In der ersten Jahrhunderthälfte entsteht *Fridau,* das Schloß der Grechtler in Obergrafendorf, *Kirchstetten,* der Fischer-von-Erlach-Bau, erhält das große Maulpertsch-Gemälde. *Harmannsdorf* wird restauriert und mit französischem Park umgeben, in *Glaswein* entstehen die Fresken von J. F. Greipel. Nikolaus Graf Pálffy stattet *Marchegg* zu seinem Hochzeitsschloß aus, Fürst Prosper von Sinzendorf läßt *Ernstbrunn* zeitgemäß erweitern. Auch *Niederwallsee* wird ausgebaut.

Unter Adam Graf Starhemberg wird 1785 in **Oberösterreich** das neue *Eferdinger Schloß* gebaut. In *Zell an der Pram* barockisiert Cuvilliés das Schloß der Tattenbach-Rheinstein.

In der **Steiermark** wird in *Eggenburg* an letzten Ausstattungsdetails gearbeitet.

In **Kärnten** lassen die Grafen Goëß *Ebenthal* »theresianisieren«, einen französischen Park anlegen, und Franz Ferd. Fromiller stattet Räume aus. Nach 1776 entsteht das frühklassizistische *Pöckstein* des Bischofs Graf Auersperg. *Hollenegg* erhält seine Kirche, auch in *Biberstein* wird gebaut.

1754 liegen in **Tirol** erste Pläne des J. M. Gumpp für den Umbau der *Innsbrucker Hofburg* vor. Maria Theresia läßt der Residenz mit dem Riesensaal das heutige Aussehen geben.

Romantische Schlösser · 18. und 19. Jahrhundert

ZUR ZEITGESCHICHTE Die im Wiener Kongreß 1814/15 noch einmal bestätigte Vormachtstellung in Italien und in den Donauländern verliert Österreich bis 1867 wieder. Als österreichisch-ungarische Monarchie bietet es das Bild eines dualistisch regierten Vielvölkerstaates.

Die Reformen Josephs II., des »Volkskaisers«, hatten einen Teil des Adels seiner Besitzungen beraubt. Den Grundherren war wohl noch patrimoniale Gerichtsbarkeit belassen worden, doch stand sie unter der Aufsicht des Staates. Nach der Errichtung des österreichischen Kai-

ZUR SCHLOSSGESCHICHTE Um 1750 hatte sich Lord Horace Walpole bei Twickenham im englischen Middlesex ein neugotisches Landschloß errichten lassen. 1763 veröffentlichte dieser vierte Lord of Orford den ersten europäischen Ritterroman: The Castle of Otranto. Nach Goethes »Götz von Berlichingen«, 1772, und zur Zeit von Grillparzers »Ahnfrau«, 1816, wurde die Ritter-, Raubritter- und Schloßgeist-Szene in Deutschland und Österreich große Mode. Schon 1790 hatte David Anton Steiger auf Burg Seebenstein (→ Burgenbuch) nächst Wie-

sertums und dem Ende des römisch-deutschen Reiches, 1804 und 1806, hebt Franz II. (I.), der »Bürgerkaiser«, auch die bisher gültige und mit bestimmten Privilegien verknüpfte national differenzierte Adelstitulatur auf.

Die Grundentlastung von 1848 beendet jede Art von feudaler Grundherrschaft früherer Zeiten. Der Adlige ist jetzt Grund- und Großgrundbesitzer wie jeder Bürgerliche auch. Mit Kaufmann, Industriellem, Bankier oder Aktionär gehört er einer sozialen Schicht an. Oberbegriff ist für ihn nicht mehr Herrschaft, sondern Wirtschaft. Dient er nicht als Beamter oder Offizier, ist er als Adliger für den Staat funktionslos geworden. Nicht der Zusammenbruch der Monarchie im Jahre 1918, sondern das Revolutionsjahr 1848 enthob den österreichischen Adel seiner jahrtausendalten Rechte.

ner Neustadt die »Altritterliche Gesellschaft zum Nutzen und Vergnügen der Wildensteiner zur blauen Erde« begründet, nach 1798 entsteht unter Franz II. in Laxenburg der neogotische »Rittergau« mit Rittergruft, Turnierhof u. a. m. Ruinen, Burgen, Kapellen, indische und chinesische Tempel, orientalische Minaretts, ägyptische und antike Ruinen und Portale — »sprechende Architektur« — bilden das Zubehör der neogotischen oder klassizistischen Schloßbauten des 18./19. Jh.

Nach angelsächsischem Vorbild will sich der österreichische Schloßherr jetzt in einem von ihm künstlich geschaffenen Stück »Natur«, im englischen Garten, umgeben von Denkmälern großer, ahnenstolzer Vergangenheit als Angehöriger einer immer noch im Volk anerkannten Oberschicht bestätigt sehen. Auch der vor oder nach 1848 rasch zu Vermögen und Ansehen gelangte Würdenträger, Fabrikant oder Handelsmann sucht durch Aufführung solcher und ähnlicher modischer Schloßbauten das fehlende oder allzu niedere Adelsprädikat zu kompensieren.

Unter Kaiser Franz im Biedermeier

ZUR ZEITGESCHICHTE Leopold II., 1790—1792, sieht sich gezwungen, einen Teil der Reformen seines Bruders Joseph wieder zurückzunehmen.

Franz II., 1792—1835, seit 1804 als Kaiser von Österreich Franz I.

Revolutions- und Koalitionskriege, in denen Österreich mit Preußen, Rußland und England bzw. mit England und Rußland gegen Frankreich verbündet ist, bestimmen die Jahre bis nach 1801. Nach der Krönung Napoleons zum Kaiser im Frühjahr 1804 erklärt Franz II. am 11. August Österreich zum Kaisertum, nach Gründung des Rheinbundes im Juli 1806 legt er die römisch-deutsche Kaiserkrone nieder. Die Schlacht bei Aspern, 21./22. Mai 1809, der Staatsbankrott von 1811, die Völkerschlacht bei Leipzig, 1813, sind die tragenden Ereignisse der Napoleonära, während der der Franzosenkaiser zeitweise in Schönbrunn residiert und Marie Luise, die Tochter des österreichischen Kaisers, ehelicht.

Im Wiener Kongreß vom September 1814 bis Juli 1815 gewinnt Österreich die Weltstellung zurück. Die »Heilige Allianz«, 1815, verbündet es mit Rußland und Preußen. Die Zeit bis 1848, auch »Biedermeier« und »Vormärz« genannt, wird durch den vom Kaiserhaus vorgelebten bürgerlichen Konservativismus sowie durch eine biedermeierlich-romantische Grundhaltung bestimmt. Die auf das europäische Gleichgewicht bedachte Restaurationspolitik des Fürsten Metternich bekämpft Liberalismus, Nationalismus und Demokratie.

ZUR SCHLOSSGESCHICHTE Im heutigen **Wien** wird die neue Zeit noch im Schlösserbauen durch das bald nach der Jahrhundertwende entstandene, einst mit minarettartigem Turm versehene *Geymüllerschlößchen,* verkörpert. *Schönbrunn* muß sich klassizistische Veränderungen gefallen lassen, das *Landhaus* wird ebenfalls klassizistisch ummantelt.

Im **Burgenland** lassen die Esterházy *Eisenstadt* entbarockisieren, den französischen in einen englischen Garten umwandeln, und im Schloß wird ein ägyptischer Porticus eingebaut.

In **Niederösterreich** wirkt Kaiser Franzens *Laxenburg* mit »Gartenhaus als gotischer Burg«, mit »Tempel der Eintracht« u. a. stilbildend. Graf Breuner, einer der vermögendsten niederösterreichischen Grundbesitzer, beauftragt Gottfried Semper, das Renaissanceschloß *Grafenegg* im Strawberry-Hill-Stil umzubauen. Bei Bruck a. d. Leitha baut Josef Kornhäusel *Trautmannsdorf, Schönbühel* erhält die letzte Fassung.

In **Oberösterreich** bieten Schlösser wie *Ottensheim* an der Donau und *Tannbach* im Mühlviertel Anschauungsunterricht in modernem Zeitgeschmack.

In der **Steiermark** — Graz mußte sich inzwischen die Schleifung der alten Anlagen auf dem Schloßberg gefallen lassen — entwirft der Romantiker Schnorr von Carolsfeld für Erzherzog Johann den *Brandhof.* Vorsichtig dagegen restaurieren die Liechtenstein *Hollenegg.*

In **Kärnten** verwandelt sich die Jahrtausendburg der

Unter Ferdinand I., dem Gütigen, 1835—1848, wird 1836 eine Staatskonferenz als Ersatzregierung eingerichtet. Am 13. März 1848 bricht in Wien die Revolution aus, am 2. Dezember besteigt Franz Joseph I., 1848 bis 1916, den Thron.

Bamberger Bischöfe in *Wolfsberg* unter Hugo Henckel von Donnersbach in eine Kopie des Schlosses Windsor.
In **Salzburg** restauriert Peter Nobile nach dem Brand von 1818 Schloß *Mirabell* klassizistisch. Graf Arco-Stepperg läßt die wuchtige Sommerresidenz der Salzburger Erzbischöfe in *Anif* in ein fragiles Werk der »eleganten Romantik« nach englischem Vorbild verwandeln. Ohne viel Umstände wird *Hüttenstein* nächst St. Gilgen »gotisiert«.

Nach 1848

ZUR ZEITGESCHICHTE Unter Franz Joseph I. wird Wien moderne Großstadt, die Monarchie erhält ihr Eisenbahnnetz, das industrielle Zeitalter beginnt.
Nach Aufhebung der Märzverfassung, 1851, regiert der Monarch absolutistisch. 1861 tritt die »Februarverfassung« in Kraft, 1907 wird das allgemeine Wahlrecht eingeführt. In dem von Nationalitätenkämpfen beherrschten Parlament stellen die Sozialdemokraten 87, Christlichsoziale und Konservative 96, sonstige Parteien 90 Abgeordnete.
Außenpolitisch ist Österreich 1853/56 am Krimkrieg beteiligt und verliert nach Niederlagen 1859 die Lombardei. Im Zuge der Tragödie von Königgrätz, 1866, und dem Austritt aus dem Deutschen Bund (dem es seit 1814 angehörte), muß es Venetien abtreten.
Der »Ausgleich« des Jahres 1867 führt zur Begründung der »österreichisch-ungarischen Monarchie«. Dem »Zweibund« zwischen Österreich und dem Deutschen Reich, 1879, schließen sich 1882 Italien, 1883 Rumänien an.
Die Annexion Bosniens, 1908, die Ermordung des österreichischen Thronfolgerpaares in Sarajewo, Juli 1914, lösen den Ersten Weltkrieg aus. 1916 stirbt Franz Joseph I. in Schönbrunn.
Unter Karl I., 1916—1918, endet der Krieg. Die Monarchie zerfällt in Nationalstaaten, Österreich wird Republik.
Am 11. November 1918 unterzeichnet Karl in Schönbrunn die Verzichtserklärung. Über Eckartsau reist er mit seiner Familie ins Schweizer Exil.

ZUR SCHLOSSGESCHICHTE Nach der für den Schloßbau letzten großen Wende sind in **Wien** der nach alten Fischer-Plänen aufgeführte Michaelertrakt der *Hofburg* und die bis 1913 entstandene Neue Hofburg, der Südostflügel des geplanten »Kaiserforums«, beispielhaft. Die *Hermesvilla* und das *Wilhelminenschloß* stellen sich als Endprodukte der Epoche dar.
Im **Burgenland** sind *Rotenturm* oder die neogotische Schloßkapelle von *Kohfidisch* zu erwähnen.
In **Niederösterreich** entsteht die Kunstburg *Kreuzenstein*, der Armeelieferant Pargfrider errichtet in *Kleinwetzdorf* den skurrilen Heldenberg. Für Erzherzog Ludwig baut Hansen das Ringstraßen-Phantasieschloß *Hernstein*. *Eckartsau* wird neobarock ergänzt, *Artstetten* mit Familiengruft und Museumskirche versehen, *Harmannsdorf* aufgestockt. Aus dem Heiligenkreuzer Meierhof in *Mayerling* läßt sich der Thronfolger Rudolf sein Todesschloß errichten.
In **Oberösterreich** wird in *Bad Ischl* eine Biedermeier-Villa zu einer Kaiserschloß-Villa erweitert und umstilisiert. Auch auf Schloß *Cumberland* muß hier verwiesen werden.
In der **Steiermark** wird *Mürzsteg* errichtet, in Kärnten baut der Olivetanerorden das alte *Tanzenberg* neoromanisch, normannisch-sizilianisch um.
In **Tirol** fallen die Bischofsburgen *Weißenstein* und *Otter* der Neogotomanie zum Opfer.

Die schönsten Schlösser Österreichs

Ihr Schicksal in Bildern und Berichten

Hof der Habsburger und Residenz römisch-deutscher Kaiser

Hofburg · Wien

Die Hofburg mit ihren 18 Trakten, 19 Höfen und etwa 2600 Räumlichkeiten entstand zwischen dem 13. und dem 20. Jh.

LAGE *Wien 1.*
BESICHTIGUNG *Laut Anschlag.*

Unten: Reichsinsignien aus der Schatzkammer: Krone des Heiligen Römischen Reiches mit Stirnreif aus dem 10. und Bügel aus dem 11. Jh. sowie »Reichsapfel« aus der Zeit Heinrichs IV. (1191). Rechte Seite: Im Vordergrund Neue Hofburg und Heldenplatz. In der Mitte Alte Burg, rechts von ihr die Stallburg. Links oben: Ballhausplatz mit Amalienburg.

Am 27. April 1438 erschienen in der Alten Burg, dem jetzigen »Schweizertrakt«, Abgesandte der deutschen Kurfürsten vor Herzog Albrecht V. von Österreich, um ihn aufzufordern, die Wahl zum deutschen König anzunehmen. In einem Schreiben, das man ihm überreichte, bat Aeneas Silvius, der spätere Papst Pius II., den Habsburger, das schwere Amt auf sich zu nehmen, und erläuterte ihm die Gründe seiner Wahl zum Herrscher über die deutschen Länder. Seit diesem Jahr 1438 nannten sich die habsburgischen Herrscher vier Jahrhunderte lang, bis zur Auflösung des Heiligen Römischen Reiches 1806, römisch-deutsche Kaiser. — In einem ersten »Wiener Kongreß« vom 16. bis zum 28. Juli 1515 schloß in der alten Hofburg Kaiser Maximilian I. mit den Königen von Böhmen und Ungarn einen Friedens- und Freundschaftspakt, der in der Folge jene Donaumonarchie begründete, die im Jahre 1918 ihr Ende fand. Wie ihre antiken Vorbilder, trugen die habsburgischen Kaiser bei Zeremonien Krone, Zepter und Reichsapfel — Symbole der Weltherrschaft. Wirklich über ein Weltreich herrschte für kurze Zeit nur der spanische Habsburger Kaiser Karl V.

Oben: Ofen, 18. Jh. Rechte Seite: Prunksaal der Österreichischen Nationalbibliothek, 1723—1730 nach Plänen J. B. Fischers von Erlach errichtet, von dessen Sohn vollendet. Die Bücherregale enthalten u. a. die etwa 10 000 Lederbände der Bibliothek des Prinzen Eugen. Um die Marmorstatue Kaiser Karls VI. reihen sich Statuen römischdeutscher Kaiser. Auch die Fresken des Kuppelbaues von D. Gran, 1730 vollendet, vierzig Jahre später von F. A. Maulpertsch restauriert, verherrlichen den Bauherrn der ehemaligen k. k. Hofbibliothek, den letzten römischdeutschen Kaiser des Hauses Habsburg und Vater Maria Theresias.

Der Sitz der römisch-deutschen Kaiser ist ein getreues Abbild des Heiligen Römischen Reiches: ein wunderliches Stückwerk. Die heutige Hofburg bildete sich im Verlauf von sechs Jahrhunderten um drei Burgen: um die alte Burg des 13. Jh., den heutigen »Schweizertrakt«, um die Stallburg und um die Rudolfs- oder Amalienburg.

Die früheste Wehranlage im Bereich des »Schweizerhofes« hatte vier Türme; ihr Bauherr war der Böhmenkönig Ottokar II. Přemysl. Nach dessen Niederlage bei Dürnkrut, 1278, bezogen sie König Rudolf I. von Habsburg und sein Sohn Albrecht. 1462 belagerten in ihr die Wiener den einzigen in Rom gekrönten römisch-deutschen Kaiser, Friedrich III. Größter Bauherr dieser mittelalterlichen Hofburg wurde Kaiser Ferdinand I. im 16. Jh. Er ließ die einzelnen Trakte erweitern und östlich von ihr nach 1559 für seinen Sohn Maximilian eine zweite »Burg« errichten. Doch als Kaiser Maximilian II. baute sie der Habsburger sechs Jahre später zur »Stallburg« für die kaiserlichen Reit- und Gebrauchspferde um. Seit Mitte des 17. Jh. diente diese Stallburg Erzherzog Leopold Wilhelm als Kunstgalerie. Auch ein Renaissancebau, der 1575 für Erzherzog Rudolf jenseits des Turnierhofes vor der Alten Burg — dem heutigen Inneren Burghof — erbaut worden war, die Rudolfsburg, blieb unbenützt. Der spätere Kaiser Rudolf II. residierte im Prager Hradschin.

Als Teil der Stadtbefestigung blieb der Wiener Burgbereich immer räumlich beschränkt; während der Türkenbelagerung 1683 wurde er teilweise zerstört. Ein Franzose, der im 17. Jh. Wien besuchte, verglich die Kaiserresidenz mit irgendeinem Haus in der Pariser Rue des Lombardes. Spätere Pläne, die Wiener Hofburg von Grund auf neu zu errichten, blieben Pläne. Unter den Kaisern Leopold I. und Karl VI. begann sich die Kaiserresidenz allmählich zu einem schloßartigen Komplex zu entwickeln. Es entstand der Leopoldinische Trakt, in dem Maria Theresia und Joseph II. residierten, heute Sitz des österreichischen Bundespräsidenten. Ihm gegenüber errichtete Fischer von Erlach den Reichskanzleitrakt, bis 1916 Residenz Kaiser Franz Josephs I. Nach Plänen seines Vaters schuf Joseph Emanuel Fischer von Erlach zwischen 1722 und 1726 die Hofbibliothek, jetzt Nationalbibliothek. Der Stallburg gegenüber entstand die Winterreitschule, nunmehr der Saal der Spanischen Hofreitschule. Auch das Gebäude am Ballhausplatz, ehemals die Geheime Hofkanzlei und jetzt das Bundeskanzleramt, ist ein Bau des 18. Jh.

Nach 1806, als das Heilige Römische Reich zu bestehen aufgehört hatte und es neben dem französischen Kaisertum nur mehr einen »Kaiser von Österreich« gab, setzte man dem Türkenbefreier Prinz Eugen und dem Bezwinger Napoleons, Erzherzog Karl, auf dem »Äußeren Burgplatz« Denkmale. An der Stelle des alten Burgtheaters, dem Nationaltheater Josephs II., entstand nach Plänen Fischers von Erlach der prunkvoll aufwendige Michaelertrakt mit seinem Kuppelbau. 1881 legte man den Grundstein zu einem »Kaiserforum« an der neuen Ringstraße. 1913 war der südöstliche Flügel des Projektes fertiggestellt, der nordwestliche blieb unausgeführt.

Neben dem Großen Saal und dem Lesesaal der Nationalbibliothek, dem Kleinen und Großen Redoutensaal im Reitschulflügel und dem großen Saal der Reitschule sind noch einige Appartements um den Inneren Burghof z. T. öffentlich zugänglich, so jene des Reichskanzleitraktes, vorwiegend Rokoko-Prunkräume. Ein Teil der übrigen Hofburg-Räume steht musealen Zwecken zur Verfügung.

Maria Theresias Familienschloß

Schönbrunn · Wien

Die kaiserliche Schloßanlage, unter Leopold I., dem »Türkenpoldl«, und seinem Sohn Joseph I. zwischen 1695 und 1713 nach einem reduzierten Entwurf Johann Bernhard Fischers von Erlach errichtet, ließ Maria Theresia 1744 bis 1749 nach Plänen des Nikolaus Pacassi ausbauen, umgestalten, in den folgenden Jahrzehnten neu einrichten und mit der weitläufigen Parkanlage samt Tiergarten und Gloriette umgeben.

LAGE *Wien 13, Schönbrunner Straße.* BESICHTIGUNG *Täglich 9—12, 13—16 Uhr, sommersüber bis 17 Uhr.*

Unten: Südansicht des Schlosses mit Blumenparterre. Rechte Seite: Das berühmte Vieux-Laque-Zimmer mit den Gemälden Franz I. von Lothringen und der Infantin Ludovika mit Kindern.

Schönbrunn, so wie es ihr Großvater Leopold gewollt und Onkel Joseph hatte erbauen lassen, genügte der jungen Regentin nicht. Maria Theresia, um den Fortbestand ihres Hauses ebenso besorgt wie um die Erhaltung ihres Reiches, ließ den Bau aufstocken, zum Familienschloß erweitern und mit kostbarer Einrichtung ausstatten. Jedes ihrer sechzehn Kinder — »Man kann nicht genug davon haben, in diesem Punkt bin ich unersättlich« — samt Nachkommen sollte Wohnrecht in diesem Schlosse haben; unverheiratete in fünf, Ehepaare in zweimal fünf Räumen.
Nach dem Tode ihres Gemahls bezog die nun nur mehr in Trauergewändern erscheinende Witwe das Zimmer mit den goldbemalten schwarzen Tafeln aus Ostasien. Zum Bild ihres geliebten »Franzels« und dem ihrer Söhne Joseph und Leopold ließ sie hier auch ihr Lieblingsgemälde anbringen, für das sie dem überraschten Künstler, dem Wiener Anton von Maron, einst 500 Dukaten und einen Brillantring hatte überreichen lassen; zeigte es doch die Gemahlin ihres Sohnes Leopold mit dem langersehnten Thronfolger, dem nachmaligen Kaiser Franz II. (I.) und dessen Brüder, auch Karl, den Napoleonbezwinger. Als die Kaiserin in den späten Abendstunden des 14. Februar 1768 die Nachricht von der Geburt des ersten Habsburg-Lothringers erhalten hatte, war sie stehenden Fußes, im Hausmantel, in das der Wiener Hofburg angebaute alte Burgtheater geeilt und hatte dem Publikum mitten in der Vorstellung zugerufen: »Kinder, Kinder, der Poldl hat an Buam!«

Zum Nachfolger der habsburgischen römisch-deutschen Kaiser sah sich Napoleon I. auserkoren, als er 1805 Schönbrunn zu seiner Residenz machte und 1810 Maria Luise, die Tochter Kaiser Franz I., ehelichte.
Am 19. August 1830, »ein Viertel nach neun vormittags«, in Schönbrunn geboren und nach 68jähriger Regierung hier auch am 21. November 1916, »ein Viertel nach neun abends«, gestorben ist Kaiser Franz Joseph I.
In der ehemaligen Winterreitschule des Schlosses sind die Prunk- und Gebrauchswagen des Kaiserhauses aus der Zeit zwischen 1690 und 1918 aufgestellt. Inmitten der Krönungskarossen, Reise-, Jagd-, Kinder- und Leichenwagen ist der Imperialwagen Kaiser Karls VI. (unten) aus der ersten Hälfte des 18. Jahrhunderts das kostbarste Objekt der Schönbrunner Wagenburg. Er wurde von vier Schimmelpaaren gezogen.

Notizen auf einem Zettel, den man nach ihrem Tod im Gebetbuch der Herrscherin fand, geben eine Vorstellung vom Witwenleben Maria Theresias. »29 jahr, 6 monat, 6 täge ... macht also monat 335, wochen 1.540, täge 10.781, stunden 258.744«, rechnete sie sich aus, habe ihr »überaus glücklicher ehstand« gedauert. Nach dem Verlust des Gemahls sei allein Gott »ihrer Seele bräutigam ... der schiedmann ... der innerste Freund ... der richter ... vatter ... arzt ... tröster, ja ihr alles in allem«. Auch die Ordnung ihrer »ordinari täge« wird auf dem Zettel festgehalten: »halb 6 Uhr aufstehen, ankleyden, meßhören, geistliche lesung 2 stund, bis halb 8 Uhr — von halb 8 Uhr mit denen cabinetssecretären expediren bis 9 Uhr. — von 9 bis 12 Uhr ministre audienzen. — 12 Uhr kinderfrauen, andre sehen. — 1 Uhr taffel, bis 3 Uhr unterhaltung oder ruhen. — 3 Uhr lesung todten officium. — 4 bis 6 Uhr expediren, schreiben oder audienzen. — 6 Uhr rosenkrantz. von da bis 9 Uhr schreiben, conversiren, spaziren, stille amusemens lesung. — Sonntag audienz, abends Damen.«
Schon als 52jährige sieht sich Maria Theresia alt geworden: »... ich bin sehr fett ... die Füße, Brust, Augen gehen zugrunde ... mit dem Atmen, auch ebenen Fußes und sogar im Liegen geht es schwer ... Von sechzehn Kindern bleiben mir jetzt sechs im Haus: in ein paar Jahren nur drei ...« klagt sie ihrer Vertrauten.
Sorgen um die Kinder bestimmten das letzte Jahrzehnt dieser großen Frau, Sorgen vor allem um Maria Antoinette. Noch nicht fünfzehn Jahre alt,

hatte man die Infantin mit dem sechzehnjährigen Dauphin vermählt; kaum neunzehn, war sie Königin von Frankreich geworden. Zum Kummer der über alles besorgten Mutter war diese leichtlebige, leichtfertige und maßlos vergnügungssüchtige Tochter früh in Affären verwickelt. Noch nach sieben Jahren Leben an der Seite Ludwigs XVI. erhielt Maria Theresia Nachrichten aus Paris, die sie daran zweifeln lassen mußten, daß Maria Antoinette die Ehe mit dem König überhaupt jemals vollzogen hatte. Monat für Monat, ein volles Jahrzehnt hindurch, gingen von Schönbrunn und aus der Hofburg Geheimkuriere mit Ratschlägen, Mahnungen und Klagen nach Brüssel, der Hauptstadt der österreichischen Niederlande, und von da an den Pariser Gesandten, Graf Mercy, ab, der seiner Kaiserin in Wien auch letzte Intima aus der Umgebung der Tochter meldete.

Nicht geringere Sorge bereitete Joseph II., der Sohn. Schon als Mitregent hatte er sich von seiner Mutter sagen lassen müssen: »... wer soll Joseph zugetan sein? Denn weder vom Kaiser noch vom Mitregenten kommen diese bissigen, spöttischen, boshaften Züge, sondern vom Herzen Josephs ... Ihr seid eine Kokette des Geistes, Ihr jagt ihm urteilslos nach ...« Als der Kaiser 1778 gegen ihren Willen Truppen in Bayern einrücken ließ und daraufhin ein preußisches Heer in Böhmen einfiel, sah sich Maria Theresia der Verzweiflung nahe. Auch der Friede von Teschen konnte sie über diesen Sohn nicht trösten, dessen Charakterzüge ihr zum »Verhängnis unser aller und des Reiches Unglück« zu werden drohten.

Vier Monate vor ihrem Tod klagte sie Antoinette, die unterdessen wohl Mutter einer Tochter, nicht aber eines Thronfolgers geworden war: »Kein Anzeichen von Schwangerschaft: das macht mich untröstlich!« Und drei Wochen, bevor sie verschied, heißt es im letzten Brief nach Paris über den immer rastloseren, kränkelnden Sohn: »Das steigert sich alle Jahre und vermehrt meinen Kummer und meine Unruhe ... ich verliere alles, was ich liebe, einen nach dem andern.«

Obwohl ihre Kinder, besonders Joseph II., Schönbrunn nicht schätzten, blieben Einrichtung und Ausstattung des Schlosses Maria Theresias Leidenschaft. Um die mehr als 1400 Säle, Gemächer, Salons, Kabinette und sonstigen Räumlichkeiten nach eigenen Vorstellungen auszugestalten, hatte sie ein Darlehen von 300 000 Gulden aufgenommen. Man verdächtigte sie sogar, englische Hilfsgelder in Schönbrunn investiert zu haben. Noch als 55jährige beauftragte sie Johann Ferdinand von Hohenberg, den langgehegten Plan einer Umgestaltung des »Berges« auszuführen. 1775, fünfundzwanzig Jahre nach der »großen victoire« von Kolin, stand oberhalb des inzwischen mit 44 Marmorplastiken gesäumten Blumenparterres die »Gloriette«, ein Denkmal besonderer Art. Um von dessen oberer Plattform des öfteren Schloß, Stadt und Umgebung betrachten zu können, ließ sich Maria Theresia ihrer geschwollenen Beine und Schwerfälligkeit wegen in die Gloriette einen Aufzug für mehrere Personen einbauen.

Bild oben: Die »Gloriette«, für die man auch Architekturteile aus dem Neugebäude (→) verwendete.

Der Palast des »eigentlichen Kaisers«

Belvedere · Wien

Der obere Palast im Gartenpalais des Prinzen Eugen entstand im Zeichen einer seit dem Ende des 17. Jh. wiedererstarkten Monarchia Austriaca. In diesem reinen Repräsentations- und Schaugebäude, 1721—1724 nach Plänen des Lukas von Hildebrandt entstanden, waren die Arkaden der sala terrena, des großen Saales im Erdgeschoß, nach beiden Seiten hin offen.

LAGE *Wien 3, Prinz-Eugen-Straße 21.*
BESICHTIGUNG *Di—Sa 10—16, So 9—13 Uhr.*

Unten: Oberes Belvedere, Gartenseite. Rechte Seite: Südfassade mit Auffahrt vom Ehrenhof.

Man hat den »edlen Ritter« des unvergänglichen Prinz-Eugen-Liedes, den Reichsmarschall und außenpolitischen Berater Karls VI., der seine Briefe mit »Eugenio von Savoy« unterschrieb, neuerdings als »Condottiere der internationalen Politik« und »Söldner des Glücks« bezeichnet. Schon der Anblick seines Sommerpalastes, des Palais in der Wiener Himmelpfortgasse, der Überreste seiner Bauten und Anlagen in Schloßhof (→) und Obersiebenbrunn (→) lassen an einer solchen Beurteilung Zweifel aufkommen. Nähere Kenntnisse von den Unternehmungen des Politikers Eugen, von seinen Versuchen, das Karpatenbecken, Teile Kroatiens, Syrmiens und das Banat zu besiedeln, Aussprüche und Korrespondenz des mit Voltaire und Leibniz befreundeten Förderers der Wissenschaften und Künste widerlegen sie zur Gänze.
Es soll hier nicht erörtert werden, ob Eugens Worte, er habe Kaiser Leopold wie einem Vater, Joseph I. wie einem Bruder, Karl VI. aber wie einem Herrn gedient, authentisch sind. Tatsache ist, daß dieser Fürstensohn aus Savoyen, dessen Ahnentafel Angehörige von Geschlechtern auf fast allen

Seit Joseph II. stand das Obere Belvedere als kaiserliche Galerie in Verwendung. Nach 1890 wählte Thronfolger Franz Ferdinand das Gebäude zum Wohnsitz. Nach den beiden Weltkriegen richtete man es wieder als Museum ein.

Hier oben, im südöstlichen Teil seines Gartenpalais, finden sich Reste der Menagerie des Prinzen Eugen. Einige der Tiere ließen sich, wie man erzählte, nur von ihm selbst füttern.

In einem Nebengebäude von Schloß Belvedere verbrachte der große österreichische Komponist Anton Bruckner die letzten Monate seines Lebens. 1895 war ihm hier auf Fürsprache seiner Gönnerin, der Erzherzogin Valerie, vom Kaiser Franz Joseph eine Wohnung zugewiesen worden.

Oben rechts: Die Atlanten der sala terrena. Oben links: Durch das Südtor erreichen Wagen den Ehrenhof des Oberen Belvedere. Die letzte für die Republik Österreich bedeutende Auffahrt fand am 15. Mai 1955 anläßlich der Unterzeichnung des österreichischen Staatsvertrages statt.

Thronen Europas anführt, Urenkel einer Habsburgerin war, einer Tochter Philipps II. von Spanien, des Sohnes Kaiser Maximilians I. Tatsache ist auch, daß der des Deutschen kaum mächtige Savoyer an der Wende vom 17. zum 18. Jahrhundert den Grundstein für jene Monarchia Austriaca legte, die in ihrem Kern bis zum Jahre 1918 bestand. Die Feldzüge des »kleinen Abbé« aus Frankreich, der schon mit 29 Jahren Feldmarschall geworden war, seine Siege bei Zenta, Peterwardein und Belgrad befreiten Ungarn von jahrhundertelanger Türkenherrschaft und sicherten das christliche Mitteleuropa für alle Zeiten vor dem Zugriff des Halbmonds. Es braucht nicht betont zu werden, daß Eugens militärische Entscheidungen von Höchstädt, Oudenaarde, Malplaquet und Turin nicht nur das Ansehen Österreichs erhöhten, sondern vor allem seine Weltmachtstellung festigten.
Friedrich der Große hat Eugen in seinem Testament als den »Atlas« und »eigentlichen Kaiser« der österreichischen Monarchie bezeichnet, doch bekannte sich der Feldherr und Politiker Eugen sein Leben lang als seinen Herren und Kaisern in bedingungslosem Gehorsam ergebener Diener. »Ich bin gewohnt«, schreibt er im September 1707 an Schönborn, »ohne den geringsten Blick auf Personen, allemal dahin zu sehen, wie Ihro Kais. Majestät allerhöchster Dienst, Frommen und Nutzen auf ein oder andere Weise befördert und promoviert werde.«
Auch das erst seit 1752 so benannte »Obere Belvedere«, der von Eugen drei Jahre nach dem Passarowitzer Frieden in Auftrag gegebene Repräsentationsbau, ist als ein solcher »zum Frommen und Nutzen« seines Kaisers geleisteter Dienst anzusehen. Mit dem einem türkischen Großwesirszelt nachempfundenen Schaugebäude oberhalb Wiens setzte der Türkensieger sich und seinen Herren ein bleibendes Denkmal.

Der kaiserliche Natur- und Kunstpalast

Neugebäude · Wien

Ein Hauch aus den fernsten Fernen des Reiches, in dem die Sonne nicht unterging, erreichte Wien am 7. Mai 1552. Mit exotischen Pflanzen und Tieren, die die Wiener bisher nur vom Hörensagen kannten, mit Papageien, Affen, Dromedaren und einem riesigen Elefanten zog an diesem Tag Erzherzog Maximilian, der Schwiegersohn Karls V., in die Stadt ein.
Den späteren Kaiser Maximilian II. hinderten nur die drohende Türkengefahr und der Konfessionsstreit daran, ausschließlich seiner Sammlerleidenschaft zu leben. In aller Welt suchte man für ihn nach Raritäten, nach Ansichten antiker Architekturen, nach Statuen, Gemälden und Ausgrabungsobjekten. Der Franzose Carl Clusius, berühmtester Botaniker seiner Zeit, verwaltete die Schätze und führte auch die Kastanie, Tulpe und Kartoffel in Wien ein. In einem Tier- und Ziergarten, einem Park- und Lustschloßgelände, das Maximilian nahe Kaiserebersdorf »auf der Heide« errichten ließ, sollte den Wienern, vor allem aber den Gelehrten und Kunstverständigen, gezeigt werden, welche Schätze an Natur, Kultur und Kunst die Erde im 16. Jahrhundert zu bieten hatte.

Von der einst größten Renaissanceanlage diesseits der Alpen ist an der Nordseite des Parkgeländes um das Krematorium inmitten von Resten einer Gartenterrasse noch das Hauptgebäude mit drei Sälen erhalten.

LAGE *Wien 11, nächst dem Krematorium.*

BESICHTIGUNG *Keine.*

Unten: Kupferstich nach einer Zeichnung von Joseph Emanuel Fischer von Erlach. Über Reitrampen erreichte man die Terrassen, flache Dächer ermöglichten die Besichtigung von oben. Umgänge in Mauern, Säle, Nischen und Höhlungen dienten der Aufstellung von Kunstgegenständen.

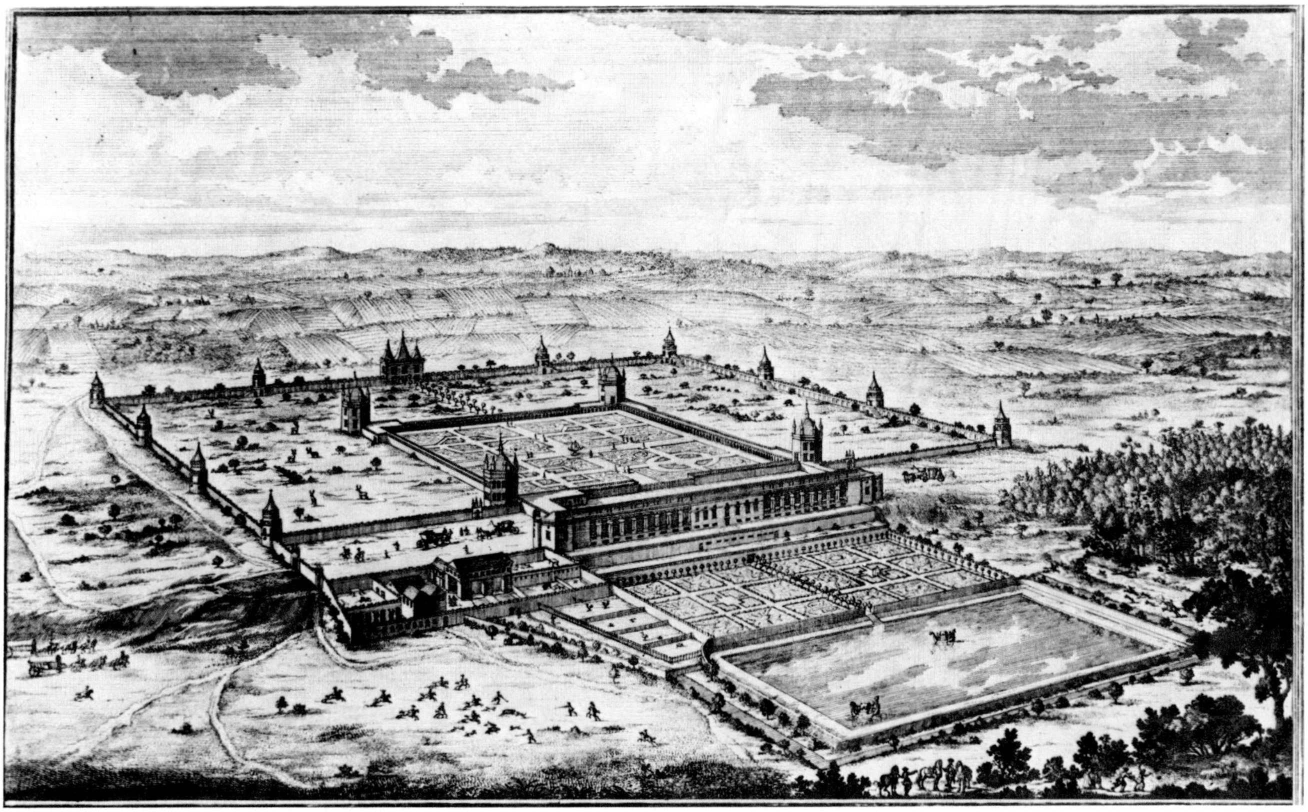

Die Hotel-Pension des Nachkommen

Schwarzenberg · Wien

Im Palast des regierenden Fürsten zu Schwarzenberg feierte die Wiener Aristokratie einst ihre Ballfeste. Der Park mit seinen Wasserkünsten übertraf den Belvedere-Garten.

LAGE *Wien 3, Rennweg 2.*
BESICHTIGUNG *Nur mit Bewilligung.*

Zwischen 1697 und 1728 von den Architekten Lukas von Hildebrandt, J. B. und J. E. Fischer von Erlach errichtet und ausgestattet, 1945 zerstört und mit Veränderungen wiederaufgebaut. Der Großteil der Fresken von D. Gran und die berühmte Bildergalerie blieben erhalten.
Unten: Die Gartenseite des Palais.

Rationelle und wirtschaftliche Nutzung ihrer land- und forstwirtschaftlichen Besitzungen ließ die Fürsten Schwarzenberg schon im vorindustriellen 18. Jahrhundert als fortschrittliche Grundherren erscheinen und zu immensem Vermögen gelangen. Mit viel Gespür für das wirtschaftlich »Machbare« kümmern sich auch die Nachkommen im 20. Jahrhundert um das reduzierte Erbe. Dr. Heinrich Schwarzenberg ließ den total zerstörten Wiener Besitz am Rennweg nach 1945 nicht als Denkmal, sondern als unternehmerisch geführten Betrieb wiederaufbauen. Auch (Erbprinz) Karl Schwarzenberg, der ihn heute verwaltet, sieht den »jahrhundertealten Komplex« als einen vor allem »nützlichen Teil der heutigen Welt«. Das restaurierte Parterre steht für Repräsentation, für Feste und Kongresse zur Verfügung. Ein 1962 im Haupttrakt eingerichtetes, 1966 erweitertes kleines Hotel der Luxusklasse ist auf ein »Höchstmaß an Rentabilität« angelegt. Längst sind auch die Seitenflügel des Gebäudes, ehemalige Wagenremisen, Sattelkammern, Orangerien usw., als Wohnungen und Büros adaptiert, im Trakt an der Prinz-Eugen-Straße amtiert die Schweizer Botschaft.

Lacys Lustgebäude, Park und Hameau

Neuwaldegg · Wien

»Ich bin sehr übel zufrieden«, hatte Maria Theresia ihren Marschall Lacy gescholten, als er nach einer Holzvisite auf seinem Neuwaldegger Besitz erkrankte und zur Ader gelassen werden mußte. »Verbiete Ihm morgen in die Kirche zu kommen, wohl aber, wenn Er dörfet oder will, abends in das Apartement; an Seiner Conversation liegt mir mehr, als an Seiner Aufwartung.« Auch sechs Jahre später, als der Hofkriegsratspräsident im Frühjahr 1773 darniederlag, erreichte ihn ein Schreiben der Kaiserin: »... ich bin wahrhaft aufgebracht gegen Euch. Um 8 Uhr schon bei der Arbeit sitzen, heißt, sich zugrunderichten wollen. Auf diese Weise tut Ihr nichts zur Erhaltung des Mannes, der dem Staate und seinem Fürsten so notwendig ist, des Freundes der Maria Theresia. An Seiner Erhaltung liegt mir mehr als an der Beförderung, den Lagern, den Einrichtungen für das Geniewesen ...« Doch mußte der Marschall im selben Jahr auf Anraten der Ärzte Urlaub nehmen und den Dienst quittieren.

Graf Lacy, Sohn eines russischen Feldmarschalls, stand seit seinem 18. Lebensjahr im österreichischen Militärdienst. Zu Beginn des Siebenjährigen

Das wenig bekannte Neuwaldegger Schloß war im 18. Jh. Mittelpunkt der großen Parkanlagen des Feldmarschalls Lacy, heute den Wienern als »Schwarzenbergpark« mit Lacygrab und Hameau geläufig.

LAGE *Wien 17, Neuwaldegg.*
BESICHTIGUNG *Keine.*

Das »Lust-Gebäu« des jungen Fischer von Erlach, 1692/97 errichtet, war zu Zeiten Maria Theresias beliebtes Ausflugsziel des Hofes. Vor seinem Tod trat Marschall Lacy den Besitz an die Fürsten Schwarzenberg ab.
Unten: Schloß Neuwaldegg, dient heute als Schulungsheim.

Krieges war er einer der jüngsten Oberste der Armee. Unter Daun Chef des Generalstabs und schließlich zum Inspekteur der gesamten Armee befördert, wurde er bald ihr Reorganisator. Über die Maßen ehrgeizig, opferte der Marschall, der sich in allem und jedem für den Besten und einzigen hielt, auch jede Freundschaft und scheute keine Intrige, als es galt, die Nachfolge Dauns als Hofkriegsratspräsident anzutreten. Die Konflikte konnten nicht ausbleiben; Lacys Maßnahmen stießen auf Widerstand. So modern sich seine besonders von Joseph II. geschätzte Neuorganisation und Verwaltung der Armee ausnahmen, sie erwiesen sich als zu kompliziert, waren mit zuviel Schreibarbeiten verbunden — für eine Truppe, die sich zum Großteil noch aus Analphabeten rekrutierte.

Der Liebling der gebildeten Wiener Adelsgesellschaft war auch passionierter Garten- und Blumenfreund. Unter Einbeziehung einer Hügelkette des Wienerwaldes schuf sich Lacy zu seinem Neuwaldegger Schloß eine Garten- und Parkanlage, die nicht ihresgleichen hatte und nach dem Park in Bruck an der Leitha als größter, vor allem am aufwendigsten angelegter englischer Park Österreichs galt. Zeitgenössische Berichte vermitteln eine Vorstellung von dem durch Wege, Stege, Teiche, Brücken, Tempel, Statuen und Grabmäler ausgestatteten Wald- und Wiesenbesitz, in dem der überarbeitete Marschall Erholung suchte, den er aber auch der Öffentlichkeit zugänglich machte. Eine Inschrift am Parkeingang ersuchte die Besucher um eine »Gegengefälligkeit«: Das, was in diesen Anlagen »dem Publikum einige Unterhaltung gewährt ... und zum Genusse aller gepflanzt ist«, sollten alle »vor mutwilligen Händen« schützen, auch sollten »die Rasenplätze unbetreten bleiben«. In der heute noch als »Hameau«, als »Dörfchen«, bezeichneten Gegend hatte sich Lacy ein Refugium eigener Art geschaffen: »Mehrere kleine Häuschen, die von außen wie Bauernhütten aussehen, aber im Innern hübsche Wohnungen darstellen, für Freunde, für Kammerdiener und Kammerzofen, für Küche, für Werkstätten und Ställe. Eine große Hütte auf der Spitze der Anhöhe mit einem hübschen anschließenden Apartement ... eine reizvolle Aussicht ... bis Strebersdorf und noch weiter ... auf der anderen Seite erblickt man am Fuß des Berges Neustift und Döbling, weiter rechts Sankt Stefan als dunkle Masse mitten in der Stadt ...« — so schildert der Präsident der Hofrechenkammer und Finanzberater Josephs II., Karl Graf von Zinzendorf und Pottendorf, die »Zurück-zur-Natur«-Siedlung des Marschalls. Über dem Eingang eines der Häuschen stand zu lesen:

Oh Gegend meiner Wahl! Oh Dörfchen voller Frieden!
Glücklich, wer in dir lebt, in Ruh und abgeschieden!

Joseph II., um das Sommerschloß und den für alle Wiener zugänglichen berühmten Park seines Erziehers Lacy besorgt, gestand dem Feldmarschall zu, daß ihm die Aussicht von seiner Schloßterrasse auf die Stadt Wien niemals verbaut werden dürfe. Das einstige Terrassenidyll mit seinen Vogelkäfigen, Blumenbeeten, Weinstöcken und Oleandern ist verschwunden, die Aussicht auf Wien blieb erhalten. Nach wie vor umsäumen amüsante Zwerggrotesken die Steinterrasse und die oberen Boskette, und unter der Sonnenuhr aus der Hameauzeit stehen noch immer die Worte: Nihil horas, nisi serenas — Zeig die heiter'n Stunden nur ...
Die Auffahrt zum Schloß schmückt heute eine Tafel mit der Aufschrift: »Fremden ist der Eintritt verboten!«

Oben: Zwergengruppe der Schloßterrasse.

Allen Menschen gewidmeter Erlustigungsort

Augarten · Wien

Brigittenau, Leopoldau, Spittelau, Freudenau, Praterau, Stadlau, Lobau — weite Auwälder umgaben das alte Wien, meist Jagdreservate des Adels. In der Au am »Tabor-Schüttel« hatte sich Kaiser Ferdinand III. einen Garten angelegt. Sein Sohn Leopold I. vergrößerte diese Alte Kayserliche Favorita mit Schloß und Park, doch zerstörten sie 1683 die Türken.
Joseph II. ließ in dem zum Teil noch sumpfigen und mückenverseuchten Gebiet durch die Praterauen zur Donau und zur Stadt hin breite Alleen schlagen. Mit einem Volksfest und Feuerwerk feierte Wien am 30. April 1775 die Eröffnung der Hof- und Adelsdomäne für jedermann. »Allen Menschen gewidmeter Erlustigungsort von Ihrem Schätzer«, steht seit diesem Tag über dem Eingangstor. Unweit vom Palais des Fischer von Erlach ließ sich der »Volkskaiser« ein Schlößchen erbauen. An Sommer- und schönen Winterabenden, während man im nahen Saalgebäude konzertierte, sah man ihn jetzt des öfteren inmitten der Bürger, Kavaliere, Handwerker und Minister. Zum Andenken an die Besuche des russischen Großfürsten und späteren Zaren Paul I. und Papst Pius VI. ließ er Gedenksteine setzen.
Einer Abordnung des Adels, die ihm wegen verschiedener Unzukömmlichkeiten nahelegte, den Augarten wieder zu schließen, damit man »unter seinesgleichen« sein könne, begegnete Joseph mit den Worten: »Dächte ich wie Sie, wollte ich nur unter meinesgleichen sein, bliebe mir kein Ort als die Kaisergruft bei den Kapuzinern!«

Der Augarten, die Alte Favorita, war gesellschaftlicher Treffpunkt der adligen beau monde de Vienne, bevor ihn Kaiser Joseph II. erschließen und allen Wienern zugänglich machen ließ.

LAGE *Wien 2, nächst der Augartenbrücke über den Donaukanal.*
BESICHTIGUNG *Der Zugang zum Garten ist frei.*

Im »Saalgebäude«, Anfang des 18. Jh. erbaut, in dem Mozart, Beethoven, aber auch Johann Strauß Vater, Richard Wagner und Franz Liszt Konzerte gaben, ist heute die Augarten-Porzellanmanufaktur untergebracht. Das Palais des Fischer von Erlach, 1698, beherbergt seit 1948 die Wiener Sängerknaben. Unweit davon steht das »Kaiser-Joseph-Stöckl«, das Joseph II. 1781 erbauen ließ und in dem er berühmte Gäste beherbergte.
Unten: Stich um 1780.

Des »guten Marschalls« Alterssitz

Laudon · Wien

Das spätbarocke Wasserschloß, 1775, später mehrfach umgebaut und jüngst mit stilechtem Mobiliar eingerichtet (Bild rechte Seite), diente bis 1976 als Hotel.

LAGE *Wien 14, Mauerbachstraße 43.*
BESICHTIGUNG *Nur mit Bewilligung.*

An den Marschall Maria Theresias erinnern außer dem weitläufigen Park vor allem das unweit des Schlosses an der Straße nach Mauerbach liegende »Laudongrab«, ein klassizistischer Sarkophag sowie die »Türkensteine«, Teile des Konstantinopeltores und eines Grabmals aus Belgrad.
Unten: Torbau und Hauptgebäude.

Als der 24jährige Leutnant Gideon Laudon Friedrich II. seine Dienste anbot, soll der Preußenkönig gemeint haben: »Seine Physiognomie ist mir zuwider!« Neunzehn Jahre später, am 12. August 1759, als General Maria Theresias, ritt derselbe Laudon im Siebenjährigen Krieg bei Kunersdorf gegen den Hohenzoller jene Attacke, die Preußens größte Niederlage einleitete. »Hierher, zu mir, mein Herr Feldmarschall! Ich sehe Sie lieber neben mir als mir gegenüber!« — mit diesen Worten hat angeblich Friedrich seinen Bezwinger während der Begegnung mit Joseph II. in Mährisch-Neustadt neben sich gebeten, als Laudon an der unteren Tafel Platz nehmen wollte.
Hofintrigen gegen den erfolgreichen Offizier hatten es mit sich gebracht, daß der bescheidene Laudon erst im 62. Lebensjahr Feldmarschall und im 73., nach der Eroberung von Belgrad, der populärste Feldherr seiner Zeit wurde. Maria Theresias »guter Marschall« lebte am liebsten auf seinem Besitz in Hadersdorf, von morgens bis spät als Landwirt unterwegs, des Abends beim Schachspiel sitzend.

Die Schönbrunner Dependance

Hetzendorf · Wien

Auf der Suche nach einem geeigneten Altersdomizil für ihre kränkelnde Mutter verfiel Maria Theresia auf den Thunhof in Hetzendorf, ein Schlößchen des Lukas von Hildebrandt. Sie ließ es von ihrem Architekten Pacassi erweitern und im Schönbrunner Stil ausstatten, mit Japanischem und Blauem Salon, Chinesischem Schlafzimmer und einer Spiegelgalerie. Auch mit seinem gelben Anstrich bot sich Hetzendorf als eine Art Schönbrunner Dependance dar.

Nach dem Tode der Kaiserin-Witwe vergnügten sich zunächst genesende oder soeben gegen Blattern geimpfte Kinder des Erzhauses im weitläufigen Park. Joseph II., der besonders die Herbsttage in Hetzendorf schätzte, ließ das Schloß auf 150 Räume erweitern. In seinem letzten Lebensjahr residierte er in Hetzendorf. Als ihm hier ein Rittmeister den Sieg von Martinesti über die Türken meldete, nahm er dem erschöpften Reiter den zerschlissenen Dreispitz vom Kopfe und vertauschte ihn mit dem seinen: »Ein solcher Hut paßt nicht für einen — Major!«

Auch Kaiser Franz II. gefiel das Schloß, und die Hetzendorfer erfreuten sich an seinen »Illuminationsfesten«. Die fünfjährige Maria Ludovica, für die der Kaiser einen kleinen Tiergarten im Park anlegen ließ, wurde als 21jährige seine dritte Gemahlin. Schloß Hetzendorf bewohnte auch Thronfolger Karl mit Familie, bevor er 1916 nach Schönbrunn übersiedelte.

Im ehemaligen Habsburgerschloß, einem um 1712 von L. v. Hildebrandt errichteten und 1743 von N. Pacassi erweiterten Gebäude, befinden sich heute die Modeschule und eine Außenstelle des Historischen Museums der Stadt Wien.

LAGE *Wien 12, Hetzendorfer Straße Nr. 79.*
BESICHTIGUNG *Kleidermuseum nach Anmeldung.*

Die kostbaren Möbel und Gemälde des Schlosses brachte man nach Maria Theresias Tod in die Hofburg, nach Laxenburg und in den Augarten. Die reichen Bestände an Porzellan kamen nach Schloß Laeken bei Brüssel. Das kostbare japanisch-chinesische Kabinett mit Speckstein und Rosenholz blieb erhalten.
Rechts: Die Hauptfront des Schlosses. Oben: Steinsphinxe vom Seiteneingang.

Das Landhaus der schönen Träumerin

Hermesvilla · Wien

Schmerzhafte Ischias-Anfälle hatten die 48jährige Elisabeth gezwungen, auf die gewohnten Parforce-Ritte und Fuchsjagden zu verzichten. Sie mußte sich mit Spaziergängen im Eilschritt begnügen. Um ihren Wunsch nach einem einsamen Aufenthaltsort in der Umgebung Wiens zu erfüllen, ließ Franz Joseph I. seiner noch immer strahlend schönen Sisi die Schloßvilla im kaiserlichen Jagdgebiet von Lainz errichten, doch hat die Ruhelose nur zweimal fünf Tage ihres Lebens in diesem nach ihrem Geschmack ausgestalteten Traumschloß verbracht.

Auf der Jagd nach sich selbst — »... wir müssen trachten, einige Augenblicke zu erretten, in welchen wir in unser eigenes Leben kommen ...« — glaubte die Kaiserin in jenen Jahren eher auf Korfu das eigentliche Zuhause gefunden zu haben. 1891 bezog sie auf der Mittelmeerinsel das für sie erbaute »Achilleon«, einen Palast mit griechischen Säulen, falschen Antiken und Glaslüstern, vor dem sie Statuen des Achill, Heinrich Heines und ihres durch Selbstmord geendeten Sohnes Rudolf aufstellen ließ.

Hier wie in der Wiener Hermesvilla hing auch ein Gemäldezyklus zu Shakespeares »Sommernachtstraum«. Auf Elisabeths Lieblingsbild umarmt die Elfenkönigin Titania den eselsköpfigen Zettel: »Das ist der Eselskopf unserer Illusionen, den wir unaufhörlich liebkosen«, schrieb sie. »Ich habe in jedem Schloß ein solches Bild. Ich kann mich daran nicht sattsehen.«

Die schloßartige Prunkvilla entstand auf Wunsch, teilweise auch nach den Vorstellungen der Kaiserin Elisabeth, und wurde zwischen 1882 und 1886 nach Plänen des Freiherrn von Hasenauer errichtet (Bild unten).

LAGE *Wien 13, Lainzer Tiergarten, unweit des Lainzer Tores.*
BESICHTIGUNG *März bis Oktober, 8—18 Uhr, außer Mo, Di.*

1945 weitgehend zerstört, ist der Bau, seit kurzem restauriert, mit Ausstellungsräumlichkeiten versehen. Hauptattraktion war das mit Wanddekorationen nach Entwürfen von Hans Makart ausgestattete Schlafzimmer. Die Hermesstatue auf der Gartenterrasse verlieh der Villa den Namen, der Genoveva-Reh-Brunnen den romantischen Akzent.

Der Esterházysche Haus-Officier und Vice-Capellmeister

Eisenstadt · Burgenland

Umbauten und Fassadierungen haben dem mächtigen, viertürmigen Barockbau, der im 17. Jh. über einer alten Wasserburg entstanden war, heute ein etwas hotelhaftes Aussehen verliehen (Bild unten). Von der einst weltberühmten Parkanlage finden sich nur mehr Reste.

LAGE *Eisenstadt, Esterházyplatz.*
BESICHTIGUNG *Di—Sa 10—12, 13 bis 17, So 13—17 Uhr. Mo geschlossen.*

Den schönsten Saal des Burgenlandes (rechte Seite) schmücken Deckengemälde des C. Tenkala. Mit Holzboden und Holzsäulen wurde er angeblich — der Resonanz wegen — auf Haydns Wunsch ausgestattet. Ein Vertrag mit Dr. Paul Esterházy erlaubt der Burgenländischen Landesregierung die teilweise Nutzung.

Für 400 rheinische Gulden jährlich hatte sich Joseph Haydn am 1. Mai 1761 dem Fürsten des Heiligen Römischen Reiches und Herrn über 21 Schlösser, 60 Märkte und 441 Dörfer, Paul Anton zu Esterházy und Galántha, als Haus-Officier und Vice-Kapellmeister verpflichtet. Unter dem Nachfolger Nikolaus Esterházy oblag es ihm, für die herrschaftliche Kapelle, für Oper, Komödie und Kirche Musik zu komponieren, einzustudieren und zu dirigieren.

In lichtblauem Frack mit Silberschnüren, hellblauer Weste mit Silberborten, gestickter Halskrause und weißer Halsbinde, in weißen Strümpfen und weißer Wäsche, mit Zopf oder Haarbeutel ist Haydn dieser Aufgabe volle 29 Jahre gerecht geworden. In dieser Zeit entstanden neben 70 Symphonien, 20 Opern und Singspielen, neben Oratorien und ungezählter Kammermusik auch 165 Stücke für Baryton, eine Art Gambe, das Lieblingsinstrument des Fürsten.

Nach eigenem Eingeständnis war auch der schon berühmt gewordene Haydn seines Dienstes in Eisenstadt und Esterházys nicht überdrüssig. Noch in seinem 26. Eisenstädter Jahr beseelte ihn kein anderer Wunsch, als weiterhin in der Stellung eines Esterházyschen Haus-Officiers für seinen Fürsten zu komponieren.

Im Zeichen der Waage

Halbturn · Burgenland

Der langgestreckte dreihöfige Feudalbau des Lukas von Hildebrandt mit vorgelagerter Parkanlage entstand um 1711 im Auftrag des Grafen Alois Thomas Raimund Harrach. Das von Karl VI. erworbene und als Jagdsitz hochgeschätzte Halbturn machte Maria Theresia ihrer Tochter Maria Christine zum Geschenk; nach ihr war das Schloß Besitz des Siegers von Aspern, Erzherzog Karls. Ein Großbrand im Jahre 1949 beschädigte das Gebäude schwer. Heute vermittelt es wieder Eindrücke vom einstigen Habsburgerschloß.

LAGE *Südöstl. Neusiedl am See.*
BESICHTIGUNG *Mai bis September.*

Die Sehenswürdigkeit von Halbturn, das Maulpertsch-Gemälde »Triumph des Lichtes«, 1765, ist erhalten, auch der einstige Prunkgarten wird gepflegt. Durch das barocke Seitentor (Bild rechts) erreicht man die Auffahrtsrampe unter der mit dem Kaiseradler versehenen Giebelfront. Höfe, Mauern, Tore und Portale von Halbturn sind reich mit Amoretten, Adlerwappen, barocken Vasen und Masken (Bild oben), Voluten und Gitterwerk geschmückt.

Nur eine Briefstelle bestätigt uns verbindlich den Architekten des Schlosses. Am 24. Juni 1711 teilte Lukas von Hildebrandt seinem Bauherrn, dem Grafen Harrach, mit, augenblicklich hindere ihn die Pestgefahr daran, nach Halbturn zu fahren und dort mit der Einrichtung der Gemächer zu beginnen. Ein Ausgabenvermerk vom 31. Mai 1765 in einem der geheimen Kammeramtszahlbücher Maria Theresias über 1200 Gulden weist den »Academie Mahler« Maulpertsch als Schöpfer des Deckengemäldes »in dem sal zu Halb Thurn« aus.

Man hat die schwerelose Farbphantasmagorie des 40jährigen Franz Anton Maulpertsch »Triumph des Lichtes« genannt, doch scheint sie mehr auf ein Einverständnis zwischen Künstler und Auftraggeberin hinzuweisen. Das Gemälde stellt den mit seinen Lipizzanerhengsten aus den Wolken emporsprengenden Sonnengott Phoebus dar. Unter ihm balanciert Mutter Erde im Sternzeichen der Waage die Weltkugel. Maria Theresia, die das Schloß im Jahre 1765 ihrer Lieblingstochter Maria Christine schenkte, hatte der Jungverheirateten Ratschläge für die Ehe gegeben: ». . . alles hängt von der Frau ab, sie soll die rechte Mitte innehalten!«

Zrínyi und Frangepány

Kobersdorf · Burgenland

Nach dem Tod des Palatins Wesselényi hatte sich Franz III. Graf Nádasdy zu Pottendorf zum Haupt der ungarischen Verschwörer gemacht, doch war man sich im Kreis der Magnaten uneins: Peter, der jüngere Zrínyi, trat für Verhandlungen mit Wien ein, Emmerich Tököli blieb auch nach dem Sieg von Mogersdorf (1664) über die Türken bei seiner Parole: »Los von Habsburg!«

Im Frühjahr 1671 erhielt Zrínyi ein Schreiben Kaiser Leopolds I., das ihm und seinem Anhang unter bestimmten Umständen Pardon in Aussicht stellte. In der Nacht auf den 13. April verließ er deshalb mit seinem Schwager, dem Dichter Franz Frangepány, und 30 Leuten das befestigte Czakathurn, um nach Wien zu reisen. Den befreundeten Grafen Kéry de Ipolkér auf Kobersdorf hatte er im voraus um Quartier gebeten. Kéry meldete die Ankunft des Zrínyi dem Wiener Hof und erhielt Anweisung, den Verschwörer und seine Leute zurückzuhalten, bis Soldaten kämen.

Am 30. April 1671 fielen die Köpfe Zrínyis und Frangepánys auf dem Platz von Wiener Neustadt, der des Nádasdy in der Bürgerstube des alten Wiener Rathauses in der Wipplingerstraße (→ auch Burgenbuch, S. 211).

Eine für das Burgenland kennzeichnende burgschloßartige Anlage. In frühbarocker Zeit von den Grafen Kéry über dem Gemäuer einer alten Wasserburg errichtet, wird der ehemalige Esterházysche Besitz heute von privater Hand instand gesetzt (Bild unten).

LAGE *Südl. Mattersburg.*
BESICHTIGUNG *Sommersüber und nach Voranmeldung.*

Der ehemalige Zugang führte durch einen Torbau (Barbakane) des 17. Jh. (im Bild links). Im turmgeschützten Schloßgarten die gotische Kapelle. In einzelnen Räumen Stuckdekorationen und Deckenmalereien des 17./18. Jh.

...bei denen Fürst Esterházyschen

Kittsee · Burgenland

Der einstige Fürstensitz der Esterházy und Batthyány im Vorfeld der ungarischen Krönungsstadt Preßburg — mit ihr war das Schloß durch eine fünf Kilometer lange Lindenallee gegen die Donau zu verbunden — birgt heute ein ethnographisches Museum.

LAGE *Südöstl. Hainburg.*
BESICHTIGUNG *Mo, Do, Fr 11—13, 14—16, Sa, So 10—12, 14—17 Uhr, ganzjährig.*

Bild unten: Ein Schloß des 17. Jh., zwischen 1730/40 umgebaut.
Der Altanvorbau mit mächtigen Atlanten von einem Preßburger Palais wurde erst um 1900 angefügt.

Karl VI., Franz I. von Lothringen, Mitglieder des Kaiserhauses samt Gefolge begaben sich »nacher Kittsee in Hungarn«, wenn sie sich »auf sothaner dem Fürst Esterhasy gehörigen Herrschafft mit Fasahnen-schießen belustigen« wollten oder auf einer der Schüttinseln jagten. Maria Theresia genoß die Gastfreundschaft des prachtliebenden Fürsten Nikolaus, wenn sie nach Preßburg reiste oder wie im Juli 1753 auf dem weiten Vierfeld in Schloßnähe das »alldorten versammlete und campirende, in sieben Regimentern bestehende Husaren-Corps« inspizierte. Als Gast der Esterházy sah die Kaiserin hier am 7. Juli 1764 auch ein »Manœuvre militaire so von Erzherzog Leopold — ihrem Sohn — zu Pferd und en cuirasse selbst dirigiret worden«.
Auf diesem Feld hatte auch Leopold I. im Mai 1683 das Heer gegen die Türken verabschiedet. Nun war das Land frei und sicher. Oft brach man erst um sieben Uhr abends von Schönbrunn auf und soupierte um zehn auf Schloß Kittsee »en compagnie an einer Taffel von beiläufig 30 Couverts«. Am 26. September 1764 »speiste sämmtlicher Hof bei denen Fürst Esterhazyschen, wo sodann gedanzet und ein Feuerwerk produciret wurde«.

Das Millionenobjekt an der March

Schloßhof · Niederösterreich

Am Erlös aus der immensen Türkenbeute beteiligt und vom Kaiserhaus reich beschenkt, konnte Prinz Eugen seinem Architekten Lukas von Hildebrandt ohne Bedenken den Auftrag erteilen, hier das mächtigste, aufwendigste, ein für den Ernstfall jedoch auch verteidigungsfähiges Schloß im Osten der Reichshauptstadt zu errichten. Eine halbe Stadt entstand an der March, von über tausend Taglöhnern, Meistern und Künstlern bewohnt.

Schloßhof — ein buen retiro für den schon kränkelnden Feldherrn, der sich am liebsten seinen Sammlungen widmete oder mit der Gräfin Batthyány beim Kartenspiel saß? Wohl kaum. Schloß und Park waren längst fertiggestellt, und der Prinz beschäftigte noch immer an die 800 Leute, darunter allein 300 Gärtner. Als sein Verwalter Sebastian Fux meinte, man benötige jetzt wohl nicht einmal mehr die Hälfte von ihnen, erhielt er die Antwort: »Meint Er, ich brauche vielleicht Ihn? Braucht man irgend einen Menschen in der Welt? Wenn Er denkt, es sei gestattet, die Menschen verhungern zu lassen, die man nicht mehr braucht, wer soll denn Ihn und mich vor dem Verhungern schützen?«

Das Gemälde Bernardo Bellottos (Canaletto) von 1759/60 gibt eine Vorstellung vom Schloßhof des Prinzen Eugen und seinem aufwendig mit Freitreppen, Skulpturen, Brunnen, Toren und Gittern ausgestatteten, prachtvollen französischen Park (Bild unten).

LAGE *Südlich Marchegg.*
BESICHTIGUNG *Keine.*

1725 bis 1729 von L. v. Hildebrandt erbaut, 1755 von Maria Theresia erworben und aufgestockt, im 19. Jh. als Reitlehrinstitut z. T. abgetragen, nach 1945 verwüstet. Derzeit in Restauration.

Nach 641 Jahren und 7 Monaten

Eckartsau · Niederösterreich

Der nach 1945 völlig verwüstete ehemalige Habsburgerbesitz, von November 1918 bis März 1919 Zufluchtsort des letzten österreichischen Kaiserpaares, zählt heute zu den am schönsten restaurierten Schlössern des Marchfeldes.

LAGE *Östl. Orth a. d. Donau.*
BESICHTIGUNG *1. 3.—30. 11., Sa, So u. Feiertag 8—11, 14—16.30 Uhr.*

Unten rechts: Mittelrisalit des im 18. Jh. errichteten, im 19. Jh. neobarock ergänzten kaiserl. Jagdschlosses. Links: Die Stiegenhaustreppe führt in zahlreiche, barock ausgestattete Prunkräume (Goldkabinett).

In sieben Wagen erreichte Kaiser Karl I. mit Gefolge am 11. November 1918, dem Tag seiner Verzichtserklärung, das nächtliche Eckartsau. Zwei Tage später dankte er hier vor dem Fürst-Primas Csernoch und Fürst Esterházy auch als König Karl IV. von Ungarn ab.
Schloß Eckartsau war schlecht zu heizen, und für seine etwa hundert Bewohner fehlte es bald an Lebensmitteln. Während der Weihnachtstage lagen viele an Grippe darnieder. Im Januar erschien unangemeldet Staatskanzler Renner und drängte zur Ausreise. Der Habsburger empfing ihn jedoch nicht.
Mitte Februar 1919 erhielt der englische Oberstleutnant E. L. Strutt von seinem König den Auftrag, »dem österreichischen Kaiser und der Kaiserin die moralische Unterstützung der britischen Regierung zu gewähren ... es heißt, daß sie sich in Lebensgefahr befinden, keine ärztliche Hilfe erhalten ...« Am 1. März gab es für die Schloßinsassen Medikamente und Weißbrot. 23 Tage später sang man in der Kapelle noch einmal das »Gott erhalte«. An Schloß Hetzendorf vorbei, fuhr der letzte Kaiser ins Exil. 641 Jahre zuvor war der erste Habsburger, Rudolf, in Wien eingezogen ...

Die Graf Harrach'sche Familiensammlung

Rohrau · Niederösterreich

Wien stand noch im Zeichen der Schreckenstage von 1848, als sich Franz Ernst Graf von Harrach dazu entschloß, die Gemäldesammlung seiner Familie der P. T. Öffentlichkeit zugänglich zu machen. Sein eben umgebautes und restauriertes Palais an der Freyung in Wien stand unweit jenes Ortes, an dem eineinhalb Jahre zuvor revoltierende Wiener den Minister und Grafen Latour erschlagen und an eine Laterne geknüpft hatten. 1960 eröffnete Stephanie (Gräfin) Harrach in dem nach Zerstörungen während des Zweiten Weltkrieges wiedererrichteten Haus die Galerie ein zweitesmal, doch verunglückte ihr einziger Sohn, Bonaventura, Majoratsherr der Familie, ein Jahr später tödlich. Die Erbin der Familiensammlung mußte sich entschließen, das 1945 völlig devastierte Harrachschloß in Rohrau für Wohnung und Galerie instand setzen zu lassen. 1970 wurde die Wiener Sehenswürdigkeit hier ein drittesmal zugänglich gemacht.
Man betritt ein bewohntes Schloß. Die Werke italienischer, spanischer, französischer, auch flämischer und niederländischer Meister hängen in mit kostbarem Mobiliar ausgestatteten Räumen.

Das mehrfach umgebaute Wasserschloß des 16. Jh., seit 1524 im Besitz der Harrach, birgt Österreichs größte Privatgalerie (Bild links unten). Den Grundstock der Gemäldesammlung legten Ferdinand Bonaventura I. Graf von Harrach, 1636—1706, und dessen Sohn Aloys Thomas Raymund, 1728 bis 1833, Vizekönig von Neapel.

LAGE *Nordöstl. Bruck/Leitha.*
BESICHTIGUNG *März bis November tägl. 9—17 Uhr, Mo geschlossen.*

Im »Haydnraum« mit einer Bleibüste des Komponisten von Anton Grassi (Bild rechts) sind Gemälde der römischen Schule des 18. Jh. zu sehen.

Auf römischen Fundamenten

Petronell · Niederösterreich

Das frühbarocke Schloß der (Grafen) Abensberg-Traun, nach 1660 von den Brüdern Carlone an der Stelle einer Wasserburg errichtet, liegt im weitgedehnten römischen Freilichtmuseum Carnuntum und birgt selbst zwei Museen.

LAGE *Südwestl. Hainburg.*
BESICHTIGUNG *1. 3.—30. 11., tägl. 9—17 Uhr, außer Mo.*

Das »Donaumuseum« dokumentiert in elf Sälen die niederösterr. Donau in historischer, geographischer und wirtschaftsgeschichtlicher Sicht. Das »Kunstgewerbemuseum« zeigt Mobiliar und Gerät aus dem 18. Jh.

Grabungen haben erwiesen, daß die Ruinen des in den Markomannenkriegen zwischen 170 und 180 nach Christus zerstörten Carnuntum, der römischen Großstadt an der Donau, noch durch Jahrhunderte bewohnt waren. Im Praetorium des römischen Legionslagers, Sitz der römischen Oberste, hatten im dritten bis sechsten Jahrhundert die Anführer germanischer, gotisch-alanischer und anderer Völkerschaften ihre »Kommandantur« eingerichtet, und im Trümmerfeld des Forums amtierten in mehr oder weniger notdürftigen Behelfsbauten »Zivilverwaltungen«. In den dreißiger Jahren unseres Jahrhunderts entdeckte man im Tiergarten des Petroneller Schlosses eine riesige Palastruine mit vorerst ungeklärter Bestimmung, nach dem letzten Krieg stieß man im Schloßhof selbst auf mächtige römische Fundamente, die von jüngerem Mauerwerk überlagert waren. Es scheint erwiesen, daß Schloß und Park der Grafen Abensberg-Traun auf dem Gelände des einstigen Forums der Römerstadt liegen. Die alte Wasserburg, aus der sich der heutige Vierflügelbau entwickelte, muß als Nachfolgebau eines frühen fränkischen Verwaltungssitzes angesehen werden.

Oben: Karussellschlitten des 18. Jh.
Rechts: Die Fassaden des Innenhofes zeigen Kaiserbüsten über den Fenstern, die Freitreppe mit Säulenbaldachin führt in die sala terrena mit Illusionsmalereien vom Ende des 17. Jh. Unter den musealen Schauobjekten sind der »Petronellische Willkhumbecher«, um 1560, und ein Puppenhaus, Anfang 17. Jh., aus der Sammlung Figdor mit 400 Einzelstücken sehenswert.
Rechte Seite: Die dreigeschossigen Außenfronten werden von achteckigen Ecktürmen mit Kegeldach flankiert.

»ain ziemblich lustiger Herren Sitz…«

Marchegg · Niederösterreich

Bis 1947 im Besitz der Grafen Pálffy, wurde Schloß Marchegg nach seiner Verwüstung im Jahre 1945 von der Stadtgemeinde umfassend restauriert und als Jagdmuseum eingerichtet.

LAGE *In Marchegg.*
BESICHTIGUNG *April bis Oktober, tägl. 10—17 Uhr, außer Mo.*

In den noch mit Stuckdecken des 17. Jh. ausgestatteten Räumen geben Gemälde, Dioramen, Figurinen einen Überblick über Waidwerk und Wildarten in Niederösterreich.
Unten: Schloßeingang mit Rokokogitter und Wappenputti.

Wie die Burg des Böhmenkönigs Ottokar Přzemysl ausgesehen haben mag, wissen wir nicht. Er hatte sie 1268 zum Schutz seiner Gründung Marchegg in der Nordwestecke des ummauerten Stadtareals errichten lassen. Das Aussehen eines Nachfolgebaues um 1629 überliefert uns ein Kupferstich des Georg Matthäus Vischer. Vielleicht weil bei diesem noch mit wuchtigen Wehrmauern und Türmen gesicherten Schloß der Grafen Pálffy-Erdöd jenseits des Wassergrabens ein über eine Zugbrücke zu erreichender kleiner Garten lag, schrieb ein Zeitgenosse, es könne dieses Renaissanceschloß »aniezt ain ziemblich lustiger Herren Sitz« genannt werden. Von einem wirklich »lustigen« Schloß konnte jedoch erst ein halbes Jahrhundert nach der Türkenbefreiung die Rede sein. Anläßlich seiner Hochzeit mit Anna Maria Gräfin Althan hatte 1773 der junge Nikolaus Graf Pálffy von Erdöd sein Marchegger Schloß so gut wie von allen Erinnerungen an einstige Kriege und Nöte befreien lassen. Wo früher der Graben klaffte, tummelten sich jetzt vor einer breiten Schloßfassade musizierende Putten in Stein mit Flöte, Tamburin und Tschinellen, tänzerisch Girlanden und Wappen schwingend.

Glücklich ist, wer vergißt...

Laxenburg · Niederösterreich

Nach 1380 erwarb Erzherzog Albrecht III. die Burg der Herren von Lachsendorf, ließ sie ausbauen und mit Bauteilen der verlassenen Burg Leopolds III. auf dem Kahlenberg und der Residenz in Klosterneuburg ausstatten. Der prächtige Haarschmuck seiner »gar schönen« Gemahlin Beatrix hatte den verliebten Habsburger dazu angeregt, einen Ritterorden »vom Zopf« zu gründen, dem nur angehören durfte, wer das vornehmlich weibliche Attribut gleich ihm um den Hals geschlungen trug und es über den Harnisch baumeln ließ. Der Turnierplatz neben der Lachsendorfer Burg gab Albrecht Gelegenheit, sich unter den Augen seiner Gemahlin als Ritter vom Zopf zu bewähren, doch widmete sich der Regent hier, im Augebiet an der Schwechat, am liebsten der »Fischwaid« und der Gärtnerei.
Die Nachfolge dieses romantischen Habsburgers des 14. Jh. trat — ein halbes Jahrtausend später — der Habsburg-Lothringer Franz II. (I.) an. Auch er huldigte in Laxenburg seiner (zweiten) Gemahlin, der ebenso hübschen wie klugen Maria Theresia von Sizilien. Nach ihren Anregungen und ihr zu Ehren ließ er um einen künstlich angelegten Teich östlich des alten Schloß-

Der Naturpark, das heutige »Erholungszentrum« Laxenburg, war seit dem 14. Jh. Jagdgebiet, Sommersitz und zuzeiten auch Sommerresidenz des Kaiserhauses. Bis in das 18. Jh. bewohnten die Habsburger das »alte Schloß«, seit Maria Theresia den zum »neuen Schloß« erweiterten Blauen Hof. Die »Franzensburg« diente ausschließlich musealen Zwecken.

LAGE *Südl. Wien.*
BESICHTIGUNG *Franzensburg: Ostern bis Oktober, tägl. 8—18 Uhr.*

Unten: Der Blaue Hof zur Zeit Josephs II.

Das alte Schloß *entstand, als die Wasserburg des 14. Jh. im 17. Jh. zur zweihöfigen Renaissanceanlage erweitert wurde. Das* neue Laxenburger Schloß *begründete Maria Theresia Mitte des 18. Jh., als sie den »Blauen Hof« des Feldmarschalls Daun umbauen und durch Speisesaalflügel, Passespielhaus und Theater erweitern ließ. Die neogotische* Franzensburg *ließ Kaiser Franz II. in den Jahren 1798 bis 1801 errichten und mit Bauteilen, Gemälden und Mobiliar aus Schlössern und Klöstern ausstatten. Unter Maximilian I. entstand im Schloßbereich ein Tier- und Ziergarten nach niederländischer Art, Maria Theresia ließ den Barockpark anlegen. Das beliebte Jagdgebiet Karls VI. befahl Joseph II. in eine englische Parklandschaft zu verwandeln. Unter Kaiser Franz II. (I.) entstanden die Anlagen in ihrer heutigen Gestalt.*

Rechts: Thronsaal. Unten: Glasgemälde, Franz II. mit Gemahlin darstellend.
Rechte Seite: Die Franzensburg mit »Großem Turm«, Fährturm, Knappenhof.

bezirkes einen »Rittergau« anlegen, mit Rittergruft, Rittersäule, einem »Haus der Laune«, einem »Tempel der Eintracht« und einem »Gartenhaus in Gestalt einer gothischen Burg«. In dem nächst einer »gothischen« Brücke errichteten »gothischen« Turnierhof nahm Franz II. bei festlichen Anlässen an Ritterspielen und am zeitüblichen Karussellreiten teil. Was diesen Bürgerkaiser jedoch an Laxenburg fesselte, waren die gärtnerischen und handwerklichen Arbeiten, denen er sich hier tagelang, unbelästigt von Regierungsgeschäften, hingeben konnte. Er hatte sich eine kleine Tischlerei einrichten lassen, in der er Möbel und Vogelkäfige zimmerte und mit eigens von ihm angesetzten Lackfarben bestrich. Als Franz II. während der Napoleonkrise an Rücktritt dachte, soll er sich an einen seiner Minister mit der Frage gewandt haben: »Laxenburg, das wern s' mir doch lassen?«
Die vierte und letzte Gemahlin Franz II. ließ dem Kaiser nach dessen Tod im Laxenburger Park ein Denkmal setzen und mit noch heute lesbarer Inschrift (in lateinischer Sprache) versehen: »Dem wahrhaft weisen Kaiser. In tiefer Einsicht hat er in diesen von ihm wunderbar gepflegten Gärten die Regierungsgeschäfte zurückgestellt und ... sich in heiliger Einfalt immer wieder an der Lieblichkeit dieses Ortes und an den Vergnügungen der Landsleute ergötzt. Durch seinen Tod zutiefst getroffen, die Gemahlin Carolina Augusta 1837.« Der Wahlspruch, dem Franz in Laxenburg gefolgt war, ist in einer Ecke des zweiten Hofes im alten Laxenburger Schloß in Stein gemeißelt zu finden. Er stammt von Kaiser Friedrich III. aus dem 15. Jh.: RERUM IRRECUPERABILIUM SUMA FELICITAS EST OBLIVIO — Glücklich ist, wer vergißt, was nicht mehr zu ändern ist.

Das Wiener-Ringstraßen-Schloß zwischen Piesting und Triesting

Hernstein · Niederösterreich

Im Auftrag des Erzherzogs Ludwig stilisierte der Ringstraßenbaumeister Theophil von Hansen zwischen 1856 und 1880 den alten Herrensitz mit Wirtschaftshof zu einem Phantasieschloß nach Zeitgeschmack um. 1945 verwüstet, inzwischen hervorragend restauriert, dient das veränderte Gebäude unter der namengebenden mittelalterlichen Ruine derer von Herrandstein heute als Tagungsort und Seminar (Bild rechts unten).

LAGE *Nordwestl. Wiener Neustadt.*
BESICHTIGUNG *Keine.*

Hansen ließ das alte eintönige Schloßgemäuer hinter einer einfallsreichen Fassadierung verschwinden. In den vertikal orientierten Aufputz von Gesimsen, Balustraden, Giebeln und Türmchen wurden von ihm auch die Dachbodenfenster mit einbezogen (Bild links).

In 24jähriger Bauzeit war aus dem kastenartigen Gebäude unterhalb des Buchriegels ein Wohnschloß entstanden, mit dem sich Erzherzog Ludwig auch an der Wiener Ringstraße hätte sehen lassen können. Der dänische Architekt Theophil Hansen hatte die Ausstattung bis ins Detail entworfen.
Im Hof, in den man durch die neuerrichteten Tortürme fuhr, plätscherte ein Brunnen mit Amoretten und Schwänen. Zirbelholzgetäfelte Gänge führten in den Empfangssaal mit Goldtapeten und 22 vergoldeten Hermen unter einer geschnitzten, gemäldegeschmückten Decke. Goldene Leisten und Konsolen, Goldornamente auf dunkelgrünen und grauen Wandtapeten, goldumrankte korinthische Säulen, goldene Kandelaber über pompejanischem Rot und Türkis, Palisandertüren und Kassettendecken, Gemälde von Eisenmenger und Rahl, Lüster von Lobmeyr, schwere Damastvorhänge, Teppiche des Orients zierten Speisesaal, Ahnensaal, Rauch- und Schlafzimmer. An die Herrschaftswohnung im Südtrakt schloß sich ein Gartensaal mit Freitreppe in den Park.
Über zwanzigtausend Bände in weißem Pergament mit roten Titelschildern und Goldmonogrammen füllten die Bibliothek. Auch das letzte Detail im Arbeitszimmer des Erzherzogs, das Tintenfaß, hatte Theophil Hansen als Teil des Gesamtkunstwerkes Hernstein entworfen. Auf dem Schreibtisch stand das Urbild jener Pallas Athene, die wir heute vor dem Wiener Parlament bewundern.

Becks Lapidarium und Bibliothek

Ebreichsdorf · Niederösterreich

Dem Gefolge des Erzherzogs Maximilian, der den Wienern am 7. Mai 1552 den ersten Elefanten vorgestellt hatte (→ S. 29), gehörte auch Hieronymus Beck an. Der Sohn des vermögenden Vicedoms Marx Beck von Leopoldsdorf hatte als Edelknabe und Page am Innsbrucker Hof an der Erziehung des jungen Maximilian durch namhafte Gelehrte aus aller Welt teilgenommen. Nach einer Kavaliersreise durch Mitteleuropa und kurzem Studium in Padua war er 1548 mit dem Erzherzog bis zu den Pyramiden und nach Jerusalem gekommen. Im Gepäck des Heimkehrers befanden sich auch zwei alttürkische Chroniken, aus denen dem Abendland die noch heute wichtigen Quellen zur osmanischen Frühgeschichte erschlossen wurden.
Am 15. Januar 1568 erwarb Hieronymus von Ludwig Zelking zu Sierndorf Schloß Ebreichsdorf »samt seiner zugehörung und den teichten«. Leidenschaftlicher Sammler von Antiken und Kostbarkeiten wie sein kaiserlicher Freund Maximilian II., war das Schloß des Freiherrn bald Ziel zahlreicher Gelehrter. Beck hatte sich im Schloßgarten ein Lapidarium eingerichtet, das zu den bedeutendsten archäologischen Sammlungen seiner Zeit gerechnet wurde; er besaß auch eine der wenigen Universalbibliotheken des Jahrhunderts. Einige ihrer Titel befinden sich heute in der Vatikanischen Bibliothek. Sie waren mit der Bibliothek des Kardinals Dietrichstein in Nikolsburg als schwedische Kriegsbeute an Königin Christine von Schweden gekommen, die sie der römischen Bibliotheca Alexandrina weiterschenkte.

Vom großen Teich im Park umschlossen, zählt Schloß Ebreichsdorf mit seinen beiden Wehrtürmen und der gotischen Schloßkapelle heute zu einem der besterhaltenen historischen Bauwerke im Süden von Wien (Bild unten).

LAGE *Nordöstl. Wiener Neustadt.*
BESICHTIGUNG *Keine.*

Rund um den mittleren Laubenbogen des Schloßhofes hat Hieronymus Freiherr von Beck, der bedeutende Erneuerer des Schlosses im 16. Jh., eine Art steinerne Wappenstammtafel derer von Beck anbringen lassen. Wie auf dem Ortsfriedhof, verweisen auch in der kostbaren gotischen Kapelle mit Maßwerkfenstern und spätgotischer Sakramentsnische Grabsteine auf die 1631 ausgestorbene Familie Beck.

Es stand in alten Zeiten ein Schloß so hoch und hehr...

Grafenegg · Niederösterreich

Das bedeutendste der im 19. Jh. in Österreich errichteten »romantischen« Schlösser ist 1945 verwüstet worden. Im heute zum Teil restaurierten Gebäude, Besitz des (Fürsten) Franz Ratibor-Metternich-Sandor, finden sommersüber beliebte Konzerte und Ausstellungen statt.

LAGE *Östl. Krems.*
BESICHTIGUNG *Mai bis Nov., Sa, So, feiertags 10—17 Uhr.*

Unten rechts: Das Stiegenhaus im Schloßhof.
Links: Die Kassettendecke in der Bibliothek.

August Ferdinand Graf Breuner-Enkevoirt, Erblandkämmerer, Fideikommißherr und Herr über einen der größten Agrarbetriebe zwischen Leitha und Enns, wollte sich nicht nur in der Rolle eines geschäftstüchtigen Großgrundbesitzers sehen. 1840 beauftragte er den in seinen Diensten stehenden Architekten Leopold Ernst, sein zweitürmiges Grafenegger Wasserschloß im Sinne des in neugotisch-elisabethanischem Stil errichteten Strawberry Hill des Horace Walpole, das er während einer Englandreise besucht hatte, zu verändern. Leopold Ernsts Entwurf berücksichtigte die Wünsche seines Bauherrn und schuf besonders im Stiegenhaus eine in manchem bis ins Detail getreue Kopie des englischen Schlosses auf dem Erdbeerhügel bei Twickenham. Über dem Haupttor des zunächst nicht als Wohnsitz dienenden, sondern als ästhetisches Phantasie-Burgschloß in historisierendem Stil errichteten Bauwerkes ließ sich Graf Breunner in voller ritterlicher Gestalt verewigen. Im kostbar ausgestatteten Rittersaal konnte man ihn auf einem Riesengemälde inmitten einer Herrengesellschaft im Rittergewande bewundern. Dem phantasiereichen Bauen machte 1873 der Bankkrach ein Ende.

Rechte Seite: Um das Schloß inmitten des englischen Parks mit Meierhöfen und Verwaltungsgebäuden sind noch die Vorwerke der alten Burg erkennbar. Der im obersten Teil achterkige Turm ragt aus dem noch erhaltenen ältesten Trakt des Vorgängerbaues.

Der »point de vue«

Obersiebenbrunn · Niederösterreich

Als der alte Prinz Eugen die Herrschaften Schloßhof und Niederweiden in seinen Besitz brachte und mit ihrem großzügigen Ausbau begann, übereignete ihm Kaiser Karl VI. auch Schloß und Herrschaft Obersiebenbrunn samt Oberweiden und Lassee »... zu einer beliebigen Excursion und Landtsdistraction«.
Immer wieder hatte der Berater seines Kaisers von der Notwendigkeit gesprochen, das so gefährdete Vorfeld der Reichshauptstadt durch weitreichende Landerschließungen zu festigen. Schon im Frühjahr 1726 war deshalb auch um Obersiebenbrunn ein Heer von Taglöhnern beschäftigt: Sümpfe wurden trockengelegt, Teiche entstanden, der Stempfelbach erhielt ein neues Bett, den aufgeworfenen Damm entlang pflanzte man Ulmen. Während das Schloß umgebaut wurde, schlugen Forstleute acht Alleen durch den Wald, zu deren Schnittpunkt, vom Schloß her leicht ansteigend, die Hauptallee führte. Auf diesen Punkt, den »point de vue«, ließ Eugen seinen Architekten einen modernen Pavillon setzen.
Der um den Bestand der Monarchie stets besorgte Feldherr und Politiker Eugen konnte nicht ahnen, daß man diesen Pavillon dereinst nur als Sehenswürdigkeit des »Barock«, nicht aber als Krönung einer bedeutenden Landerschließung bewundern würde. Vom Wort »barock« hatte der Prinz sein Leben lang ebensowenig gehört wie von einem Kunststil mit dieser Bezeichnung.

Nicht der unter Prinz Eugen umgestaltete einstöckige Vierflügel-Schloßbau des 17. Jh. mit Turm ist hier sehenswert, sondern das barocke Gartenhaus im Lukas-von-Hildebrandt-Gelb am Sternplatz der verwilderten Obersiebenbrunner Gartenanlage.

LAGE *Südl. Gänserndorf.*
BESICHTIGUNG *Eingeschränkt möglich.*

Rechts: Der Gartenpavillon des L. v. Hildebrandt (1728) ist mit Fresken des Jonas Drenwett — Groteskmalereien von ihm sieht man auch im Belvedere — ausgestattet. Mythologische Frauenraubgruppen (Raub der Sabinerinnen, Europa auf dem Stier, etc.), tanzende Bauernpaare, Früchte und Blumen künden von der Freude des Barock an leuchtenden Farben.
Oben: Das Bild zeigt einen Flußgott, der Jagdgöttin Diana behilflich.

An der Schwelle der neuen Zeit

Sierndorf · Niederösterreich

In seinem Testament vom 28. Oktober 1490 hatte Christoph Zelking auf Weinberg (→) dem ältesten Sohn Hans aufgetragen, seinen noch minderjährigen Brüdern ein Studium in Bologna zu ermöglichen, damit sie dort Latein, »allerley materie« und gut Deutsch lernen. Auch etwas Böhmisch sollten sie verstehen und es nicht so machen wie »die grob paurn dy nye auskomen und nichts lernen haben wollen«. Vierzehn Jahre nach dem Tod des Vaters, am 12. Februar 1505, Mittwoch vor Reminiscere in der Fastnachtszeit, schloß Hans mit den jetzt großjährigen Brüdern einen Vertrag, nach dem der eine, Wilhelm, die Veste und Herrschaft Sierndorf erhielt — sie war 1496 in Zelkinger Besitz gekommen —, während er sich mit den Brüdern Veit und Wolfgang die Herrschaften Weinberg und Zelking teilte.

Dem Vorbild des verehrten Vaters folgend, der in seinem Dorf Kefermarkt bei Weinberg den großen Schnitzaltar gestiftet hatte, ließ Wilhelm in Sierndorf die Schloßkapelle Mariä Geburt errichten und stiftete in ihr einen Altar mit der Verkündung des Engels. Keinen hölzernen Altar, wie man ihn zu Lebzeiten des Vaters noch zu schnitzen pflegte, sondern einen nach dem Muster jener Steinaltäre, wie er sie während des Studiums in den oberitalienischen Kirchen gesehen hatte, mit beweglichen, jedoch holzgeschnitzten Seitenflügeln.

Im neuen Stil ließ Wilhelm von Zelking auch zwei lebensgroße Steinbüsten von sich und seiner Frau Margarete, einer geborenen von Sandizell, anfertigen und auf dem Oratorium an der Evangelienseite aufstellen. Im Gebet versunken, wollten sie den gläubigen Untertanen ein immerwährendes Vorbild sein. Für die Taufe seiner Kinder — insgesamt sechzehn — hatte Wilhelm einen Taufstein in Auftrag gegeben. Er befahl, die geometrische achteckige Grundstruktur des Beckens noch mit altgewohnter verschlungener Ornamentik in Astform zu schmücken.

Auch die Brüder Wilhelms, Veit und Wolfgang, hatten in Bologna studiert, doch waren ihnen im Süden Bedenken über den frommen Glauben ihres Vaters gekommen, und sie beschlossen, ihre Söhne nach Wittenberg zu schicken. So kam es, daß die Enkel des Christoph Zelking von Weinberg den Glauben und die guten Werke ihres Großvaters verachten lernten. Urenkel Hans Wilhelm ließ die Kefermarkter Kirche sperren, und der berühmte Altar moderte, bis Adalbert Stifter ihn wiederentdeckte und vor der Vernichtung bewahrte. 1604 verloren die Brüder von Zelking Sierndorf, 1629 Weinberg. 1634 starb Ludwig Wilhelm als der letzte eines »in- und außerlands wohlbekannten Herrengeschlechts«.

Sehenswürdigkeit im einfachen vierflügeligen Schloß ist die Schloß- und Pfarrkirche mit Österreichs frühesten Renaissanceporträtplastiken und dem Renaissancealtar von 1518. Nach 1755 kam Sierndorf in den Besitz der Fürsten Colloredo.

LAGE *Nordwestl. Stockerau.*

BESICHTIGUNG *Die Kirche an Sonntagen.*

Unten: Taufstein um 1518.

Des Vizekanzlers Königreich

Schönborn · Niederösterreich

Graf Schönborn nannte den Landsitz sein »Königreich«. Die Trakte des Hauptschlosses umrahmen den Ehrenhof, Nebengebäude ein großes Becken. Im einst berühmten Park mit Wasserkünsten, Alleen und Ziergarten sind noch die Orangerie und die Nepomuk-Wegkapelle erhalten.

LAGE *Bei Göllersdorf, südl. Hollabrunn.*
BESICHTIGUNG *Keine.*

Unten: Das Schloß stellt eine nach Plänen des Lukas von Hildebrandt zwischen 1712 und 1717 umgebaute ältere Anlage dar. Die Schloßkapelle ist in ursprünglicher Form erhalten.

1705, als man am Wiener Hof nach einem geeigneten Nachfolger für den verstorbenen Reichsvizekanzler Kaunitz suchte, fiel zum Ärger der Windischgrätz, Starhemberg, Schwarzenberg und anderer die Wahl auf den wendigen 31jährigen kurmainzischen Gesandten Karl Friedrich von Schönborn. Der rundliche Domherr und Propst, den Hof und Kurie vergeblich mahnten, die geistliche Tracht anzulegen, war Mittelpunkt der Wiener Gesellschaft. Die »Tractaments« in seinem Palais in der Alservorstadt und im Schloß bei Göllersdorf, seinem »Königreich«, waren gesellschaftliche Ereignisse von Rang. Ein spektakuläres Duell mit General Windischgrätz auf der Wiener Augustinerbastei festigte nur den Ruf des Rheinländers.
Als Schönborn zum Bischof von Würzburg und Bamberg gewählt wurde und mit 60 Jahren Wien verließ, besaß er Güter in Niederösterreich und Ungarn im Ausmaß eines kleinen Fürstentums. Seinem Wahlspruch »Das Gemüt in Ruhe gesetzt, vergnügt und gesund gelebt« blieb er bis zum Tode treu. Die Obduktion des im 72. Lebensjahr Verstorbenen ergab ein kerngesundes Herz, in der Galle jedoch fanden sich 80 Steine.

900 Jahre Turm, Burg und Schloß

Ernstbrunn · Niederösterreich

Bevor sich im Jahre 1592 die Sinzendorf zu Herren am Semmelberg machten, saßen in der Burg des Ernst von Hohenbrunn Schaunberger und Maissauer, im 15. Jh. war sie an die Landesfürsten gefallen. Rudolf Graf Sinzendorf ließ nach 1654 den viereckigen Bergfried, Palas und Kapelle — den äußersten Abschnitt der langgestreckten Anlage — zu einem geschlossenen, um einen engen siebeneckigen Hof angeordneten Komplex umbauen und, ihm vorgelagert, das Hochschloß mit dreiseitigem Hof errichten. Ein Zweihöfesystem sicherte das neue Schloß. Fürst Prosper von Sinzendorf erweiterte das nun vierhöfige Ernstbrunn nach 1775 ein weiteres Mal. Für ein von ihm geplantes Schloßmuseum ließ er an der Ostseite des Vorschlosses einen »Stein- oder Petrefaktensaal« mit dorischen Säulen errichten, dessen Schätze um 1819 Sartori als eine »wahrhaft fürstliche Sammlung« beschreibt, mit der »sich weder die kaiserliche zu Wien noch irgend eine andere versteinerter Hölzer in Europa gleichstellen kann«. Vom seltsamen »uralt und unordentlich durcheinandergebauten« Schloß, wie es »großmächtig in dem Waldgebirg« lag, berichtet Joseph von Eichendorff 1811 in seinem Tagebuch.

Die mächtige Vier-Höfe-Anlage in den Leiser Bergen, von oben her besehen eines der eindrucksvollsten Schlösser Niederösterreichs, ist das Ergebnis von Umbauten im Lauf von neun Jahrhunderten (Bild unten).

LAGE *Südwestl. Mistelbach im Weinviertel.*
BESICHTIGUNG *Keine.*

Über dem Haupteingang ist das Wappen der Sinzendorf zu sehen. Im Rundturm des Hochschlosses befindet sich die protestantische, im alten Burgteil die katholische Schloßkapelle. Schloß Ernstbrunn ist heute Besitz der (Grafen) Reuß-Köstritz.

Pargfriders Heldenberg

Kleinwetzdorf · Niederösterreich

Aufwendige Zubauten des 19. Jh., vor allem der im Park nach 1849 errichtete »Heldenberg«, haben dem Schlößchen an der Horner Bundesstraße zu einiger Berühmtheit verholfen.

LAGE *Südwestl. Hollabrunn.*
BESICHTIGUNG *Schloß: Mai bis September (mit Sonderausstellungen). Heldenberg: 1. 5.—30. 9., Mo—Sa 9—17 Uhr, So und Feiertag 8—18 Uhr. 1. 10.—30. 4., Di—So 10—16 Uhr. Mo geschlossen.*

Das im 17. Jh. erbaute und 1728 barockisierte Schloß ließ der Armeelieferant Joseph Pargfrider nach 1833 prunkvoll umbauen.
Rechts: Gartenfront mit Herkulesstatue. Unten: Klassizistisches Löwenportal aus der Radetzkyzeit.

Er war der Sohn eines kleinen Volksschullehrers aus dem niederösterreichischen Schloßhof. Wer es wissen wollte, erfuhr jedoch, daß ihm, Joseph Pargfrider, dem natürlichen Sohn Kaiser Josephs II. mit einer Jüdin, Kaiser Franz zweitausend Gulden zugesteckt habe — mit der Auflage, eine Militärschuhfabrik einzurichten.
So hohe Herkunft verpflichtete den kaiserlich-königlichen Schuhfabrikanten. In seinem 42. Lebensjahr erwarb er den Herrschaftssitz des Fürsten zu Löwenstein-Wertheim-Rosenberg samt repräsentativem Schloß nächst Großwetzdorf. Eines Sinnes mit Franz Grillparzer, der dem Feldmarschall Radetzky im Jahre 1848 »In Deinem Lager steht Österreich!« zugerufen hatte, beschloß der patriotische Armeelieferant und Kriegsmillionär, zu Ehren der von ihm mit Marschwerkzeugen ausgestatteten Helden des italienischen und ungarischen Feldzuges im Schloßpark ein noch nie dagewesenes Denkmal zu errichten. Rings um eine Säulenhalle im spätklassizistischen Stil, einer Art österreichischer Walhalla, entlang dreier Alleen und inmitten von Rondellen ließ er Hunderte von Metallgußbüsten aufstellen. »Lebensnah«, mit »echten« Augen, die Brust mit allerhöchsten Orden übersät, sind hier neben viel Generalität Prinz Eugen, Marschall Laudon, aber auch Feldwebel Anton Wagner und der Gefreite Anton Mrazek verewigt.
Von Anbeginn hatte der heimliche Kaiserssproß mit seinem Heldenberg-Unternehmen auf eine »schöne Leich« für sich selbst spekuliert. Wir wissen

nicht, für welche Summen der steinreiche Händler vom Feldmarschall Maximilian Freiherrn von Wimpffen und von dem Zeit seines Lebens verschuldeten österreichischen Nationalhelden Feldmarschall Radetzky die rechtsverbindliche Zusage erhielt, sich inmitten des Büstenwaldes an der Horner Bundesstraße bestatten zu lassen. Wie dem auch sei: Als Kaiser Franz Joseph I. sich nach Radetzkys Tod im Januar 1858 mit dem Gedanken trug, den populärsten Heerführer seiner Armee an der Seite der Habsburger in der Wiener Kapuzinergruft beizusetzen, konnte Joseph Pargfrider auf Radetzkys Testament verweisen, in dem es wörtlich hieß: »Ich bitte meinen alten Freund Pargfrider, bei welchem ich in seinem Park zu Wetzdorf am Helden Berg an der Seite des alten Freundes Marschall Baron Wimpffen beigesetzt zu werden wünsche, als Testamentsexekutor meines letzten Willens zu seyn, dessen Anspruch alles überlassen bleibt.«

Im Jahre 1863 bestattete man den 88jährigen Pargfrider unter dem Obelisken in der Mitte des Heldenberges — flankiert von den Sarkophagen der beiden Heerführer —, sitzend, in ritterlicher Rüstung, mit geschlossenem Visier. Kränzetragende Metallhohlguß-Jungfrauen trauern um den Schuhhändler, Wandsprüche feiern seine Taten: »Nicht wir, die Geschichte, die die Wahrheit an den Tag bringt, bleibt unser Richter, und es gibt nichts Erhabeneres auf Erden, als ein leuchtendes Vorbild zu werden, des Lebens Höchstes ist die Tat.«

Erfrischend skandierten die Wiener beim Anblick des makabren Schaustückes: »Hier liegen drei Helden in seliger Ruh, zwei lieferten Schlachten, der dritte die Schuh!«

Die Inschrift über dem Eingang zur Gruft — »Ehret, schonet und erhaltet das Eigentum der Todten« — wurde im Frühjahr 1945 von Soldaten der Besatzungsmacht, die auf Schatzsuche unterwegs waren, mißverstanden. Sie öffneten die Gruft, verließen die Stätte jedoch fluchtartig, als ihnen das Rittergespenst des Armeelieferanten entgegenfiel.

Den Besitz des Herzogs Leopold von Schleswig-Holstein-Sonderburg und dessen Schwiegersohnes Karl Thomas Fürst zu Löwenstein-Wertheim erwarb im Jahre 1833 der kaiserliche Armeelieferant Joseph Pargfrider. Zu den Kuriositäten des Heldenberges gehören auch Metallhohlguß-Denkmale mit symbolischem Hintergrund. Den Eingang zum Park säumen »griechische« Gymnastikjünglinge. Vor dem großen Obelisken sieht man die drei griech. Schicksalsgöttinnen Klotho, Lachesis und Atropos am Werk. Den Ruhmestempel krönt der Kriegsgott Mars. Auf dem Platz vor der Halle thront die Geschichtsschreibung. Auf dem Schild, den sie führt, stehen die Worte: »Der heldenmüthigen k. k. italienisch und ungarischen Armee, für ihre Ao 1848 und 1849 unerschütterliche Treue und unbezwingbare Tapferkeit als Andenken gewidmet.« Unter anderen Inschriften findet sich eine, die verkündet: »Wehe dem, der unsere Ruhe stört, wir sind nicht todt, weil wir schweigen.«

Unten: Büsten von Heerführern und Generalen der Feldzüge Radetzkys 1848/49.

Die morganatische Ehe des Thronfolgers

Artstetten · Niederösterreich

An einem Junitag des Jahres 1900 hatte der designierte Thronfolger Franz Ferdinand vor den Mitgliedern des Erzhauses feierlich erklärt, seine Ehe mit der Gräfin Sophie Chotek von Chotkova und Wognin sei als keine »ebenbürtige, sondern als eine morganatische für jetzt und alle Zeit anzusehen«, weder die Gemahlin noch zu erhoffende Kinder könnten jemals erbberechtigte Mitglieder des Hauses Habsburg sein. Die Ermordung des Paares am 28. Juni 1914 löste den Ersten Weltkrieg aus. Sie beendete den jahrelangen Konflikt zwischen Kaiser und Thronfolger, nicht jedoch die unversöhnliche Ablehnung des Kaiserhauses Gräfin Chotek gegenüber. Während der Beisetzungsfeierlichkeiten in der Hofburgkapelle lagen auf dem Sarg der inzwischen zur Herzogin von Hohenberg erhöhten Sophie Fächer und Handschuhe, die Insignien der einstigen Hofdame, auch war er um eine Stufe niedriger aufgestellt als der des Habsburgers. Nur Erzherzog Karl ermöglichte es den Kindern, an den Särgen ihrer Eltern zu beten. Erst die Gruft seines Schlosses gewährte Franz Ferdinand das ihm zu Lebzeiten streitig gemachte gleichberechtigte Nebeneinander mit seiner geliebten »Sopherl«.

Das Schloß am Waldhang, mit seinen Zwiebeltürmen weithin gegen die Donau zu sichtbar, ist Begräbnisstätte des 1914 mit seiner Gemahlin in Serbien ermordeten Thronfolgers Franz Ferdinand von Österreich-Este.

LAGE *Nordwestl. Melk.*
BESICHTIGUNG *Der Gruft 9—11, 13—17 Uhr, ganzjährig.*

Die Rundtürme (rechts) verweisen auf die mittelalterliche Wehranlage der Artstettener. Zwiebeltürme erhielt erst das seit 1823 habsburgische Schloß. 1910 ließ Franz Ferdinand unter der von ihm als Museum verwendeten Schloß- (und Pfarr-) kirche die Familiengruft der Hohenberg anlegen. In einem von vier Säulen begrenzten Raum mit Kreuzgratgewölbe stehen vier Sarkophage, unter ihnen der des Fürsten von Hohenberg, im kleineren Raum mit Tonnengewölbe und zwei Säulen die beiden Marmorsarkophage für Franz Ferdinand von Habsburg und Sophie von Hohenberg (oben).

...alla moderna neu erbaut und zugerichtet

Riegersburg · Niederösterreich

Das spätbarocke Khevenhüllerschloß an der mährischen Grenze, nach 1730 vom »Landschaftsbaumeister« Franz Anton Pilgram über der alten Wasserfeste Ruegers errichtet, ist teilweise nach Plänen des jüngeren Fischer von Erlach konzipiert (links).

LAGE *Nordwestl. Retz.*
BESICHTIGUNG *15. 4.—15. 10., tägl. außer Mo.*

1945 verwüstet, nach 1955 restauriert, ist das Schloß heute vom Österreichischen Museum für angewandte Kunst in Wien mit dem Mobiliar (unten) eines adeligen Landsitzes im 18. Jh. ausgestattet.

Als Statthalter der niederösterreichischen Erbfürstentümer hatte Siegmund Friedrich Reichsgraf Khevenhüller zu Aichelberg, Graf von Hochosterwitz, nach 1730 ausgedehnte Besitzungen »an der Poststraßen nacher Prag« erworben; neben der Grafschaft Hardegg u. a. auch Schloß und Dorf Riegersburg. Sein Sohn, Fürst Johann Joseph, kaiserlicher Obersthofmeister Maria Theresias, schildert in Tagebüchern, wie sein »gutter Vater und Zierde unseres Hauses« keine Mittel gescheut hatte, die alte Wasserfeste »gar schön alla moderna zurichten und meistentheils neu erbauen« zu lassen. Wie die Schlösser Starrein und Fronsburg, war auch Riegersburg mit der »auf dem Land üblichen Einrichtung« ausgestattet; man fand hier alles vor, »ohne weiters etwas von Bettzeug oder von Kuchlzeug mitbringen zu dörffen.«

Das Schloß an der böhmischen Grenze war willkommene Station bei Reisen nach Norden. Als der Fürst 1734 nach Dresden und Prag fuhr, verließ er am Dienstag, dem 22. Juni, Wien, nächtigte auf Riegersburg und erreichte, nachdem er »wegen verdorbener weg drei ganze Tag und Nacht gefahren« war, erst am Samstag, dem 26. Juni, gegen ein Uhr nachmittag Dresden.

An einem Septembertag 1755 ließ Fürst Johann Joseph die zu Ehren des väterlichen Namenspatrons Siegmund erbaute Schloßkapelle »benediciren und hierauf das Hochwürdige, so wir alle processionaliter begleitet mit denen gewöhnlichen Kirchen-Ceremonien« von der alten Kapelle übertragen. »Wir speisten allda«, heißt es im Tagebuch, »und im Zurückfahren (nach Wien) stige ich bei einer Schütten ab, allwo ich einen überloffenen Frischling geschossen, und sooft ich daraus (in Riegersburg) gewesen, immer Schweine angetroffen.«

Das Schneckenreither-Schloß

Breiteneich · Niederösterreich

Breiteneich, eines der frühesten erhaltenen Renaissanceschlößchen Niederösterreichs, 1541 entstanden, 1592 erweitert, im 18. Jh. Besitz der Grafen Hoyos, ist heute von privater Hand sorgfältig restauriert und instand gesetzt worden. Sein Park und die historischen Räume sind sommersüber Orte künstlerischer Begegnungen sowie gepflegter Geselligkeit.

LAGE *Nordöstl. bei Horn.*
BESICHTIGUNG *Nur nach Anmeldung.*

Nur in wenigen Schlössern Österreichs bilden Bauelemente und Zierate der Spätgotik und Frührenaissance ein ähnlich reizvolles Mit- und Ineinander wie in Breiteneich. Die Renaissancelauben sind mit einer spätgotischen Maßwerkbrüstung versehen (Bild rechts), die Kreuzgewölbe zeigen Schlußsteine mit spätgotischen Hängezapfen. Außen- wie Hofwände, Fenster- und Türleibungen sind mit Sgraffitomalereien und Schmuckornamentik aus der Bauzeit geziert. Auch eines der Tonnengewölbe zeigt bunte Groteskmalereien. Das Gitterwerk über der Zisterne im Hof stammt aus dem 17. Jh.
Nicht weniger reizvoll erscheinen zwei spätgotische Spindeltreppen mit Pforten. Im Obergeschoß finden sich Säle mit bemalten Balkendecken und mit Grotesken versehene Holzvertäfelungen. Drei Räume, unter ihnen die ehemalige Kapelle, zeigen Netz-, Sterngrat- und Faltengewölbe.
Im 18. Jh. ist neben dem Schlößchen ein Barocktrakt errichtet worden. Auch der Park von Breiteneich hat seine Besonderheit. Ein einfallsreicher Schloßherr ließ einen zehnjährigen Bestand von Linden ausgraben, die Äste und Wurzeln beschneiden und die Bäume verkehrt in das Erdreich setzen.

Nach dem Abzug der Türken 1529 waren für Niederösterreich Jahrzehnte des Friedens gekommen. In Horn und Eggenburg, Zentren des neubelebten Böhmenhandels, hatten Handwerk und Kunst wieder einen goldenen Boden. Das Schlößchen des Erasmus und der Margareta von Schneckenreith, 1541 fertiggestellt, ein einfacher zweistöckiger Vierkanter um einen quadratischen Hof mit Zugbrücke über einen breiteren Wassergraben, mag sich im 16. Jh. von fern wie eines der sonstigen festen Häuser ausgenommen haben, die damals allerorts entstanden. Doch schon das ornamental verzierte Portal, die attikageschmückte Pforte mit Delphinen, Rosetten und einem Wappen-Putto verrät ein Schlößchen mit Wohlstandsarchitektur. Manieristische Spielelemente einer neuen Zeit finden sich auch im Innern des noch in vielem spätgotisch-mittelalterlichen Gemäuers. Überall sind Schnecken Zierelement im Schneckenreither-Schloß, an Türrahmen wie auf den Sgraffiti. Die Inschrift beim Tor lautet: »ERASM VON SCHNEKENREIT MARGAREDA DIERBANIN SEIN ELICHE GEMAHEL HABEN DAS TOR ERPAUT SAMBT DER MAUR MIT DER GNADEN GOTES DEM SEI LOB UND PREIS GESAGT 1541.«

Am Vorabend der Entscheidung

Greillenstein · Niederösterreich

Die protestantischen Adligen im Lande unter der Enns hatten sich im Horner Bund zusammengeschlossen und gemeinsam mit den böhmischen Ständen den Kurfürsten Friedrich von der Pfalz zum König gewählt. Zu der für den 10. September 1619 ausgeschriebenen Erbhuldigung vor Kaiser Ferdinand erschienen in Wien außer den katholischen nur vier protestantische Herren. Der inzwischen zum römisch-deutschen Kaiser gekrönte Ferdinand II. verbündete sich mit Maximilian von Bayern und rüstete zum Feldzug gegen Böhmen.
Die Verhandlungen des Horner Bundes mit dem Kaiser hatte von Beginn an Hans Ludwig Kuefstein geführt, ein Bruder des Hans Jacob, Herr auf Greillenstein. Als Ferdinand II. mit seinem Wort dem Unterhändler verbürgte, die Protestanten Augsburgischer Konfession könnten sich wie gewohnt bekennen, gelang es dem Kuefstein, einen Teil seiner Glaubensgenossen zu bewegen, am 12. Juli 1620 Ferdinand zu huldigen. Es erschienen 39 Herren und 47 Ritter. Die Mehrzahl der Horner hielt jedoch an dem Bund mit den Böhmen fest.

Eine Folge von zeittypisch ausgestatteten Renaissancestuben und -sälen, die dem Besucher Einblick in die Amts- und Wohnräume einer Grundherrschaft des 16. bis 18. Jh. geben, sowie die im Schloß untergebrachte Strafrechtssammlung machen Greillenstein zu einer der Sehenswürdigkeiten Niederösterreichs.

LAGE *Westl. Horn.*
BESICHTIGUNG *1. 4.—15. 11., tägl. ab 9 Uhr.*

Links unten: Renaissancemalerei an der Decke der kleinen Bibliothek.
Rechts: Renaissancealtar der Schloßkapelle.

Die mittelalterliche Wasserburg der Grellen mit mächtigem Bergfried ist zwischen 1560 und 1604 von den Kuefstein zum wehrhaften Renaissanceschloß erweitert worden.
Bild oben: Umbauten und barocke Zufügungen um 1700 haben Greillenstein zu seinem unverkennbaren Aussehen verholfen. Führungen durch die Schloßräume — Amtsraum, Registratur und Gerichtssaal der Grundherrschaft, Kapelle mit prachtvollem Altar und Kanzel, Große und Kleine Bibliothek, Säle etc. — vermitteln bleibende Eindrücke. Im Sommer veranstaltet die Familie Kuefstein Schloßkonzerte.

Die Strafrechtssammlung des Niederösterreichischen Landesmuseums im ersten Stock des Schlosses zeigt Werkzeuge des früheren Strafvollzugs: Schandmasken, Prügelbank und Galgen, Richtschwerter, Richträder und Folterwerkzeuge.

Im September dieses Jahres vereinigten sich in der Nähe des Schlosses Greillenstein die Kaiserlichen mit den Truppen des bayerischen Kurfürsten Maximilian. In seinen »Annales Ferdinandei« berichtet Graf Franz Christoph Khevenhüller: »Den 8. September sein Ihr Fürstl. Durchlaucht, nachdem Sie zu Oberndorf in einem Heustadel über Nacht geblieben, des Morgens mit dem Volk vor das Schloß Greillenstein gerückt, daselbsten sich die darinnen liegenden Soldaten zur Wehr gesetzt, sobald sie aber Se. Durchl. selbst mit der ganzen Armada und also den Ernst gesehen, haben sie das Schloß aufgegeben und sein in die Stadt Horn gezogen, hat dieses Schloß Greillenstein dem Hans Jacob Freiherrn von Kuffstein gehöret, der sich in der Böhmen Dienst gebrauchen lassen und zu Horn sich damals aufgehalten.« Schloß Greillenstein war vom 8. bis 12. September Hauptquartier der vereinigten Truppen. Hier entstand der Plan zum Feldzug gegen Prag. Er endete mit der Schlacht am Weißen Berge und der Vernichtung des »Winterkönigs« Friedrich von der Pfalz.
Über Hans Jacob, den Herrn von Greillenstein, berichtet einer seiner Nachfahren: »Als infolge der geleisteten Huldigung die Wogen des Sturmes sich geglättet hatten, wurden auch die bewährten Dienste des Hans Jacob wieder angenommen und ihm die Ernennung zum niederösterreichischen Kammerrate erteilt ›wegen seiner Ihro Kais. Maj. und dem hochlöbl. Hause Österreich in mehr Weg erzaigt und bewiesenen eifrigen, nutz- und erspießlichen Dienste.‹«

In diesen heil'gen Hallen

Rosenau · Niederösterreich

Zwanzig Jahre nach der Gründung der Londoner Mutterloge, im Jahre 1737, entstand mit englischem Patent in Hamburg die erste deutsche Freimaurerloge »d'Hambourg«. Unter dem Protektorat Friedrichs II. von Preußen versammelten sich vier Jahre später auch die »freien Denker« und Maurer an einer Vernunftkirche der Zukunft in Berlin und begründeten die Loge »Aux Trois Globes«. Im selben Jahr vereinigte Philipp Gotthart Graf Schaffgotsch, Fürstbischof von Breslau, Gesinnungsfreunde in der Loge »Aux Trois Squelettes«. 1742 beauftragte dieser Kirchenfürst aus altem schlesischem Adel den Reichsgrafen Albrecht Joseph von Hoditz, auch in Wien eine Freimaurerloge ins Leben zu rufen. Sie erhielt den Namen »Aux Trois Canons«.

Die Mitglieder der Logen freier Maurer gingen davon aus, daß auf Erden einzig die Vernunft zu regieren habe und es weder einer Offenbarung noch veralteter Sittengesetze bedürfe, um zu verdeutlichen, was jeder Mensch Gott und dem nächsten schuldig sei. Gott, dem Weltenbaumeister, diene am besten, wer der natürlichen Vernunft und einer ebenso natürlichen Moral

Das wohl interessanteste Schloß des Waldviertels, einst Herrschaftssitz der Schallenberger, gehörte zwischen 1883 und 1921 Georg Ritter von Schönerer. Im Südtrakt des Schlosses entdeckte man vor kurzem die Räumlichkeiten einer Freimaurerloge des 18. Jh.

LAGE *Westl. Zwettl.*
BESICHTIGUNG *April bis November, tägl. 9—17 Uhr.*

Unten: Das Schloß, ein erweiterter Gutshof des 16. Jh., war Mittelpunkt einer Gutshofsiedlung. Die barocken Formen mit Torturm und Kirchenzubau erhielt es im 18. Jh.

Den um 1590 erbauten Vierkanter erwarben 1662 die Grafen Schallenberg. Leopold Christoph Graf Schallenberg ließ ihn zwischen 1736 und 1747 barock verändern und erweitern. Die von ihm beschäftigten Künstler Daniel Gran, Paul Troger und Johann Rincolin wirkten auch an der Ausgestaltung der im Südtrakt eingerichteten Räumlichkeiten der Freimaurerloge mit. 1868 erwarb Mathias Schönerer, einer der Eisenbahnpioniere Österreichs und Miterbauer der Semmering-Bahn, die Herrschaft. 1883 erbte sie sein Sohn Georg, der spätere Politiker. 1945 wurde Rosenau geplündert, 1964 restauriert.

Bild oben: Das sich heute im Besitz der Niederösterreichischen Landesregierung befindliche Schloß.

gehorche. Während eine Reihe Priester und Bischöfe der christlichen Konfessionen im Einvernehmen mit der römischen Kurie solche Deïsten als Leute bezeichnete, die sich nur noch nicht die Zeit genommen hätten, Atheisten zu werden, förderten viele Kirchenfürsten das Logenwesen.

Die Logen knüpften an die Tradition des englischen Werkmaurertums an. Wie die »operativen« gotischen und nachgotischen Maurer und Meister, die ihre nach geheimen mathematisch-geometrischen Prinzipien erstellten Baupläne und Konstruktionsschemata eifersüchtig vor jeder Öffentlichkeit schützten und sich zur Geheimhaltung verpflichteten, umgaben sich auch die »spekulativen« Baumeister der Vernunftdome mit geheimnisvollem Ritual und graduierten sich zu Lehrlingen, Gesellen und Meistern. Winkelmaß, Zirkel, Kelle, Lot und Mauerschurz galten als heilige Symbole. In ihrem Zeichen schworen die Suchenden, gelobten Lehrlinge zehn Pflichten einzuhalten, Meister dreiunddreißig.

Maria Theresia mißtraute der aufkommenden Geheimbündelei, doch war ihr Gemahl Franz Stephan von Lothringen selbst Meister einer Loge, der erste Angehörige eines regierenden Hauses, der praktizierender Freimaurer war. Auch Maria Theresias Schwiegersohn Herzog Albrecht von Sachsen-Teschen, Begründer der Wiener Sammlung »Albertina«, ihr Leibarzt van

Bild links: Im Innenhof mit dem sechseckigen Brunnen ist über dem Stiegen- und Kircheneingang ein Gemälde mit Darstellung der Jakobsleiter zu sehen, wahrscheinlich ein Werk Daniel Grans. Sechzehnstufig, symbolisiert sie den Grad der Rosenauer Freimaurerloge. Elemente und Symbole der Ausstattung deuten auf ein Hochgradkapitel, wahrscheinlich französischer Observanz. Als Hochgradloge gehörte sie zur sogenannten »roten Maurerei«, worauf auch rot gemalte Türhüter im Stiegenhaus verweisen. Die unter den Fenstern herabhängenden, mit Quasten zusammengehaltenen Bandverzierungen erinnern an den »Liebesknoten« der freimaurerischen »Bruderkette«.

Bild unten: Der gebrochene Obelisk mit Weinlaubblättern, Widderköpfen, Sonnen- und Zirkel-Winkelmaß-Symbolen ist im Marmorkabinett zu sehen, dem Vorraum des eigentlichen »Freimaurertempels«. Georg von Schönerer benützte das Marmorkabinett als Arbeitszimmer und den Tempel als Schlafzimmer, ohne von der ursprünglichen Bedeutung der Räume zu wissen.

Swieten, ihr Berater Josef von Sonnenfels und ihr Oberst-Hof-Stabelmeister Leopold Christoph Graf Schallenberg, Herr auf Rosenau, waren Freimaurer.

Der Name der Rosenauer Loge des Grafen Schallenberg ist nicht bekannt. Sie fiel dem Freimaurerpatent Josephs II. zum Opfer.

Am 7. Januar 1785 wurde Wolfgang Amadeus Mozart in der Loge »zur wahren Eintracht und zur Wahrheit« »mit den gewöhnlichen Ceremonien in den 2. Grad befördert«. Er komponierte für diese Loge die »Gesellnreise« und die »Maurerfreude«, eine »Maurerische Trauermusik« und »Die kleine Freimaurerkantate«. Nach einer Aufführung der Freimaurerkantate anläßlich einer Logenfeier sang man das »Kettenlied«, eine Mozart zugeschriebene Melodie. Sie wurde später als »Bundeslied« bekannt. Nach dem Ersten ebenso wie nach dem Zweiten Weltkrieg fand sie als österreichische Bundeshymne Verwendung. Im zweiten Akt seiner »Zauberflöte« werden die Aufnahmezeremonien in eine Freimaurerloge allegorisiert dargestellt. Den ihm befreundeten Ignaz Edler von Born, Meister seiner Loge, Herausgeber des »Journals für Freymaurer« und Verfasser einer Satire auf die Mönchsorden, hat Mozart als Sarastro verewigt. »In diesen heil'gen Hallen kennt man die Rache nicht . . .« verkündet höchste Freimaurergesinnung.

Das Wasserschloß der Grabner und das Schloß Wasserburg der Zinzendorf

Pottenbrunn · Niederösterreich

Im restaurierten Wasserschloß des 16. Jh., Besitz der (Grafen) Trauttmansdorff, sind Räume für ein Zinnfigurenmuseum und für Sonderausstellungen geschaffen worden. Schloß Wasserburg, 16. Jh. (rechte Seite), liegt nördlich des Marktes. Der Besitz der (Grafen) Seillern-Aspang ist nicht zu besichtigen.

LAGE *Nordöstl. St. Pölten.*
BESICHTIGUNG *des Zinnfigurenmuseums: April bis Oktober, tägl. 9 bis 17 Uhr, außer Mo.*

Unten rechts: Wassergraben mit Neuschloß, 17. Jh., im Hintergrund der wiederaufgebaute »Grabnerturm« mit Altschloß. Die oberen Geschosse und das Stiegenhaus ausgenommen, stammt es in seiner Grundstruktur aus dem 12. Jh.

Als im Jahre 1505 Appolonia, die Erbtochter der Ritter von Potinbrunn, den Ritter Sebastian Grabner auf Zagging (→) ehelichte, kam die Herrschaft an die Grabner. Nach dem Vorbild der Rosenburg im Kamptal, seit 1487 im Besitz der Grabner, ließ ein gleichnamiger Enkel des Ritters von Zagging noch vor dem Jahre 1600 die alte Pottenbrunner Wasserburg zum Renaissanceschloß mit umlaufenden Galerien unter dem Walmdach erweitern. Auch den romanischen Bergfried versah man mit einer Galerie. Dieser 1961 zusammengestürzte Turm wurde in ursprünglicher Gestalt wiedererrichtet.
Das erst Salzburgische, dann Passauische Lehen der Herren zu Wazzerberg nördlich des mittelalterlichen Potinbrunnin, im 14. Jh. Sitz der Puchberger, der von Pergau und der Toppel, kam 1515 an die Grafen Zinzendorf. Sie behielten die Herrschaft und das Wasserschloß, das mit dem Amt eines Erblandjägermeisters verbunden war — die steinernen Hunde vor dem Schloßeingang verweisen auf dieses Amt — bis zum Jahre 1813. In Wasserburg verwahrte man im 19. Jh. den berühmten Pittener Corvinusbecher, 15. Jh., der 1969 von den Grafen Baudissin-Zinzendorf-Pottendorf der Gemeinde Pitten übergeben wurde. Im südlichen Trakt des Schlosses erhielt sich ein mit prächtigen Wandmalereien von Daniel Gran, 1718, ausgestatteter Raum. Die heutige Gestalt des Schlosses geht auf einen Bau nach 1515 zurück, den Anfang des 18. Jh. die Zinzendorf umbauen ließen.

Oben: Die Belagerung Wiens durch die Türken im Jahre 1683, aus dem Zinnfigurenmuseum mit insgesamt etwa 35 000 Zinnfiguren in zum Teil bis zu 16 m² großen Dioramen; sie stellen Ereignisse der österreichischen Geschichte dar.

Die Waffen nieder!

Harmannsdorf · Niederösterreich

Das durch Berta von Suttner bekannt gewordene Schloß besitzt noch den mittelalterlichen Bergfried, um den es im 16. Jh. errichtet wurde. Es ist im 17. Jh. umgebaut, im 18. Jh. barockisiert und 1945 auf häßliche Art verwüstet worden.

LAGE *Südl. Horn.*
BESICHTIGUNG *Keine.*

Unten links: Steinfiguren des 18. Jh. finden sich im ganzen Schloßbereich und in den ausgedehnten, zur Zeit Maria Theresias geschaffenen Gartenanlagen.
Unten rechts: Das oberste Geschoß der Vorderfront ist eine Zutat des 19. Jh.

Als vermögenslose Dreißigjährige, Tochter des pensionierten k. k. Feldmarschalleutnants Franz Joseph Graf Kinsky von Chinic und Tettau, war Berta im Jahre 1873 die Geliebte des wohlhabenden Artur Gundaccer von Suttner geworden. Nicht ohne Überschwang schildert die erste weibliche Nobelpreisträgerin in ihrer Selbstbiographie die ungetrübte Ehezeit mit dem um sieben Jahre jüngeren Baron. Fast zwei Jahrzehnte war Schloß Harmannsdorf das so glückliche wie arbeitsreiche Zuhause der Vorkämpferin für einen allgemeinen Weltfrieden. Hier absolvierte sie nach eigenen Worten die »Hochschule des Glücks« — »Besser als mit Arbeit und Liebe kann überhaupt ein Leben nicht erfüllt sein«. In Harmannsdorf entstand neben Erzählungen und Friedensschriften auch der Roman »Die Waffen nieder!« Nach Harmannsdorf schrieben Fürsten und Herzöge, Politiker, Dichter und Wissenschaftler aller Länder der Erde. In das Schloß am Manhartsberg kam auch Alfred Nobel, jener Ingenieur, der Berta 1876 in Paris erklärt hatte, er sei daran, »einen Stoff zu erfinden von so massenhaft verheerender Wirkung, daß dadurch Kriege überhaupt unmöglich werden«.

Rudolf der Letzte

Mayerling · Niederösterreich

Kaiser Franz Josephs einziger Sohn, Kronprinz und Thronfolger, wurde am 21. August 1858 in Schloß Laxenburg geboren. Von jeder Teilnahme an den Regierungsgeschäften ausgeschlossen, entwickelte sich der politisch interessierte und literarisch begabte Erzherzog zu einem unversöhnlichen Gegner seines Vaters und dessen Beratern. Schon als Zwanzigjähriger wandte er sich in einem anonymen »Mahnruf« an den österreichischen Adel. Unter einem Pseudonym ließ er später aufsehenerregende Artikel im »Neuen Wiener Tagblatt« erscheinen. Nach 1880 begann auf seine Initiative »Die österreichisch-ungarische Monarchie in Wort und Bild« zu erscheinen.
1883 hatte Rudolf an den ihm befreundeten Redakteur Moritz Szeps geschrieben: »... wir gehen einer Revolution ... auch dem selbstverschuldeten — und fast möchte ich sagen: wohlverdienten — Untergang entgegen.« Am 30. Januar 1889 endete der Thronfolger zusammen mit der jungen Baronesse Marie Vetsera auf Schloß Mayerling durch Selbstmord. Für den in zahlreiche Liebesaffären, gesellschaftliche Skandale und politische Intrigen verstrickten Einunddreißigjährigen war das Leben sinnlos geworden.

Kronprinz Rudolf hatte den einstigen Meierhof von Heiligenkreuz 1887 zu einem Jagdschloß umbauen lassen. 1889, nach seinem Selbstmord, wurde das Gebäude in ein Kloster der unbeschuhten Karmeliterinnen umgewandelt.

LAGE *Nordwestl. von Baden bei Wien.*
BESICHTIGUNG *Mai bis November, tägl.*

Unten: Überführung der Leiche des Thronfolgers. Begebnis und Ablauf der Geschehnisse von Mayerling sind Gegenstand ungezählter Veröffentlichungen gewesen.

»Was Adel wissen soll, in Weisheit, Künsten, Sprachen«

Schallaburg · Niederösterreich

Die totale Restaurierung in den Jahren 1968 bis 1974 hat die acht Jahrhunderte alte Burg- und Schloßanlage als baugeschichtliches Kontinuum und einzigartiges Renaissanceschloß, ebenso als historische Stätte ersten Ranges sichtbar werden lassen. Die Arkadengalerie des Hofes stellt eines der wichtigsten bildnerischen Zeugnisse der Geisteswelt des 16. Jh. dar.

LAGE *Östl. Melk.*
BESICHTIGUNG *Mai bis Nov., tägl.*

Unten: Das äußere Tor mit Renaissanceturm und romanischer Wohnburg. Rechte Seite: Der große Arkadenhof, 1570/78.

Anleitungen zum Unterricht an Schulen für den jungen protestantischen Adel im Österreich des 16. Jh. nennen als Lehrziel »die Erkenntnis aller Dinge und die Geschicklichkeit zu reden«. Aus Büchern, heißt es weiter, seien vor allem »schön Exempel, Lehr und Anleitung zu adeligen Tugenden« zu schöpfen. Auch der Verfasser des »Adeligen Landlebens« von 1598, der Niederösterreicher Wolf Helmhard von Hohberg, hält neben der körperlichen Ertüchtigung »sittliche Erziehung und Wohlredenheit« für die unentbehrlichen Disziplinen adeliger Erziehung.
»Exempel, Lehr und Anleitung« zu geforderten Tugenden standen für den Schüler des 16. Jh. bei Terenz, bei Cicero in dessen Briefen sowie in De officiis, dem Werk »Über die Pflichten«. Ob protestantischer oder katholischer Junker: Der Zugang zum Wissen der Zeit führte ausschließlich über eine fließende Beherrschung der lateinischen Sprache, und Kavalier wurde nur, wer an den Universitäten zu Padua, Bologna, Siena, zu Straßburg, Wittenberg, Jena, Tübingen, Regensburg, auch zu Löwen, Wien und Ingolstadt lateinische Vorlesungen gehört und im Verlauf einer »Kavalierstour«

Die Burg der Herren von Schalla im 11. und 12. Jh. kam im 13. Jh. an die Zelkinger, deren Stammburg in nächster Nachbarschaft lag. 1450 fiel der Besitz an eine Nebenlinie der Losensteiner aus Losensteinleiten im Ennstal. Nach 1540 begann Christoph von Losenstein mit der schloßartigen Erweiterung der Burg, sein Sohn Wilhelm, 1546—1601, Begründer der protestantischen Landschaftsschule im nahen Herrschaftszentrum Loosdorf, vollendete den Schloßbau und ließ zwischen 1570 und 1578 die Arkadengalerie im Großen Hof errichten. Nach Wilhelms Tod fiel der schwerverschuldete Besitz an die Stubenberg. Hans Wilhelm von Stubenberg, Übersetzer und Schriftsteller von Rang, war als Protestant gezwungen, 1660 den Besitz zu verkaufen. Die Schallaburg kam im 18. Jh. an die Freiherrn von Tinti.

Oben: Männliche Herme. Daneben: Terrakotten der Ostwand, die Freien Künste und die sieben Tugenden darstellend.

durch den romanischen Süden und Westen Italienisch und Französisch, womöglich auch Spanisch gelernt hatte.

Auf Wunsch seines frühverstorbenen Vaters war Hans Wilhelm von Losenstein in Regensburg und Wittenberg gewesen, 1563 steht sein Name in den Matrikeln der Universität Padua. Der Sproß einer Familie, die als eine der ersten der Lehre Luthers anhing, übernahm die Herrschaft Schallaburg mit dem Vorsatz, hier, in der Nähe Wiens, ein Zentrum des protestantischen Adels zu errichten. In seinem Markt Loosdorf begründete der Fünfundzwanzigjährige eine »Hohe Schule« — ein Gymnasium für die protestantische adelige und nichtadelige Jugend. Neben ihr entstand 1587 die evangelische Kirche. Schloß Schallaburg ließ Hans Wilhelm über die Intentionen des Vaters hinaus erweitern.

Der Turnierhof diente der körperlichen Ertüchtigung des jungen Adels, in der Arkadengalerie des großen Schloßhofes dagegen wurde ihm eine Art steinerner Katalog der sittlichen und geistigen Ideale der Zeit vorgestellt: Hermen und Karyatiden symbolisierten die sieben Tugenden — Geduld, Weisheit, Milde, Gerechtigkeit, Treue, Hoffnung, Tapferkeit — und die sieben Freien Künste: Grammatica, Dialectica, Rhetorica, Arithmetica, Musica, Geometrica, Astrologia. Reliefs stellten die neun Musen und die Taten des Herkules vor, Parabeln und Vorbilder der Weisheit, der Treue, Liebe, Keuschheit und des Glücks, der Freundschaft, Furchtlosigkeit, Tapferkeit und Vaterlandsliebe. Die Wappen seines Hauses und verwandter Geschlechter in jedem Arkadenbogen des Schloßhofs bekräftigten das Bildungsprogramm des Losensteiners: »Was Adel wissen soll, in Weisheit, Künsten, Sprachen.«

Die »verlobten Füß«

Heiligenkreuz-Gutenbrunn · Niederösterreich

1727 entdeckte der arme Jäger Johann Paul Müller in einem Winkel des Getreidebodens im Gutenbrunner Schloß derer von Tepsern eine Marienstatue, die einst der Sturm von einer Säule geworfen hatte. Mit Bewilligung der Herrschaft stellte er sie auf den Schloßberg. Als im Jahr darauf ein fußkranker Hirt bei der Statue ein von ihm angefertigtes Holzbein opferte — er hatte Wunden in das Holz geschnitzt und war geheilt worden —, begann die Wallfahrt von Gutenbrunn. Bis an die fünftausend Mariazeller Pilger hielten jetzt oft täglich ihre Andacht vor der Maria auf dem Schloßberg, und bald umgaben »über zweytausend verlobte Füß« und »viel tausend Opfer« die inzwischen durch eine Kapelle geschützte Statue. 1738 ließ der Edle von Tepser sein altes Schloß in Gutenbrunn abbrechen und bei der Marienkapelle ein Rokokoschloß errichten. 1754 erwarb Dr. Franz Anton von Marxer, Weihbischof von Wien und Gründer des Kinderarmenhauses am Rennweg, die Tepsersche Herrschaft. Er ließ das Schloß zur heutigen Gestalt erweitern und die Wallfahrtskirche Maria Himmelfahrt errichten.

Im spätbarocken Schloß mit prunkvoller Rokokoausstattung, Besitz der Familie Figdor, ist das Barockmuseum des Landes Niederösterreich eingerichtet. Schloßkapelle und Wallfahrtskirche sind mit Werken von Paul Troger, Franz Anton Maulpertsch und Johann Hetzendorf von Hohenberg ausgestattet.

LAGE *Östl. Herzogenburg.*
BESICHTIGUNG *Tägl. 9—12, 14—17 Uhr, Mo geschl.*

Unten: Die fünfzehnachsige Fassade des 18. Jh. wird von achtseitigen Türmen flankiert, das Haupttor von Atlanten.

An der bösen Beuge und am schönen Bühel

Persenbeug und Schönbühel · Niederösterreich

Die beiden Wahrzeichen an der Strudengauer und Wachauer Donau gehören zu den ältesten Burgschlössern Österreichs.

LAGE *Westl. Ybbs (Persenbeug) und östl. Melk (Schönbühel).*
BESICHTIGUNG *Keine.*

Unten: Das seit dem 10. Jh. nachweisbare Persenbeug wurde im 17. Jh. umgebaut und gehört heute der Familie Habsburg-Lothringen.
Rechte Seite: In seiner heutigen Gestalt entstand Schönbühel 1819/1821. Rundturm, einstöckiger Nebenflügel, Kapelle und Bastionsreste erinnern noch an das frühere Schloß.

Den Ruf einer Unglücksburg an der »bösen Beuge« besaß persinbiuge, seit im Oktober 1045 ein Bischof, ein Abt und beinahe auch Kaiser Heinrich III. tödlich verunglückten (→ Burgenbuch). 1597 besetzte der Schuster von Emmersberg mit seinen Bauernhaufen die Burg; in das 1619 gerade im Umbau befindliche Bauwerk drangen die oberösterreichischen Stände. Über dem Schloß an der bösen Beuge schien erst ein freundlicheres Gestirn aufgegangen, als hier nach 1800 Kaiser Franz I. mit einem Grafen, einem Feldmarschalleutnant und einem Kapellmeister des öfteren beim Streichquartett zusammensaß. Doch sollte der hier am 17. August 1887 geborene Erzherzog Karl der letzte Kaiser Österreichs werden.
Namensforscher weisen nach, daß »Persenbeug« ebensowenig mit der »bösen« Beuge in Verbindung zu bringen ist wie »Schönbühel« mit einem schönen Bühel. Vielmehr verhalf ihnen ein Gefolgsmann Perso und ein seit dem Anfang des 9. Jh. stark befestigter Schau-Bühel der Passauer Bischöfe zu ihrem Namen. Erst die Grafen von Geroldingen verwandelten das barocke Schloß der Starhemberger auf dem Schau-Bühel in ein Schönbühel.

Der Bruderzwist in Habsburg

Linz · Oberösterreich

Das Schloß Kaiser Rudolphs II., zwischen 1599 und 1607 wahrscheinlich nach Plänen eines Wiener Baumeisters über der alten Burg Friedrichs III. errichtet, wurde im Jahre 1800 durch Brand zerstört, nach 1945 durchgreifend restauriert und zum Oberösterreichischen Landesmuseum umgebaut (Bild unten).

LAGE *In Linz an der Donau.*
BESICHTIGUNG *Di—So 10—13 Uhr, Fr und Sa auch 14—18 Uhr, Mi bis 20 Uhr, Mo geschlossen.*

Die Sammlung zeigt Kunst und Kultur der Frühzeit und des Mittelalters, kirchliches Kunsthandwerk, Plastik des 17./18. Jh., Gemälde, historische Musikinstrumente, bäuerliche Kultur, Volkskunst sowie eine Fahrzeugsammlung und ein Mostmuseum.
Rechte Seite: Portal aus Schloß Hartheim (→ S. 85), Ende des 16. Jh.

Mit Bewilligung seines kaiserlichen Bruders Rudolph hatte Erzherzog Matthias nach 1582 die Burg Friedrichs III. ausgebaut und in Linz eine Art Musenhof gehalten, bevor er 1593 Statthalter von Österreich wurde. Sechs Jahre später kam Rudolph II., von der Pest vertrieben, nach Linz. Er ließ das neue Schloß errichten und dachte daran, aus Prag zu übersiedeln und hier zu regieren. 1608 stürzte ihn jedoch Matthias mit Hilfe der oberösterreichischen Stände. Noch im selben Jahr besetzte deren Führer Georg Erasmus Tschernembl auf Schwertberg (→) das Linzer Schloß und verteidigte es gegen habsburgische Truppen. Der neue Kaiser sah sich gezwungen, seinem Helfer weitreichende Zugeständnisse zu machen. Als Matthias am 20. März 1619 unerwartet starb, besetzte Tschernembl am 22. März ein zweites Mal das kaiserliche Schloß. Von Vorstellungen einer freien Republik ob und unter der Enns bewegt, versuchte der fanatisierte Kalvinist im Bunde mit Böhmen und Ungarn im Herbst dieses Jahres einen »Marsch auf Wien« in Szene zu setzen. Das Unternehmen mißlang. Im Juli 1620 besetzte Maximilian von Bayern das Land. Georg Erasmus Tschernembl und sein Anhang wurden geächtet und mußten in die Emigration. Die Herrschaft übernahm jetzt Adam Graf Herberstorff, der bayerische Statthalter. Erst am 5. Mai 1628 konnte man in der Tafelstube unter Salutschüssen aus zwölf Geschützen das Ende der bayerischen Besatzung feiern. Herr auf Schloß Linz wurde nun Hans Wilhelm Kuefstein (→ Greillenstein).

Das »Gslos« der Prüschenk

Greinburg · Oberösterreich

Im Donauschloß aus spätgotischer Zeit, heute im Besitz der Stiftung der Herzog von Sachsen-Coburg- und Gotha'schen Familie, ist das Oberösterreichische Schiffahrtsmuseum untergebracht.

LAGE *Westl. Persenbeug.*
BESICHTIGUNG *1. 5.—15. 10., tägl. außer Mo.*

Unten rechts: Der spätgotische Torturm und Reste der Basteien erinnern an den frühen Wehrbau.
Unten links: Die Arkadengänge wurden 1621 und später errichtet.
Rechte Seite: Der Innenhof ist 33 Meter lang und 20 Meter breit.

Noch bevor die beiden geschäftstüchtigen steirischen Brüder Siegmund und Heinrich Prüschenk zu Grafen von Hardegg und Glatz avancierten, bewilligte Kaiser Friedrich III. seinen Günstlingen und bereits reichbegüterten Freiherrn von Stettenberg, sich oberhalb ihres Marktes »Grine ein gslos zu pawen«. Ein Jahr nach der Entdeckung der Neuen Welt, 1493, stand das Donauschloß im Nordflügel vollendet da, einer der ersten Wehrbauten ohne Blick auf das bisher allein gültige mittelalterliche Burgenschema Bergfried — Pallas — Zwinger errichtet. Ein repräsentativer, wohnlicher Vierkanter, Vorbild der Schloßbauten neuerer Zeit.
Der stimmungsvolle Arkadenhof mit Brunnen, wie er sich uns heute bietet, entstand allerdings erst 130 Jahre später, als sich der junge Graf von Meggau und Herr der Greinburg im Süden von der vorteilhaften Wirkung toskanischer Säulen überzeugt hatte. So neuzeitlich dieser Hof auch wirken mag, das Zellengewölbe im Erdgeschoß, das auf dem Reißbrett eines Architekten unseres Jahrhunderts entworfen worden sein könnte, stammt von Hans von Cöllen und ist eines der noch mittelalterlichen Elemente dieses Donauschlosses.

Die Chronistin von Schwertberg

Schwertberg · Oberösterreich

Die Burg an der Aist, noch im 16. Jh. Sitz eines Raub- und Fehderitters, ließ der Protestantenführer Georg Erasmus Tschernembl, 1567—1626, zum Schloß erweitern. Nach ihm besaßen die Meggau, die Starhemberg und Kuefstein die Herrschaft, seit 1748 die Thürheim, seit 1911 die Hoyos.

LAGE *Östl. Linz, an der Feldaist.*
BESICHTIGUNG *Keine.*

Unten: Schloß Schwertberg, zu dessen Sehenswürdigkeiten auch ein chinesischer Salon und eine Karte des Aistflusses aus dem 18. Jh. zählen.

Unter Peitschenknall, Fanfarengeschmetter und lautem Vivatgeschrei war die kleine Lulu von Thürheim an einem schönen Juliabend des Jahres 1794 in einer hellblauen, mit Perlmutterknöpfen und wappengezierten Berline — dem zeitüblichen Überland-Reisewagen — in Schwertberg eingezogen. Fünfzig Jahre später begann sie im Turmzimmer des Aistschlosses aufzuzeichnen, was ihr an Menschen und Schicksalen begegnet war, während der Napoleonischen Kriege, beim Wiener Kongreß, im Biedermeier und im Vormärz — hier in Schwertberg, aber auch bei Hofe und während ausgedehnter Reisen in der Monarchie und in Rußland. Lulu von Thürheim zeichnet das Bild einer niedergehenden Adelsgesellschaft. Hauptakteure ihres vierbändigen Memoirenwerkes sind die durch die Josephinischen Reformen verarmten, durch die Französische Revolution vertriebenen, durch die Napoleonischen Wirren und die Ereignisse von 1848 rat- und orientierungslos gewordenen Freiherren, Barone, Grafen, Fürsten und Kaiser. Die Chronistin ist in der Familiengruft der Thürheim an der Seite ihres Schwagers, des Beethoven-Mäzens Fürst Rasumoffskij, bestattet.

»Ein schön fürstlich Gebäu«

Hartheim · Oberösterreich

Die Besichtigung des düsteren, zerwohnten Gebäudes enttäuscht. Auch ein Blick in den vielgerühmten Hof mit dreigeschossigen Rundbogenarkaden und dem offenen Säulengang im Oberstock ernüchtert. Erst ein Besuch im Linzer Schloßmuseum und im Eferdinger Schloß, wohin man die prächtigen Renaissancetürrahmen, Kassettendecken, Öfen u. a. m. brachte, macht die Beschreibung von Schloß Hartheim aus dem Jahre 1645 glaubhaft: »... ist ein schön fürstlich Gebäu ... die Gäng mit lauter gehautem Stein, die Zimmer meistenteils mit ansehnlicher künstlicher Tischlerarbeit und Malerei ...

Farbreste in den Bogenzwickeln der Hofarkaden erinnern daran, daß der Hof und die kahlen Außenwände des Schlosses bunt bemalt und mit ornamentalen Fensterrahmen versehen waren. Überzeugt man sich anhand alter Ansichten auch davon, daß die vier Ecktürme einst mit Zwiebelhelmen bedacht waren und der Dreiecksgiebel über dem Eingang eine spätere Zutat ist, so wird man verstehen, daß Schloß Hartheim das »bedeutendste profane Baudenkmal der Renaissance in Oberösterreich« ist.

Das um den Turm der Steinpeck und der Aspan von Hag nach 1600 errichtete Renaissanceschloß (Bild unten) diente zwischen 1896 und 1945 als Irrenanstalt.

LAGE *Westl. Linz.*
BESICHTIGUNG *Nur mit Bewilligung.*

In seinem Mitteltrakt ähnelt Hartheim dem Schloß der Zelkinger in Weinberg (→). Jakob von Aspan, Lichtenhaag und Wimsbach, kaiserlicher Rat und Landrat in Oberösterreich, der Bauherr von Hartheim, war mit Margarete von Zelking verheiratet. Ein auf Eferding befindlicher Türrahmen zeigt beider Wappen.

»Nach dem das Alt zu schimpff gekomen…«

Hohenbrunn · Oberösterreich

Der einzige Schloßbau des barocken Klosterbaumeisters und genialen Vollenders des Stiftes St. Florian, Jakob Prandtauer, verfiel während zweier Jahrhunderte, bevor er mit viel Sorgfalt restauriert und 1967 seiner endgültigen Bestimmung als oberösterreichisches Jagdmuseum übergeben wurde (Bild rechte Seite).

LAGE *Westl. St. Florian, südl. Linz.*
BESICHTIGUNG *April bis Oktober, tägl. 10—12, 14—18 Uhr, außer Mo.*

Rechts unten: In achtzehn Schauräumen werden Objekte des historischen und heutigen Waidwerks in Oberösterreich gezeigt. Links: Das Hauptportal des Schlosses.

Nach dem Tod Carlo Carlones, Architekt des neuen St. Florian, hatte Karl VI. die aufwendige Fortführung des Stiftsbaues untersagt. Nicht von ungefähr erwog deshalb Propst J. B. Födermayr, künftig auch außerhalb des Stiftsbereiches bauen zu lassen. Im Zusammenhang mit der Aufführung eines Wasserturmes auf dem väterlichen Födermayrhof im benachbarten Pfaffenhofen, seinem Heimatort, von dem aus St. Florian mit Trinkwasser versorgt werden sollte, beauftragte er den Stiftsbaumeister Jakob Prandtauer, »in hoc loco paterno«, auf Familiengrund, für ihn und seine Chorherrn ein Jagdschloß zu errichten. Mit einem solchen Schloß gedachte Födermayr auch seinen Heimatort Pfaffenhofen zu nobilitieren.
Als 1726 der Rohbau stand, starb Jakob Prandtauer; als das Schloß schlüsselfertig war, starb Propst Födermayr. Über dem Tor hatte er die (heute wieder gut lesbare) Inschrift anbringen lassen: »Nach dem das Alt zu schimpff gekomen, den Namen Hoch brün hab ich genommen.« Das Schloß hatte dem Ort zu einem neuen Namen verholfen. Da »Pfaff« seit Luther ein Schimpfwort geworden war, konnte Pfaffenhofen sich jetzt Hohenbrunn nennen.

Herren, Äbte, Beamte und ein Restaurator

Scharnstein · Oberösterreich

Im Schloß der Jörger aus dem 16. Jh. entdeckte man während Restaurationsarbeiten eine Reihe kunsthistorisch interessanter Details aus Renaissancezeiten, Gewölbe, Decken, Malereien, Fresken u. a. m. Seit 1973 sind in den Räumen des ehemaligen Landgerichtes die Rechtsaltertümer des Landes Oberösterreich untergebracht. Jährlich finden im Schloß Sonderausstellungen statt.

LAGE *Östl. Gmunden.*
BESICHTIGUNG *Des Strafrechtsmuseums Mai—Oktober, tägl. 9—17 Uhr.*

Unten: Schandmaske und Folterbank aus dem Strafrechtsmuseum.

Als die alte Burg Scharnstein ober dem Thiesenbach abgebrannt war, ließ der kaiserliche Hofkammerpräsident Helmhardt Jörger — das Almtal verdankt ihm seine Sensenindustrie — das alte Pfleghaus »an der Schafferleytten« zum komfortablen Herrensitz Neu-Scharnstein ausbauen. Sein Sohn Karl, Nachfolger und Erbe, war im Jahre 1619 einer der Initiatoren und Führer des protestantischen Adelsaufstandes gegen das Kaiserhaus. Er starb im Dezember 1623 nach Folterungen in der Innfeste Oberhaus bei Passau. Kaiser Ferdinand II. überließ den Jörgerbesitz dem Stift Kremsmünster, Scharnstein wurde ein Jagdschloß der Äbte und ihrer Gäste.
Nach dem letzten Krieg erklärten zuständige Beamte den alten Bau zum nicht mehr »denkmalwürdigen Objekt«. Bevor man sich endgültig entschloß, Scharnstein abzubrechen — einige unternehmerische Herren gedachten, im weitläufigen Bau eine Wurstfabrik einzurichten —, erwarb Restaurator Harald Seyerl das einstige Jörgerschloß. Fünf Jahre Wiederherstellungsarbeiten haben ihn zum Herrn in einem der schönsten und interessantesten Renaissanceschlösser des Landes Oberösterreich gemacht.

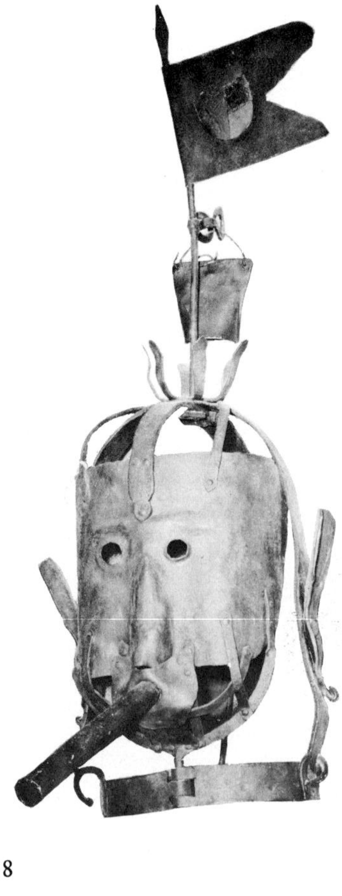

Styraburg und Lambergschloß

Steyr · Oberösterreich

Während sich die Stadt Steyr nach dem großen Brand von 1727 ihre spätmittelalterliche Gestalt bewahrte, verwandelte sich die alte Burg, der sie Bestand und Größe zu verdanken hatte, in ein ungegliedertes Barockschloß mit weitgedehnter, nur durch den Kapellenvorbau und den Uhrturm akzentuierter Fassade. Die Stiraburhc der Otakare, Babenberger und Habsburger, an die noch der »Römerturm« an der Südwestseite erinnert, war durch Jahrhunderte landesfürstliches Pfandobjekt, bevor sie 1614 an die Lamberg kam. Als die späteren Grafen und Fürsten im Jahre 1666 die Herrschaft erwarben und zum Fideikommißgut machten, ließen sie den Hofbrunnen mit ihrem Wappentier, einem wasserspeienden Hund, zieren.
In diesem Hof hatten am 7. Oktober 1596, während einer Musterung für ein Aufgebot gegen die Türken, zwei junge Burschen den Grafen Ludwig Starhemberg attackiert. Als er sie am 13. November desselben Jahres hinrichten ließ, begann der blutige Aufstand der Bauern im Alpenvorland und im Waldviertel, der im Frühjahr 1597 mit der »schönen Expedition« des Generalobersten Morakschy endete und 50 Anführern das Leben kostete.

Das zwischen 1728 und 1731 nach Plänen des Passauer Architekten Dominicus d'Angeli vom Linzer Baumeister Johann Michael Prunner errichtete Barockschloß, bis 1938 Eigentum der (Grafen) Lamberg, ist heute Sitz verschiedener Ämter.

LAGE *Südöstl. Linz.*
BESICHTIGUNG *Innenräume nur mit Sonderbewilligung. Hof und Schloßgarten sind frei zugänglich.*

Einige Räume zeigen noch die Ausstattung des 18. Jh., auch die Bibliothek ist erhalten.
Unten: Schloß Steyr auf einem Stich des 18. Jh.

Adam Graf Herberstorff

Ort · Oberösterreich

Im Turm des romantisch gelegenen Seeschlosses findet sich die Jahreszahl 1092. Das mit ihm durch eine 123 Meter lange Brücke verbundene Landschloß (Bild unten) ließ Adam Graf Herberstorff 1628/29 errichten.

LAGE *Bei Gmunden am Traunsee.*
BESICHTIGUNG *Seeschloß April bis Oktober tägl. Das Landschloß kann nicht besichtigt werden.*

Rechte Seite: Das Seeschloß, im Mittelalter Besitz derer von Rauhenstein und Wallsee, später der Starhemberg, Scherffenberg und Polheim, wurde unter Adam von Herberstorff Mittelpunkt einer Grafschaft. Im 19. Jh. war Schloß Ort mit der Tragödie des Erzherzogs Johann Salvator von Toskana verbunden (→ auch Burgenbuch), der als Johann Ort nach Übersee ging und seither verschollen ist.

In seinem 31. Lebensjahr war der Geheime Rat am bayerischen Hof, Adam Graf Herberstorff, bisher eifriger Verfechter der neuen Glaubenslehre, zur Überraschung von Freund und Feind Katholik geworden. Fünf Jahre nach der aufsehenerregenden Konversion, 1620, vereidigte ihn Herzog Maximilian von Bayern auf Schloß Linz zum Statthalter über das ihm von Kaiser Ferdinand II. verpfändete Oberösterreich.
Der allerorts gefürchtete neue Landesherr hatte den Kaufvertrag für die eben erworbene Herrschaft Ort am Traunsee noch nicht recht gesiegelt, als ihn am 11. Mai 1625 die Nachricht von einer Bauernrebellion in Frankenburg erreichte. Mit einem Aufgebot von 1200 Kriegsleuten, drei Kanonen, einem Profosen und dem Freimann zwang Herberstorff am 15. Mai auf dem Haushamerfeld 36 Richter und Ratsmänner dazu, um ihr Leben zu würfeln. Sechzehn von ihnen und den Anführer der Rebellion ließ er auf Bäume knüpfen. Mit dem Würfelspiel begann der Aufruhr im Land.
Am 21. Mai 1626 schlug ein Bauernheer des Stefan Fadinger den bayerischen Statthalter bei Peuerbach in die Flucht. Am 26. Mai standen sein Seeschloß und der Meierhof von Ort in Flammen.
Am 28. Juni 1627 erhob Kaiser Ferdinand die Herrschaft Ort zur Grafschaft. Das Seeschloß war wiederhergestellt worden, anstelle des Meierhofes entstand das Landschloß Ort. Doch am 11. September 1629 erlag der 46jährige Herberstorff dem Beilhieb eines Bauern.

Die Geumann

Walchen · Oberösterreich

Im Renaissancebau mit Fassaden des 18. Jh. befindet sich ein Kapellenraum mit Malerei und Gitterwerk des 16. Jh., an der Ostseite eine saalartige katholische Kapelle mit Ausstattung zwischen 1730 und 1770. Der gut erhaltene und gepflegte Besitz ist in neuer Zeit durch den hier tagenden »Kulturkreis Schloß Walchen« und die Privatsammlung Hanreich-Ludwig bekannt geworden.

LAGE *Südl. Vöcklamarkt.*
BESICHTIGUNG *Nur nach Anmeldung.*

Unten: An der Stelle des Dreieckgiebels mit Uhr erhob sich bis ins 18. Jh. ein malerischer Uhrturm.

Mit dem Herrensitz Wildenhag südlich von St. Georgen im Attergau hatte Hans Christoph von Geumann 1583 auch die Herrschaft Walchen erworben. Sieben Jahre später ließ er sich nahe der alten Burg — ein Turm bezeugt sie noch — ein behagliches Schloß erbauen und in ihm eine evangelische Kapelle einrichten. 1593 überließen ihm die protestantischen Stände auch die Herrschaft Frein bei Frankenburg.

Während der Adelsrevolte von 1619 besetzte Hans Christophs Sohn Ortolf im Auftrag der Stände Schloß Kogl, Eigentum des kaisertreuen Grafen Barthelmä Khevenhüller. Als der Einmarsch der Bayern dem Traum von einem protestantischen Land ob der Enns ein Ende setzte, floh Ortolf zum Winterkönig nach Prag. Die Herrschaft Frein fiel an den Fiskus, Walchen mit Wildenhag erhielten die Stiefbrüder Ortolfs. Sie waren Parteigänger des Kaisers und wurden 1625 in den Freiherrenstand erhoben. Doch die Stellung der Geumanns im Lande war erschüttert; sie sahen sich gezwungen, nach Wien zu übersiedeln. 1626 kam Frein, 1632 fielen Walchen und Wildenhag an den Grafen Khevenhüller.

Heimat Schloß

Kammer · Oberösterreich

Eine Tafel vor dem Tor unterrichtet die Besucher einschlägig: »Schloß Kammer ist die Heimat unserer Familie, der berühmten Schloßkonzerte, einer Segelschule (Yachtschule Schloß Kammer) und in Badezeiten der Belegschaft der Chemiefaserwerke Lenzing. Es finden keine Führungen und Schaustellungen statt, aber in den im Sommer wöchentlich stattfindenden Konzerten sind auch alle Repräsentationsräume für das Publikum offen. Ebenso offen für jedermann ist die Teilnahme an Kursen der Segelschule. Sonst sind Einzelbesuche störend und daher unerwünscht. Jeszensky.«
Bleibt zu erwähnen: Burg »Chammer« war im 14. Jahrhundert Besitz der Schaunberger und bis in das 16. Jahrhundert Pfandobjekt der Habsburger. 1581 verkaufte Kaiser Rudolf II. den Besitz seinem Rat und Botschafter in Spanien, Johann Frh. von Khevenhüller. Um 1710 ließen die Grafen Khevenhüller den Hauptbau des 17. Jh. zur heutigen Gestalt erweitern. Die Tochter des letzten Grafen Khevenhüller im Land ob der Enns, Ida, mit einem Josef Horvath von Szt. György verehelicht, mußte das Schloß 1904 der Landeshypothekenanstalt überlassen, die es an Private weitergab.

Der riesige Rittersaal im alten Trakt ist zwei Geschosse hoch und faßt über 500 Personen. Während der Sommermonate finden in ihm seit Ende des letzten Krieges Konzerte, auch Veranstaltungen statt.

LAGE *Südl. Seewalchen am Attersee.*
BESICHTIGUNG *Siehe nebenstehende Ankündigung.*

Unten: Das einstige Inselschloß war durch eine Brücke mit den um einen runden Platz angeordneten Wirtschaftsgebäuden auf dem Ufer verbunden. Die heutige Lindenallee hat Gustav Klimt in einem Gemälde verewigt.

Protestantennest, Bauernhauptquartier und Reichsgrafenschloß

Aistersheim · Oberösterreich

Österreichs wohl prächtigstes Wasserschloß aus der Renaissance, ein Vierkantschloß im Lande der Vierkanter, entstand an der Stelle einer von den Schaumbergern zerstörten Wasserburg zwischen 1520 und 1600.

LAGE *Westl. Wels.*
BESICHTIGUNG *Keine.*

Unten: Der Hof mit Laubengängen in allen Stockwerken der vier Flügel gehört zu den schönsten Arkadenhöfen Österreichs.
Rechte Seite: Im Bau des 16. Jh. finden sich außer dem Torturm aus dem 13. Jh. auch noch spitzbogige gotische Leibungen.

Überzeugter Protestant wie sein seliger Vater, hatte sich Otto Achaz von Hohenfeld aus Aistersheim mit Tschernembl auf Schwertberg und dessen Anhang 1619 geweigert, Kaiser Ferdinand II. als neuem Landesfürsten zu huldigen. Im Frühjahr 1620 umstellten vom Habsburger zur Hilfe gerufene bayerische Knechte Hohenfelds Schloß. Dem Pfleger Wolf Kessel gelang es zwar, einige Tage Widerstand zu leisten, doch dann fiel Aistersheim. Kessel wurde geköpft, der Anführer der Bauern gehenkt.
Auch fünf Jahre später, als sich das Land ob der Enns unter Stefan Fadinger erhob, wurde Aistersheim eines der Zentren des Widerstandes. Nach Fadingers Tod hatte es Achaz Wiellinger von der Au zu seinem Hauptquartier und Beutelager gemacht. Wenig später war Aistersheim ein zweites Mal zerniert, diesmal von den Haufen des berüchtigten Adam Herberstorff. Nach dem Fall des Schlosses hingen die Bauern zu Dutzenden an den Bäumen.
Erst als Achaz von Hohenfeld mit sich zu Rate gegangen war und sich zum katholischen Glauben bekannte, bestätigte der Kaiser seiner Familie den alten Ritterstand. Ferdinand, der Sohn, wurde Reichsgraf.

Das Familien- und Herrschaftsarchiv der Thürheim

Weinberg · Oberösterreich

Das wehrhafte Schloß der Zelkinger und Thürheim bei Kefermarkt entstand im 16. und 17. Jh. über einer alten Burg. 1945 verlor es seine wertvolle Einrichtung, mit Ausnahme des Schloßarchivs und einer Rokoko-Schloßapotheke, die im Landesmuseum Linz ausgestellt sind.

LAGE *Südl. Freistadt, bei Kefermarkt.*
BESICHTIGUNG *Keine.*

Unten links: Das viergeschossige Hochschloß mit einem Turm aus dem 16. Jh. wird von einem zweigeschossigen Gebäudering umschlossen.
Rechts: Ziehbrunnen von 1589.

Die Nachkommen des Christoph von Zelking, der 1490 den berühmten Altar für seine Kirche zu Kefermarkt stiftete, waren Protestanten. Mit Hunderten von Glaubensgenossen wurde nach 1620 auch sein Urenkel zur Emigration gezwungen. 1629 bezog Christoph Thürheim das Schloß.
Die Thürheim, aus altem schwäbischen Geschlecht, zur Zeit Maria Theresias und Josephs II. Landeshauptleute ob der Enns, hinterließen eines der reichhaltigsten Schloßarchive des Landes. Sie hüteten die wohlgeordneten Schätze aus fünf Jahrhunderten so eifersüchtig vor jeder Einsichtnahme, daß selbst einem Adalbert Stifter der Zutritt verwehrt wurde. Als am 21. Juni 1945 russische Soldaten das Schloß besetzten, bildeten die Bestände bald ein unbeschreibliches verschmutztes Durcheinander. Ein Jahr später gelang es, sie nach Linz zu verlagern. Bei der Neuordnung des Archivs ergab sich, daß glücklicherweise von den 1182 Urkunden, 889 Handschriften, 1493 Schuberbänden Briefen und Akten, 158 Schubern Gesetze und Patente, von der wertvollen Kalendersammlung, den Siegeltyparen sowie 24 Mappen Plänen und Grundrissen fast nichts verlorengegangen war.

Die Storichenberger

Eferding · Oberösterreich

Als Dienstleute der Otakare in Steyr führte das Geschlecht seit etwa 1100 den steirischen Panther im Wappen, seit 1240 nannte es sich nach seiner Burg bei Haag im Hausruck »de Storichenberg«. Im 16. Jahrhundert beerbten die »Starhemberg« die reichen Herren von Eferding — die Schaunberg — und machten als aufsässige Protestanten dem Kaiser in Wien das Leben sauer. Später jedoch verteidigte einer von ihnen, Graf Ernst Rüdiger, die kaiserliche Hauptstadt und das Reich gegen die Türken. Graf Georg Adam Starhemberg, Maria Theresias Botschafter, wurde Reichsfürst und Generalgouverneur der Niederlande. Er ließ das neue Schloß in Eferding erbauen.

Unter den zahllosen Familienandenken in den Ahnen-, Porzellan-, Kostüm- und Waffensälen des Schlosses entdecken Besucher auch das Gemälde jenes Fürsten Ludwig, der 1815 den Wiener Kongreß verließ und in Dienerlivree nach Paris reiste, um hier auf eigene Faust Diplomatie zu betreiben. An den siebenten und letzten Fürsten Ernst Rüdiger erinnert die Uniform, in der er die »Heimwehren« der Ersten Republik befehligte.

Das neue Schloß der Reichsfürsten Starhemberg wurde um 1785 der Schaunbergischen Stadtfeste aus dem 15. bis 17. Jh. als Südflügel zugebaut. Im alten Schloß ist heute das sehenswerte Starhembergsche Familienmuseum untergebracht.

LAGE *In Eferding, westl. Linz.*
BESICHTIGUNG *Mai bis September, So und Feiertag 9—12 Uhr.*

Unten: Der Stich von 1767 zeigt vier »alle dem Gräfen Hauß Stahrenberg zugehörige« Schlösser (von links): Eferding, Schaunberg (jetzt Ruine), Aschach, Walding (verschwunden). In der Mitte Pupping.

Marmor, Gips und schöne Bilder

Würting · Oberösterreich

Das nach außen hin zum Teil desolat wirkende Wasserschloß des 16. und 17. Jh. ist mit aufwendigen Stuck- und Kassettendecken, Gemälden, holzgeschnitzten Türstöcken u. a. m. ausgestattet. Bis vor kurzem war es noch mit wertvoller Einrichtung aus dem 18. Jh. versehen.

LAGE *Westl. Wels bei Offenhausen.* BESICHTIGUNG *Vorläufig keine, Privatbesitz.*

Rechte Seite: Durchfahrt mit Stuckdecke um 1610.
Unten: Nordwesttrakt der ursprünglich fünf-, seit dem 19. Jh. nur mehr viertürmigen Anlage.

Christoph Weiß, Sohn vermögender Händlersleute und nach Diensten im Türkenkrieg Burgvogt zu Wels, war seines bürgerlichen Standes satt. Auch seiner Gemahlin Felicitas — sie war als Tochter des Erzbischofs Wolf Dietrich von Salzburg eine geadelte »von Altenau« — glaubte der Fünfzigjährige es schuldig zu sein, Schloßherr zu werden. Nach 1605 ließ er auf »in den Teich ausgesetzten Quaderstucken« das Wasserschloß der Pergheimer bei Offenhausen zur fünftürmigen Anlage erweitern und fürstlich ausstatten. In »Wierdting, freiseigen von dem alten Herrn Weiß«, heißt es in einer Beschreibung, seien »... alle Zimmer und Kammern von schönen Böden ... die Fürhäuser über sich mit Gips und Kalkschneiderei, unter sich mit weißen Marmor gepflastert ... das oberste der Böden mit schönen Kontrapheten von Kaiser und König, item fürstlichen Personen ...« Wegen des erhofften Adelsprädikats hatte Weiß in einem Zyklus von Deckengemälden seinem Gönner Erzherzog Matthias von Österreich gehuldigt — vergeblich. Christoph Weiß starb 67jährig als Bürger zu Wels. Erst seinen Enkel erhob kaiserliche Huld zu einem Freiherrn vom Weißenberg.

Der steirische Ferdinand

Burg und Schloßberg · Graz

Von den im 16. und 17. Jh. errichteten Gebäuden des Schloßbergs blieben nach Schleifung der Festungswerke im Jahre 1810 nur der achteckige Glockenturm mit der über vier Tonnen schweren Türkenglocke, der »Liesl«, sowie der Uhrturm erhalten. Die Hofburg Friedrichs III., Maximilians I., Erzherzog Karls II. und des späteren Kaisers Ferdinand II. östlich des Schloßbergs besteht nur mehr aus zusammenhanglosen Teilgebäuden.

LAGE *In Graz.*
BESICHTIGUNG *Schloßberg und Burgbauten mit »Liesl« und Uhrturm sind frei zugänglich.*

Im Wiener Testament vom 25. Februar 1564 verfügte Kaiser Ferdinand I., sein ältester Sohn, Erzherzog Maximilian, solle die Herrschaft über Donauösterreich, Böhmen und Ungarn übernehmen, Ferdinand hingegen Tirol und die Vorlande. Karl, dem jüngsten, fiel Innerösterreich zu.
In Graz, in der Steiermark und in Kärnten bekannten sich um diese Zeit zwei Drittel der Bevölkerung zum protestantischen Glauben; Krain, Görz und Istrien wurden von den Türken und Heiducken bedroht. Jede Forderung des jungen Regenten nach Bewilligung von Geldern beantwortete der protestantische Adel mit Gegenforderungen nach Religions- und Kultusfreiheit. Zugeständnisse des Erzherzogs erhitzten die Gemüter beider Konfessionen. Als sich Karl angesichts einer »gewaltigen versamblung und Kriegsrüstung« der Türken im Jahre 1578 auf dem Ausschußlandtag zu Bruck an der Mur mit neuen, dringlichen Forderungen für den Ausbau der Befestigungen von Graz, Radkersburg und in Kroatien an die Stände wandte, kam es zu unerquicklichen Szenen. Einem Großteil des Volkes, so behaupteten einige, sei die türkische Herrschaft lieber als ein Bündnis

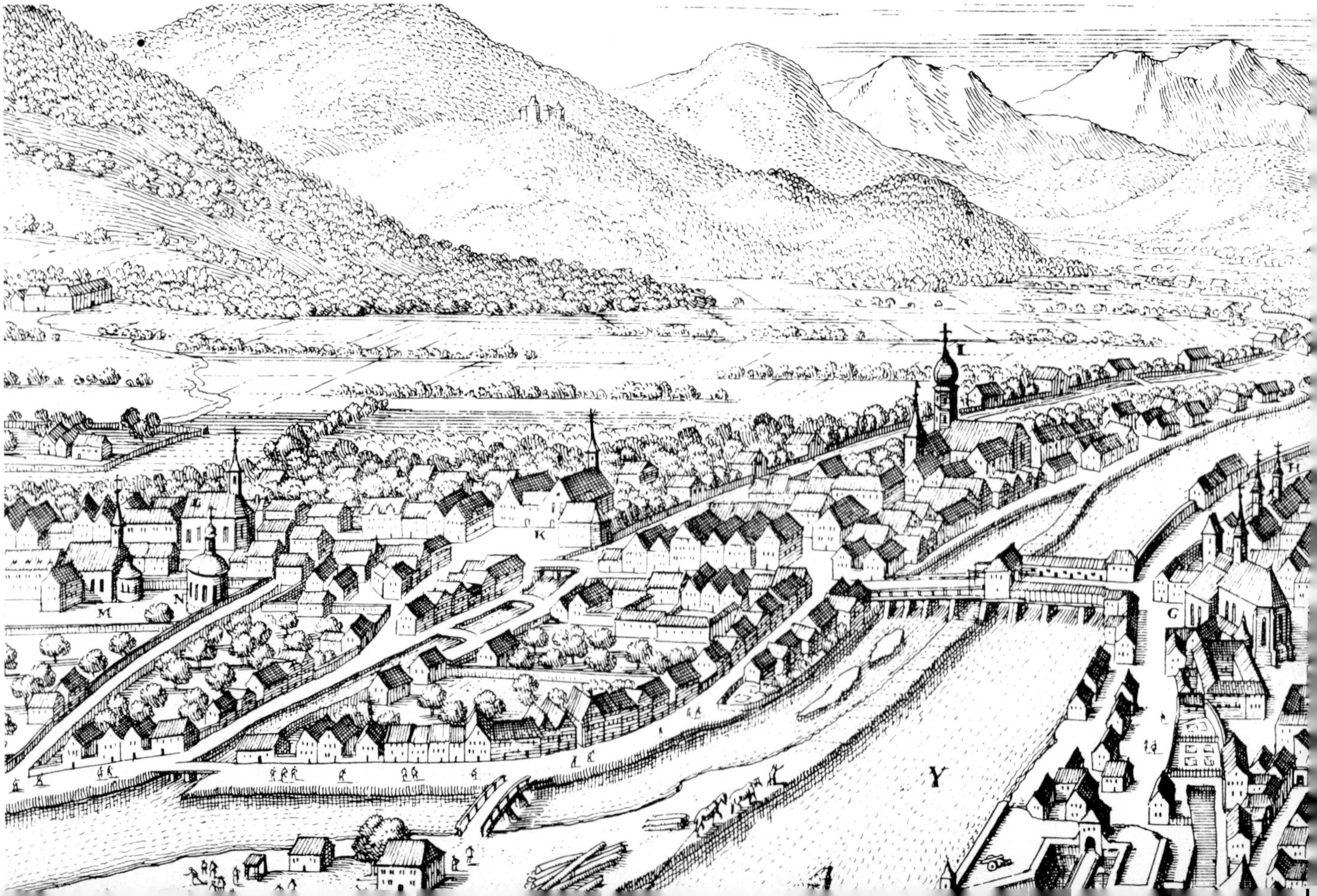

mit dem Papst und den Päpstlichen. Karl beschwor die Versammlung in Gegenwart mehrerer Räte und versicherte, er wolle niemandem Lasten auflegen und gewähre Gewissensfreiheit. Die Stände meinten, gesiegt zu haben und bewilligten die geforderten Gelder. Unter dem Vorwand, der Landesfürst habe ihnen Kultusfreiheit zugestanden, verboten die protestantischen Grundherren nun ihren katholischen Untertanen den Besuch der Messe und den Empfang der Sakramente. Jetzt sah sich auch Karl gezwungen, von seinen Rechten als Grundherr Gebrauch zu machen. Als er 1590 starb, hatte der Konfessionskampf seinen Höhepunkt erreicht.

1596 trat Karls Sohn, der achtzehnjährige Ferdinand, das Regiment an. Um der Selbstzerstörung des Landes und des Reiches Einhalt zu gebieten, entschloß er sich zu Sofortmaßnahmen. Verordnungen gegen Prädikanten und Schulmeister folgten Verbote der protestantischen Kirchen- und Schulexerzitien. Religionskommissionen zogen durch das Land, und man erzwang mit Waffengewalt, was »Vermahnungen« nicht erreicht hatten. Wer nicht katholisch werden wollte, mußte auswandern. Nur der Adel konnte noch tun und lassen, was er wollte.

1619 starb Kaiser Matthias. Die Nachfolge fiel auf den »steirischen Ferdinand«. Zum römisch-deutschen Kaiser gekrönt, wurde er kompromißloser Vorkämpfer der Gegenreformation im ganzen Reich. Nach dem Sieg über seinen Gegenkönig am Weißen Berg bei Prag (→ Greillenstein) erklärte er den Majestätsbrief Kaiser Rudolfs II. für ungültig. Mit dem Generalmandat vom August 1628 zwang er auch den innerösterreichischen Adel in die Knie: 1629 verließen 754 Angehörige des innerösterreichischen Adels ihre Besitzungen.

Zwischen 1564 und 1619 war Graz die Residenzstadt Innerösterreichs, eines selbständigen Staatswesens. Der Herrschaftsbereich der Erzherzöge Karl († 1590) und Ferdinand erstreckte sich über Steiermark, Kärnten, Krain, Habsburgisch-Istrien mit St. Veit a. d. Pflaum (dem späteren Fiume und heutigen Rijeka), Görz mit Teilen von Gradiska und Enklaven in Triest und in Friaul. Als Erzherzog Ferdinand 1619 als Ferdinand II. zum römisch-deutschen Kaiser gewählt wurde, übersiedelte er mit seinem gesamten Hofstaat nach Wien. Der Bereich Innerösterreich blieb mit Ausnahme strittiger Gebiete in Krain und Friaul bis zu den Franzosenkriegen erhalten. Bis 1918 gehörte noch ganz Kroatien und seit 1878 (1908) auch Bosnien zu Österreich.

Unten: Matthäus Merian zeichnete und beschrieb 1695 den Schloßberg und die erzherzogliche Residenz in der Stadt. Sie enthielt eine fürstliche Bibliothek, in der Galerie waren Gemälde von Karls V. Taten zu sehen.

Des Kaisers Oheim und besonders lieber Fürst

Eggenberg · Graz

Im größten Barockschloß der Steiermark mit ausgedehnter Parkanlage, 1623 (1625) bis 1635 erbaut (rechte Seite), im 18. Jh. prunkvoll eingerichtet, befindet sich in 25 Prunkräumen zum Teil noch die originale Ausstattung.

LAGE *In Graz.*
BESICHTIGUNG *der Prunkräume, des Stadt- und Steirischen Jagdmuseums: tägl. 9—12, 14—16 bzw. 18 Uhr. Dez., Jän. geschlossen.*

Unten: Der Prunk- oder Planetensaal mit 17 Ölgemälden und Darstellungen der 12 Tierkreiszeichen sowie der 7 Planeten.

Als Reichsfürst und »Gubernator« Innerösterreichs, eines Landes, das sich vom Semmering bis zur Adria erstreckte, meinte sich Hans Ulrich von Eggenberg am Ziel seiner Wünsche. Schon kränkelnd und ruhebedürftig, gab er den Auftrag, längstgehegte Schloßbaupläne endlich zu verwirklichen, doch sah sich der zum Herzog von Gottes Gnaden aufgestiegene Enkel tüchtiger Radkersburger Bürger in seinem 61. Lebensjahr mit einem Male zur Schlüsselfigur im großen europäischen Krieg erkoren und in tiefsten persönlichen Zwiespalt gestürzt. Kaiser Ferdinand II. hatte ihn als seinen engsten Vertrauten und Hauptratgeber, als »lieben Oheim und besonders lieben Fürsten« bewogen, den abtrünnigen Albrecht von Wallenstein, mit dem der Eggenberger seit Jahren befreundet war, durch »allerhand persuasiones« noch einmal zur Übernahme des Kommandos der Reichstruppen zu bewegen.
In seinem großen Werk über den Dreißigjährigen Krieg beschreibt Friedrich Schiller auch das letzte, entscheidende Treffen des kaiserlichen Ministers mit dem schon zum Verräter am Kaiser gewordenen Feldherrn in Schloß Göllersdorf (→) Anfang April 1632, zwei Jahre vor Ulrichs Tod.

Der Mantel des Paschas von Bosnien

Ehrenhausen · Steiermark

Unterhalb seines Schlosses ließ sich Rupprecht von Eggenberg 1611 ein Mausoleum erbauen, in dem nur katholische Angehörige seiner Familie im Generals- und Oberstenrang bestattet werden sollten.

LAGE *Südl. Leibnitz.*
BESICHTIGUNG *Nach Anmeldung.*

Ein nach Plänen des Grazer Baumeisters Johann Walter errichteter Bau. Die Innenausstattung wird dem Grazer J. B. Fischer von Erlach zugeschrieben (um 1689).
Unten rechts: Zwei als antike Helden gestaltete Grabwächter prägen das Portal des Grabmals (links).

Als die Horden Hassans, des Paschas von Bosnien, eines entsprungenen Benediktinermönches, im Sommer 1592 die Festungen östlich vor Karlstadt überrannt und bei Sissek ein Aufgebot von 2000 Steirern aufgerieben hatten, schien ein neuer Türkensturm auf Innerösterreich bevorzustehen. Erzherzog Ernst erließ eine Defensivordnung, und um die ungeklärten Kommandoverhältnisse an der Südostgrenze in Ordnung zu bringen, entsandte er seinen Rat und Vertrauten Rupprecht von Eggenberg nach Kroatien.
Noch war der Regimentsobrist in Agram damit beschäftigt, Dispositionen zu treffen, als im Frühjahr 1593 Hassan an der Spitze von 20 000 Muselmanen wieder gegen die Save vorrückte. Mit 5000 Christen stellte sich ihm der Eggenberger am Vormittag des 22. Juni. Am Abend zog er als Sieger in die Festung Sissek ein. Ihm voran trug man aufgespießt das Haupt des Hassan. »In Gotts Namen alsbald angegriffen und in die Flucht geschlagen«, ließ Rupprecht von Eggenberg dem Grazer Hof melden. An den Sieger von Sissek erinnern im Laibacher Nationalmuseum der in ein Meßgewand umgestaltete Mantel des besiegten Hassan und das Mausoleum.

Die Schloß-Sportschule

Schielleiten · Steiermark

Da die alte Burg südlich des Buchkogels unbewohnbar geworden war, begann um 1732 Max Rudolf Graf Wurmbrand-Stuppach mit dem Bau des Talschlosses. Die Herrschaft mit Burgfried, Niederjagd, Fischrechten, Zehenten und Untertanen in weitverstreuten Ämtern warf nicht ein Viertel von dem ab, was der aufwendige Bau und seine prunkvolle Einrichtung verschlangen. Unter den Protesten der durch Robot und Abgaben überforderten Untertanen bauten an dem Schloß im einsamen Feistritztal noch Max Rudolfs Erbe, dessen Witwe und Sohn.
Um den komfortabel eingerichteten Repräsentationsbau — seit 1947 Sitz einer Bundessportschule und mit 200 Betten versehen — entstanden in den letzten beiden Jahrzehnten ein neues Unterkunftshaus, ein Turnsaal und Österreichs größte Spiel- und Leichtathletikhalle. Neben sechs Tennisplätzen, vier Fußballfeldern, einem Basket- und einem Volleyballplatz stehen den Teilnehmern von Sportlehrgängen eine Übungswiese mit Rundbahnen und in einem der vier Schloßteiche eine 50-Meter-Strecke für Wettschwimmen zur Verfügung.

Das steirische Barockschloß mit dem vorgewölbten statuengeschmückten Mittelpavillon und den Flügelbauten, nach Vorbildern in Wien errichtet, war bis 1905 im Besitz der Grafen Wurmbrand. 1935 erwarb es die Österreichische Turn- und Sportfront.

LAGE *Südwestl. Hartberg.*
BESICHTIGUNG *Keine.*

Unten: 1935/36 fügte man dem Schloß den fehlenden Ost-Risalit an. Damals ist auch die Attika mit Statuen über den beiden Seitenflügeln entfernt worden. Die Steinfiguren stehen jetzt im weitläufigen Park.

Vom zweiten zum zwanzigsten Jahrhundert

Seggau · Steiermark

Der seit dem 8. Jh. kirchliche Besitz — erst des Erzstiftes Salzburg, dann des Bistums Seckau — ist in neuerer Zeit durch den Ausbau der historischen Wirtschaftsgebäude und umfassende Restaurierung der Burgschloß-Anlage zu einem vielbesuchten Bildungszentrum geworden.

LAGE *Südl. Graz, bei Leibnitz.*
BESICHTIGUNG *Mai bis Oktober, täglich.*

Unten: Römerstein aus dem »Alten Turm« und Uhrturm mit Gerichtstrakt.
Rechte Seite: Schloß Seggau, das ehemalige salzburgische Vizedomhaus mit Fürstenzimmern und Kapelle.

Durch das Tor des Uhrturms (unten rechts), 1586 datiert, erreicht der Besucher das ehemalige »Vizedomhaus« der Salzburger Erzbischöfe mit Marienkapelle und Fürstenzimmer (im Bild rechts). Zwischen Uhrturm und Gebäude mit gekuppelten Renaissancefenstern im Oberstock, dem einstigen Gerichtstrakt und heutigem Sitz der bischöflichen Gutsverwaltung, stand bis zum Jahre 1860 der Alte Turm. Als ihn der Seckauer Fürstbischof Roman Sebastian Zängerle abbrechen ließ, kamen aus dem drei und vier Meter starken Mauerwerk des mittelalterlichen Bergfrieds Römersteine aus dem ersten nachchristlichen Jahrhundert zutage, Stelen, Grab- und Schmucksteine, Reliefs, Statuen, Votivtafeln, Denkmäler, Altarbestandteile u. a. m. Man hatte sie im 12. Jh. zum Bau des Turmes aus der zwei Kilometer südöstlich von Leibnitz gelegenen Römersiedlung Flavia Solva geholt, einer einst von Einheimischen, eingewanderten Römern und romanisierten Kelten bewohnten, im 2. Jh. n. Chr. von den Markomannen zerstörten, Anfang des 5. Jh. von Germanen und Goten zur Gänze vernichteten Ortschaft. Abt Zängerle ließ die wertvollsten Steine an das Joanneum nach Graz

Zu den Sehenswürdigkeiten von Seggau zählt außer den Prunkräumen auch die »Rupertusglocke« im Glokkenturm. Die 5,5 Tonnen schwere »Seggauer Liesl« entstand 1688. Der Glockenspeise wurde Metall aus türkischen Beutegeschützen beigemengt, der Klöppel trägt die Jahreszahl 1504. Eine Inschrift in der Kapelle von 1518 berichtet: »Nach cristi geburt im MCCCCLXXVIII iar am sand Thomastag vor weihnachten ist hanns haubitz von pischkow, kunig mathiasen von ungern haubtman, mit ainem geraisigen Zeug und vuesknecht her komen und dise Slösser angenomen ... bis in das LXXXX iar. Zu sand ilgen tag (1. September) sein die und ander Geslösser ... durch kunig Maximiliam mit gewalt zerschossen und gewunen und darnach von Erzbischoffen lienharten geborn von keutschach widerumb ... von newem auff gebaut ...« Das Katholische Bildungsheim mit der Michaelskapelle ist im Osttrakt und im nördl. Schloßbereich untergebracht.

Oben: Stich von G. M. Vischer, 1680.

schaffen, 132 Stück wurden an der Mauer des Gerichtstraktes und in einem alten Gang angebracht, »... damit sie in kommenden Zeiten den Augen der Bewunderer des ehrwürdigen Altertums sich mühelos darbieten«. Es ist nicht ohne Reiz, sich dieser immer noch bedeutenden Sehenswürdigkeit des Schlosses Seggau etwas zu widmen. Die Steine machen uns mit einem Menschentyp bekannt, der vor zweitausend Jahren in dieser Gegend lebte. Auch die Inschrift für einen Feldwebel der legio I. Minervia, die ihr Standlager in Bonna, dem heutigen Bonn am Rhein, hatte, ist zu finden.

Der Vischersche Stich von 1680 (oben) gibt den Zustand der durch Bischof Johannes Marcus von Altringen, 1633—1664, zum einheitlichen Schloßkomplex vereinigten Burgen der Salzburger Erzbischöfe und Seckauer Diözesanbischöfe wider. (Links liegt das ihm vorgelagerte Renaissanceschloß Polheim mit einem damals noch bestehenden zweiten festen Haus.) Die Burgen waren entstanden, als das Salzburger Erzstift das Suffraganbistum Seckau begründete und Erzbischof Eberhard II. 1218 den nördlichen (rechts im Bild) Teil seiner Feste den Bischöfen von Seckau zur Verfügung stellte. 1341 erlaubte Salzburg den Seckauern, den Alten Turm zu erhöhen, 1419 gab es ein eigenes castrum Seckau, das durch eine Schiedmauer von der südlichen Nachbarburg getrennt wurde.

In den Ungarnkriegen des endenden 15. Jh. verwüsteten der Feind und die Kaiserlichen beide Burgen; Leonhard von Keutschach ließ bis 1516 die salzburgische, Bischof Matthias Scheidt die seckauische Burg wiederaufbauen, doch war um diese Zeit die Stellung des Erzstiftes im österreichischen Süden bereits erschüttert. Gegen den Willen des Domkapitels trat 1595 Erzbischof Wolf Dietrich von Raitenau den Salzburger Besitz an Seckau ab. Als Schloß »Seggau« verwaltet das steirische Bistum den Besitz.

Die Neumannin

Murau · Steiermark

Mit dem sicheren Blick für alles Wirtschaftliche begabt, hatte sich Anna, die Tochter des Villacher Gewerken Wilhelm Neumann (→ S. 128), in kurzer Zeit zur Herrin über ausgedehnte Liegenschaften, Güter und Herrschaften im Steirischen, in Kärnten und Krain gemacht. Ihr Vermögen, zum Teil bei renommierten deutschen Handelshäusern angelegt, benutzte sie zu weitreichenden Kreditgeschäften. Als die engagierte Protestantin 1623 starb, schuldeten ihr der Bamberger Bischof 44 000, Kaiser Ferdinand II. die horrende Summe von 220 000 Gulden.

Außergewöhnlich verlief auch das Leben dieser sechsmal verheirateten Frau. Mit 22 Jahren hatte sie dem von Thannhausen, als 30jährige Witwe dem Oberstmarschall zu Liechtenstein auf Murau die Hand fürs Leben gereicht. 15 Jahre später erkor sie den Ungnad von Sonnegg, sieben Jahre danach Karl von Teuffenbach und mit 75 Jahren den zu ihrem Leidwesen leibesschwachen Grafen zu Ortenburg. Noch als 82jährige gewann sie den dreißig Lenze zählenden Ludwig von Schwarzenberg. Das fürstliche Erbe der »großmütterlichen Freundin« fiel nach ihm an die Fürsten Schwarzenberg.

Vom alten Schloß der Anna Neumann, das ihr sechster Mann, Graf Ludwig von Schwarzenberg, niederreißen ließ, finden sich im Spätrenaissancebau der Jahre 1628—1630 noch gotische Reste.

LAGE *In Murau.*
BESICHTIGUNG *des Museums nur für kleine Gruppen nach Anmeldung.*

Unten: Der blockartige Vierflügelbau, vom fränkischen Baumeister Valentinus Kaut errichtet, besitzt als einzigen Schmuck Arkaden im Erdgeschoß. Im Mittelteil des Osttraktes (im Bild rechts) befindet sich die dreigeschossige Kapelle.

Fürstensitz im steirischen Paradies

Hollenegg · Steiermark

Das Renaissanceschloß des 16. Jh. südlich von Deutschlandsberg, (fürstlich) Liechtensteinscher Sommersitz, umschließt in seinem südlichen Hof die Hollenegger Pfarrkirche zum heiligen Aegydius, einen Rokokobau.

LAGE *Südl. Deutschlandsberg.*
BESICHTIGUNG *Keine.*

Unten: Grabmal (links) und Tumbaplatte (rechts) mit Totenschild des 16. Jahrhunderts aus den Arkaden der Westseite.
Rechte Seite: Der Schloßbau wird Francesco Marmore (Franz Marbel) zugeschrieben, die Kirche dem Marburger Johann Fuchs.

Anschaulich demonstriert das Flugbild (rechte Seite) die Baugeschichte des Schlosses im »steirischen Paradies«, wie man die Gegend zwischen Sulm und Laßnitz gerne etwas überschwenglich nennt. Reste der alten Burg erzbischöflich-salzburgischer Ministerialen, die Abel von Hollenegg, einer der bedeutendsten protestantischen Wortführer des Landes, vor der Mitte des 16. Jh. zum Schloß zu erweitern begann, befinden sich im nördlichen Viereckbau (im Bild links). Den runden Kanonenturm, den nördlichen Wohntrakt, die langgestreckten West- und Ostflügel mit doppelgeschossigen Arkaden um einen ursprünglich nicht unterteilten riesigen Hof ließ sein Sohn Friedrich, Rat des Erzherzogs Karl II. und letzter Hollenegger († 1593), erbauen, ebenso die im Bild gut sichtbare Prunkstiege im Stil des Grazer Landhauses. 200 Jahre später weihte man die St.-Ägidi-Kapelle, die ein Freiherr von Khuenburg hatte errichten lassen. Den Quertrakt, der das ummauerte Schloßareal teilt, ließen die Fürsten Liechtenstein, seit 1821 Herren auf Hollenegg, bauen. An Gräben, Zugbrücken und Basteien rings um das Schloß erinnern noch Umgrenzungen im prachtvollen Park.

Der Brandhofer und seine Frau

Brandhof · Steiermark

Das biedermeierlich-romantische Schlößchen, zwischen 1818 und 1828 von Ludwig Ferdinand Schnorr von Carolsfeld nach Entwürfen des Erzherzogs Johann erbaut, ist als Jagdmuseum und Gedenkstätte für den großen Förderer der Steiermark eingerichtet (Bild unten). Es befindet sich noch im Besitz seiner Nachkommen.

LAGE *Am Seeberg südl. Mariazell.*
BESICHTIGUNG *Juni bis September.*

Rustikale Plastiken und Glasmalereien zieren den großen Saal, eine gotische Madonna mit Kind, die Traukapelle des Erzherzogs mit dem neugotischen Turm (im Bild rechts).

Als Erzherzog Johann im Alter von fast 70 Jahren sein Amt als Reichsverweser niedergelegt hatte, versuchte er sich in einer Art Selbstdarstellung über sein Leben als »Brandhofer« Rechenschaft zu geben. Um der Welt »zu zeigen, wie man mit Fleiß, Beharrlichkeit und Überzeugung« unter ungünstigen Bedingungen Landwirtschaft und Viehzucht betreiben und »deren Produkte veredeln und vermehren könne«, hatte er das Bauerngut am Seeberg, den Brandhof, erworben und in zehnjährigem persönlichem Einsatz zu einem Mustergut ausgebaut. Am 28. Februar 1829 war ihm in der Kapelle des Brandhofes Anna Plochl, die Ausseer Postmeisterstochter, angetraut worden.
Von einem Besuch bei Onkel Johann, dem »Reichsvermoderer«, berichtet im Mai 1850 der zwanzigjährige Franz Joseph I. seiner Mutter. Der »Ritter Deutschlands« und dessen Frau — damit sie seines Besuches überhaupt würdig war, hatte der junge Kaiser sie zuvor zur Gräfin von Meran erhöht — hätten ihn sehr herablassend empfangen und ihm Haus und Stallungen gezeigt.

Lipizza und Piber

Piber · Steiermark

Bei seinem Einzug in Wien (→ S. 29) führte Erzherzog Maximilian Pferde von bisher nicht gekannter zierlich-feuriger Eleganz mit, die er später im böhmischen Kladrub züchten ließ. Auch Maximilians Bruder Karl in Graz interessierte sich für eine Aufzucht der edlen Tiere. Kenner rieten ihm, die Pferde in einer ihrer Herkunft entsprechenden Gegend zu halten. Ein für »Marstall und Stutterey« geeigneter harter, nur mit spärlicher Grasnarbe bedeckter Boden wurde 1580 beim Dorf Lipizza, in der Nähe von Triest, ausfindig gemacht. Noch im selben Jahr schickte der Erzherzog den Freiherrn Georg Khevenhüller zum Ankauf neuer Pferde arabisch-berberischer Provenienz nach Spanien. So kam es, daß bald nur mehr Lipizza den »Spainischen Reithsall« zu Wien belieferte. Einer der Stammväter der heute noch erhaltenen Blutlinie des Gestüts wurde allerdings erst der Original-Araberhengst Siglavy, den Fürst Schwarzenberg 1816 ankaufte. Als man das Gestüt 1919 nach Laxenburg verlegte, den Lipizzanern jedoch das pannonische Klima nicht bekam, erinnerte man sich an Piber, wo sie zwischen 1860 und 1870 schon einmal gehalten worden waren.

Das Schloß der Lambrechter Äbte neben der über ein Jahrtausend alten ehrwürdigen Pfarrkirche zu Piber entstand zwischen 1696 und 1728 im Stil des Domenico Sciassia. Hier ist die Direktion des Bundesgestüts untergebracht.

LAGE *Westl. Graz, nächst Voitsberg.*
BESICHTIGUNG *Das Schloß ist nicht zu besichtigen. Führungen durch das Gestüt Piber Ostern bis November tägl. 14—15 Uhr, nach Anmeldung auch vormittags.*

Unten: Der fast quadratische Bau mit vier Eckrisaliten und Pfeilerarkadenhof besitzt nur wenige historisch ausgestattete Räume.

Scharffenegg und Sieh dich für

Trautenfels · Steiermark

Das Schloß zu Füßen des Grimming hieß bis in das 17. Jh. Neuhaus. Seit 1959 ist in ihm ein Heimatmuseum für den steirischen Ennsbereich und das Ausseerland eingerichtet.

LAGE *Bei Stainach-Irdning.*
BESICHTIGUNG *April bis Oktober, tägl.*

Unten: In den prächtig ausgestatteten Prunkräumen mit Spiegelgewölben, Marmortoren und eingelegten Türen finden sich Stuckkartuschen und Gemälde des Carpoforo Tencala, 1670.
Rechte Seite: Der Schloßbau mit dem viereckigen mittelalterlichen Turm besitzt noch Bastionen des 16. Jh.

Die kriegerische Vergangenheit der alten Burg Neuhaus (→ Burgenbuch), die unruhigen Zeitläufte, nicht zuletzt ihr kämpferischer protestantischer Mut bewogen die Herren von Hofmann im 16. Jh., auch Schloß Neuhaus, das sie seit 1525 besaßen, in einen jederzeit verteidigungsbereiten Zustand zu versetzen. Sie ließen den Bau erweitern, moderne Basteien errichten und die gefährdeten Flanken durch einen Rundturm in der Nordwestecke schützen. Die vermögende Protestantenfamilie nannte sich nach ihrem Gut bei Rottenmann »von Grünbühel« und bewohnte hier auch das Schloß Strechau (→ Burgenbuch). Ihre Herrschaft Neuhaus, von den Praunfalks aus dem Ausseeischen verwaltet, umfaßte u. a. die Ämter Ramsau bei Schladming, Gröbming, Frauenstein, Öblarn, Sölktal, Irdning, Mitterndorf, Tauplitz, Wörschach und Weißenbach bei Liezen. 176 Bauernwirtschaften waren ihr untertan, und vom Schloß aus mußten 59 Tagwerke Ackerland, 112 Tagwerke Wiesen und weiterer Almboden bewirtschaftet werden.

Um 1579 hatte Hans Hofmann in der Nähe seiner Schlösser Strechau und Neuhaus evangelische Kirchen errichten lassen und zwei Predigern Unterkunft gewährt. Sonntags, heißt es in einem Bericht, strömten die Gläubigen aus dem ganzen mittleren Ennstal »haufenweise« in die beiden Gotteshäuser. Unter starker militärischer Assistenz erschien Mitte November 1599 eine kaiserliche Reformationskommission vor Strechau und verlangte die Auslieferung der Prädikanten. Am 17. November ließ die Kommission in Rottenmann »die Synagog mit Pulfer und Feuer ansteckhen und aufs Höchst, so wir khint ... zersprengen und zersteren«. Wenig später lag auch die Kirche von Neuhaus in Schutt und Asche.

Nach endlosen Erbstreitigkeiten unter den Praunfalks, die Neuhaus um 1600 erworben hatten, fiel die Herrschaft 1664 an Siegmund Friedrich Graf Trauttmansdorff. Beim Umbau des Schlosses in den Jahren 1670/72 erhielt es die heutige Gestalt und den friedlich-romantischen Namen Trautenfels. Dem katholischen Edelmann ging es mehr um die repräsentative Einrichtung, um die Kapelle oberhalb des Tores und um die Glocken im Turm als um das kriegerische Ansehen seines Besitzes. Die Kanonen, Büchsen und Haken in den Kammern verrosteten.

Graf Siegmunds Neffe, der zehn Jahre später die Herrschaft erbte, war da ganz anderer Natur: Er ließ die Basteien wieder bestücken und gab ihnen auch stolze Namen: Die Siegreiche, Scharffenegg, Sieh dich für und Lueg ins Land. In den Herbsttagen 1684 dröhnte von Trautenfels her Geschützdonner über das Tal; Handgranatengeknall und Raketenschüsse leiteten auch das Weihnachtsfest ein. Salven durchbrachen die Stille Nacht, und zu jeder der drei Mitternachtsmessen in der Schloßkapelle zischten scharfe Granaten aus den Mörsern in den Nachthimmel. Der kriegerisch gestimmte Graf Siegmund Joachim Trauttmansdorff erwarb sich Kriegsruhm unter dem Prinzen Eugen. 1706 ist er auf Schloß Trautenfels gestorben.

Fürstenstein und Ständeschloß

Landhaus · Klagenfurt

Alte Rechtsbräuche und die Vorgeschichte des Baues lassen das Klagenfurter Landhaus als Schloß-Residenz der Kärntner Landstände erscheinen. Die im Haupttrakt burgenartig angelegte, im Verlauf der Bauzeit (1574 bis 1590) schloßartig erweiterte Renaissanceanlage ist um 1740 mit viel Geschmack barockisiert worden.

LAGE *In Klagenfurt.*
BESICHTIGUNG *der Wappensäle und der Landesgalerie laut Anschlag.*

Die Burg der Kärntner Stände wurde Anfang des 16. Jh. an der Stelle des mittelalterlichen Herzogssitzes errichtet. Klagenfurt wollte mit diesem Landhaus St. Veit an der Glan, dem bisherigen Herzogssitz, den Rang ablaufen. Die beiden Repräsentationstürme, die Stiegen- und zweigeschossige Arkadenkomposition des Johann Anton Verda aus Gandria am Luganer See gaben dem Haupttrakt, den Hans Freymann aufgeführt hatte, das nötige schloß- und residenzartige Ansehen. Der Kärntner Christoph Windisch vollendete den Bau. Sehenswürdigkeiten im Landhaus sind neben der hier untergebrachten Landesgalerie der Große Wappensaal, den Josef Ferdinand Fromiller, der Kärntner Kirchen-, Kloster- und Schloßmaler, mit den nebenstehend erwähnten allegorischen Gemälden und mit 665 Wappen der geistlichen und weltlichen Landstände, der Landeshauptleute und Vizedome ausschmückte. Auch die Gaststube, den sogenannten Wappensaal, stattete der Klagenfurter Künstler († 1760) mit bunter Wappenornamentik aus.

Rechts: Nur der stadtwärts liegende Trakt mit zweigeschossigen Lauben hat sich das ursprüngliche Aussehen aus der Zeit der Erbhuldigungen der Stände vor dem Kaiser bewahrt.

Im Mittelalter mußte der neue Herzog des Landes jeweils erst einem freien Bauern Rede und Antwort stehen, den Ständen Freiheiten und Rechte beeiden, bevor ihm auf dem Fürstenstein Platz gemacht wurde und er vom Herzogstuhl auf dem Zollfeld das erste Mal Gericht halten durfte. 1514 schenkte Kaiser Maximilian I. den Kärntner Ständen auf deren Verlangen die durch Brand zerstörte Stadt Klagenfurt. Als eine Art Souverän errichteten sie hier die Residenz des Landes, ein im ganzen deutschen Sprach- und Rechtsgebiet einzigartiger Vorgang.
Der Einsetzung am Fürstenstein unterzogen sich die Kärntner Herzöge bis zum Jahre 1414. Am 12. September 1651 saß der letzte Herzog auf dem Stuhl des Zollfeldes.
An der Nordwand des Großen Wappensaales ist die Zeremonie der Einsetzung eines Kärntner Herzogs auf dem Fürstenstein von Karnburg abgebildet. Die Südwand zeigt Kaiser Maximilian I. bei der Übergabe des Schenkungsbriefes, das Deckenfresko die Erbhuldigung der Landstände vor Karl VI. Diese Szenen illustrieren Entstehung und Bedeutung des Burgschlosses der Kärntner Stände.

Unter einem Dach

Pöckstein · Kärnten

Einer der bedeutendsten frühklassizistischen Profanbauten des Landes, zwischen 1776 und 1780 entstanden, ist Sitz der bistümlichen Forstdirektion und dient dem Bischof von Klagenfurt als Sommeraufenthalt.

LAGE *Nordwestl. Friesach.*
BESICHTIGUNG *Nur des unbewohnten Schloßtraktes möglich.*

Das von der Forstdirektion mustergültig instand gehaltene Schloß mit reizvoll ausgestatteten Prunkzimmern, weiträumigem Speisesaal und origineller Kapelle erlitt im letzten Krieg Bombenschäden.
Unten: Das Schloß, auch Böckstein und »Zwischenwässern« genannt.

Das Gurker Bistum zählte zu den namhaftesten Eisengewerken Kärntens, als ihm Mitte des 17. Jh. die Erben des Hans Gschwindt das Hammerwerk Zwischenwässern anboten. Bischof Johann Jakob erwarb den »adelychen Sitz Poksthein samt dabey gelegener mül mit sechs lauffern, stampf und saag« unterhalb der Ruine der alten Bischofsburg Pockstain aus dem 12. Jh. und erweiterte den Betrieb.
Hundert Jahre später ließ Bischof Josef Franz Anton Graf von Auersperg das unansehnliche Gewerkenschlößchen des Hans Gschwindt niederreißen und an seiner Stelle eine ihm würdige Residenz errichten. Als Baumeister bestellte er Johann-Georg Hagenauer aus Salzburg.
Eine Inschrift über dem Südportal von Pöckstein macht auf die originelle Gestalt des Schlosses sub uno tecto — unter einem Dach — aufmerksam. In der Tat handelt es sich bei diesem Bischofsschloß um eine Art monumental gestaltetes »Stöckl«, wie man die hoflosen kleinen Herrensitze in Österreich bezeichnet. Auch Pöckstein besitzt keinen Hof. Die riesige durchgehende Halle im oberen Stock, die »Labn«, erhält ihr Licht von der den Bau hoch überragenden Kuppel mit Laterne.

Peter Eckart von Peckern

Wolfsberg · Kärnten

Hugo Graf Henckel von Donnersmark ließ die Burg des Bamberger Bistums, das Wolfsberg 750 Jahre besaß, zwischen 1846 und 1853 nach dem Muster von Schloß Windsor umbauen. Seine Nachkommen besitzen Schloß Wolfsberg (rechte Seite) noch heute.

LAGE *Oberhalb Wolfsberg.*
BESICHTIGUNG *Keine.*

Von der zum Teil mit Pulver in die Luft gesprengten Burg blieb nicht viel mehr als die Grundmauern zweier Rundtürme stehen.
Unten: Das pseudogotische Hauptportal.

Seit Mitte des 11. Jh. saßen Pfleger der Bamberger Bischöfe auf Burg Wolfsberg. Dem großen Umbau im 19. Jh. fiel auch ihre romanische Doppelkapelle zum Opfer. Nicht zerstören konnte man jedoch die Legende um den bambergischen Pfleger Philipp von Dornbach. Der allseits unbeliebte Mann hatte sich lange vergeblich um die Gunst des ihm anvertrauten Mündels Maria, Tochter seines Kampfgefährten Herzberg, bemüht. Eines Tages wurde er im Wald überfallen. Der zufällig des Weges kommende Kornett Eckart von Peckern befreite den verhaßten Steuereintreiber aus höchster Not. Als der Pfleger erfuhr, daß sein Retter vom Bamberger Bischof geschickt worden war, um sein Amt mit ihm zu teilen, kühlte sich seine Dankbarkeit ab, und als er bemerkte, wie Maria sich Hals über Kopf in den jungen Mann verliebte, ließ er Eckart überfallen und nach Waldenstein bringen. Im Verlies dieser Burg (→ Burgenbuch), das man seither »die Kornettkeuche« nannte, starb Peter Eckart im Jahre 1629. Der Legende nach verschied Maria an einem Liebestrank, den ihr der Dornbacher einflößte, ihn selbst tötete die Reue über seine Tat.

Der gotische Schlüssel

Kellerberg · Kärnten

Im Jahre 1929 beauftragte Schloßherr Max Rothauer den Maurer Nemes, vulgo Bosch, im Erdgeschoß des östlichen Turmgemaches eine der drei schmalen Schießscharten in dem meterdicken Mauerwerk zu erweitern. Der Handwerker war noch nicht lange an der Arbeit, als er auf einen Hohlraum stieß, in dem eine Pergamentrolle und ein Schlüssel lagen. Als Nemes das Papier aus der Höhlung nehmen wollte, zerfiel es zu Staub. Zurück blieb ein rostiger Schlüssel aus dem späten 15. Jh. Zweifellos hatte das Pergament Hinweise auf eine Truhe enthalten, die man im Schloßbereich vergraben hatte, als die Bewohner — etwa vor anrückenden Türken oder im Dreißigjährigen Krieg — fliehen mußten. Da der Schlüssel zum Teil noch mit Mörtel bedeckt war und auch die Mauerhöhlung ein Provisorium schien, mußten es die Flüchtlinge eilig gehabt haben.

Ein Okkultist, dem man einige Jahre später in Berlin den Schlüssel ohne nähere Angabe in die Hand drückte, hatte nur die Vision: »Schloß« und »Fluß«. So viel allerdings wußte die Familie Rothauer bereits. Da auch neuere technische Geräte das Geheimnis bisher nicht lüften konnten, bewahrt man den geheimnisvollen Schlüssel als glückbringenden kleinen Hausgott im Schloß auf.

Das bewohnte Schloß im unteren Drautal, in einem idyllisch kleinen Park gelegen, war bis ins 18. Jh. Sitz der Herren Keller zu Kellerberg, ihre Lehensherren waren Kaiser Maximilian I. als Landesfürst, die Dietrichstein, die Khevenhüller u. a. Auf einem eingemauerten Gedenkstein beim Eingangstor, 1548, steht zu lesen: Sie. Joan Dittrichstain freih. zu h(ollenburg) V(inkenstein) und TB (Thalberg).

LAGE *Nordwestl. Villach.*
BESICHTIGUNG *Wird nur den Gästen des Schloßwirtes gewährt.*

Oben: Vorhalle des mit Renaissance- und Barock-Mobiliar ausgestatteten Schlößchens.
Rechts: Einer der diagonal gestellten Rundtürme, die den hoflosen Viereckbau aus dem 16. Jh. flankieren.

Protestantenschloß und Klostersitz

Wernberg · Kärnten

Noch während an den vierzehn Toren und den Bastionen seiner Burg Hochosterwitz (→ Burgenbuch) gearbeitet wurde, hatte Georg von Khevenhüller angeordnet, das 1536 von seinem Vetter Wolfgang ererbte Wernberg in einen Sommersitz umzubauen. Über dem mit Diamantquadern umrahmten Hauptportal der Nordfront ließ sich der fromme Protestant zwischen seinen beiden Ehefrauen abbilden. Eine Inschrift erweist ihn als Landeshauptmann von Kärnten, Kaiserlichen Rat, Oberstkämmerer und Präsident der Hofkammer, die Gemahlinnen als Sybilla Weitmoserin und Anna Thurzo von Bethlenfalva, beide Töchter reicher Gewerken.
Unter Georgs Enkel Paul — als überzeugter Protestant war der junge Mann nach 1622 emigriert und in die Dienste des Schwedenkönigs Gustav Adolf getreten — ging Wernberg für die Khevenhüller verloren. Im Sommer 1672 zog Christoph Kaponig, Prälat des Klosters Ossiach, mit seinen Conventualen in Wernberg ein, »gutter Lufft halber«, wie Johann Weikhard von Valvasor 1688 in seiner »Topographia archiducatus Carinthiae« bemerkt. Wernberg wurde durch ein Jahrhundert Kloster. Nach 1783 wechselten Wernbergs Herren zwanzigmal, bevor 1915 die Kongregation der Missionsschwestern vom Kostbaren Blute das Gut erwarb.

Im mächtigen, langgestreckten Renaissanceschloß an der Autobahn — 1575 als Khevenhüllerscher Sommersitz erbaut — ist heute eine Fremdenpension eingerichtet.

LAGE *Östl. Villach.*
BESICHTIGUNG *Nach Anmeldung.*

Auch als Klostersitz blieb der Bestand des alten Protestantenschlosses erhalten. Mit der nach 1962 wiederhergestellten Katharinenkapelle erscheint Wernberg heute als vorzüglich erhaltenes Bauwerk.
Unten links: Blick auf die dem Schloß an der Südseite vorgelagerten Gartenstufen.
Unten rechts: Der dreigeschossige Laubenhof ist nach Süden hin offen.

Das Schloß des Keutschach und der Brunnen von Friesach

Tanzenberg · Kärnten

Der ragende Schloßbau hoch oberhalb des Zollfeldes nächst Maria Saal, zwischen 1530 und 1560 entstanden, ist im 19. Jh. zum Kloster umgebaut worden. Er steht als Gymnasium und Knabenseminar in Verwendung.

LAGE *Nördl. Klagenfurt.*
BESICHTIGUNG *Nach Anmeldung.*

An der Stelle des niedergerissenen Westtraktes mit Rittersaal errichtete der Olivetanerorden im 19. Jh. eine neoromanische Basilika in sizilianisch-normannischem Stil (Bild unten).
Rechte Seite: Arkadenhof mit dem im 19. Jh. aufgestockten dritten Geschoß.

In der alten Burg des Tanzo — ein runder Turm bezeugt sie noch heute — wohnte Pfingsten 1470 der spätere Kaiser Maximilian I., als er mit neun Jahren nach Finkenstein (→ Burgenbuch) gebracht worden war. Ein Großneffe des Salzburger Erzbischofs Leonhard von Keutschach, Leonhard II., ließ Tanzenberg zum Renaissanceschloß ausbauen, von dem es hieß, es hätte so viele Tore wie Monate, so viele Türen wie Wochen und so viele Fenster wie Tage im Jahr gehabt. Der Besitz der Keutschacher, die auch alle salzburgischen Herrschaften in Kärnten besaßen, kam als Konkursmasse an die Grafen Attems, der letzte des Geschlechtes starb als Miniaturmaler 1773 in Salzburg.
Vorstellungen vom alten Tanzenberg der Keutschacher erweckt der einstige Schloßbrunnen, den man 1802 auf dem Hauptplatz in Friesach aufstellte. Er trägt die Jahreszahl 1563 und ist das Werk eines italienischen Meisters. Über dem achteckigen reliefgeschmückten Becken tragen Atlanten und Putten eine kleinere Brunnenschale. Der oberste Aufsatz aus Bronze, 1520, diente im Keutschacher Schloß wahrscheinlich als Tischbrunnen.

Der Himmel von Biberstein

Biberstein · Kärnten

Das über der Burg der Pibriacher errichtete Schloß erhielt seine heutige Gestalt durch Zu- und Umbauten des 16. und 18. Jh. (Bild links unten).

LAGE *Oberhalb Himmelberg, nordwestl. Feldkirchen.*
BESICHTIGUNG *Keine.*

Der nach dem Tode des Christoph-Andreas von Pibriach Khevenhüllersche Besitz fiel nach der Emigration des Hans von Khevenhüller an den Fiskus. 1662 verkaufte ihn Kaiser Leopold I. an die Gräfin Katharina von Lodron. Ihre Nachkommen besitzen Biberstein noch heute.
Rechts unten: Der gedeckte Stiegenaufgang des in den Jahren 1969/71 restaurierten Schlosses.

1388 belehnte Graf Hugo von Montfort den amtierenden Richter zu Himmelberg, Machward den Pybriacher, mit der Herrschaft. Als ihm acht Jahre danach Herzog Wilhelm von Österreich den »Sitz« Himmelberg verlieh, hatte Machward die Burg des Zachäus Himmelberg (→ Burgenbuch) bereits verlassen und sich oberhalb des Dorfes ein behäbigeres Gebäude errichtet, das er Biberstein nannte. Aus ihm entwickelte sich das heutige Schloß mit dem Verbindungsgang zwischen Tor und Wirtschaftsgebäuden über die Straße hinweg. Wie gemütlich es sich in einem solchen Jahrhundertbau wohnen läßt, schildert Max Rieple, der das der Allgemeinheit sonst nicht zugängliche Schloß der (Grafen-)Familie besuchte: »Wir durchschreiten ein Tor, das mit einem kunstvoll verschnörkelten schmiedeeisernen Gitter verschlossen werden kann. Dann stehen wir in dem intimen, von Arkaden umzogenen Innenhof. Durch Jagdtrophäen, alte Truhen und Sessel wirkt der von einem Glasdach überdeckte Raum wie eine große Diele. Ein Druck auf einen Knopf und über uns öffnet sich das Schiebedach und läßt die Sonne und den blauen Himmel ein. Ein anderer, von Genien belebter Himmel aus Stuck und Farbe steht über einem weiträumigen Saal, dem altes Mobiliar etwas Wohnliches verleiht ...«

»Was dir Gott gibt... ist nit eigen dein, du bist dessen nur ein Verweser«

Velden : Kärnten

Das Portal zum Nobelhotel von heute, mit Empfehlungstafeln aus aller Herren Länder gespickt — ici vous serez satisfait, hier werden Sie zufrieden sein —, erinnert mit seinen Wappen und Reliefköpfen im Bogenteil an den Bauherrn des Schlosses, Barthelmä Khevenhüller, 1539—1613. Der Sproß der berühmten Kärntner Adelsfamilie, Herr auf Landskron (→ Burgenbuch), hatte sich den Sitz Velden »zum gemütlichen Kurzweil im Alter« errichten lassen. Er nützte ihn wahrscheinlich auch, um hier in den Jahren 1606/07 die berühmte »Vermahnung« an seinen Sohn zu verfassen, in der der Weitgereiste und Vielerfahrene die Summa seiner Lebensweisheit niederlegte. In ihr heißt es u. a.: »Willst du regieren, schau, daß du vorher gelernt hast, gehorsam und fromm zu sein.« »Was dich nicht brennt, das blas nit.« »Nimm dir ein Weib deinesgleichen ... nit von Geldswegen ... auch nicht zu jung sei sie, damit man von dir nicht das Sprichwort sagt: Buben, Weiber und Kinder vorzeiten, müssen sich viel leiden ...« »Laß dein Weib nit deinen Herrn sein und über dich wachsen, halt sie auch nicht für deine Dirn, halt sie wie deinen eigenen Leib.« »Laß dein Bauch nit dein Gott sein.« »Was dir Gott auf Erden gibt und du hast ... ist nit eigen dein, du bist dessen nur ein Verweser.«

Das heute als Hotel mit 160 Zimmern in Verwendung stehende Khevenhüllerschloß aus dem Anfang des 17. Jh. liegt in einem 60 000 m² großen Park.

LAGE *In Velden am Wörther See.*
BESICHTIGUNG *Keine. Hotel Mai bis Okt. geöffnet.*

Unten: Das Schloßhotel von heute ist zweigeschossig, ein Stich des Freiherrn von Valvasor aus dem Jahre 1688 zeigt den viertürmigen Bau mit drei Geschossen. Auf dem frühbarock geschmückten Renaissanceportal mit der Jahreszahl 1603 befindet sich ein Relief des Bartholomäus von Khevenhüller, 1539–1613, mit seinen drei Ehefrauen.

Wer den Salamanca finge Und Jacob Fuggern hinge…

Porcia · Kärnten

Das Salamancaschloß, nach den friaulischen Fürsten Porcia benannt, die es von 1662 bis 1915 besaßen, entstand zwischen 1533 und 1597 nach dem Modell eines italienischen Architekten. Es gilt als einer der frühesten Renaissancebauten diesseits der Alpen.

LAGE *In Spittal/Drau.*
BESICHTIGUNG *15. 5.–1. 10., tägl. 9–18 Uhr.*

Das Schloß, heute Gemeindebesitz, beherbergt im zweiten Stock und im Dachgeschoß eines der wohl reichhaltigsten Heimatmuseen Österreichs. Im ersten Stock befinden sich Repräsentationsräume.
Oben: Wappen der Fürsten Porcia.
Rechts und rechte Seite: Die palastartige Fassade und der Arkadenhof charakterisieren das wohl italienischeste unter den österreichischen Renaissanceschlössern.

Als der junge Ferdinand 1521 aus Spanien nach Österreich kam und kaum ein Wort Deutsch verstand, machte er seinen sprachbegabten, geschäftstüchtigen Sekretär Gabriel Salamanca aus Burgos zum General-Schatzmeister und Grafen von Ortenburg. Schon vier Jahre später zwangen den Habsburger aufständische Tiroler, den im Volk gehaßten, verachteten obersten Steuereintreiber der österreichischen Erbländer zu entlassen. Kein Grund für den unersättlichen Geschäftemacher und Intimfreund der Augsburger Fugger, sich als Schloßverwalter im Österreichischen und als Landvogt im Oberelsaß in kürzester Zeit nicht zum Herrn über ein weiteres Dutzend von Herrschaften zu machen.
Um die Sippe derer von Salamanca mit einem würdigen Stammsitz zu versehen, ließ »Gabriel Grave zu Orttenburg« 1533, sechs Jahre vor seinem Tode, in Spittal, dem zentralen Markt seiner Ortenburger Herrschaft, ein Stadtschloß erbauen. Es gab kaum ein Mauerstück in ihm, an dem er nicht sein Wappen anbringen ließ. Noch lange erzählte man sich in Spittal auch vom spektakulären Innsbrucker Hochzeitsfest des 36jährigen mit der 14jährigen Gräfin Elisabeth von Eberstein. »Solang Innsbruck bestanden, ist söllich Köstlichkeit von gold, gülden ketten und tüchern nie gesehen worden.« Desgleichen kursierten Spottverse, von denen man ihm einige an die Schloßmauern schmierte:

»Wer den Salamanca finge Und Jacob Fuggern hinge
Zerbräch der großen Hansen List Und Ferdinandus würde größer als er ist.«

Die Löwenburg am Wasser

Wasserleonburg · Kärnten

Das Schloß zu Füßen des Dobratsch macht heute den Eindruck eines gepflegten Landhauses aus der Renaissancezeit. Zypressenallee und Gartenterrasse verleihen ihm ein südliches Aussehen. Zu den Gästen auf Wasserleonburg zählte 1936 nach seiner Thronentsagung der Herzog von Windsor.

LAGE *Westl. Villach.*
BESICHTIGUNG *Keine.*

Unten links: Der Arkadenhof aus dem 16. Jh.
Unten rechts: Kapellenbau des 18. Jh. neben dem Rustika-Portal der Westfassade.

Das Erdbeben vom 25. Januar 1348 vernichtete das mittelalterliche Villach. Neben zehn Dörfern zerstörte es auch die alte Löwenburg am Dobratschhang, die vorerst bambergische, dann herzogliche und habsburgische »Lewenburch«. Vom Neubau, den man in der zweiten Hälfte des 14. Jh. etwa einen Kilometer westlich der alten Burg errichtete, zeugen heute noch der Osttrakt mit altem Bergfried und mächtigem Gemäuer sowie Teile der weitläufigen Parkmauer.
Burg und Herrschaft erwarb im Jahre 1522 der reiche Wilhelm Neumann, Gewerke des Villacher Bleibergs, Herr über Quecksilbergruben, einige Jahre auch Stadtrichter von Villach. Mit der Herrschaft kam auch »die Fischwaid auf dem See in der Schütt« in seinen Besitz. Es handelte sich um jenen inzwischen längst verschwundenen See, den die Gesteinsmassen des Dobratsch nach dem Erdbeben von 1348 im Gailtal aufgestaut hatten. Ob das Schloß am See damals zu seinem heutigen Namen kam, ist nicht gesichert. Neumann hinterließ es seiner Gemahlin Barbara und Tochter Anna. Als Schloßherrin auf Murau (→) zählte Anna zu den bedeutendsten Frauen ihrer Zeit.

Bauherrn

Mageregg · Kärnten

Das Wappen des namengebenden Wolf Mager von Fuchsstatt befindet sich im noch kreuzgewölbten Vorraum des Schlosses oberhalb der Inschrift: »Dis Gebei ist vollendet worden im 1590 jar, Gott geb seinen Segen dazu.«
Gottes Segen war sichtlich ausgeblieben. Nach dem aufwendigen Umbau der alten Wasserburg hatten für Wolf von der Fuchsstatt magere Jahre begonnen. Auch großzügige Kredite der Neumannin auf Schloß Murau (→) verkleinerten seinen Schuldenberg nur wenig. Als er 1607 starb, sprach ihr ein Hoftaiding das Schloß als Pfand zu.
Ohne Sorgen, allerdings auch ohne Sorgfalt, ließ Thomas von Moro nach 1840 »das alte, unförmige und wenig wohnliche Schloß« von Grund auf verändern: die Hauptmauern wurden um zwei Klafter gehoben, Türme und Fenster vergrößert, der südwestliche Rundturm erhielt ein südöstliches Pendant, man verlegte die Stiege und vergrößerte oder verkleinerte Zimmer und Kammern nach Belieben. Mit um so größerer Sorgfalt und manchem Aufwand hat im letzten Jahrzehnt Kärntens Jägerschaft das Schloß des Wolf Mager erneuern und instand setzen lassen.

Das hervorragend restaurierte und instand gesetzte Schloß dient als Versammlungs-, Tagungsort und Gaststätte für Besucher des neu eingerichteten Tierparks.

LAGE *Nördl. Klagenfurt.*
BESICHTIGUNG *Nach Anmeldung. Die Gaststätte ist das ganze Jahr über geöffnet.*

Unten: Das Schloß im weitläufigen Park an der Glan wird an seiner Südseite von zwei runden, an der Nordseite von zwei eckigen Türmen flankiert. Reste der alten Gartenmauer und ein Kreuzgewölbe weisen noch auf die mittelalterliche Anlage.

Das Salzburgisch Procedieren

Gmünd · Kärnten

Im 1651 erbauten Stadtschloß (rechte Seite) ist heute u. a. eine Hauptschule untergebracht. Die beiden barocken Lodronschen Wappenlöwen (Bild oben) wurden im 19. Jh. aus dem Salzburger Mirabellgarten nach Gmünd gebracht.

LAGE *In Gmünd.*
BESICHTIGUNG *Keine. Hof und Park sind frei zugänglich.*

Zu Ehren des bis 1950 in Gmünd wohnhaften Prof. Dr. Ing. h. c. Ferdinand Porsche wurde im Lodronschen Schloßpark, seit 1952 »Professor-Porsche-Park«, eine Gedenkbüste aufgestellt.

Von den Gmündner Schlössern erzählen, heißt vom Machtkampf der Salzburger Erzbischöfe berichten, den sie fünf Jahrhunderte lang um die für sie vorerst strategisch, dann wirtschaftlich und schließlich familienpolitisch bedeutsame Herrschaft jenseits des Katschberges führten.

Mit dem Lieserhofener Gewaltfrieden, den Philip von Spanheim, erwählter Erzbischof von Salzburg, 1252/53 diktierte, verdrängte Salzburg im 13. Jh. die im Liesertal zuständigen Görzer Grafen. Die unglückselige Politik des schwächlichen Erzbischofs Bernhard von Rohr führte dazu, daß Gmünd 1488 kaiserlich wurde. Aber bereits 1502 sah sich der finanzschwache Maximilian I. gezwungen, Stadt und Herrschaft Gmünd seinem großen Geldgeber Erzbischof Leonhard von Keutschach zu überlassen. Der Keutschacher, die Zeit nutzend, ließ die zerstörte Burg wieder aufbauen, auf das Doppelte erweitern und neu befestigen. Als die mit dem Salzburger Regiment unzufriedene Kärntner Landschaft beim Kaiser protestierte, überließ Maximilian Anfang 1514 den Besitz seinem Erbschenken Siegmund von Dietrichstein, übertrug ihn jedoch schon sechs Monate später gegen weitere Summen aus der salzburgischen Kasse wieder Leonhard von Keutschach und dessen präsumtivem Nachfolger Matthäus Lang auf Lebenszeit. Die unbefriedigten Kärntner Stände beruhigte das Erzstift 1535. Es anerkannte den Katschberg als »rechte Grenze und Gemerk beider Länder« — Salzburgs und Kärntens —, doch blieb Gmünd auch weiterhin im Salzburger Landtag vertreten. Um eine endgültige Lösung zu finden, verpfändete Kaiser Ferdinand I. Stadt und Herrschaft dem Salzburger Pfleger Pflügl, indem er ihn zum kaiserlichen Hauptmann machte. Als Erzherzog Maximilian nach Pflügls Tod die Herrschaft 1594 dem protestantischen Freiherrn Siegmund Khevenhüller überließ, erzwang 1601 Erzbischof Wolf Dietrich, daß Gmünd »zur Propagierung der katholischen Religion« für hundert Jahre seinem Bruder Hans Rudolf von Raitenau als Pfand überlassen wurde. Unter ihm entstand der letzte große Zubau am alten Schloß, das 1686 zur heutigen Schloßruine ausbrannte.

Inzwischen jedoch war Erzbischof Wolf Dietrich im Jahre 1611 auf der Flucht gefangengenommen worden, knapp bevor er das rettende Gmündner Schloß seines Bruders erreicht hatte (→ Burgenbuch). Als Hans Rudolf von Raitenau am 3. Mai 1633 zu Gmünd starb, war testamentarisch festgelegt, Herrschaft und Stadt Gmünd sollten dem Christoph, Grafen von Lodron, Bruder des Salzburger Erzbischofs Paris von Lodron, überlassen werden. Mit Genehmigung Kaiser Ferdinands III. wurde im Jahre 1639 die Herrschaft lodronisch und blieb es bis zum Jahre 1932. Christoph Graf Lodron ließ das neue Schloß erbauen.

»Das Salzburgisch Procedieren ist nit anders als Raitenau auszutilgen und alles Vermögen dem Haus Lodron zuzubringen«, hatte Hans Werner von Raitenau, der überlebende Bruder des gestürzten Wolf Dietrich, die Schachzüge des Paris Lodron kommentiert.

Die fürsterzbischöfliche Hofhaltung und das »Kleine Mozartl«

Residenz · Salzburg

Sehenswürdigkeiten der zwischen 1595 und 1700 entstandenen Salzburger Residenz sind die Prunkräume mit barockem Dekor und die seit 1975 neuerrichtete Residenzgalerie mit bedeutenden Werken der Malerei des 16. bis 19. Jh.

LAGE *In Salzburg.*
BESICHTIGUNG *der Repräsentationsräume 1. 6.—30. 9., 9—12 und 14 bis 17 Uhr, 1. 10.—31. 5., an Wochentagen 10—12 und 14—16 Uhr, im Winter an Samstagen, Sonn- und Feiertagen 10—12 Uhr. Residenzgalerie: 9—11.30, 14—16.30 Uhr.*

Rechte Seite: »Schöne Galerie« zwischen Schlafzimmer und Gesellschaftssaal in dem gegen den Alten Markt zu gelegenen Trakt mit Deckengemälde von J. M. Rottmayr: eine Allegorie der Wissenschaften und Künste — der Genius der Architektur weist auf die Fassade des Schlosses Mirabell. Die links sichtbare Umrahmung aus verschiedenen Salzburger Marmorarten ist für die 1502 am Kärntner Magdalensberg gefundene Erzstatue eines betenden Jünglings gearbeitet worden. Heute ist in ihr ein Abguß der 1806 nach Wien gebrachten Plastik des 4. vorchristl. Jh. zu sehen.
Der 28jährige Erzbischof Wolf Dietrich von Raitenau, 1559 (1587) bis 1612 († 1617), hatte sich aus Italien Hunderte Stiche und Zeichnungen von Bauten und Städtearchitekturen mitgebracht. Seit 1592 beschäftigten ihn konkrete Pläne, die ihm verhaßte enge gotische Stadt in eine Idealstadt des Südens zu verwandeln. Schon 1588 hatte er nordöstlich des Domes mehrere gotische Häuser demolieren und mit der Errichtung eines »Neugebäudes« beginnen lassen. Die neue Residenz sollte anstelle des alten idylli-

Vom Leben am Hof der Fürsterzbischöfe und Salzburger Landesherrn liegen seit den Zeiten des Paris Lodron zahlreiche, einander oft widersprechende Berichte vor. Während ein Benediktinerpater um 1620 schreibt, der neue Salzburger Fürst führe einen Hof »geringer als der Bischof von Dillingen«, weiß die italienische Dichterin Margareta Costa acht Jahre später von einem recht zahlreichen und prächtig ausgestatteten Hofgesinde um den nach ihrem Urteil hübschen Grafen Paris Lodron zu erzählen: »Er hat speziell zwölf Pagen, gekleidet in rote Wams, ihre Livreé ist ähnlich jener der Pagen des Erzherzogs Leopold. Er hält vierzehn Kammerdiener, lauter Kavaliere. Alle tragen Goldschlüssel wie die Diener des Kaisers. Seine Leibwache besteht aus dreißig Mann; sie tragen Partisanen und reiten mit Karabinern, wenn der Erzbischof die Stadt verläßt. Dann hält er eine Kompagnie von ungefähr fünfzig berittenen Arkebusieren. Er hält auch eine vollständige Kapelle von Musikern und Instrumentisten. Diesbezüglich liebt er die Sitte der deutschen Fürsten, im übrigen bedient er sich eher italienischer als deutscher Sitten.« Ein Bericht des Limberg von Roden preist 1690 Salzburg als die schönste Stadt Deutschlands, als zweites Rom, und schätzt allein den Zierat der Garderobe in der Residenz auf eine Tonne Gold. In einer »Reise von Venedig über Triest ... und Salzburg« heißt es ein Jahrhundert später, am Hofe zu Salzburg sei alles sehr einfach, die Uniformen der Soldaten aber erinnerten an Theaterkostüme. Verwunderlich sei auch, daß vor der Residenz zwei Kanonen stünden — als ob der Erzbischof sich vor seinen Untertanen fürchte; selbst der Doge in Venedig habe jetzt keine mehr vor dem Palast stehen.

Tagebuchnotizen unterrichten uns vom Besuch des Grafen Karl von Zinzendorf beim Erzbischof Siegmund Christoph Graf von Schrattenbach im April des Jahres 1764. Der spätere Präsident der Hofrechenkammer und Staatsminister am Hof Maria Theresias und Josephs II. stand gerade vor seiner — nicht freiwilligen — Konversion zum katholischen Glauben und sparte nicht mit Kritik und Spott. Er fand sich am Salzburger Hof schlecht bedient, die Räume der Residenz hielt er zwar für schön, doch waren sie mit häßlichen alten Möbeln verstellt.

Erzbischof Siegmund, der Erbauer des »Neutores«, war nicht gerade geistreich, jedoch bieder-fromm und trotz seiner Schrullen ein als Kunst-, Theater- und Hundeliebhaber im Volk recht beliebter Mann. Ein Jahr vor dem Besuch des Grafen Zinzendorf, am 28. Februar 1763, hatte sein Hofkapellmeister Ludwig Mozart ihm den damals sechs Jahre alten Sohn Wolfgang Amadeus vorgeführt. Siegmunds Interesse an dem Wunderkind war groß, und er beschloß, den Zehnjährigen zum Hofkapellmeister zu machen. Um sich jedoch vorerst von den Talenten des Vielgerühmten zu überzeugen, ließ er den Knaben in ein Kabinett der Residenz sperren, ihn von zwei Lakaien mit Notenpapier, Tinte und Schreibfeder versehen und ihm einen von ihm persönlich ausgewählten Text »Die Schuldigkeit des ersten Ge-

botes« vorlegen, mit dem Auftrag, ein Oratorium zu komponieren. Die Uraufführung des Werkchens im Dom überzeugte Siegmund. Der kleine Konzertmeister begeisterte ihn. Seit diesem Tage schien er auch öfter als »das kleine Mozartl« in den Rechnungsbüchern des Fürsten auf.

Mozarts Briefe an seinen Vater illustrieren, wie vergeblich sich der bereits berühmte Komponist und Kapellmeister um Verständnis und Anerkennung bei Siegmunds Nachfolger Hieronymus Graf von Colloredo bemühte, einer überaus intelligenten, ihrer diplomatischen Fähigkeiten wegen gerühmten Persönlichkeit, die zu Kunst und Künstlern allerdings in einem gespannten Verhältnis stand. 8. April 1781: »Ich habe also im Sinn, den Erzbischof zu bitten, mir noch hier zu bleiben zu erlauben ...« 12. Mai 1781: »... wenn ich beim Erzbischof von Salzburg zweitausend Fl. Gehalt bekommen kann und in einem anderen Ort nur tausend, so gehe ich doch in das andere Ort ...« 13. Juni 1781: »... der Erzbischof hat mir zweimal die größten Impertinenzen gesagt, und ich habe kein Wort gesagt ... anstatt das Graf Arco meine Bittschrift angenommen oder mir Audienz verschaffet oder gar geraten hätte, selbe nachzuschicken, oder mir zugeredet hätte, die Sache noch so zu lassen und besser zu überlegen, enfin, was er gewollt hätte, nein, da schmeißt er mich zur Türe hinaus und gibt mir einen Tritt in den Hintern. Nun, das heißt auf teutsch, daß Salzburg nicht mehr für mich ist, angenommen mit guter Gelegenheit dem Herrn Grafen wieder ingleichen einen Tritt im Arsch zu geben, und sollte es auf öffentlicher Gasse geschehen ...« 12. Juli 1783: »... daß mir an Salzburg sehr wenig und am Erzbischof gar nichts gelegen ist und ich mein Lebetage mir nicht in Kopf kommen lasse, extra eine Reise hinzumachen ...«

schen Schlosses »Rinderholz« am Alten Markt im Stil eines italienischen Palazzo entstehen. Nach dem wahrscheinlich von ihm selbst in Szene gesetzten Brand des alten Münsters und dem Abbruch von über fünfzig weiteren gotischen Bürgerhäusern entstand der Trakt zwischen Dom und Franziskanerkirche. Die Residenz in ihrer jetzigen Gestalt war erst 130 Jahre später fertiggestellt, sieben Erzbischöfe ließen an ihr bauen. Den nördlichen Teil am Alten Markt, die Arkadenanlage des Hofes mit Herkulesbrunnen und dem Portal entstanden unter Markus Sittikus. Erst unter Fürsterzbischof Anton Harrach, 1709—1727, erhielt die Residenz ihr drittes Stockwerk. In ihr ist jetzt die seit 1975 neuaufgestellte Residenzgalerie untergebracht.

Oben: Hauptportal mit Wappenaufsatz des Fürsterzbischofs Harrach, 1710.

Rechts: Residenzplatz und Residenzbrunnen, 1658—1661, und Neugebäude, um 1600—1675, mit Glockenspiel, 1705.

Altenau und Mirabell

Mirabell · Salzburg

Ein apostolischer Visitationsbericht des Jahres 1581 vermerkt, die Salzburger Domherren Joachim Berner von Gottenhardt und Johann Rieger von Westernach liebten es, in weltlicher Kleidung einherzugehen. Nächtlicherweile sehe man sie bewaffnet, von Saitenspielern begleitet, die Stadt durchstreifen; zur Faschingszeit hätten sie maskiert auch Bürgerhäuser betreten. Einen solchen Domherrn, der es liebte, sich vorzüglich im Federhut, den Degen an der Seite, zu zeigen, wählte am 2. März 1587 das Salzburger Domkapitel zum Erzbischof. Es war der 28jährige Wolf Dietrich von Raitenau aus dem vorarlbergischen Hofen (→ Seite 160).
Im Alter von 16 Jahren hatte der Papstneffe und Kanonikus von Konstanz, Dompropst von Basel, Koadjutor der vereinigten Stifte Murbach und Lüders, seine vierte Pfründe, das Kanonikat in Salzburg, erhalten. Nach Studien in Pavia, am Collegium Germanicum in Rom und Reisen in Spanien und Frankreich war der junge Herr nur kurze Zeit an der Salzach gewesen, ehe ihn die Wahl zum Erzbischof und Fürst dieses Landes traf. Erst einige Tage bevor er bei strömendem Regen von Schloß Freisaal aus

Schloß Mirabell ist mit den Namen Wolf Dietrich und Salome Alt verbunden. Aus dem 18. Jh. blieben nur die Treppe und der Festsaal erhalten, heute als »schönster Trauungssaal Europas« und für Konzerte in Verwendung.

LAGE *In Salzburg.*
BESICHTIGUNG *Das Schloß ist Sitz des Bürgermeisters und des Stadtmagistrates. Die Treppe und die Gärten sind frei zugänglich.*

Unten: Festsaal und Prunkstiege des Lukas von Hildebrandt, 1668—1745, mit Figurenschmuck von G. R. Donner, 1693—1741.

Altenau, das Schloß Wolf Dietrichs für Salome Alt, von Markus Sittikus in Schloß Mirabell umbenannt und von dessen Nachfolgern erweitert, erhielt unter Erzbischof Ernst Graf Thun eine neue Gartenanlage nach Plänen des Johann Bernhard Fischer von Erlach. Der Paduaner Ottavio Mosto schuf die vier Skulpturengruppen mit Aeneas, Herkules, Persephone und Helena, Allegorien der vier Elemente. Im Auftrag des Fürsterzbischofs Harrach, 1709—1727, entstand nach Plänen des Lukas von Hildebrandt ein

Oben: Putte der Prunkstiege.

seinen prunkvollen Einzug in die Stadt hielt, hatte ihn Bischof Urban von Passau in einer einzigen Zeremonie zum Subdiakon, zum Priester und zum Bischof geweiht.

Wolf Dietrichs von Raitenau Biographen sind sich nicht schlüssig darüber geworden, ob schon der welt- und sprachengewandte Domherr oder erst der mit absolutistischem Machtanspruch regierende Fürsterzbischof das schönste Mädchen Salzburgs, Salome Alt — er soll ihr während einer Hochzeitsunterhaltung in der Stadttrinkerstube begegnet sein —, zu sich nahm. In den späteren Prozeßakten ist lediglich vermerkt, Wolf Dietrich habe das siebente Kind des Salzburger Kaufmanns und Ratsherrn Wilhelm Alt »ex domo patris«, aus dem Hause des Vaters, in seine Residenz geholt.

Salome Alt bewohnte den an die Franziskanerkirche angebauten Trakt in der Sigmund-Haffner-Gasse. 1606 ließ ihr der Fürst innerhalb von sechs Monaten ein Schloß jenseits der Salzach errichten. Drei Jahre später wandte sich Salome, inzwischen Mutter zahlreicher Kinder, an Kaiser Rudolf II. mit der Bitte, ihr das Adelspatent zuzugestehen und ein Wappen zu bewilligen; sie habe, heißt es in der Anführung ihrer Verdienste, »bei einer fürnemen geistlichen Person, welche dem hl. römischen Reich und der Kais. Majestät höchstlöbl. Haus Österreich nicht wenig bedient, etliche Kinder Manns- und Weibsstammes erzeugt«. Der Kaiser legitimierte Salome als Gemahlin seines Reichsfürsten und erhob sie als »von Altenau« samt ihren Kindern in den Reichsadelstand.

Eine alte Stadtansicht und ein Stich von Merian stellen Schloß Altenau als einfachen dreigeschossigen Bau mit zwei Trakten und einigen Nebengebäuden dar. In seinem Bericht »Leben, Regierung und Wandel des Hochwürdigsten in Gott Fürsten und Herrn Wolff Dietrichsen ... 1615« heißt es bei Johann Stainhauser jedoch: »Um dise Zeit auch hat der hochwürdigst Fürst und Herr Wolff Dietrich, Erzbischove zu Salzburg, Legat des Stuhls zu Rom, ein schöns, groß, geviert, herrliches Gebäu, wie ain Schloß oder Festung, mit einem wolgezierten, von Blech gedeckten, glanzeten Thurm, und inwendig, auch außen herum, mit schönen Gärten von allerlei Kräutlwerk, Baumgewächs und Früchten geziert und versehen, bauen und aufrichten lassen — auch solchen Bau Altenauen genannt; jetzt aber ist ihm von seinem Successor der Name geändert worden und haißet jetztmalen Mirabella.

In solchem schönen Gebäu hat der Erzbischoff und die Seinigen sich oftmalen belustigt und vilmals sowol morgens als abents die Malzeiten daselbst genossen und allerlai ehrliche Freudenspiel und Kurzweil darinnen getrieben. Dieses herrliche, schöne Gebäu, gleich einem fürstlichen Hof, hat abermal vil tausent Gulden gestanden.«

Die Familie von Altenau — Salome gebar fünfzehn Kinder, von denen zehn am Leben blieben — war wohlversorgt. Nach Schätzungen betrug das Vermögen der Schloßbesitzerin 400 000 fl., doch lebte Salome — »eine einfache, schlichte Frau, nicht hochgebildet, eher hausbacken, aber eine treubesorgte Mutter, ... die nie über das Peinliche ihrer Lage hinweggekommen zu sein scheint« — zurückgezogen und in eher bescheidenen Verhältnissen. Es bleibt Vermutungen überlassen, wie der zum Zölibat verpflichtete Erzbischof seine Stellung als Familienvater vor sich und der Kurie legitimierte; schlüssige Unterlagen, die darüber Auskunft geben, fehlen. Es heißt, in Rom wäre man über alles unterrichtet gewesen, doch hätten die Anhänger Wolf Dietrichs im Kardinalskollegium dafür gesorgt, daß man ihren Schützling unbehelligt ließ. Der Fürsterzbischof selbst soll sich einmal als

neues Schloß mit Torturm, Prunkstiege und Prunkräumen. Schon nach einem zeitgenössischen Bericht hätte es die aus einem unscheinbaren Vorhaus emporführende Treppe verdient, »weniger versteckt zu sein«. Vom heutigen Trauungssaal dagegen meint der Schreiber: »... in dem prächtigen Harrachschen Speisesaal, an welchem alles flimmert, glänzt und entzückt ... möchte man sagen, daß der Vergoldungen zu viele angebracht sind.«
Auf den im Dreißigjährigen Krieg errichteten Bastionen wurden der »Zwerglgarten« und das barocke Heckentheater angelegt.
Der große Brand von 1818 zerstörte das Prunkschloß mit Deckenfresken von Rottmayr und Altomonte, das Treppenhaus und der Festsaal blieben erhalten. Peter Nobile stellte den Bau in vereinfachter Form wieder her. In den »kleinen« Garten an der Westseite des Schlosses brachte man 1913 die Pegasusstatue des Kaspar Gras aus Innsbruck, 1661. Das ehemalige Vogelhaus dient heute als Ausstellungsraum. Im Südflügel der Orangerie ist seit 1973 das Salzburger Barockmuseum mit der Sammlung Rossacher eingerichtet.

Unten: Südfront des Schlosses.

den ersten griechischen Bischof auf dem Stuhle Sancti Ruperti bezeichnet und auch einen Traktat verfaßt haben, in dem er unter Berufung auf die Apostel Paulus und Jakobus seine Bischofsehe verteidigte und als legitim bezeichnete.
Nach der Gefangennahme des Fürsten übersiedelte Salome nach Wels zu Christoph Weiß, ihrem späteren Schwiegersohn (→ Würting). Schloß Altenau, Hausbesitz, Güter und Zehente waren ihr genommen worden, doch blieb ihr Geld genug. 1622 erwarb sie ein Haus am Welser Stadtplatz, wo sie 1633 im Alter von 65 Jahren starb.
Um wiedergutzumachen, was Markus Sittikus seinem Vorgänger und dessen Familie zugefügt hatte, übernahm Erzbischof Paris Lodron die Vormundschaft über zwei Großneffen Wolf Dietrichs und ließ sie im Schloß ihres Onkels wohnen. Auch trug sich der Fürst mit der Absicht, den in Mirabell umbenannten Komplex wieder Altenau nennen zu lassen. Seine Befestigungsbauten bezogen Schloß und Garten in das Stadtgebiet ein. Die Pracht der dann durch die Erzbischöfe Guidobald Graf Thun und Franz Anton Fürst Harrach zur Sehenswürdigkeit ausgestalteten Schloß- und Gartenanlage mit der heute nicht mehr bestehenden Sala terrena schildert Lorenz Hübner in seiner Beschreibung der hochfürstlich-erzbischöflichen Haupt- und Residenzstadt Salzburg im Jahre 1793: »Der überaus zierliche und angenehme Lustgarten, welcher rückwärts gegen das Gestade der Salzach angelegt ist, mißt in seiner größten Länge über 900 Fuß und in seiner größten Breite gegen 600. Nach der ganzen Länge des Quergebäudes ist eine überaus kostbare, sehr breite Orangerie; sie hat vorne ein eisernes Gitter, das mit vielen großen Vasen, und Einsetz-Kübeln auf steinernen Gestellen untergetheilt ist. Zierliche Grillagen, Nieschen, Glorietten, Boskete, bedeckte Gänge, Terrassen, Parterres, Fontänen, eine Menge marmorner Statuen auf Postamenten von Sandstein, ein prächtige 90 Fuß lange und 14 breite Sala Terrena ... machen den Garten zu einer der angenehmsten Promenaden, die der Fürst an Sonn- und Feiertagen eröffnen läßt.«

Spiele und Schatten des Fürsterzbischofs

Hellbrunn · Salzburg

Das Sommerschloß mit seinen berühmten Wasserspielen entstand nach Plänen des Salzburger Dombaumeisters Santino Solari zwischen 1613 und 1619. Einer römischen Villa suburbana nachempfunden, ist Hellbrunn die älteste und diesseits der Alpen einzige in ihrem ursprünglichen Zustand erhaltene barocke Anlage dieser Art.

LAGE *Südlich Salzburg.*
BESICHTIGUNG *Schloß und Wasserspiele 1. 4. bis 31. 10., 9—16 bzw. 8—19 Uhr. Park und Tiergarten ganzjährig.*

Das Schloß mit Ehrenhof, der Ziergarten mit Teichen und Statuen, Boskette und Alleen sind als Gesamtkunstwerk konzipiert. Seinen Sinn und Zweck erläutert eine Inschrift des Bauherrn, des Erzbischofs Markus Sittikus, über dem Hauptportal des Schlosses: »Zu seiner und seiner Nachfolger Herzensfreude.« Freude fand und findet man noch heute besonders an den Bäumen und Blumen des weitläufigen Parks, den Tieren im Felsengehege, an den Wasserspielen, Brunnen und zahlreichen Grotten. Das Mechanische Theater mit seinen wasserbetriebenen Marionetten wurde erst 1750 errichtet. Das Felsentheater östlich des Hellbrunner Park-Berges stellt das erste Freilichttheater nördlich der Alpen dar, das »Monatsschlößl« auf ihm ist 1615 erbaut worden.
Rechts: Das Schloß von der Gartenseite. Rechte Seite: Markus Sittikus, Erzbischof und Graf von Hohenems, regierte nur sieben Jahre, von 1612 bis 1619. Das Gemälde von Mascagni zeigt ihn mit der ersten Ansicht von Hellbrunn und dem unter seiner Regierung bis zum Gewölbeansatz gediehenen Grundgemäuer des Salzburger Domes.

Erzbischof Markus Sittikus, Neffe Papst Pius' IV., verlangte es, sich in Salzburg ein Stück seiner eigentlichen Heimat Italien zu vergegenwärtigen, etwas von jenem buntbewegten, leichtfüßig beschwingten Leben im Süden, das er als Knabe und Jüngling zu genießen gelernt hatte. Es gelang ihm, tausend und mehr seiner Untertanen zu farbenprächtigen Bruderschaftsumzügen, Festen und Mummereien auf die Beine zu bringen, an denen er verkleidet teilnahm. In der römischen Sommervilla, die sich dieser Ahnherr der Salzburger Festspiele im quellenreichen Gebiet des alten Tiergartens errichten ließ, vergnügte er sich mit Gästen bei zeitüblichen Wasserspielen. Hier gingen im ältesten deutschen Freilichttheater auch die ersten italienischen Opern nördlich der Alpen über die Steinbühne. Dem auf seine Art kirchenfrommen, etwas zur Melancholie neigenden Mann verübelte es niemand, daß er der schönen Ursula Katharina von Mabon zuliebe auf halbem Weg von der Stadt nach Hellbrunn die Emsburg (→) errichten ließ, in einer der Schloßgrotten die Geliebte als in Stein verewigte Eurydike den Blicken der Besucher preisgab und sich selbst im Schloß vom Servitenmönch Mascagni als Kavalier auf ihren Spuren darstellen ließ. Da Markus Sittikus Hellbrunn auch als Ort der Einkehr verstand, errichtete er im ganzen Schloßbereich Kapellen.

1618

Die Herrschaft derer von Firmian

Leopoldskron · Salzburg

Das nach Plänen des Benediktinerpaters Bernhard Stuart nach 1736 errichtete Rokokoschloß (Bild unten) mit reich stuckiertem Treppenhaus, großem Festsaal und Kapelle war bis 1938 im Besitz von Max Reinhardt. Seit 1945 steht es dem »Salzburg Seminar in American Studies« zur Verfügung.

LAGE *Am Südrand von Salzburg.*
BESICHTIGUNG *Keine.*

Sein drittes Geschoß erhielt das Schloß am Leopoldskroner Weiher erst Ende des 18. Jh. Zur Zeit Max Reinhardts entstand am südlichen Ende des Schloßgartens eine Freilichtbühne.

Fünf Jahre nach dem Emigrationsedikt, das 1731 über zwanzigtausend protestantische Salzburger zur Auswanderung zwang, vereinigte Leopold Anton Graf von Firmian das der Hofkammer unterstehende Wildmoos südlich der Stadt samt einigen angekauften Gründen zu einem Firmianschen Familienfideikommiß. Mit enormem Kostenaufwand entstand hier nach 1736 ein prächtig ausgestattetes und eingerichtetes Schloß. Als Besitzer zeichnete Franz Graf Laktanz von Firmian, der Neffe des Erzbischofs. Ein Schöngeist, stattete er die Räume mit 700 Gemälden — unter ihnen eine Porträtsammlung von Rang — und einem Vogelkabinett aus. 1744 starb Erzbischof Leopold Anton in diesem Schloß. Mit dem Tod seines Neffen, 1786, endete die Leopoldskroner Herrlichkeit. 1830 verkaufte der Schießstättenwirt Zierer als neuer Schloßherr die Firmianschen Gemälde um vier Gulden das Stück. Auch seine Nachfolger, zwei Oberkellner, machten zu Geld, was nur möglich schien. Bevor nach dem Ersten Weltkrieg Max Reinhardt Schloß Leopoldskron erwarb, hatte es viele Besitzer, darunter König Ludwig I. von Bayern.

»Habe manches gut und schlecht erdacht...«

Anif · Salzburg

Als das Erzstift Salzburg im Jahre 1803 zu bestehen aufhörte, fielen die etwa sechzig Sommersitze der Bischöfe in der Umgebung der Stadt an das Land und den Staat. Das Wasserschloß Anif erwarb Alois Graf Arco-Stepperg. Er kam aus München, der Stadt Ludwigs I. und des Maximilianeums. Reisen durch England sowie das Studium des mehrbändigen Werkes über Tudorgotik von Nash hatten ihn in seiner Vorliebe für eine »art of imagination« bestärkt, und er beschloß, den rustikalen Bischofsbau inmitten des Anifer Teiches im Sinne der »eleganten Romantik« verändern zu lassen. Nach zehn Jahren Bauzeit, während der man den Südflügel aufgestockt, die Kapelle mit einem Turm versehen, Verbindungstrakte, Bogengalerie, Türmchen und Giebel aufgeführt hatte und das Schloß mit erlesener Einrichtung versehen worden war, ließ Graf Arco 1848 oberhalb des Tores folgende Inschrift anbringen: »Dieses Haus hab ich erbaut / Hab dabei sehr viel Stein verhaut / Habe manches gut und schlecht erdacht / Und zehn Jahr damit zugebracht.« In diesem »erdachten« Schloß verzichtete 1918 König Ludwig III. von Bayern auf den Thron.

Schloß Anif ist ein zwischen 1838 und 1848 umgebauter und erweiterter Sommersitz der Salzburger Erzbischöfe aus dem 16./17. Jh. und eines der noch am reichhaltigsten mit romantischem Mobiliar ausgestatteten Schlösser Österreichs (Bild unten). Es liegt in einem der schönsten Landschaftsgärten Salzburgs.

LAGE *Südl. der Stadt Salzburg.*
BESICHTIGUNG *Keine.*

In der großen Bogengalerie, die den West- und Nordtrakt des Schlosses verbindet, ist eine Nymphenfigur aufgestellt, ein Werk Ludwigs von Schwanthaler.

»Lußt-gebäudte«, Wohn- und Gastschloß

Kleßheim · Salzburg

Das 1700/09 unter Erzbischof Johann Ernst Graf Thun errichtete Schloß ist heute Gästeschloß des Landes Salzburg.

LAGE *Westl. der Stadt Salzburg.*
BESICHTIGUNG *Keine. Der Park ist frei zugänglich.*

Unten: Hauptportal mit Auffahrtsrampe. Die in Marmor gehauenen Hirsche tragen an den Geweihenden goldene Sterne, das Firmiansche Wappenzeichen. Rechte Seite: Schloß und Parkanlagen von 1941. Im Park auch das »Hoyosschlößchen«, 1694. Das »Winterschloß« steht als Hotel in Verwendung.

In einer der frühen Beschreibungen der Umgebung Salzburgs steht zu lesen, der ursprüngliche Entwurf Fischers von Erlach zu einem »Lußt-gebäudte« auf den Kleßheimer Feldern und das Schloß Kleßheim, wie es sich darböte, verhielten sich zueinander wie ein Gedicht Goethes zu dessen protokollarischer Inhaltsdarstellung durch einen »Aktenmenschen«. Der Vergleich ist nicht unberechtigt. Die zentrale Idee des Fischerschen Projektes stellte einen nach allen Seiten hin offenen, durch zwei Geschosse reichenden riesigen pavillonartigen Festsaal mit Arkaden dar, den zwei Seitenflügel flankierten. Aus der offenen Kuppel dieses Mittelbaues hätte die Musik eines verborgenen Orchesters dringen sollen.
Mit der Kompromißlösung von 1709 wußte man nichts anzufangen. Erzbischof Firmian ließ das leerstehende Gebäude zu einem Wohnschloß mit Landwirtschaft umbauen. Im 19. Jh. diente Kleßheim durch fast sechzig Jahre, bis 1919, als Verbannungsort für den homoerotischen Kaiserbruder Ludwig Victor. 1938 ließ die deutsche Reichsregierung das Gebäude zu einem »Gastschloß« umbauen und den Park anlegen.

Das Schloß in der Gastein

Weitmoserschlößl · Salzburg

Der zweitürmige Ansitz mit zwei fast quadratischen Wohntrakten aus dem 16. und 17. Jh. (Bild unten) liegt nahe der heutigen Talstation der Bad Hofgasteiner »Schloßalmbahn«. In der Kapelle sind Fresken von Ludwig Lindner, einem Salzburger Künstler aus der ersten Hälfte des 17. Jh., freigelegt worden.

LAGE *Südwestl. Bad Hofgastein.*
BESICHTIGUNG *Bei Besuch des Kaffeehauses und nach Anmeldung.*

In dem mit schönem Bauernmobiliar ausgestatteten, 1952 umfassend restaurierten Schlößchen ist ein Kaffeehaus eingerichtet.

Eine frühe Gerichtsstätte, der »Hof in der Gastein«, gab dem Ort den Namen. Zum »goldenen Stadl« machten Hofgastein im 16. Jahrhundert die Goldgräber des Tauerntales. Das Schlößchen beim Ortsteil Hundsdorf erinnert an den reichsten Gewerken des Landes. Wie man sich erzählte, war der Bauernbursch Christoph Weitmoser nach Goldfunden im Radhausberg in kurzer Zeit vermögend geworden. Fürsten warben um seine Freundschaft, Ritter und Grafen um seine vier Töchter. Anna heiratete den Johann, Elisabeth den Georg von Fugger, Sybilla den Georg von Khevenhüller (→ Wernberg) und Gertraud den Wolfgang von Haunsperg. Als Christoph Weitmoser am 2. Mai 1558 starb, hinterließ er ein Vermögen von mehr als einer Million Gulden. Jede seiner verheirateten Töchter erhielt 80 000 fl. Im ersten Stockwerk des Weitmoserschlößls verkündet eine Marmortafel: »Anno 1553 den 19. tag juny zu abend umb die 9. stund ist Christoffe Weitmoser dieses hundtzdorfhaus und hof gar abgebrunnen und seyn drey person im feur verdorben. Anno 1554 den 14. tag may hat gemelter Weitmoser diesen paw widerum angefangen und am 14. tag jully gar volendet.«

Der Pfarrherr vom Bramberg und seine Köchin

Mittersill · Salzburg

Am 30. Juni 1575 erschien beim Mittersiller Gerichtsherrn und Pflegsverwalter eine Abordnung von Bauern und forderte ihn auf, die Pfarrerskochin Eva Neidegger in Ketten legen zu lassen; sie sei eine Wetterhexe.
Während der Gerichtsverhandlung gegen das betagte, des Lesens und Schreibens unkundige Weiblein kam auch der siebzigjährige Bramberger Pfarrherr Ramsauer in Verdacht. Von den fünfzig einvernommenen Zeugen beschworen einige, den Schauerwettern, die am 28. Juni den ganzen Oberpinzgau verwüstet hatten, seien zwei auffällige Vögel vorangeschwebt: der Bramberger Pfarrer und seine Köchin. Man befragte und folterte die beiden — schließlich kam es zu einem Freispruch.
Doch die Pinzgauer Bauern erzwangen vom Salzburger Erzbischof die Einsetzung einer neuen Kommission. Vor ihr waren der Pfarrherr und seine Köchin geständig. Am 18. März 1576 standen die beiden alten Leute am Galgenrain nächst Mittersill auf dem Scheiterhaufen. Um den Verurteilten die Feuerqualen etwas abzukürzen, hatte man ihnen Pulversäckchen umgebunden, doch die wütenden Bauern rissen sie ihnen von der Brust.

Die seit dem 13. Jh. erzbischöfliche Burg ist 1526 von aufständischen Bauern zerstört und auf ihre Kosten als Schloß wiedererrichtet worden. Das heutige Luxushotel (Bild unten) war bis 1880 Sitz des Bezirksgerichtes.

LAGE *Westl. Zell am See.*
BESICHTIGUNG *Keine.*

Außer den Grundmauern der beiden Geschütztürme, die 1528 errichtet wurden, hat man sämtliche Trakte des Schlosses in neuerer Zeit umgebaut bzw. modernisiert. In der spätgotischen Schloßkapelle erhielten sich Teile eines gotischen Flügelaltars von 1450.

Das allerhöchste Paar der Christenheit

Hofburg · Innsbruck

An der Stelle der vielgliedrigen Hofburg Sigmunds des Münzreichen und Kaiser Maximilians I. — Albrecht Dürer hat sie im Bild festgehalten (→ Burgenbuch) — ließ Maria Theresia 1754 bis 1773 von Johann Martin Gumpp d. J. den langgestreckten Einheitsbau errichten.

LAGE *In Innsbruck.*
BESICHTIGUNG *Tägl. 9—12 und 14—16 Uhr, in den Sommermonaten bis 17 Uhr.*

Unten: Weißer Salon mit einem Gemälde Maria Theresias im Kreise ihrer Familie.
Rechte Seite: Südtrakt der Hofburg.

Ein 1759 zu Frankfurt am Main erschienenes Buch »Triumph der Tugend auf dem Throne in der Geschichte der Allerdurchlauchtigsten Maria Theresia« beschreibt, wie der junge Prinz Franz Stephan Herzog von Lothringen um die Hand der Erzherzogin Maria Theresia anhielt und wie er »am Tage des hohen Begehrens«, am 31. Januar 1736, bei Kaiser Karl VI. erschien. »Er hatte ein Kleid angetan, mit etlichen fünfzig Knöpfen von lauter Brillanten besetzt, das ihm 300 000 Gulden gekostet, und in der Hand hielt er sein eigenes, winzig fein gemaltes Porträt in Miniatur ...«
Das Bild des Kaisers im Krönungsornat von 1745 — im langärmeligen Purpurrock und golddurchwirkter Borte, mit Umhang, Handschuhen, perlen- und goldbestickten Sandalen aus scharlachroter Seide, mit Kaiserkrone, Zepter, Reichsapfel, Schwert und Schwertgurt — hängt im »Lothringerzimmer« der Innsbrucker Residenz. In »Dichtung und Wahrheit« schrieb Goethe über dieses Ereignis, wie sich ältere Leute in seiner Jugendzeit daran erinnerten: »Maria Theresia, über die Maßen schön, habe jener Feierlichkeit an einem Balkonfenster des Hauses Frauenstein, gleich neben dem

Die Hofkirche, zwischen 1553 und 1563 entstanden, birgt das prachtvollste Grabmal eines römisch-deutschen Kaisers. Es wurde 1502 von Maximilian I. in Auftrag gegeben und von Gilg Sesselschreiber entworfen. Nach Zeichnungen und Plänen der bedeutendsten Künstler des ausgehenden Mittelalters — unter ihnen Albrecht Dürer und Veit Stoß — entstanden bis zum Todesjahr des Kaisers, 1519, acht Figuren, die letzte der 28 Gestalten goß der Tiroler Gregor Löffler (→ Stumm, S. 154) im Jahre 1550. Am meisten beachtet werden die von Peter Vischer aus Nürnberg gegossenen Gestalten des Theoderich und des König Artus von England (Bild oben links). Auf dem Grabmal (Bild rechts) ist der kniende Maximilian I. zu sehen. Der Kenotaph, erst von Ferdinand I. in Auftrag gegeben und im Jahre 1583 vollendet, ist leer. Kaiser Maximilian I. ließ sich unter dem Altar der St. Georgskirche in der Burg zu Wiener Neustadt (→ Burgenbuch) bestatten, nachdem ihm auf seine Anordnung die Haare abgeschnitten worden waren.

Römer zugesehen. Als nun ihr Gemahl in der seltsamen Verkleidung aus dem Dome zurückgekommen und sich ihr sozusagen als ein Gespenst Karls des Großen dargestellt, habe er wie zum Scherz beide Hände erhoben und ihr den Reichsapfel, den Zepter und die wundersamen Handschuh hingewiesen, worüber sie in ein unendliches Lachen ausgebrochen; welches dem ganzen zuschauenden Volke zur größten Freude und Erbauung gedient, indem es darin das gute und natürliche Ehegattenverhältnis des allerhöchsten Paares der Christenheit mit Augen zu sehen gewürdigt worden ...«

Die Hof- und Hauskapelle der Residenz Innsbruck erinnert an das Ende dieser anekdotisch so vielfach kommentierten, »über alle maßen glicklichen«, mit sechzehn Kindern gesegneten Ehe der großen Kaiserin. Im Juli 1765 versammelte sich der Wiener Hof zur Vermählung des Erzherzogs Leopold in Innsbruck. Während einer Aufführung verließ Franz I. die Loge im Kleinen Hoftheater. Kurz darauf erfuhr Maria Theresia von ihrem Sohn Joseph, der Vater sei soeben in seinen Armen verschieden. Während die Kaiserin entsetzt ohne Regung verharrte, fiel ihre Hofdame, Fürstin Maria Wilhelmine Josepha von Auersperg, in Ohnmacht. Stunden später ließ sich Maria Theresia von der Kammerzofe das Haar abschneiden und befahl, Trauerkleider und Witwenhaube anzufertigen. Am 7. September erschien sie in Wien das erste Mal wieder vor versammelter Cortège. Auf die Fürstin Auersperg zugehend, sagte sie für alle vernehmlich: »Meine liebe Mitzi, wir zwei haben wahrlich viel verloren.« — Noch am Tag vor seinem Tod hatte Franz I. der Geliebten eine Anweisung über 200 000 Gulden ausgestellt. Maria Theresia befahl sie auszubezahlen. Ein kleines Landhaus in der Nähe von Laxenburg, das die Fürstin zum Geschenk erhalten hatte, kaufte ihr die Kaiserin weit über dem Wert ab.

Das Denkmal eines großen Liebhabers

Ambras · Tirol

Achtundzwanzigjährig, als Regent in Böhmen, hatte Ferdinand heimlich die hübsche Welserin, Bürgerstochter aus Augsburg, geheiratet. Aus Furcht vor dem jähzornigen kaiserlichen Vater ließ er sich die beiden Söhne aus dem Bund mit der zwei Jahre älteren Philippine als Findelkinder bestätigen. Und noch in seinem 35. Lebensjahr, als er zur Regentschaft in Tirol und in den Vorlanden berufen wurde, scheute sich der Habsburger, mit seiner jetzt vom Wiener Hof zwar schon anerkannten, jedoch von jeder Erbfolge ausgeschlossenen Familie die Innsbrucker Residenz seines Urgroßvaters, Maximilians I., zu beziehen. Er erwarb Schloß »Ombra«, ließ es großartig erweitern, wohnlich ausstatten und machte es der geliebten Frau zum Geschenk, noch bevor er in Tirol einzog.

Hier, oberhalb der Stadt, fand der Liebhaber kostbarer Waffen und Harnische, Sammler von Kunstgegenständen und Obskuritäten, Platz für seine Kunst-, Wunder- und Raritätenkammer. Die 1974 neu aufgestellten und zum Teil in Vitrinen untergebrachten Restbestände der einstigen Schätze geben kaum eine Vorstellung von der im Lauf der Jahrhunderte mehrfach

Das Renaissanceschloß südlich Innsbruck, zwischen 1564 und 1589 über altem Gemäuer errichtet, ist durch die Waffensammlungen, die Kunst- und Raritätenkammer Ferdinands II. von Tirol weltberühmt geworden. Unter den 1806 z. T. nach Wien gebrachten, seit einiger Zeit im Unterschloß neu aufgestellten Beständen befand sich auch das berühmte Ambraser Heldenbuch.

LAGE *Südöstl. Innsbruck.*
BESICHTIGUNG *15. Mai — 15. Oktober, tägl. 9—12 und 14—17 Uhr.*

Unten: Schloß Ambras im Jahre 1649, Stich von Merian.

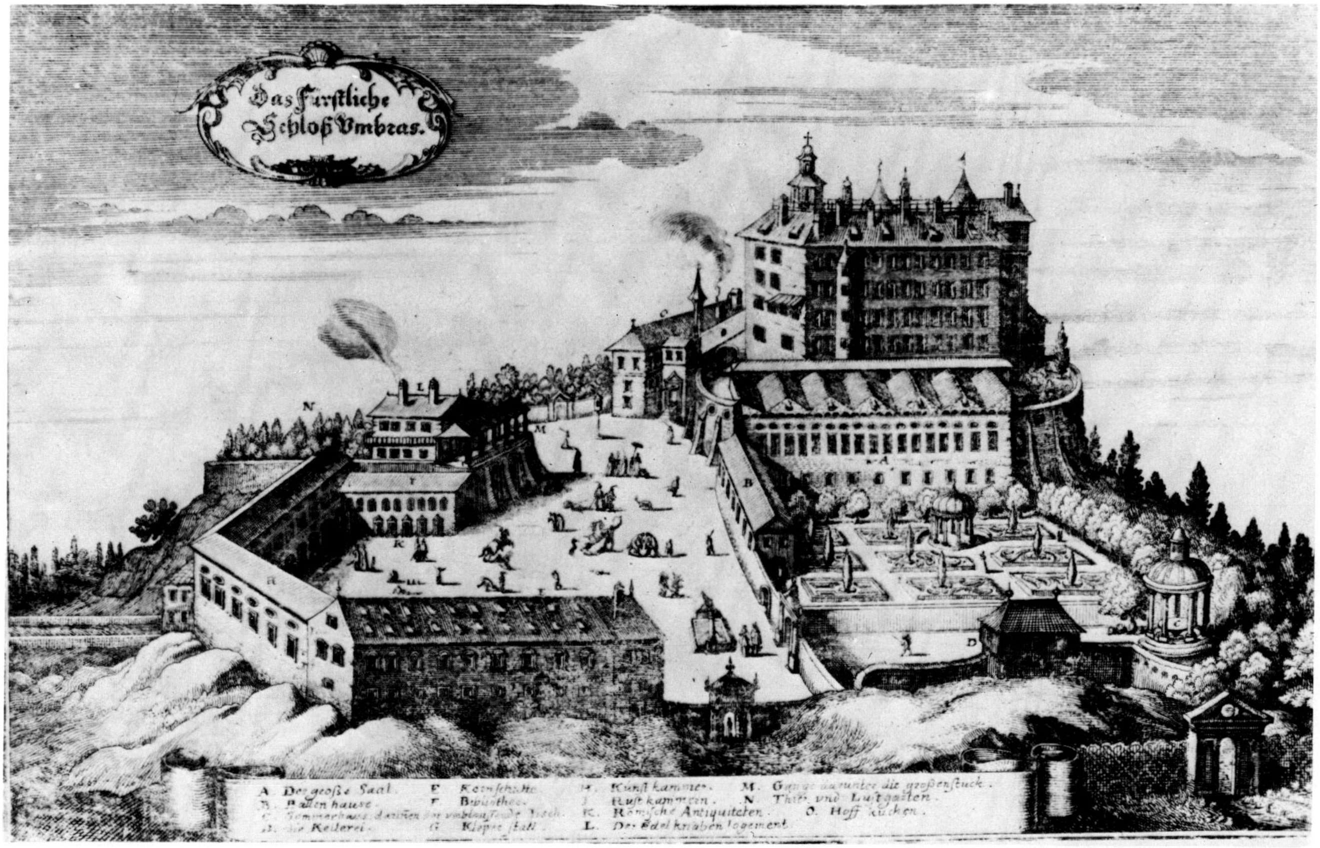

geplünderten, verfrachteten, dezimierten Ambraser Sammlung, auch des Ambraser »Sammelsuriums«.
Schon aus Böhmen hatte der Fürst Harnische im Gewicht von fast einer halben Tonne mitgebracht. In den Sälen des Unterschlosses ließ er neben Hunderten von Turnierharnischen und Ritterwerkzeug jeder Art Rüstungen von 9 Kaisern, 12 Erzherzögen, 21 Reichsfürsten, 9 ausländischen Königen und über hundert Harnische berühmter Feldherren aller Nationen und Zeiten aufstellen. Man zeigte hier auch sagenhafte Rüstungen wie die des Hunnenkönigs Attila, der Böhmentochter Libussa und deren Schwester Wlasta oder eine, die König Rudolf I. von Habsburg getragen haben soll.
Das Naturalienkabinett füllten ausgestopfte Krokodile und Schlangen, Elefanten- und Rhinozeroszähne, ein Schüttelkasten mit »schröcklichen Meerwürmern«, Gemälde krabbelnder Seespinnen und anderer Ungetiere. Antiken, Gemmen und Kameen, Stein- und Mineralsammlung, Kunsthandwerk aller Völker und Jahrhunderte von unterschiedlichem Rang häuften sich in den Sälen. In 120 Wachsmodellen konnte man in einem der Säle Ovids »Metamorphosen« bewundern. An den Wänden hingen Abbildungen menschlicher und tierischer Raritäten, Ritter mit einem Lanzenstumpf im Auge, der »rauche« Mann mit absonderlichem Haarwuchs und dergleichen mehr. Besondere Attraktionen des Hofes waren der 2,40 Meter große Leibriese und der zentimeterhohe Zwerg Thomerle.
In der schon im 16. und 17. Jh. weltberühmten Sammlung von Ambras befand sich aber auch eine Gemäldegalerie mit Werken von Tizian, Rubens und Dürer, vor allem die von Kaiser Maximilian I. ererbte Bibliothek mit dem Ambraser Heldenbuch. Von den 25 in ihm gesammelten Liedern sind 17 nur in diesem Buch überliefert: König Ortnit und Wolfdietrich, das

Unten: Nach 1563 ließ Erzherzog Ferdinand das Hochschloß um ein Stockwerk erhöhen und prunkvoll einrichten. Nach 1564 wurden auch Teile des Felsens unterhalb des Hochschlosses weggesprengt; hier ließ er nach eigenen Vorstellungen und den Plänen von Giovanni Luchese den 43 Meter langen »Spanischen Saal« errichten und mit einer habsburgischen Ahnengalerie und Gemälden von Tiroler Fürsten ausstatten. Wie bei allen anderen Bauten und Kunstwerken im Schloßbereich beschäftigte der Erzherzog auch hier Künstler und Meister aus Italien, Frankreich, den Niederlanden, Deutschland und Österreich. Die Kassettendecke des Saales schuf Conrad Gottlieb aus Hall in Tirol.

Rechte Seite: Das Hochschloß besitzt 19 in Form und Farbe voneinander unterschiedene Kamine. Die Wände des Innenhofs sind mit Darstellungen eines Bacchuszuges versehen — Grisaillemalereien des Hofmalers Heinrich Teufel, wie man sie damals nach italienischen Vorbildern zur Ausgestaltung der Höfe verwendete.

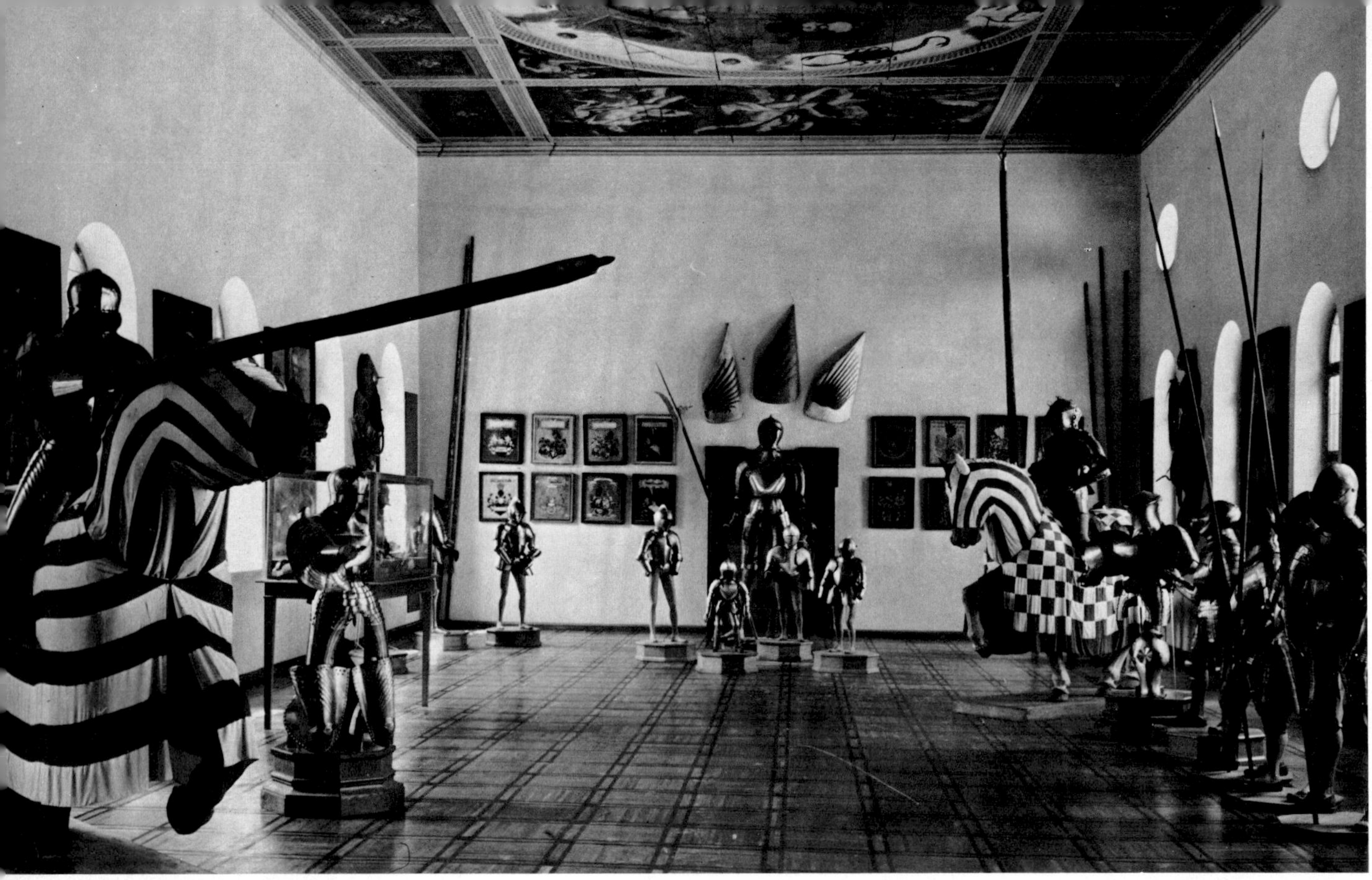

Oben: In den Waffensälen sind die Renn- und Stechzeuge aus der Zeit Maximilians I. und des Erzherzogs Ferdinand ausgestellt, neben Knabenharnischen seiner Söhne die Rüstung des Hofriesen Giovanni Bona. Auch der für die zweite Hochzeit Ferdinands mit Katharina von Gonzaga 1582 geschaffene Prunkharnisch und die meisten der vom Innsbrucker Hofplattner Jakob Topf angefertigten 36 Harnische für Freirennen und Fußturniere sowie 12 Rüstungen zum Gestech nach dem Reglement Kaiser Maximilians I. sind zu sehen.

Die ursprüngliche Waffensammlung — zum Teil in den heutigen Räumen untergebracht — bestand aus fünf Rüstkammern mit systematisch gegliederten Beständen: Turnierharnische, Kinder- und Riesenharnische, Leibrüstungen des Erzherzogs, Harnische von Königen, Fürsten, Heerführern, orientalische Waffen. 1601 erschien ein Katalog dieser Sammlung, das »Armentarium Heroicum« des Giovanni Fontana, mit 125 Kupferstichen und Zeichnungen.

Gudrunlied, der Nibelunge Lied und Klage, Hartmann von der Aue, Ulrich von Liechtensteins Frauendienst, Meier Helmbrecht u. a. m.
Ebenso Großartiges wie Verwunderliches boten auch Ferdinands »hängende Gärten« im weiten Gelände rund um das Schloß. »Da gab es an den Abhängen und in den Tälern Weiher, Seen und Teiche mit seltenen Fischen, dort Weingärten, Obstanger, Wildplätze und Tiergärten; sogar eine Rennbahn, ein Ballhaus und Übungsplätze für die ritterliche Jugend fanden sich unter den Anlagen. In den aufs beste gepflegten Gärten erblickte man Paradiese, Labyrinthe, allerlei Grotten, den Wassernymphen geheiligt, künstliche Quellen und kräftige Springbrunnen ... im Freien aufgestellte Speisesälchen ...; vor allem sehenswert war jene Rotunde, in deren Mitte ein runder Tisch aus Ahorn stand. Unter diesem waren Räder angebracht, die, vom Wasser getrieben, den Tisch samt den Leuten bald sachte, bald rasch in die Runde drehten. Die größte Merkwürdigkeit war aber das Heiligtum des Gottes Bacchus, eine finstere Höhle tief im Felsen, zu der man auf einer steinernen Stiege hinabstieg. Wer aus der Zauberhöhle wieder heraufkommen wollte, mußte vorher versuchen, den Humpen Wein in einem Zuge zu leeren und seinen Namen in das Trinkbuch schreiben.«
Daß man auf Schloß Ambras zu leben verstand, beweisen auch die täglichen Anlieferungen von 900 Pfund Fleisch und die 24 Gänge, die man sich an der Tafel gönnte. Nicht verwunderlich, daß Philippine Welser an einem Leberleiden verschied. Der Fürst verehelichte sich zwei Jahre nach ihrem Tode mit seiner fünfzehnjährigen Nichte, einer geborenen von Gonzaga.
Ihr verächtliches Bedauern über Leben und Tun des Landesfürsten gaben die tirolischen Stände nach dem Tode Ferdinands in einem Schreiben vom 27. Februar 1597 dem Sohn des Verewigten, Kardinal Andreas, bekannt.

Der Kitzbüheler Edelsitz

Münichau · Tirol

Die Münichauer waren Amtsleute der Bamberger Bischöfe und führten neben der Lilie einen Mönch im Wappen und im Siegel. In der Urkunde vom 27. Januar 1496, mit der Karell von Seckendorf, Dekan zu Bamberg, dem Gilg von Münichau, einem »Geistlicher und Weltlicher Rechten Doctor«, Münichau zu Lehen gibt, erscheint der Name des Schlosses das erste Mal. Es war »mit zwinger und mauer umbfangen und begriffen«.
Am 8. Juli 1538 erhielt Mattheus Lang, Ritter, Königlicher Majestät Rat und Regent zu Innsbruck, Schloß Münichau. Ihm mag sein Vetter, der Kardinalerzbischof von Salzburg, Matthäus Lang von Wellenberg, zu Stellung und Schloß verholfen haben. Die später reichsfürstliche Familie Lamberg, vom 17. bis ins 20. Jh. Besitzer aller drei Kitzbüheler Edelsitze Münichau, Lebenberg und Kapsburg, ließ das Schlößchen meist von Kastellanen und Pflegern verwalten. Schon 1780 war Münichau ein Gebäude, an dem »immerdar etwas zu reparieren vorfallet«. 1914 brannte das Schloß aus, man riß es zum Teil nieder. 1921 unter neuen Besitzern zum Teil wiederhergestellt, bekam es sein heutiges Aussehen erst nach 1957.

Das vorzüglich instand gesetzte, jedoch weitgehend modernisierte Schlößchen der Münichauer des 15. und 16. Jh. ist als wohnliches Schloßhotel mit 35 Zimmern, auch mit »Hotelbar« und »Rittersaal«, eingerichtet (Bild unten).

LAGE *Nordwestl. Kitzbühel.*
BESICHTIGUNG *Keine.*

Den aus zwei Blöcken gefügten Wohntrakt mit viergeschossigem Südturm umgibt ein rechteckiger Zwinger mit Torbau und kleinen Rundtürmen. Der Kapellenraum und zwei Säle zeigen noch alte Kreuzgewölbe.
Das Schloßhotel Münichau, nach 1956 entstanden, beweist, wie gemütlich man es sich in einem ein halbes Jahrtausend alten Ansitz machen kann. Freilich mußten die meisten Mauern beim Umbau völlig neu aufgeführt werden. Die düstere Vorhalle, in die man früher durch das einfache Tor gelangte, ist heute Rezeption. Die beiden dahinter liegenden Gewölbe wurden zum sogenannten »Rittersaal« vereinigt, im nördlichen Anbau entstand die Bar. Ein unterirdischer Gang verbindet das Haupthaus mit dem Wirtschaftsgebäude und dem Restaurant. Im ersten Stock mit neueingerichteter Kapelle entstanden neben Gastzimmern auch ein Fernseh- und Lesezimmer.
Wie die meisten Tiroler Ansitze, war auch Münichau, bevor die Lamberg Eigentümer wurden, von kleinen Landadligen bewohnt.
Im alten Schloß war der zweite Stock der eigentliche Wohnstock, der »tägliche Hauspoden«, in dem sich auch die Küche befand. Heute sind hier wie im dritten und vierten Geschoß Gastzimmer mit Komfort und schöner Aussicht entstanden.

Die erzbischöfliche und hofgräfliche Hofmark

Stumm · Tirol

Einer der typischen Tiroler Ansitze mit quadratischem Grundriß, steilem Walmdach und Eckerkern. Über dem Portal ist das Wappen der Grafen Lodron — der Löwe mit dem Brezelschweif — in Stein und als Gemälde zu sehen (Bild unten).

LAGE *Südl. Fügen, im mittleren Zillertal.*

BESICHTIGUNG *Keine.*

Die Stockwerke haben einen durchlaufenden Mittelflur, einige Räume besitzen noch Stuck aus der Erbauungszeit und Stilmobiliar. Die heutigen Eigentümer besaßen das Adelsprädikat »von Stumm« schon bevor sie 1937 das Schlößchen erwarben.

Seit dem 12. Jh. war Stumm »Hofmark«, ein geschlossenes Gut von Herrenchiemsee, dem Suffraganbistum des Erzstiftes Salzburg. Den für eine Hofmark verhältnismäßig großen Landbesitz kaufte 1556 Tirols weltberühmter »puechsen- und glockengieser« Gregor Löffler, Edler auf Buchsenhausen bei Innsbruck (→), für sich und seinen Schwiegersohn. Löfflers Innsbrucker Büchsenhaus war um 1540 die hohe Schule der europäischen Artillerie. Es schuf die modernen Grundformen der kaiserlichen Geschütze, die nach 1550 von allen Ländern Europas übernommen wurden. Wir kennen noch über 80 Glocken, die Löfflers Namen tragen, 50 von ihnen sind erhalten. Als Kunst- und Bildgießer vollendete er die Figurenreihe des Grabmals Kaiser Maximilians in der Innsbrucker Hofkirche.

Wahrscheinlich erweiterten erst die Grafen von Spaur im 18. Jh. das weitläufige Amtshaus zu Stumm zum Edelsitz und Schloß der »Hochgräflich Spaurischen Hofmarkt Stumm im Zillertal Lands Tyrol«. Ihnen folgten 1788 die Grafen Lodron, die den Besitz im 19. Jh. dem Staat übergeben mußten.

»Schloß und Amt zu Windischmatrey«

Weißenstein · Osttirol

Das burgenkundlich noch heute interessante Weißenstein bietet in seiner Schloßgeschichte kaum nennenswerte Begebnisse. Die Herrschaft Windisch-Matrei, im Norden unmittelbar an das Pfleggericht Mittersill anschließend, war schon im 12. Jh., zur Zeit des Grafen Heinrich von Lechsgemünd, Eigentum des Erzstiftes Salzburg. Die Erzbischöfe an der Salzach wußten sich durch sieben Jahrhunderte aller Ansprüche auf dieses Gebiet zu erwehren, auch solcher des Patriarchen von Aquileia und der Grafen von Görz. Im Jahre 1524 räumte Kardinal Matthäus Lang von Wellenburg seinen säkularisierten Domherren, mit deren Hilfe er Koadjutor und Erzbischof von Salzburg geworden war, »Schloß und Amt zu Windischmatrey« zur Nutzung ein. Pflegeamt und Gericht unterstanden ihnen bis 1645.

Im Jahre 1714 überließ Salzburg das Windisch-Matreier Pflegamt den Freiherren Lasser von Zollheim zu Erbrecht. Sechs Generationen der Familie Lasser walteten auf Weißenstein ihres Amtes. Sie nannten sich in regelmäßiger Abfolge Wolfgang Adam und Adam von Lasser und besaßen jeweils fünf, sieben, acht, zehn, dreizehn und vierzehn Kinder.

Die auf steilem Felsen nächst Matrei emporragende alte Wehranlage des Salzburger Erzstiftes mit noch turmgeschütztem Wohntrakt war nach 1803 Staats-, dann Privatbesitz. Um 1870 und nach 1890 stilisierte man Weißenstein neogotisch. Seit 1918 ist das Burgschloß im Besitz der Familie Thieme (Bild unten).

LAGE *Bei Matrei in Osttirol.*
BESICHTIGUNG *Keine.*

Im obersten Geschoß des Wohntraktes befindet sich der alte Rittersaal mit Wappen der Kienburger. An diesem früheren Palais sind nur die Doppelfenster der Südseite »ursprünglich«.

Sieben Sperber und zwei Wächter

Itter · Tirol

Die Burg des Salzburger Erzstiftes aus dem 13. Jh., seit 1805 im Verfall, nach 1877 zum romantischen Unikum verunstaltet, ist heute Hotel.

LAGE *Südöstl. Wörgl.*
BESICHTIGUNG *Nur bei Hotelbenützung.*

Von der frühesten zweitürmigen Burg, die 1525 von den Bauern verwüstet und im 19. Jh. teilweise abgebrochen wurde, erhielt sich nur Mauerwerk, doch verweisen die beiden mächtigen Brücken, über die man das Hochschloß erreicht, noch auf die alte Wehranlage.

Unten: Die als Hotel adaptierte einstige Burg mit zwei Schwimmbädern, Fitneß- und Sporträumen besitzt auch einen Schießstand.

Seit das Erzstift Salzburg im Jahre 1380 den ausgedehnten Landbesitz mit Hopfgarten und der Burg am Eingang des Brixentales erworben hatte, war es verpflichtet, »dem hochlöblichen Haus Österreich als gefürsteten Grafen von Tirol aus der Herrschaft Itter jährlich sieben Sperber zu liefern«. 1627 schuldete Salzburg Tirol bereits 27 Sperber, und noch im Jahre 1800 reklamierte man die fällige Abgabe.

Salzburg hatte längst jedes Interesse an Burg Itter verloren. Pfleger und Beamte residierten in Hopfgarten, im Schloß waren gerade noch zwei Leute, die abwechselnd Nachtwache hielten und die Stunden ausriefen.

Das nach 1809 bayerische Schloß verhökerte die Münchner Regierung um 15 Gulden an die Gemeinde Itter. Jetzt trug und karrte man aus ihm, was möglich war. Im Jahre 1877 kam die Halbruine in private Hände. Vergeblich versuchte der Münchner Paul Spieß, nach ihm die Pianistin und Liszt-Freundin Sofie Menter, dem Verfall zu steuern. Erst als ein Herr Eugen Mayr 1902 aus Berlin mit einem Stab von Künstlern und Architekten anrückte, war Itter gerettet. Von der alten Burg Herzog Heinrichs des Stolzen war jedoch bald nichts mehr zu sehen. Während des Zweiten Weltkriegs beherbergte die Neo-Burg prominente französische Häftlinge.

Uns wird in alten Mären wunderviel gesagt…

Hohenems · Vorarlberg

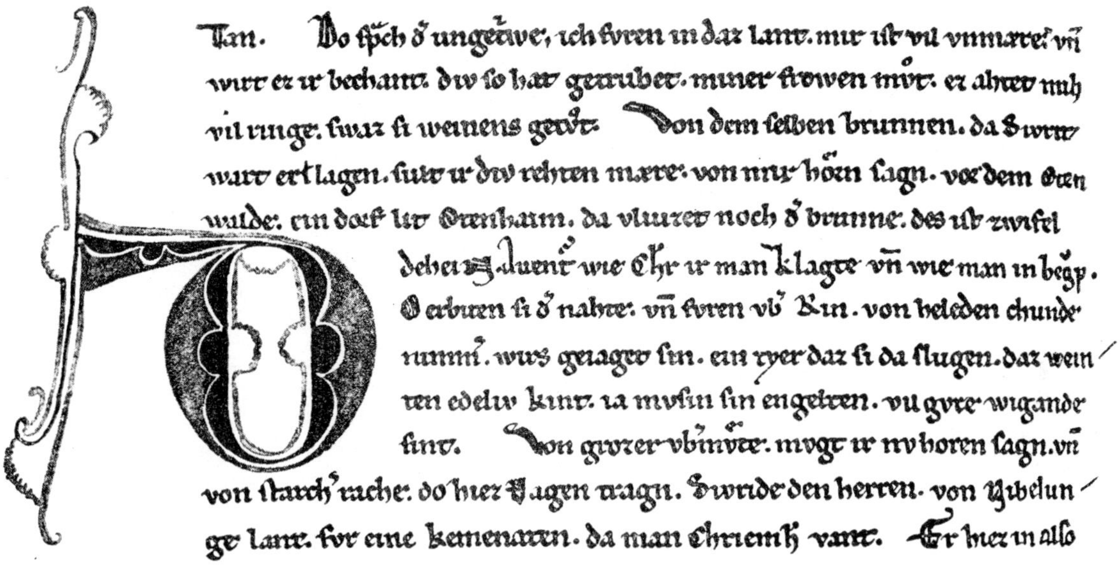

Im Mittelalter waren die Emser Reichsdienstmannen Parteigänger der staufischen Kaiser. Im Auftrag Heinrichs VI. hielten sie in ihrer mächtigen Burg oberhalb des Rheintales den geblendeten sizilianischen Königssohn Wilhelm gefangen (→ Burgenbuch). Die Emser Herren der Neuzeit standen als martialische Haudegen und kühne Landsknechtsführer auf seiten der Habsburger. Als Waffenbrüder der Habsburger erwarben sich die Hohenemser Herren im Kampf gegen die Schweizer Eidgenossen und gegen die in Italien um die Vorherrschaft ringenden Franzosen Kriegsruhm. Den Emser Herren schwebte zeitweise sogar eine Art Pufferstaat zwischen der Schweiz und Österreich vor. Als einer von ihnen, Wolf Dietrich von Ems, die Mediceertochter Clara, Schwester Papst Pius' IV., ehelichte, stellten sich einige von ihnen in den Dienst der Kirche. Diese Heirat brachte ihnen wertvolle verwandtschaftliche Beziehungen zu Italien. Jakob Hannibal I. war oberster militärischer Chef der Papsttruppen, Kardinal Mark Sittich von Hohenems, Bischof von Konstanz, ließ zu Füßen der alten Burg in Hohenems den Renaissancepalast errichten. Reichsgraf Kaspar, Bruder des Salzburger Erzbischofs Markus Sittikus, stattete ihn mit prächtigen Kunstwerken aus und ließ nach italienischen Vorbildern Lust- und Tiergärten à la Hellbrunn bis an das Rheinufer anlegen. Die den Rhein entlangführende Straße wurde verlegt und direkt am Schloß vorbeigeführt.
Der Sohn der Hortensia Borromeo, einer Schwester des später heiliggesprochenen Kardinals Karl Borromaeus, war Herr einer Grafschaft, die neben weiten Gebieten Vorarlbergs und Besitzungen in Norditalien auch die Grafschaften Vaduz und Schellenberg umfaßte.

Der rechteckige zweistöckige Renaissancebau, zwischen 1562 und 1567 im Auftrage des Kardinals und Bischofs von Konstanz Mark Sittich von Hohenems nach Plänen des Mailänders Martino Longo erbaut, erinnert nur noch mit seiner jetzt restaurierten Wandbemalung des Hofes an die einstige Pracht des Palastes, dessen riesige Parkanlagen sich bis zum Rhein erstrecken.

LAGE *In Hohenems.*
BESICHTIGUNG *Keine.*

Das Original des Nibelungenliedes ist verlorengegangen. Von den zahlreichen erhaltenen Handschriften wurde die in Hohenems gefundene, jetzt in München verwahrte Handschrift A ursprünglich als älteste bezeichnet, doch wurde sie von der Forschung als Verkürzung einer in St. Gallen aufgefundenen Handschrift B erkannt.

Oben: Die Hohenemser Handschrift C des Nibelungenliedes.

Auch die in Hohenems entdeckte Handschrift C ist jünger als B. Auf ihrer Grundlage erschien im Jahre 1757 die erste von J. J. Bodmer besorgte Ausgabe des Nibelungenliedes unter dem Titel: »Chriemhildens Rache und die Klage, zwey Heldengedichte aus dem schwäbischen Zeitpuncte«. Den Entdecker der Handschrift verschwieg der Schweizer Gelehrte.
Unten: In die Portalgestaltung mit Rustikaaufsatz ist auch das darüberliegende Doppelfenster einbezogen.
Rechte Seite: Der rechteckige Hof besteht aus drei Trakten, die vierte Seite bildet eine unmittelbar dem Felsabsturz vorgesetzte Blendmauer. Über flache Treppen erreicht man im ersten und zweiten Geschoß breite Galerien, von ihnen aus die einzelnen Gemächer. Die Räume des straßenseitigen Haupttraktes besitzen schöne Kassettendecken, der Rittersaal ist museal ausgestaltet.
Im 17./18. Jh. war das Schloß des (Grafen) Waldburg-Zeil, eines Urenkels Kaiser Franz Josephs I., mit einer Hauskapelle ausgestattet, in der man den Reisehut des heiligen Karl aufbewahrte.

In der von Jakob Hannibal angelegten Hohenemser Schloßbibliothek suchte man Mitte des 18. Jh. im Auftrag des Schweizer Gelehrten und Philologen Johann Jakob Bodmer neun Jahre lang vergeblich nach hier vermuteten Handschriften aus dem Heldenzeitalter der Deutschen. Ohne langes Suchen, mit einem Griff gelang es am St.-Peter-und-Pauls-Tag des Jahres 1755 während eines zufälligen Schloßbesuches dem Lindauer Chirurgen und Geburtshelfer Jakob Hermann Obereit, eine Handschrift des Nibelungenliedes »aus der barbarischen Finsternis« ans Tageslicht zu ziehen. Es war die seither als »Handschrift C« bezeichnete, jetzt in Donaueschingen aufbewahrte Fassung des Nationalepos der Deutschen. Wenig später entdeckte man in Hohenems auch eine zweite Handschrift des Liedes, die Fassung A, welche sich nun in München befindet.

Ende des 17. Jh. verfiel die Grafschaft mit den »einem irdischen Paradies ähnlichen« Gärten des Kaspar von Hohenems mit »allerlei heimischen und fremden Kräutern samt wunderseltsamstem kunstreichem Brunnenwerk, auch von allerlei Baumfrüchten: Feigen, Limonen, Zitronen, Pomeranzen, Granatäpfeln ...« und dem Tiergarten »mit Hirschen, Hinden, Hasen und anderem Gewild«. Über die Erbtochter des letzten Grafen von Hohenems kam der verbliebene Restbesitz an das Grafengeschlecht der Waldburg-Zeil.

Erst seit 1882 bewohnt die Grafenfamilie wieder das lange Zeit verödete und auch als Kaserne benützte Bauwerk. Der heutige Besitzer Franz Josef (Graf) Waldburg-Zeil ließ Parterre und ersten Stock modernisieren und stilgemäß einrichten. Die Repräsentationsräume stehen während der Bregenzer Festspiele für Konzerte, Empfänge und Veranstaltungen zur Verfügung. Seit neuestem bietet sich auch der großartige Renaissancehof wieder in seiner ursprünglichen Gestalt.

Der Domherr mit Federhut und Rapier

Hofen · Vorarlberg

Das zwischen 1585 und 1616 errichtete und später mehrfach veränderte Schloß ist im Zusammenhang mit der Gestalt des Salzburger Erzbischofs Wolf Dietrich von Raitenau von historischem Belang. Es steht heute zum Teil als Berufsschule für das Gastgewerbe in Verwendung (Bild unten).

LAGE *Nördl. Bregenz, bei Lochau.*
BESICHTIGUNG *Keine.*

Die Schloßkapelle von 1615 wurde im 19. Jh. neogotisch verändert, mit Tudorbogen und nachempfundenem Netzrippengewölbe ausgestattet. Den Altar brachte man ins Landesmuseum.

Das Raitenausche Wappen, eine schwarze Kugel im silbernen Feld, und die Jahreszahl 1585 über dem Eingangsportal erinnern an die schwäbisch-alemannische Familie des Salzburger Erzbischofs Wolf Dietrich von Raitenau, 1587—1612. Die Ruine auf der Anhöhe östlich des Ortes, eine Viertelstunde vom Schloß entfernt, bezeichnet wahrscheinlich den Geburtsort des Begründers der neuzeitlichen Stadt Salzburg. Wolf Dietrich war der Sohn des Hans Werner von Raitenau, eines kaiserlichen Hauptmanns und nachmaligen Obersts, der 1558 die Schwester des Kardinals Markus Sittikus geehelicht hatte, eine Nichte Papst Pius' IV. Nach dem Eingeständnis des späteren Erzbischofs und Vaters von fünfzehn Kindern, besaß ihn von früh an »Lust und große Naigung zu dem Kriegswesen«, doch hatte der Bischof von Konstanz, sein Onkel Markus Sittich, schon dem Zwölfjährigen ein Kanonikat verliehen. Wenig später machte ihn Papst Gregor XIII. zum Dompropst von Basel. Vom sechzehnjährigen Domherrn wird berichtet, er habe Federhut und Rapier erst abgelegt und dem Diener übergeben, wenn er seine Kirche betrat, um Chorrock und Birett anzulegen.

Österreichs Schlösser
Übersicht und Information

Das Verzeichnis ist nach einer Bestandsaufnahme
und unter Mitarbeit von Else Stenzel erstellt worden.

Österreichs Schlösser

Innerhalb von Ortschaften, Märkten und Städten oder in deren näherem Bereich liegende Schlösser sind unter den Ortsnamen zu finden.
Nicht aufgenommen wurden: Palaisbauten in den Bundeshauptstädten (mit Ausnahme des Palais Schwarzenberg in Wien), städtische Ansitze (mit Ausnahme historisch bedeutender Ansitze Innsbrucks und Salzburgs), verbaute oder umgewidmete, historisch belanglose Schlösser, Schlößchen, Edelmannssitze, »Schüttkasten«, schloßartige Villen etc.
Der Hinweis → Burgenbuch bezieht sich auf die Beschreibung des betreffenden Objektes in: »Von Burg zu Burg in Österreich«, 2. Auflage, Wien 1973.

Absam, bei Solbad Hall, Tirol.
Krippach. Gediegen ausgestatteter Ansitz im Garten oberhalb der Wallfahrtskirche. Türmchen mit barockem Dach. Seit dem 15. Jh. im Besitz der Tiroler Familie Kripp.
Melans. In nördl. Richtung oberhalb des Ortes gelegen. Ansitz mit Herrschaftshaus und Kapelle, erbaut im 16. Jh., der Name weist allerdings ins 14. Jh. zurück. Im 19. Jh. mehrfache bauliche Veränderungen durch die Herren von Riccabona.

Achau, östl. Mödling, NÖ. Wasserschloß nach 1650 auf mittelalterl. Grundmauern errichtet. 1945 ausgebrannt und verändert wiederaufgebaut.

Achenrain, bei Kramsach, Tirol. Schloßartiger Ansitz mit achteckigem Turm des 17. Jh. Nach der Landesfürstin auch »Claudiaschlößl« genannt. Heute im Besitz der (Grafen) Taxis-Bordogna.

Achleiten, nordöstl. Kremsmünster, OÖ. Im 17. Jh. zum Wasserschloß ausgebaute Burg. Ursprünglich Eigentum der Sinzendorf. Ab 1960 im Besitz der Familie Teuffenstein.

Achleiten, südwestl. Amstetten, bei Strengberg, NÖ. 1734 als Sommersitz der Tegernseer Benediktiner anstelle eines früheren Gebäudes errichtet, im 19. Jh. Besitz der Freiherren von Blomberg.

Admontbichl, nordwestl. Obdach, Stmk. Anfang des 16. Jh. erweiterte Ritter Daniel von Gallenberg im Auftrag des Stiftes Admont den Sitz der Pucher — seit 1367 stiftisches Eigentum — zur schloßartigen Wehranlage mit Arkadenhof, die zu Beginn des 17. Jh. den Namen Admontbichl (→ auch Burgenbuch) erhielt. Das Wirtschaftsgebäude entstand um 1558. Der südliche Trakt des einst als Landesgericht verwendeten Gebäudes birgt den quadratischen Gerichtssaal, der im 17. Jh. Schauplatz spektakulärer Hexenprozesse war. Beim Wiederaufbau des Burgschlosses nach dem Brand von 1748 verlor Admontbichl zwei Türme im nördlichen Trakt.

Afling an der Kainach, nordwestl. Voitsberg, Stmk. Ein zinspflichtiges Bauerngut, das nach 1611 von Georg Stürgkh zum Edelsitz ausgebaut, »Stürkhof am Afling« hieß. Im 18. Jh. war das einstöckige Gebäude mit kleinem Dreiecksgiebel und großem Mansardendach Sitz des Pfarrers von Pöls, der es auch restaurieren ließ. Heute Privatbesitz.

Aich, nordwestl. Pregarten, OÖ. Historisches Herrschaftsschlößchen, seit dem 19. Jh. in bäuerlichem Besitz.

Aigen, nordwestl. Schwanenstadt, bei Atzbach, OÖ. Seit 1600 wiederholt umgebautes Schlößchen.

Aigen, südwestl. Liezen, Stmk. Putterer-Schloß. Mittelalterl. Gutshof, der im 16. Jh. zum Schlößchen mit Schloßkapelle erweitert wurde. Liegt am Putterer See, heute Pensionsbetrieb.

Aistersheim, OÖ., → Seite 94.

Albrechtsberg a. d. Pielach, östl. Melk, NÖ. Bedeutendes Renaissanceschloß, 1581 über mittelalterl. Burg errichtet. Im 19. Jh. baulich verändert. Sitz des oberösterr. Geschlechts der Enenkel (im 15.—17. Jh.), Chronisten der österr. Geschichte, Sammler und Verfasser der Collectanea genealogica und des Österreichischen Geschlechterbuches. Nach den Starhemberg und Auersperg besaßen im 20. Jh. die Fürsten Rohan das Schloß. 1945 verwüstet, heute von Mietparteien bewohnt.

Almegg, südwestl. Wels, OÖ. Burgschloß, ursprüngl. mittelalterl. Wehranlage, im 16., 17. und 19. Jh. umgebaut. Seit 1870 Familienbesitz der (Freiherrn von) Handel. Heute als Tagungsstätte und für Ausstellungen in Verwendung (→ auch Burgenbuch).

Altenberg bei Hitzendorf, westl. Graz, Stmk. Barockbau des 17. Jh., 1913 erweitert, heute Schloßpension.

Altenberg a. d. Donau, nordwestl. Wien, NÖ. (Beust-Schloß), Pseudoschloß, eine 1846 für den österr. Ministerpräsidenten Ferd. Graf Beust (1809—1886) errichtete schloßartige Villa.

Altenburg (Tausendlust), bei Hitzendorf, westl. Graz, Stmk. Ein südlich des Schlößchens Altenberg am Höllberg gelegener einfacher Bau des späten 16. Jh., den ein Herr von Khollenburg errichten ließ. Details der Ausstattung verweisen noch auf die Entstehungszeit der einstigen Wehranlage, die im 17. und 18. Jh. den Kellersberg gehörte.

Altenhof, östl. Engelhartszell, bei Pfarrkirchen im Mühlviertel, OÖ. Weithin sichtbares Schloß der Grafen Salburg. Nach Brand im 18. Jh. verändert wiederaufgebaut. Einige Räume sind als Restaurant in Verwendung.

Altkainach, nordwestl. Voitsberg, Stmk. Eigenwillige Renaissanceanlage, beherbergt heute ein Burgenmuseum. Das Museum ist ganzjährig und ganztägig geöffnet (→ auch Burgenbuch).

Altmünster, südl. Gmunden, OÖ. Schloß Ebenzweier. Ein weitläufiger, zweihöfiger Bau des 17. Jh., vielfach umgebaut und restauriert. Die Schloßkapelle birgt noch einen Altar um 1660 und Bilder des 17. Jh. 1831 ließ Erzherzog Maximilian von Österreich das Gebäude vergrößern. Später wurde der habsburgische Besitz bourbonisches Eigentum.

Alt-Roseneck, Tirol, → Fieberbrunn.

Ambras, Tirol, → Seite 149.

Angern, nordöstl. Gänserndorf, NÖ. 1945 zerstörtes, zur Gänze abgetragenes Schloß.

Angern, östl. Krems a. d. Donau, NÖ. *Schloß Wolfsberg.* Mehrfach veränderter, in jüngster Zeit auch mit Turm und Türmchen versehener Renaissancebau, nach 1531, am Steilabfall zur Donau. Im 15. u. 16. Jh. landesfürstlich, 18.—20. Jh. im Besitz des Stiftes Göttweig. Heute als Heim in Verwendung.

Anif, Sbg., → Seite 141.

Annabichl, bei Klagenfurt, Ktn. Den in seiner Anlage einmaligen Schloßbau des 16. Jh. mit »gleich einem Theatro anzusehendem Garten« ließ Georg Khevenhüller, Herr auf Hochosterwitz, seiner Gemahlin Anna, einer reichen ungarischen Gewerkentochter, errichten. Nach häufigem Besitzwechsel seit 1690 fortschreitender Verfall. Mehrfache, aber bisher vergebliche Versuche, den Bau zu restaurieren.

Arbesbach, südwestl. Zwettl, NÖ. Barockschloß der Starhemberg, an der Stelle eines früheren Renaissancebaues errichtet. Im 17. und 18. Jh. im Besitz der Herberstein und Dietrichstein, seit 1877 in bürgerlicher Hand (→ auch Burgenbuch).

Ardagger, nordwestl. Amstetten, NÖ. Nach Auflassung des Kollegiatsstiftes im Jahre 1784 erwarb 1813 Graf Alois von Genico den Besitz. Er ließ die im 17. Jh. entstandene zweigeschossige Dreiflügelanlage der Pröpste mit unregelmäßigem Hof, Säulengang und Freitreppe zum Schloß erweitern und ausstatten. Ardagger kam u. a. an die Familien Eltz und Ita.

Arndorf, südwestl. Pöggstall, NÖ. Altes Schlößchen, im Kern 13. Jh. Wurde im 17. und 19. Jh. um- und ausgebaut. Heute im Besitz der Österr. Bundesforste, von Mietparteien bewohnt.

Arnfels, südwestl. Leibnitz, Stmk. Über der um 1300 errichteten Burg der Murecker und Wallseer oberhalb des Ortes erbautes, mächtiges Schloß. Im 16. Jh. von Wilhelm von Gera, im 17. Jh. von den Grafen Dernbach erweiterter Bau. 1730—1912 Familieneigentum d. Grafen von Schönborn-Puchheim. Im 20. Jh. durch Neubauten stark verändert.

Artstetten, NÖ., → Seite 62.

Aschach, Tirol, → Volders.

Aschach a. d. Donau, nordwestl. Linz, OÖ. Trostlos verfallenes Schloß aus der 2. Hälfte des 16. Jh., in einem einst berühmten englischen Park. Das Schloß wurde 1570 von einem Wolfgang von Liechtenstein erbaut und erhielt um 1600 unter den Jörgern seine charakteristische Gestalt mit den dreigeschossigen Laubengängen. 1622 von den Harrach erworben. Unter ihnen baute Lucas von Hildebrandt das »Fürstenstöckl« im Osttrakt und den Altar der Schloßkapelle. Auch das 3 m hohe Steinwappen neben der Toreinfahrt erinnert an die Harrachs. Von den Jörgern stammt das Doppelwappen im Südflügel zur Erinnerung an die Vermählung des Karl Jörger v. Tollet mit Anna Grünbühel, 1606. Das Schloß wurde nach Errichtung des Kraftwerks von der Donaukraftwerke AG gekauft und gehört seit 1966 der Oberösterr. Warenvermittlung. Der Blick von der Donau aus ist durch einen riesigen Fabriksbau verstellt.

Aspach, südöstl. Braunau, bei Mauerkirchen, OÖ. Historisches Wasserschloß, urkundlich schon im 13. Jh. erwähnt. 1920 in eine Kaltwasser-Kuranstalt verbaut.

Aspang, a. d. Wechselbundesstraße, NÖ. Auf den Grundmauern einer Burg des 12. Jh. erbaut, durch die Königsberger 1555 zum Schloß umgestaltet. Heute Privatbesitz (→ auch Burgenbuch).

Asparn a. d. Zaya, bei Mistelbach, NÖ. Ehemalige Wasserburg aus dem 13. Jh., die noch heute einen wehrhaften Eindruck macht. Im 15. Jh. zum Renaissanceschloß ausgebaut. Von den Schweden schwer beschädigt. Schloßausbau 1650. Seit dem 17. Jh. Eigentum der Grafen Breuner. Beherbergt heute das Museum für Urgeschichte des Landes Niederösterreich. Besichtigung: 1. April—30. Okt., tägl. 9—17 Uhr (→ auch Burgenbuch).

Attnang-Puchheim, östl. Vöcklabruck, OÖ.

Schloß Puchheim. Die Schloßanlage mit Wirtschaftshof ist im 16. Jh. über der Stammburg der Puchheimer errichtet worden. Durch den mächtigen Torturm erreicht man von der Straße her das in einen Park umgewandelte Gelände der einstigen Vorburg mit Wirtschaftsgebäuden, in dem noch die Zwingmauern zu sehen sind. Über den alten Burggraben führt eine steinerne Brücke zum Torturm des eigentlichen Schlosses, das einen trapezartigen Hof mit Laubengang umschließt. Der nach dem Auszug der Puchheimer nach Raabs (→ Burgenbuch) landesfürstliche Besitz gehörte den Polheimern, Traunern und Wallseern, bevor er 1626, nach dem Adelsaufstand, an

Adam Graf Herberstorff und nach ihm an die Grafen Salburg kam. Im 19. Jh. war Erzherzog Maximilian Eigentümer, seit 1892 besitzen Schloß Puchheim, in dem ein Redemptoristenkloster untergebracht ist, die Bourbonen bzw. deren Erben.

Atzbach, nördl. Vöcklabruck, OÖ.

Schloß Katzenberg. Kleines Jagdschlößchen der Köppacher mit Kapelle. Um 1600 erbaut.

Atzenbrugg, südwestl. Tulln, NÖ. Die schon vor 1500 verfallene Burg der Atzenbrugger wurde von einem Probst von Klosterneuburg erneuert und zum Schloß umgebaut: Wohntrakt mit Kapelle, deren interessanter sechseckiger Turm den Schloßflügel überragt. Im Osten aufgeschütteter Hausberg mit Sommerhaus. Um 1820 beliebtes Ausflugsziel Schuberts und seiner Freunde, heute Schubert-Gedenkstätte. Das Schloß, bis 1939 Eigentum des Stiftes Klosterneuburg, wurde in den Kriegsjahren schwer beschädigt und ist jetzt ruinöser Privatbesitz.

Schloß Aumühle, westl. Atzenbrugg an der Perschling gelegen. Ein Gebäude aus dem 17. Jh. mit Gutshof. Umbauten sind im 19. Jh. vorgenommen worden. Heute ein gepflegter Privatbesitz.

Au, OÖ., → Roitham.

Aue, östl. Schottwien, westl. Gloggnitz, NÖ. Ein zweigeschossiges, langgestrecktes Herrenhaus des späten 18. Jh. ohne historische Bedeutung. Im Besitz der Grafen Colloredo, der Reichsgrafen Wrbna u. a. Nach einem Brand 1942 nur notdürftig wieder instand gesetzt und zeitweise leerstehend.

Auhof, NÖ., → Blindenmarkt.

Auhof, nördl. Eferding, OÖ. Ein zweistöckiges Herrenhaus, 1899/1902 erbaut, innerhalb eines gepflegten Parkes gelegen.

Auhof, südöstl. Perg, OÖ. (St. Bernhardshof). Das Schloß hinter hoher Parkmauer ist im 17. Jh. entstanden und war Eigentum des Grafen Windhaag, im 18. Jh. des Klosters Baumgartenberg. Seit 1806 mehrfacher Besitzwechsel. 1865 zu einer Art Herrschaftsvilla umgebaut.

Schloß Aurolzmünster, OÖ.

Aurolzmünster, nördl. Ried i. Innkreis, OÖ. Ehemals prächtiges Wasserschloß, 1691—1711 unter Graf Ferdinand Franz Albrecht von der Wahl im Stil des bayrischen Barock nach Plänen des Architekten Johann Kaspar Zuccalli erbaut. Kostbare Fresken und Stukkaturen, Park mit Wasserspielen, Marstall mit Marmorsäulen. Nach mehrfachem Besitzwechsel wurde es in den zwanziger Jahren unseres Jh. durch Graf Arco de Valley vieler Kostbarkeiten beraubt. 1925 kaufte es der angeblich mit okkulten Kräften begabte pensionierte Postmeister Carl Schapeller, der dort Attilas Grab und den Schatz der Hunnen zu finden hoffte. Grabungen im Jahre 1932, die in der Weltpresse Schlagzeilen machten, brachten kein Ergebnis. In jüngster Zeit Bemühungen, mit Unterstützung des Denkmalamtes das fast zur Ruine gewordene Schloß doch noch zu retten und es oberösterreichischen Künstlern als Wirkungsstätte zur Verfügung zu stellen.

Authal, bei Zeltweg, Stmk. Der Edelsitz der Galler und Herberstein wurde 1740 von den Freiherrn von Pfeffershofen barockisiert. Mehrfacher Besitzwechsel in neuerer Zeit.

Bach, Ktn., → St. Urban.

Bad Aussee, südöstl. Bad Ischl, Stmk. Der *Kammerhof* am Chlumetzkyplatz ist ein im Grundgemäuer im 15. Jh. entstandenes Gebäude. Das Wappen über dem Tor weist auf Kaiser Maximilians I. Aufenthalt im Jahre 1511. Unter dem Verweser Christoph von Praunfalk im 16. Jh. ausgebaut, im 17. Jh. u. a. mit 51 rotmarmornen Tür- und Fensterstöcken ausgestattet. Die Kapelle des 17. Jh. mit Meßlizenz wurde 1959 Wohnraum des Privatbesitzers.

Schloß Lerchenreith (Teichschloß) im Ortsteil Lerchenreith. Ein im 19. Jh. völlig umgebautes Schlößchen des späten 16. Jh., nach dem sich Bartholomäus Kholler im 17. Jh. »von und zu Lerchenreith« nannte. Heute Mittelschülerheim.

Bad Deutsch-Altenburg, nördl. Bruck a. d. Leitha, NÖ.

Schloß Ludwigstorff. Wasserschloß des 17. Jh., von den Grafen Ludwigstorff, die es noch besitzen, im 19. Jh. umgebaut. Es ist heute zum Teil als Afrika-Museum (Außenstelle des Niederösterr. Landesmuseums) eingerichtet. Besichtigung: April—Oktober, außer Mo. tägl. von 9—18 Uhr.

Baden bei Wien, NÖ.

Braiten. Schloßähnlicher Bau des 19. Jh., vom poln. Wissenschaftler J. M. Ossolinsky von Tuczyn, dem Leiter der k. k. Hofbibliothek, erbaut. 1816 wohnte hier Beethoven, der vor allem den berühmten Garten liebte. Heute im Besitz der Malerinnung.

Leesdorf. Die alte Burg der Wallseer und Zelking wurde im 18./19. Jh., besonders jedoch im 20. Jh. unter Anleitung des Baumeisters von »Burg« Kreuzenstein bei Wien, Walcher von Moltheim, gründlich umgebaut. Heute Heim der Meistermalerschule Österreichs.

Weikersdorf. Vielfach umgebautes und neuerdings als Luxushotel ausgestaltetes Burgschloß, ursprünglich Wasserburg.

Bad Fischau, westl. Wr. Neustadt, NÖ. Die historisch bedeutende Anlage, im 18. und 19. Jh. als Schloß umgebaut, ist heute ein unansehnliches einstöckiges Gebäude.

Badgastein, Sbg.

Badeschloß. Nur Inschrift und Untergeschoß erinnern noch an das einstige Badeschloß Kaiser Franz II. (Franz I. von Österreich).

Bad Gleichenberg, Stmk., → Neu-Gleichenberg.

Bad Ischl, südwestl. Gmunden, OÖ.

Kaiservilla. Ein nach 1853 durch zwei Flügelbauten erweitertes, mit Säulenporticus und Auffahrt versehenes biedermeierliches Landhaus innerhalb einer ausgedehnten Landschaftsgarten-Anlage am Abhang des Jainzenberges; Sommeraufenthalt Kaiser Franz Josephs I., 1830—1916. Neben den Salons, Speise- und Gesellschaftsräumen, Kaiserinnen- und Kaiser-Apartments werden hier das einfache Schreibzimmer des Regenten gezeigt, in dem 1914 das Manifest »An meine Völker« entstand, und sein mit Eisenbett und eisernem Waschtisch sowie 12 Barometern ausgestattetes Schlafzimmer. Die Hauskapelle mit Barockaltar Kaiser Ferdinands II. aus der Wiener Hofburg enthält auch eine Nachbildung jenes Kruzifixes, das Ferdinand II. 1619 in höchster Not ergriffen haben soll, als ihn die protestantischen Stände belagerten. Die Dampierreschen Reiter befreiten ihn aus seiner Zwangslage. — In der Kaiservilla ist vor allem auch die umfangreiche Trophäensammlung des Nimrods Franz Joseph zu besichtigen. Er schoß zwischen 1848 und 1914 50 556 Stück Wild, darunter 2051 Gemsen, 1436 Hirsche, 1442 Stück Schwarzwild.

Bad Vöslau, südl. Baden, NÖ. Die mittelalterl. Wasserburg wurde 1740 bis 1753 unter August v. Wöber zum Schloß umgebaut. Gepflegter Park mit altem, zum Teil exotischem Baumbestand. Unter den wechselnden Besitzern am interessantesten der Schweizer Johann Fries, »größter Fabrikant seiner Zeit«, der 1757 zum Freiherrn und 1783 zum Reichsgrafen ernannt wurde. Er kaufte 1783 Schloß und Herrschaft Vöslau, 1785 beging er im Vöslauer Schloßpark Selbstmord. — Das aufwendig restaurierte Schloß ist heute Rathaus, Sitz des Bürgermeisters, des Standesamtes u. a. Stilvolles Amtshaus mit Schloßrestaurant.

Bad Wimsbach-Neydharting, südwestl. Wels, OÖ.

Schloß Wimsbach. Spätmittelalterl. Anlage, die während der Bauernkriege ausbrannte, wiederaufgebaut wurde und Mitte des 18. Jh. ihre heutige Gestalt erhielt: ein Vierkanter um einen rechteckigen Hof mit zweigeschossigen Laubengängen. Früher Besitz der Starhemberger. Heute privat.

Baierdorf, nördl. Murau, Stmk.

Thurnegg. Das Gebäude Baierdorf Nr. 24 ist ein nach einem Brand im Jahre 1724 erst im 20. Jh. z. T. wiedererrichteter Schloßbau. Georg Graf zu Schernberg hatte 1651/57 den Amthof des salzburgischen Erzstiftes zum Schloß Thurnegg ausbauen lassen.

Bärnegg i. d. Elsenau, nordöstl. Hartberg, Stmk. Neben der mittelalterl. Burgruine errichtetes Barockschloß der Rindsmaul. Fortschreitender Verfall, doch Reste schöner alter Einrichtung; Bibliothek und Schloßkapelle. Heute in bürgerlichem Besitz.

Batschunser-Schlößchen, Vlbg., → Zwischenwasser.

Baumgarten, südl. Mautern a. d. Donau, NÖ. Spätbarocker Bau am Abhang des Dunkelsteinerwaldes, geschmackvoll und reich ausgestattet. 1964 von (Graf) Egon v. Conte Corti erworben, heute Privatbesitz.

Baumgarten, NÖ., → Ollersbach.

Baumkirchen, nördl. Wattens, Tirol.

Schloß Wohlgemuthsheim. Ansitz des 15. Jh. mit Eckerkern und Kapelle. Im 17. und 18. Jh. im Besitz des Haller Damenstiftes, jetzt Kloster der Don-Bosco-Schwestern.

Bayerhofen (Paierhofen), Ktn., → Wolfsberg.

Bergau, NÖ., → Rohrbach a. d. Gölsen.

Bergheim, nächst Aschach a. d. Donau, OÖ. Als Haushaltungsschule verwendeter Schloßbau des 18. und 19. Jh. mit aus dem alten Schloß erhaltenem, barockem Stiegenaufgang. Ehemals Besitz der Salburger und Starhemberg.

Berghof, NÖ., → Lilienfeld.

Bernau (Pernau), OÖ., → Fischlham.

Bernstein, nordöstl. Pinkafeld, Bgld. Mittelalterl. Wehrburg des 12./13. Jh., im frühen 17. Jh. zum Renaissanceschloß umgebaut und erweitert. Wertvolle Innenausstattung mit Ausstellungsstücken des 16. und 17. Jh., sehenswerte Stuckdecke und Fresken des Rittersaals. Heute Schloßhotel. Besichtigung von Ostern bis Oktober (→ auch Burgenbuch).

Bertholdstein (Pertlstein), östl. Feldbach, Stmk. Ursprünglich Feste gegen die Türken, im 16./17. Jh. zum Schloß umgebaut. Im 19. Jh. von Graf Koszielski, dem Berater des türk. Sultans, restauriert, wobei er den Wehrturm als eine Art Minarett umgestaltete. Heute Benediktinerinnenkloster (→ auch Burgenbuch).

Biberstein, Ktn., → Seite 124.

Biedermannsdorf, nordöstl. Mödling, NÖ.

Schloß Wasenhof. Ein um 1740 von Kardinal-Erzbischof Kollonitsch über einer älteren Anlage errichteter einstöckiger Bau, der stark verändert wurde und als Schule verwendet wird.

Birkfeld, nordöstl. Weiz, Stmk.

Schloß Birkenstein. Das südlich des Marktes im 16. Jh. über einer mittelalterl. Burg errichtete Schloß der Trauttmansdorff, Wurmbrand, Maneville u. a. wurde im 17. und 18. Jh. umgebaut. Heute geschlossener Viereckbau.

Bisamberg, bei Korneuburg, nördl. Wien, NÖ. Im 16. Jh. zum Wasserschloß ausgebauter Herrschaftshof mit Türmchen und anderen Zubauten des 19. Jh., in großem Park gelegen. Früher Besitz der Herren von Weber und der Grafen Abensberg-Traun.

Blindenmarkt, östl. Amstetten, NÖ. *Jagdschloß Auhof.* Das zweigeschossige Jagdhaus wurde im 18. Jh. umgebaut und war später starhembergisches Verwaltungsgebäude. Heute als Fabrik in Verwendung.

Schloß Hubertendorf. Von Georg Adam M. F. Starhemberg im 18. Jh. aus dem Material der niedergerissenen Burg Karlsbach erbaut. Neobarock verändert, im 19. Jh. Aufbau eines dritten Stockwerks. 1945 verwüstet. Zum Volksbildungshaus umgebaut.

Bludenz, Vlbg.

Schloß Gayenhofen. Hinter Resten der einstigen Ringmauer im 18. Jh. über der mittelalterl. Burg der Montforter errichtetes Schloß. Heute Sitz der Bezirkshauptmannschaft.

Blühnbach, westl. Werfen im Blühnbachtal, Sbg. Von Erzb. Wolf Dietrich 1603 anstelle eines alten Herrenhauses aus dem 16. Jh. errichtetes, großes Jagdschloß. Lag mitten im Hauptjagdgebiet der Erzbfe. von Salzburg, war jährlich Schauplatz großer Jagden. Ab 1910 von Erzherzog Franz Ferdinand erweitert, Aufbau eines zweiten Stockwerks, Errichtung einer neugotischen Kapelle mit im Handel erworbenen got. Tafelbildern und Skulpturen. Wurde später Besitz der Krupp v. Bohlen und Halbach.

Bockfließ, nordwestl. Gänserndorf, NÖ. Düster-wehrhaftes Schloß anstelle einer schon im 12. Jh. erwähnten Burg. Bau des 15. Jh., der Mittelturm 1683 von den Türken zerstört und nicht wiederaufgebaut. Mit seinem Palas, den dicken Außenwänden und dem von zweigeschossigen Renaissancearkaden umgebenen Innenhof legt das Burgschloß noch immer ein beredtes Zeugnis der Baugesinnung des Mittelalters und der Renaissance ab. Besitz der Abensberg-Traun.

Bodenhof, östl. Hermagor, bei St. Stefan a. d. Gail, Ktn. Die Aichelburger gaben dem Schloß mit dem achteckigen Turm im 17. Jh. die barocke Gestalt und besitzen es noch heute.

Bogenhofen, östl. Braunau, OÖ. Das liebevoll restaurierte Empireschloß (1834) ist Sitz eines Sieben-Tage-Adventisten-Seminars.

Brandhof, NÖ., → Nieder-Ranna.

Brandhof am Seeberg, Stmk., → Seite 112.

Braunsdorf, nordwestl. Hollabrunn, NÖ. Der weithin sichtbare Bau ist nur mehr ein spärlicher Rest des ausgedehnten, aus dem 17. Jh. stammenden Schlosses, das im 19. Jh. zum Teil abgetragen werden mußte.

Bregenz, Vlbg.

Deuringschlößchen. In der Südwestecke der Bregenzer Altstadt erbautes Barockschlößchen mit Fassade des 17. Jh. Wohnsitz der Herren von Deuring, eines der angesehensten Geschlechter der Stadt.

Riedenburg, Stadtplatz 57. Eine Anlage aus der Zeit der Montforter, die man im 16. Jh. in ihre jetzige Gestalt mit Ecktürmchen und Staffelgiebel brachte. Der Besitz der Schönstein wurde im 19. Jh. Kloster der Ordensfrauen von Sacré-Cœur und zu einem Gebäudekomplex erweitert.

Breiteneich, NÖ., → Seite 64.

Breitenfurth, südwestl. Wien, NÖ. Schloßallee und prächtige Schloßkapelle (heute Pfarrkirche) erinnern an das 1796 zum größten Teil abgebrochene, weitläufige Barockschloß des Georg Wilhelm Kirchner.

Brixlegg, bei Kufstein, Tirol.

Lanegg. Turmartiger Edelsitz mit Treppentürmchen, im 16. Jh. erbaut.

Bruck a. d. Leitha, südöstl. Wien, NÖ.

Ansitz Lanegg in Brixlegg, Tirol.

Schloß Prugg geht auf eine im 13. Jh. errichtete Stadtburg zurück, von der noch der Bergfried (Heidenturm) erhalten ist.

Als Grenzfeste wiederholt Angriffen von Ungarn und Türken ausgesetzt, von Matthias Corvinus (1484), Sultan Soliman (1529) und dem Ungarn Bethlen Gabor (1619) erobert, bei der zweiten Türkenbelagerung Wiens aber verschont. Schloß Prugg besaß im 18. Jh. einen von Lukas von Hildebrandt angelegten barocken Park, der zu den schönsten des Landes zählte und im 19. Jh. in einen englischen Garten umgewandelt wurde. Das neugotisch veränderte Schloß ist heute Wohnsitz der (Grafen) Harrach. Die Besitzer betreiben eine moderne Landwirtschaft mit einem Saatzucht-Unternehmen.

Bruck a. d. Mur, Stmk.

Kaiserliche Burg, Herzog-Ernst-Straße 9. Der von Andre Pögl, Freiherr von Reifenstein im 16. Jh. ausgebaute »öde Stockh auf dem Platz« diente von 1607 bis 1752 als landesfürstliche Burg, dann als Kaserne (bis 1925) und ist jetzt Gendarmeriegebäude. Die Trakte um den Arkadenhof, Portal und Vorhalle weisen auf Zu- und Umbauten des 16.—18. Jh.

Herzogliche Burg, Koloman-Wallisch-Platz 1. Das kurze Zeit als Erzhzgl. Sitz verwendete Gebäude des 16. Jh. fiel 1792 einem Brand zum Opfer und wurde z. T. abgetragen. Es ist seit 1609 Ratsgebäude der Stadt und wurde wiederholt umgebaut und verändert. Die Fassade stammt aus dem 19. Jh.

Pöglhof, nächst der St. Georgskirche. Der einstöckige Bau mit zwei zweistöckigen Ecktürmen umschließt mit dem großen Wirtschaftsgebäude einen Hofraum. Er entstand unter dem Hammerherrn Sebald Pögl im 16. Jh. aus einem Wehrhof des 11. Jh.

Höllerhammer, Wiener Straße 96. Herrenhaus des Hammergewerken Sebald Pögl und anderer Hammerherrn des 16.—19. Jh., später Besitz der Alpine Montan-Gesellschaft und der Gebrüder Böhler. Der einstöckige Bau mit vorgestelltem Turm ist ein gut erhaltenes und stilvoll eingerichtetes Gebäude, der ihm einst benachbarte »Hammer in der Höll« ist im Wiener Technischen Museum aufgestellt worden.

Brunn am Walde, nordwestl. Krems, NÖ. Auf dem alten Kuenringerbesitz errichtetes Renaissance-Wasserschloß der Trauttmansdorff. Barocke und neobarocke Veränderungen des 17. und des 19. Jh.

Brunn a. d. Schneebergbahn, bei Bad Fischau, westl. Wr. Neustadt, NÖ. Barockes Wasserschloß mit Gutshof, Anfang des 18. Jh. auf Grundmauern einer alten Burg errichtet. Brunn war Besitz der Esterházy und wurde unter ihnen 1860 umgebaut.

Brunnsee, südöstl. Leibnitz, Stmk. Das ursprüngliche Wasserschloß der Khuenburger wurde nach mehrfachem Besitzwechsel im 17. Jh. unter dem Grafen Eduard v. Wimpffen zum dreigeschossigen Barockschloß umgebaut. 1837 kaufte es Herzogin Caroline von Berry, die Tochter Franz I. von Neapel und Schwiegertochter Karls X. von Frankreich, die bei der Vertreibung der Bourbonen Frankreich verlassen mußte. Sie richtete das Schloß als prächtige Sommerresidenz ein: Porträtgalerie, Porzellan- und Miniaturensammlungen, prunkvolle Anlage des Schloßparks, aber auch Errichtung einer bedeutenden landwirtschaftlichen Musterwirtschaft, die Erzherzog Johann anläßl. einer Naturforschertagung besichtigte. Porträts der Habsburger und Bourbonen sowie Mobiliar aus dem französ. Kaiserhaus sind noch heute vorhanden. Ein Gartenpavillon mit kostbarem barockem Deckengemälde wurde in jüngster Zeit restauriert. Heute noch im Besitz der Nachkommen der Herzogin von Berry, der Grafen Lucchese-Palli.

Brunnwald, westl. Bad Leonfelden, OÖ. Starhembergisches Jagdschlößchen aus dem 18. Jh., das heute als Kinderheim dient.

Buchau, nordwestl. Admont, Stmk.

Jagdschloß Radmerer. Im 19. Jh. errichtetes Gebäude ohne historische Bedeutung.

Buchberg am Kamp, südl. Gars, NÖ. Das Burgschloß geht auf eine Anlage des 12. Jh. zurück und ist um 1600 zum Renaissanceschloß umgebaut worden. Es weist bauliche Details aus allen Jahrhunderten auf. 1945 wurde Buchberg verwüstet und verlor auch seine wertvolle Ausstattung (→ auch Burgenbuch).

Burgschleinitz, südl. Eggenburg, NÖ. 1589 begann Georg Bayer von Nieder-Dürnbach Burgschleinitz (→ auch Burgenbuch) die alte Feste der »Sleunzer« — sie war 1482 zerstört und in der Folge wiedererrichtet worden — zum Renaissanceschloß in der heutigen Gestalt zu erweitern. Drei dreigeschossige Flügel mit auffälligen Renaissancekaminen umschließen den Haupthof, den eine Abschnittsmauer vom Vorhof trennt. Ein rechteckiger Torturm mit Doppelfenstern und Wappen des 15. Jh. schützt die noch mit Graben umschlossene Anlage mit Saal und Gewölben aus dem 16. Jh. Schloßbesitzer waren im 18. Jh. die Kuefstein, nach ihnen die Freiherrn von Sazenhofen.

Burgstall, bei Wies, südl. Deutschlandsberg, Stmk. Renaissanceschloß der Eibiswalder, Vierflügelanlage. Ging Mitte 19. Jh. in den Besitz der Liechtenstein über und beherbergt heute im Westflügel eine Bauerntöchterschule.

Cumberland, bei Gmunden, OÖ. Repräsentationsbau des 19. Jh., von Herzog Ernst August von Cumberland 1882—1886 auf dem Grund ehemaliger Bauernhöfe errichtet. Heute Landesheilstätte für Tuberkulose.

Damtschach, östl. Villach, Ktn. Ein zweigeschossiges, in Hufeisenform angelegtes Schlößchen des 17. Jh. über einer älteren Anlage. Die Kirche zum hl. Johannes bildet einen Teil des südlichen Traktes. Die mit wertvollem Mobiliar eingerichtete und mit schönem Gittertor nach außen zu abgeschlossene Anlage ist ein Besitz der (Grafen) Rosenberg.

Daxberg, südwestl. Eferding, bei Prambachkirchen, OÖ. Barockschloß des 17. Jh., nach dem Brand von 1672 im 18. Jh. baulich verändert. Dient heute als Missionsschule der Oblaten des hl. Franz von Sales. Der Schloßname stammt von dem einst mächtigen Geschlecht der Dachsberger.

Deinzendorf, südl. Retz, NÖ. Ursprünglich Burg der Zelkinger aus dem 13. Jh., eine einstöckige Anlage um einen rechtwinkeligen Hof. 1670 wurde das Schloß in seiner heutigen Gestalt aufgebaut.

Deutsch-Brodersdorf, südöstl. Baden, bei Seibersdorf, NÖ. Ein im 19. Jh. umgestalteter, einfacher Barockbau.

Deutschfeistritz, nordwestl. Graz, Stmk.

Thinnfeld. Anmutiger Rokokobau aus den Jahren 1761 bis 1764. Von dem späteren Freiherrn von Thinnfeld, Abkömmling einer reichen Hammergewerken-Familie, errichtet und anläßlich der Erhebung in den Ritterstand prunkvoll ausgestattet. Hundert Jahre später wurde das Schloß versteigert. Es besitzt noch eine reiche Inneneinrichtung: Stuckdecken, Fresken, Kachelöfen u. a.

Deutschkreutz, nordöstl. Oberpullendorf, Bgld. Renaissanceschloß, an der Stelle einer schon 1492 erwähnten, 1560 neu aufgebauten und 1621 abermals zerstörten Grenzburg, 1625 unter

Franz Graf von Nádasdy in der heutigen Gestalt errichtet. Vierflügeliger Bau mit niederen, bastionsartigen Ecktürmen, um einen imposanten, zweigeschossigen Arkadenhof errichtet. Typische Grenzland-Anlage, Herrensitz, Kastell und Wirtschaftshof zu einer Einheit zusammengefaßt. In der Schloßkapelle noch gotische Spitzbogenfenster. — Nach der Hinrichtung des letzten Nádasdy Besitz der Esterházy. Im letzten Krieg schwer beschädigt, jetzt Eigentum des akad. Malers Anton Lehmden, der es z. T. eigenhändig restauriert. Die Hofarkaden sind freigelegt, in stilgerecht adaptierten Räumen findet jährlich eine Ausstellung der Werke Lehmdens statt.

Dietach, östl. Wels, OÖ. Gut restaurierter Bau des 16. Jh., der an der Stelle einer schon 1260 erwähnten Burg errichtet wurde. Im Innern Sehenswürdigkeiten (Stuckdecken, Schloßkapelle) aus dem 17. und 18. Jh. Privatbesitz.

Dietersdorf, südwestl. Tulln, NÖ. Gut ausgestatteter, in jüngster Zeit restaurierter Bau des 16. Jh. mit schöner Sgrafittomalerei im Giebel. Wird heute von der Familie der (Fürsten) Liechtenstein als Wohnsitz verwendet.

Dietrichstein, östl. Feldkirchen, Ktn. Unterhalb der Ruine der alten Burg Dietrichstein (→ Burgenbuch) entstand in der Nähe eines kleinen Sees Anfang des 17. Jh. das sogenannte »neue Schloß«, ein einfacher Bau, der heute für landwirtschaftliche Zwecke verwendet wird.

Dobersberg, nördl. Waidhofen a. d. Thaya, NÖ. Gedrungener Bau mit vier massiven Rundtürmen, um 1570 von Siegmund von Puchheim erbaut. Die reiche, kostbare Einrichtung aus der Biedermeierzeit wurde im letzten Krieg vernichtet. Das vorbildlich restaurierte Schloß, von der Gemeinde D. erworben, dient heute als Amts- und Wohnhaus.

Dobl, südl. Graz, Stmk.

Gjaidhof. Ehemals herzogl. und kaiserl. Jagdschloß mit »Kaiserzimmer«, das Karl VI. bewohnt haben soll. Der unter Erzherzog Karl um 1570 errichtete Renaissancebau mit Arkadenhof und Turm wurde im 19. Jh. von der neuen Besitzerin Rosalia Freiin von Bonar gotisiert und mit Eckturm versehen.

Döllach, im Mölltal, nächst Heiligenblut, Ktn.

Schloß Großkirchheim. Ein wuchtiger Vierkantbau, den sich 1561 die Augsburger Gewerken Putz von Kirchheim-Egk errichten ließen. Er war bis 1809 als Verwaltungssitz des Goldbergbaues der Umgebung Eigentum verschiedener Adelsgeschlechter und stand dann fast eineinhalb Jahrhunderte leer. 1954 erwarb ein Kunsthändler das Gebäude und richtete in ihm ein Museum ein. Es ist das ganze Jahr ganztägig geöffnet.

Donawitz, westl. Leoben, Stmk.

Schloß Lorberau, Lorberauerstraße 21. Das von Beamten des Alpine-Montanbetriebes bewohnte Schlößchen mit zwei Ecktürmen erbaute sich wahrscheinlich Lorenz Lauriga, Soldat und Dolmetscher, der sich seit 1627 »von Lorberau« nennen durfte. Seine Nachfahren, bedeutende Eisenverleger in Leoben, ließen sich das Schlößchen zu seiner heutigen Gestalt umbauen. 1872 wurde Lorberau Besitz der Innerberger Hauptgewerkschaft, Vorläuferin der Alpine-Montanwerke.

Donnersbach, südöstl. Irdning, Stmk. Ein im 18. Jh. errichtetes Hammergewerkenschlößchen im Rokokostil, mit Uhrturm und Kapelle.

Donnerskirchen, nordöstl. Eisenstadt, Bgld. Edelhof der Esterházy aus dem 17. Jh. Heute als Repräsentationsbau mit historischen Weinkellern im Besitz einer Winzergenossenschaft.

Dorf a. d. Enns, nordwestl. Waidhofen, NÖ. Der im 17. Jh. auf mittelalterl. Bestand erbaute Edelhof ist im 19. Jh. durch Umbauten weitgehend verändert worden.

Dorff, bei Schlierbach, OÖ. Das Schloß, in einer Vorform schon im 14. Jh. als Eigen derer von Hayden nachgewiesen, befindet sich noch heute im Besitz dieser Familie.

Dorfheim, Sbg., → Saalfelden.

Dornegg, nordöstl. Deutschlandsberg, Stmk. Ein spätbarocker Bau, errichtet an der Stelle eines mittelalterl. Edelsitzes derer von Racknitz.

Dornhof, westl. St. Veit, Ktn. Zwei massive Ecktürme an der Südseite des Gebäudes mit angeschlossenem Wirtschaftshof weisen auf den Edelmannssitz des 16. Jh.

Dornhofen, bei Eggersdorf, nordöstl. Graz, Stmk. Ein weitläufiges Renaissanceschloß, das seine Glanzzeit nach 1746 unter dem Erzbischof von Wien, Kardinal Kollonitsch, erlebte. Als Kinder- und Fremdenheim verwendet.

Drasing, bei Krumpendorf, westl. Klagenfurt, Ktn. Ein Burgschloß des 16. Jh. mit schönem Arkadenhof. Der Turm mag der alte Bergfried einer früheren mittelalterl. Anlage gewesen sein. Pensionsbetrieb.

Draßburg, nordöstl. Mattersburg, Bgld. Im 17. Jh. unter dem Grafen Franz von Nádasdy errichtetes Schloß, dessen hufeisenförmiger Bau einen dreigeschossigen, turmartigen Teil umschließt, der noch in romanische Zeit zurückreicht. Arkadengänge, terrassenförmig angelegter Barockgarten mit Statuen der Musen. Durch Umbauten und Erneuerungen im 19. Jh. derzeit mehr Eindruck einer Prachtvilla als einer einstigen Wehrburg. Eigentum des Siegendorfer Zuckerfabrikanten Patzenhofer; wurde in ein Luxushotel umgebaut.

Draßendorf am Längsee, nordöstl. St. Veit a. d. Glan, Ktn. Das dreigeschossige, turmartige Gebäude gehörte im Mittelalter zum Benediktinerinnenkloster St. Georgen am Längsee und war als Lehen vom 15. bis ins 17. Jh. an die Herren von Wucherer vergeben. Nach Aufhebung des Klosters Besitz der Grafen Egger, heute als Privatpension in Verwendung.

Drauhofen, nordwestl. Spittal, Ktn. In dem vorbildlich restaurierten Renaissanceschloß mit noch gotischen Fensterleibungen ist heute eine landwirtschaftliche Schule untergebracht. Frühere Besitzer waren die Grafen von Attems und Herberstein.

Drosendorf, nördl. Horn, NÖ. Die im Mittelalter bekannte Feste wurde schon im 16. Jh. umgebaut. Das dreigeschossige heutige Stadtschloß erhielt 1694 seine jetzige Gestalt. 1945 wurden der Bau und die kostbare Innenausstattung schwer beschädigt (→ Burgenbuch), heute ist das Burgschloß wieder instand gesetzt.

Drösiedl, östl. Groß-Siegharts, NÖ. Dreigeschossiger, um einen quadratischen Hof angeordneter Renaissancebau mit zahlreichen gotischen und spätgotischen Details aus der früheren Burganlage. Drösiedl gehörte zur Herrschaft Kollmitz und war Besitz der engagierten Protestanten Frhr. von Hofkirchen, bevor es an das Stift Altenburg kam. Heute Privateigentum.

Droß, nördl. Krems, NÖ. Der um einen rechteckigen Renaissancehof angelegte Bau ist 1671 durch einen Großbrand weitgehend zerstört und 1726 mit starken Veränderungen wiederaufgebaut worden. Zu- und Anbauten auch noch in jüngster Zeit. Der gesamte Komplex wird von einer Ringmauer mit Ecktürmen umgeben. Besonders sehenswert ist die freistehende Schloßkapelle mit romanischen und frühgotischen Bauelementen, in der gotische Fresken entdeckt und freigelegt wurden.

Dürnkrut, nordöstl. Gänserndorf, NÖ. Der Renaissancebau vom Ende des 16. Jh. wurde über einer ehemaligen Kuenringerburg errichtet. Bauliche Zutaten und Erweiterungen im Barock und im 19. Jh.

Dürnstein, südwestl. Krems, NÖ.

Das *Schloß* am Nordrand des berühmten Wachauortes wurde von den Zelkingern um 1620 an der Stelle von zehn abgebrochenen gotischen Häusern erbaut. Es wird heute als Hotel geführt.

Das *Kellerschlößl,* 1714 am Südostrand des Ortes von Jakob Prandtauer für Propst Übelbacher errichtet, ist mit Deckengemälden, Fresken und Stukkaturen reizvoll ausgestattet. Heute Eigentum der Winzergenossenschaft »Wachau«.

Ebbs, nordöstl. Kufstein, Tirol.

Schloß Wagrein. Der spätmittelalterl. Ansitz der Herren von Ebbs stellt heute ein fast von Grund auf erneuertes Gebäude dar.

Ebelsberg, OÖ., → Linz.

Ebendorf, NÖ., → Mistelbach.

Ebenthal, südöstl. Klagenfurt, Ktn. Um 1567 »auf grünem Rasen«, also ohne Anschluß an ein früheres Gebäude, errichtet und seit 1704 im Besitz der Grafen Goëß, die es in vorbildlicher Weise erhalten. Das Schloß wurde 1764 durch Zubauten und Abtragen der Türme »theresianisiert« und diente der kais. Familie auf ihren Reisen nach dem Süden als Nächtigungsquartier. Zu den kunsthistorischen Sehenswürdigkeiten gehört die Ausschmückung der Innenräume aus dem 18. Jh.: im großen Saal ein berühmtes Deckengemälde und ein Freskenzyklus von J. F. Fromiller um 1740. Im Familiensaal eine Gemäldegalerie, meist mit Werken des Peter Kobler, Kammermaler Maria Theresias. Glas- und Porzellansammlung von Rang, reichhaltige Bibliothek.

Ebenthal, nordöstl. Gänserndorf, NÖ. Der stattliche Barockbau gehörte im 19. Jh. den Herzogen von Sachsen-Coburg. Nach schweren Kriegsschäden sucht man ihn jetzt zu revitalisieren.

Ebenzweier, OÖ., → Altmünster.

Ebergassing, südöstl. Wien, NÖ. Das ehemalige Renaissanceschloß des berühmten Protestantenführers Andreas von Thonradl wurde barockisiert und ging in den Besitz der Liechtenstein über. Nach 1945 wurde es zur Ruine. Sie liegt in einer weitläufigen, heute nicht zugänglichen Garten- und Parkanlage.

Eberschwang, südöstl. Ried i. Innkreis, OÖ. Ein 1712 vom Grafen Gottfried Wilhelm von Tattenbach-

Schloß Droß, NÖ.

Rheinstein an der Stelle eines Holzbaues errichtetes Schlößchen mit eigenartig biedermeierlichem Dach, das heute als Pfarrhof dient.

Eberstein, nordöstl. St. Veit, Ktn. Ursprünglich Renaissanceschloß der Welzer von Eberstein, zu Füßen der alten Burgruine gelegen. Im 19. Jh. ließ es der damalige Besitzer, einer der Grafen von Christallnigg, romantisch bzw. neugotisch und neuenglisch umbauen. 1940 als Erholungsheim restauriert, auch heute noch bewohnt.

Eberwein, Ktn., → Leifling.

Ebreichsdorf, NÖ., → Seite 53.

Eckartsau, NÖ., → Seite 44.

Eferding, OÖ., → Seite 97.

Egelsee, westl. Krems, NÖ.
Scheibenhof. Ein zweigeschossiger Bau des 16. Jh. mit quadratischen Ecktürmen an der Vorderfront und kleineren Türmen an der Hinterseite. Ein Besitz mit rasch wechselnden Herren.

Eggenberg, Stmk., → Seite 102.

Eggendorf im Traunkreis, südöstl. Wels, OÖ. Das Landschloß des 16. Jh. mit Laubenbögen und einer barocken Schloßkapelle wird seit 1885 von den (Freiherrn) Fischer (von) Ankern bewohnt.

Ehrenbichl, nördl. Klagenfurt, Ktn. Zweigeschossiger Bau des 17. Jh. mit hochaufragendem Walmdach. Ursprünglich mit Ecktürmchen, die bei einer zeitgemäßen Umgestaltung im 18. Jh. abgetragen wurden. Bewohnt.

Ehrenhausen, Stmk., → Seite 104.

Ehrnau, Stmk., → Mautern.

Ehrnegg, nordöstl. Griffen, Ktn. Eine Inschrift mit der Jahreszahl 1586 in der Halle des Erdgeschosses weist Eberhard Erdtl von Hainstadt, bambergischer Pfleger zu Weissenegg, als Bauherrn des dreigeschossigen Schlosses aus. Vier voneinander verschiedene Ecktürme und Doppelfenster in den Geschossen akzentuieren das mächtige, noch mit turmbewehrter Mauer umgebene Gebäude. Ehrnegg war im 17. Jh. Besitz der Grafen Attems, im 18. Jh. der Grafen Dietrichstein und Christalnigg, im 19. Jh. der Grafen Egger und Freiherrn von Helldorf. Seit 1961 ist das während des Zweiten Weltkrieges vernachlässigte Schloß bürgerlicher Besitz.

Eibiswald, südl. Deutschlandsberg, Stmk. Das nach einem Brand 1575 wiedererrichtete »gesloss Eyweswald« ist in späterer Zeit mehrfach umgebaut worden und bietet sich heute als mächtige dreigeschossige Vierflügelanlage um einen dreiseitigen, dreigeschossigen Säulenarkadenhof dar. Der ursprünglich landesfürstliche Besitz, im 17. Jh. Eigentum der Freiherrn von Eibiswald, nach ihnen der Grafen von Schrottenbach und auch der Herberstein, wurde im 19. Jh. geistliches Knabeninternat. Seit 1953 ist das Gebäude als Landesberufsschule in Verwendung.

Eichberg, nördl. Hartberg, Stmk. Die einst mächtige Feste Eichberg (→ Burgenbuch), im 17. Jh. von den Steinpeiß zum Schloß erweitert, wurde 1945 Ruine. Das dreigeschossige Hochschloß um einen engen Hof verfällt, die Vorburg ist völlig zerstört.

Eichbüchl, südöstl. Wiener Neustadt, NÖ. In der Halle der neugotisch stilisierten Burg Eichbüchl (→ Burgenbuch) sind die alten Wappen der einstigen Burgherren angebracht: das des Georg Hochkirchen, Rat Kaiser Maximilians I., und das des Hans Hochkirchen, des letzten aus dem Geschlecht«, er starb 1571 auf Eichbüchl. Das mehrmals außen und innen umgestaltete Schloß, heute Privatbesitz, bewohnten im 19. Jh. Caroline Murat, Ex-Königin von Neapel, die Herzogin von Angoulême, Gemahlin des bourbonischen Kronprätendenten, der sich »Ludwig XIX.« nannte, und ein Südfrüchtegroßhändler. 1906 ließ ein Chinaseidenimporteur Eichbüchl in seine heutige Gestalt bringen. Kurzfristig bewohnten das Schloß vor dem Zweiten Weltkrieg Oberst Erwin Rommel, der spätere Feldmarschall, nach dem Krieg zwei Wochen lang Staatskanzler Dr. Karl Renner, der spätere österreichische Bundespräsident.

Einödberg, Sbg., → Mittersill.

Eisenerz, nordwestl. Leoben, Stmk.
Schloß Geyeregg. Ein bewohntes Gewerkenschlößchen des 17. Jh. mit Turm und teilweise noch erhaltenem zeitgenössischem Innendekor.
Kammerhof, Schulstraße 1. Im 16. Jh. Sitz des kaiserlichen Amtmannes, im 17. des Kammergrafen, eines der höchsten Beamten der Stmk. Das nüchterne Wohn- und Verwaltungsgebäude von heute war im 17. Jh. ein ansehnlicher, von Neben- und Vorbauten umschlossener viergeschossiger Komplex mit Hauskapelle. Kaiser Franz Joseph I. ließ den Kammerhof zum Jagdschloß umbauen.

Eisenstadt, Bgld.
Schloß → Seite 38. *Gloriette-Schlößchen.* Oberhalb der Stadt in dem einst weltbekannten Schloßpark der Esterházy gelegen. Ein klassizistischer Bau, der nach den Verwüstungen von 1945 zur Jugendherberge ausgebaut wurde.

Els, nordwestl. Krems, NÖ. Kleines Jagdschlößchen, um 1800 erbaut.

Elsbethen, südl. Stadt Salzburg.
Schloß Goldenstein. Im 15. Jh. ein Haunspergersitz, später Eigen verschiedener Geschlechter. Vom Stift St. Peter zu Salzburg erwarben es 1877 die Augustinerchorfrauen aus Rastatt. Sie richteten in dem auffallenden, sechs Stock hohen Bau mit Türmchen eine Mädchenschule und ein Internat ein.

Emmersdorf, bei Wölfnitz, nördl. Klagenfurt, Ktn. Der langgestreckte, einfache Schloßbau des 16. Jh. wurde im 17. Jh. und später umgestaltet und stark verändert.

Emmersdorf, nördl. Melk, NÖ.

Schloß Rothenhof (Roter Hof). Das im 19. Jh. gänzlich umgestaltete Schlößchen des 16. Jh. mit einem hohen Nordturm und einem kleinen, jedoch älteren Turm im Süden ist Nachfolgebau einer wahrscheinlich landesfürstlichen Burg in diesem Mautort der Wachau. Bauherrn des alten Schlosses waren die Grafen Hoyos, Bauherr des Gebäudes aus dem 19. Jh. ein Wiener Bildhauer namens Johann Hutter.

Ennsegg, in Enns, OÖ. Mächtiges Schloß des 16. Jh., neben einer der ältesten Burgen Österreichs, der alten Ennsburg, gelegen. Ennsegg kam durch Heirat in den Besitz der Trautson und 1744, ebenfalls durch Heirat, an die Grafen von Auersperg, später an die Fürstenberg u. a. Napoleon nächtigte hier während seines Eroberungszuges 1809; ein Jahr später war das Schloß Nachtquartier seiner Braut Maria Louise auf ihrer Fahrt nach Paris. 1945 ging ein Großteil der kostbaren Inneneinrichtung verloren: Zu den erhalten gebliebenen Sehenswürdigkeiten zählen ein Keramikofen im Renaissancestil, Wappen und die Stuckdekoration der Schloßkapelle.

Enzersdorf im Thale, östl. Hollabrunn, NÖ. Nur Teile des einstigen Barockschlosses sind erhalten, wurden restauriert und sind bewohnt. Das Schloß liegt an einer früher bedeutenden Verkehrsstraße nach Böhmen und spielte in der Reformationszeit als Mittelpunkt einer protestantischen Gemeinde eine wichtige Rolle.

Enzesfeld, südl. Baden, NÖ. Die noch mit dem alten Bergfried der Burg Enzesfeld (→ Burgenbuch) versehene, hufeisenförmige zweigeschossige Anlage entstand durch Um- und Zubauten im 18. Jh. Seit 1880 war Enzesfeld Eigentum der Barone Rothschild, die das Schloß mit z. T. wertvollen Bauteilen und Einrichtungsgegenständen ausstatten ließen. Die Kassettendecke des Speisesaales und Wandvertäfelungen stammen aus dem Rittersaal der Burg Engelstein (→ Burgenbuch) im Waldviertel. Der 1945 devastierte Besitz fiel 1946 an die (Barone) Pantz.

Eppenstein, südöstl. Judenburg, Stmk. Unterhalb der historisch wie baugeschichtlich interessanten Ruine Eppenstein (→ Burgenbuch) entstand aus einem erweiterten Meierhof 1583 das Schloß *Neu-Eppenstein,* das mit zugehöriger Herrschaft im 17. Jh. an die Grafen Sidenitsch in Farrach (→) kam. Im 19. Jh. erwarben die Seßler-Herzlingen den Besitz.

Erb, östl. Mattighofen, OÖ. Freundliches, 1939 restauriertes Schlößchen des 17. Jh., mit Türmchen, Rittersaal und Kapelle, an der Straße zum Kobernaußerwald gelegen. Privatbesitz.

Erko, nächst Nestelbach bei Graz, Stmk. Schloßartiges Landhaus aus dem 19. Jh.

Erla, östl. Enns, NÖ. Als 1835 der seit 1782 vom Religionsfonds verwaltete Besitz der Benediktinerabtei Erla — sie war 1130 gegründet worden — in private Hand kam, gestaltete man das Konventgebäude, einen Vierflügelbau um einen Hof mit dem ehemaligen Kreuzgang, schloßartig um. Die Trakte mit einstigem Kapitelsaal und Nonnenchor zeigen z. T. noch Architektur des 16. Jh. Südlich des Schlosses liegen die ehemaligen Wirtschaftsgebäude.

Erlangshof, bei Losau, nordwestl. Melk, NÖ. Ein auf mittelalterl. Grundmauern errichteter Edelhof des 17. Jh., seit 1969 Pension.

Ernegg, bei Steinakirchen am Forst, nordwestl. Scheibbs, NÖ. Über einer mittelalterl. Burg errichtetes Renaissanceschloß, das den wehrhaften Charakter einer Feste in einsamer Umgebung behalten hat. Seit 1656 im Besitz der Grafen von Auersperg, heute als Hotel geführt. Turm und Tore, Innenhof, Wendeltreppe und manche historische Einrichtungsgegenstände erinnern an die glanzvolle Vergangenheit des prächtigen Schlosses.

Ernstbrunn, NÖ., → Seite 59.

Eschelberg, nordwestl. Linz, OÖ. Das Burgschloß Eschelberg (→ Burgenbuch) in seiner heutigen Gestalt mit Vorburg und Hochschloß entstand zwischen 1598 und 1600 unter den Herren von Gera aus Kärnten, die den Besitz als Passauer Lehen von den Traun erworben hatten. 1647 kaufte Konrad Balthasar von Starhemberg die Herrschaft von Erasmus II. von Gera, der als protestantischer Wortführer 1619 gefangengesetzt worden war. Ein noch heute starhembergisches Schloß, in dem nach 1945 Flüchtlinge untergebracht waren.

Etzelsdorf, westl. Wels, OÖ. Bescheidener, in der Nähe einer älteren Anlage errichteter Bau des 17. Jh.

Eybesfeld, nördl. Leibnitz, Stmk. Um 1720 erbauter Edelsitz, Nachfolgebau einer älteren Anlage. Im Besitz der gleichnamigen Familie.

Falkenberg, nordwestl. Klagenfurt, Ktn. Ein im 17. Jh. zum Schlößchen ausgebautes Bauernanwesen.

Falkenburg, Stmk., → Irdning.

Farrach, nordöstl. Judenburg, Stmk. Ein Edelmannssitz des 16. Jh., Besitz der Teufenbacher, zu dem einst Mühle, Meierei, Sägewerk und eine Forellenfischerei gehörten. 1724 ist im Garten auch ein Gewächshaus für exotische Pflanzen aufgestellt worden. 1739 erwarb Georg Josef Graf Sidenitsch den Besitz und machte das Schloß zum Verwaltungsgebäude seiner Herrschaften Eppenstein, Weißenthurn, zu denen auch Reifenstein, Rosenbach, Spielberg, Offenburg und Gustersheim kamen.

Faustschlößl, gegenüber Aschach, OÖ. Ein von der Bevölkerung als Schloß bezeichneter, moderner Betonbau, bis vor kurzem Hotel.

Feilhofen, bei Deutschlandsberg, Stmk. Das langgestreckte, einfache Schlößchen des 18. Jh. soll ehemals der Meierhof der Burg Deutschlandsberg gewesen sein. Später gehörte es zu Schloß Hollenegg, heute im Besitz der Familie Liechtenstein.

Feistritz, südwestl. Mürzzuschlag, Stmk. Über einem ursprüngl. bäuerlichen Anwesen im 18. Jh. ausgebautes Schlößchen im Park mit Turm und Portika, im 19. Jh. dem Zeitgeschmack entsprechend modernisiert. Gehörte den Grafen Taaffe und Attems, heute bürgerlicher Privatbesitz.

Feistritz am Kammersberg, nördl. Murau, Stmk. Ursprünglicher Wehrhof, der im 16. Jh. zum Schloß ausgebaut wurde. Der quadratische Bau mit gedrungenem Eckturm hat den wehrhaften Charakter bewahrt. Sehenswert u. a. die Ende 15. Jh. errichtete Schloßkapelle und die hölzerne Kassettendecke des großen Saals aus dem 17. Jh. 1913 wurde das Schloß von Erzhz. Karl, dem späteren Kaiser Karl I., erworben. Heute Eigentum des Landes Steiermark und Sitz einer Außenstelle des steirischen Volksbildungswerkes.

Feistritz im Rosental, südwestl. Klagenfurt, Ktn. Ein heute völlig modernisierter, zweistöckiger Bau des 18. Jh. Der kaiserl. Rat Freiherr von Rottal, Geldgeber Friedrichs III. und Maximilians I., war der Erbauer der ersten, um 1500 errichteten Anlage. Nach Besitzwechsel Gewerkensitz. Während der Kämpfe im Jahre 1813 brannte das Schloß aus, wurde bald wiederaufgebaut und ist heute in privater Hand.

Feldegg, bei Pram, westl. Grieskirchen, OÖ. Das steildachige Schloß in gepflegter Parkanlage geht auf einen Neubau des späten 16. Jh. zurück. Häufiger Besitzwechsel, u. a. Eigentum der Pilch, Pranck, de Roo. Im 20. Jh. Besitz des Schriftstellers Alfred Walcher. Die Anlage wird vom jetzigen Besitzer vorbildlich gepflegt.

Felling, nordwestl. Krems, NÖ. Landschlößchen des 16. Jh., im 18. Jh. restauriert.

Fels am Wagram, nordwestl. Tulln, NÖ. Einstöckiger, zweiflügeliger Bau des 17. Jh., über einer alten Anlage des 12. Jh. errichtet.

Feyregg, bei Bad Hall, westl. Steyr, OÖ. Das mittelalterl. Schloß des 12. Jh. (ursprüngl »Feuereck«) wurde 1631 klösterlicher Besitz. Im 18. Jh. erweiterte es der Linzer Barockbaumeister Johann Michael Prunner. Einige Trakte sind heute als Hotel eingerichtet.

Fieberbrunn, südöstl. St. Johann in Tirol. Die beiden Hotel- und Gasthof-Schlößchen sind Bauten des 16. und 17. Jh.

Alt-Roseneck mit hohem Walmdach und dreigeschossigen Eckerkern war ein Sitz des Gewerken Hans Rosenberger, 1553.

Neu-Roseneck, erst 1634 über einer älteren Anlage entstanden, besitzt im Erdgeschoß einen Saal mit Kreuzgewölben auf spätgotischen Pfeilern.

Finkenegg, östl. Wildon, Stmk. Ein im 17. Jh. von Wolf Simon von Finkeneis schloßartig erweiterter Gutshof. Später Besitz der Gallenstein, Breuner und des Grazer Jesuitenkollegiums. Im 19. Jh. mit zwei Ecktürmen versehen und verändert. Mehrfacher Besitzwechsel.

Finkenstein, Ktn., → Neu-Finkenstein.

Fischhorn, südöstl. Zell a. See, Sbg. Das ehemalige Schloß, 1273—1806 im Besitz der Chiemseer Bischöfe, ist in den Bauernkriegen zerstört und bald wiederaufgebaut worden. 1862 wurde Fischhorn Eigentum der Fürstin Sophie Löwenstein, einer geb. Liechtenstein, die es vom Ringstraßenbaumeister Friedrich Schmidt im neugotischen Burgenstil verändern ließ. Heute Privatbesitz.

Fischlham, südwestl. Wels, OÖ.

Schloß Bernau (Pernau). Das Wasserschloß des 16. Jh. wurde 1609 durch Brand zerstört, wiederaufgebaut und 1732 barockisiert. Trotz der baulichen Veränderungen hat der mächtige Bau mit seinen Rundtürmen das wehrhafte Aussehen bewahrt. Im Mittelalter Eigentum der Pernauer, dann der Jörger, Eyselsberg, Gabelkoven u. a. Heute Besitz der Familie Hatschek.

Flamhof bei St. Nikola im Sausal, nordwestl. Leibnitz, Stmk. Ehemaliges Jagdschlößchen, auf älterer Anlage errichtet. Der barocke Bau wurde mehrfach umgestaltet, besitzt aber noch interessante historische Details.

Flauring, südöstl. Telfs, Tirol.

Ris-Schlößchen. Ursprünglich landesfürstliches Jagdschlößchen des späten 15. Jh., zum Pfarrhof umgebaut. Die danebenstehende Riskapelle, 1510 erbaut, enthält trotz radikaler Umgestaltung im 19. Jh. noch einige kunsthistorische Kostbarkeiten: Flügelaltar, Tafelgemälde, Wappensteine.

Forstern, nordwestl. Mauerkirchen, OÖ. Einzelstehendes kleines, jedoch hohes dreigeschossiges, fast noch im ursprünglichen Zustand befindliches ehemaliges Wasserschloß des 16. Jh., mit Zinnen, Pechnasen und Wohnerkern. Forstern ist in Oberösterreich das einzige derartige noch bewohnte spätmittelalterl. »Hochhaus«.

Frankenstein, bei St. Georgen am Weinberge, westl. Völkermarkt, Ktn. Renaissancebau mit Wirtschaftshof. In den Franzosenkriegen durch Brand verwüstet und wiederaufgebaut.

Frauenstein, nordöstl. Braunau, OÖ. Torso einer einst ausgedehnten Burgschloß-Anlage des 16. Jh. Heute Rasthaus und Landwirtschaft.

Frauenthal, östl. Deutschlandsberg, Stmk. Ein Adelssitz derer von Racknitz, 1542 entstanden, unter den Grafen Zehentner zum Vierflügelbau um einen Arkadenhof 1675 erweitert. Die zweigeschossige Kapelle enthält Stukkaturen der Serenio-Schule, 1680. Die Anlage zu Füßen des Ulrichsberges befindet sich in einem weitläufigen Park mit Teichen und ist seit 1820 Liechtensteinscher Besitz.

Frauenthal, östl. Deutschlandsberg, Stmk. Das »Frauenthal-Schlößchen« nächst der Bahnstation ist ein einfacher, gut erhaltener Vierkantbau des 18. Jh. mit Uhr- und Glockentürmchen.

Frauheim, bei Ragnitz, nordöstl. Leibnitz, Stmk. Vierflügeliges Schloß des 16. Jh. mit Arkadenhof, Ecktürmen und interessanten historischen Details, das um 1730 barockisiert wurde. Seit 1685 im Besitz der (Freiherrn von) Kellersperg.

Freiberg, nordwestl. Gleisdorf, Stmk. Hochgelegene mittelalterl. Wehranlage, die 1640 unter den Grafen Kollonitsch zum Schloß ausgebaut wurde. Unter Kardinal Siegmund Graf Kollonitsch, Erzb. von Wien, erhielt es 1747 die heutige Gestalt.
In den letzten Jahren versuchte man dem drohenden Verfall durch Restaurierungsarbeiten zu steuern. Die Errichtung eines Museums für Kultursoziologie und Rechtsgeschichte erscheint gefährdet.

Freibüchl (Freybühel), nördl. Leibnitz, Stmk. Im 17. Jh. zur heutigen Vierflügelanlage mit zweigeschossigen Laubengängen ausgebautes Schloß mit Ecktürmen, Uhrturm und historischer Einrichtung. Besitz der Saurau, Stubenberg, Khuenburg u. a. Heute Eigentum der (Grafen) Enffans d'Avernas.

Freienstein, Stmk., → St. Peter-Freienstein.

Freienturm, NÖ., → Schwechat.

Freiling (Freyling), westl. Traun, OÖ. Vom einst weiträumigen, mächtigen Wasserschloß — es wurde im September 1862 durch einen Brand zerstört — blieb nur ein einstöckiges Gebäude mit Uhrturm erhalten. In Freiling befand sich nach Berichten aus dem 19. Jh. einst eine ansehnliche Bildergalerie. Die Herrschaft war bis 1669 Eigentum des Geschlechtes der Schifer, kam dann an die Grafen Sinzendorf. Nach der Verurteilung des Hofkammerpräsidenten Georg Ludwig Graf Sinzendorf wurde er enteignet (→ Walpersdorf). Das Schloß war kurze Zeit auch Aufenthaltsort von Franz von Lothringen, dem späteren Gemahl Maria Theresias.

Frein (Freyn), nordwestl. Vöcklabruck, OÖ. Ehemaliges Wasserschloß, von dem nur mehr ein Gebäudeteil erhalten ist. — Anfang 17. Jh. wurde das Schloß von den protestantischen Ständen besetzt. 1626 verkaufte Kaiser Ferdinand II. den beschlagnahmten Besitz an die Grafen Khevenhüller, die es später mit ihren Besitzungen Kogl, Kammer und Frankenburg vereinigten. Heute Sitz einer Forstverwaltung.

Freudenberg, nordöstl. Klagenfurt, Ktn. Ein Gebäudekomplex mit altem Teil aus dem 16. und neuerem aus dem 18. Jh. Dem einfachen Renaissanceschloß wurde ein klassizistischer Trakt vorgebaut. Weitere Zubauten im 19. Jh. Häufiger Besitzwechsel.

Schloß Frohsdorf, NÖ.

Freydegg, südöstl. Amstetten, NÖ. Das heute unansehnliche Gebäude ist der Restbestand eines der schönsten Renaissanceschlösser Österreichs, das im 16. Jh. auf alten Beständen errichtet wurde. Ursprünglich Eigen der Zelkinger, 1452 Besitz des Hans Streun von Schwarzenau, wurde die Anlage von dessen Nachkommen Richard Frh. Streun von Schwarzenau 1575—1594 zum Prunkschloß für seine Sammlungen ausgebaut. Er war Diplomat und Wissenschaftler am Hof Maximilians II. und sammelte wie seine Zeitgenossen Ferdinand von Tirol und Rudolf II. Schriften, Gemälde, Altertümer Ägyptens und Indiens u. a. m. Nach häufigem Besitzwechsel Eigentum der Starhemberg. Von dem einstigen Prachtbau ist nur mehr der Vorbau mit dem Torturm erhalten.

Fridau, NÖ., → Obergrafendorf.

Friedhofen, Stmk., → St. Peter-Freienstein.

Friedstein, bei Stainach, südwestl. Liezen, Stmk. Der sehr gut erhaltene, imposante Bau ist um 1600 über einer mittelalterl. Anlage als Renaissanceschloß ausgebaut worden und war Sitz der Stainacher. Zubauten und Erneuerungen vom 17. bis zum 19. Jh. unter den Grafen Saurau. Im 19. Jh. ging das Schloß an das Geschlecht der Hohenlohe-Schillingsfürst über, die es noch heute besitzen und liebevoll pflegen. Gediegene historische Ausstattung und kostbare Inneneinrichtung.

Frohnleiten, nordwestl. Graz, Stmk. *Gut Ruhefeld.* Kleines Schlößchen an der Mur, um 1780 erbaut. Eigentum der Mayr-Melnhof.

Frohsdorf, südl. Wr. Neustadt, NÖ. Unter den Grafen Hoyos, die das Wasserschloß nach den protestantischen Herren von Teufel übernommen hatten, entstand das neue, angeblich von Fischer von Erlach erbaute Barockschloß, ein dreigeschossiger Bau mit Schloßkapelle und prächtigen Gartenanlagen. Im 19. Jh. war Frohsdorf Sitz der französ. Exilregierung,

Wohnsitz von Marie Therese, der Tochter Marie Antoinettes und ihres Neffen, des Herzogs von Chambord. Nach Ansicht der Königspartei besaß die Familie rechtmäßige Ansprüche auf den französischen Thron. Als Erinnerungsstücke bewahrte man in Frohsdorf den blutbespritzten Spitzenkragen Ludwigs XVI., ein durchschossenes Porträt Maria Antoinettes u. a. m. auf. Die Großnichte der »alten Königin«, Marie Therese, Herzogin von Parma, heiratete hier den spanischen Kronprätendenten Don Carlos, der den Besitz seinem Sohn Jaime vererbte. 1938 wurde Frohsdorf an die deutsche Reichspostverwaltung verkauft, 1955 im Rückstellungsverfahren an die österreichische Post- und Telegraphendirektion übergeben, die hier eine Schule für Fernmeldetechnik einrichtete.

Fronsburg, nordöstl. Horn, NÖ. Die ehemalige Burg des 13. Jh. wurde in den Hussitenkriegen verwüstet. Unter Verwendung alter Bestände entstand im 16. Jh. ein um zwei Höfe gelagerter Renaissancebau, als Schloß der Khevenhüller-Metsch im 18. Jh. barockisiert und im 19. Jh. weitgehend restauriert und neugotisch ausgestaltet. Sehenswert sind die zweistöckigen Arkaden des einen Hofes, Teile der alten Befestigungsanlage, die Schloßkapelle mit Rundturm und einige aus dem 18. Jh. stammende Einrichtungsgegenstände.

Fügen, im Zillertal, Tirol. Ein vierflügeliges Barockschloß der Grafen Fueger mit Innenhof und zwei haubenbedeckten Türmen, 1695 bis 1702 errichtet. Der Bau wurde als Fabriksanlage verwendet und beherbergt heute ein Knabenseminar.

Fünfkirchen, nördl. Poysdorf, NÖ. Das 1602 an der böhmischen Grenze über altem Bestand errichtete Schloß im fünf Hektar großen Parkgelände ist ein zweigeschossiger Bau mit quadratischen Ecktürmchen und starkem, wehrhaftem Mauerwerk. 1805 wurden Bastionen und Wassergraben eingeebnet, und man baute das Gebäude um. 1945 ist Fünfkirchen geplündert

Schloß Fuschl, Sbg.

worden, die alte Einrichtung ging verloren, doch befindet sich der Bau in gutem Zustand.

Fünfturm, bei Tillmitsch, nordwestl. Leibnitz, Stmk. Ein vornehmer, schloßartiger Bau aus der Mitte des 19. Jh., möglicherweise auf dem Grund eines früheren Jagdschlosses der Salzburger Erzbischöfe (Inschriftentafel) errichtet.

Fuschl am gleichnamigen See, östl. Stadt Salzburg. Die Erbauungszeit des turmartigen Schlosses mit drei flachen Erkern ist nicht bekannt. Als »Herrenhaus am Fuschlsee« diente es Erzbischof Matthäus Lang bei Hofjagden. Nach der Säkularisation des Erzbistums wurde Fuschl Privatbesitz. Alfred von Erl erneuerte den halbverfallenen Bau und stattete ihn mit zum Teil wertvollem Mobiliar aus. Nach 1938 Eigentum des damaligen Reichsaußenministers von Ribbentrop, diente das Schloß mehrfach als geheimer Konferenzort. Nach 1958 ließ Konsul C. A. Vogl den Besitz als Gästehaus und Luxushotel ausbauen.

Gabelhofen (Gabelkhofen), südl. Fohnsdorf, Stmk. Das Burgschloß des 16. Jh. (→ auch Burgenbuch) mit noch erhaltenen Befestigungsanlagen und mächtigem, barockisiertem Torturm ist heute Eigentum der Österreichischen Montan-AG. Es wurde restauriert und als Erholungsheim adaptiert.

Gainfarn, bei Bad Vöslau, NÖ. Ein 1816 entstandener, klassizistischer Bau mit Säulenvorbau. Heute Forstschule.

Gallspach, südl Grieskirchen, OÖ. Das auf alten Beständen errichtete Wasserschloß entstand um 1600. Die vierflügelige Anlage schließt einen rechteckigen Hof mit Laubengängen ein. Besitz der Kuefstein, dann der Freiherrn von Hohenegg. 1912 von Valentin Zeileis erworben, ist das Schloß heute Teil des Kurzentrums und des strahlenphysikalischen Instituts unter der Leitung seines Sohnes.

Gaming, südwestl. Scheibbs, NÖ. Graf Albert Festetis de Tolna ließ nach 1825 Bibliothek und Speisezimmer des 1782 aufgelösten Kartäuserklosters erneuern und sich die ehemalige »Rüstkammer« im Wirtschaftshof des Komplexes zum Schloß ausbauen. Der zweigeschossige Kastenbau diente vor dem letzten Krieg als Jugendherberge, 1945 wurde er verwüstet. Heute bewohnt und für museale Zwecke benützt.

Gamlitz, südl. Leibnitz, Stmk. Nach einem Brand im 17. Jh. barockisiertes Schloß aus dem 16. Jh. Die Wehrmauern wurden im 19. Jh. eingeebnet. Heute im Besitz einer Weinkellerei.

Gänserndorf, nordöstl. Wien, NÖ. Das *Rathaus* der Stadt, das auf einfaches, dreigeschossiges Schloß des frühen 16. Jh. zurückgeht, war Herrschaftshaus der Freiherrn von Schönkirchen und später der Fürsten Pálffy.

Gartenau, südl. Stadt Salzburg. Dem langgestreckten rechteckigen Schloß ist ein niederes Wirtschaftsgebäude vorgebaut. An der Außenseite befindet sich ein Wappenstein der Panichner, 1495, über dem Eingang im Hof Wappen der Belasy und Thannhausen: »Herr Jacob Khuen zu Liechtenberg geboren des Erczstiffts Salczburg Rath und Landhaubtmann, Pfleger zu Mittersill und Muhldorf zwar im 1570 Jahr. Der edl und gestreng Ritter werdt sambt seinem geliebten Gmachel geert Frauen Elisabeth Freyin von Thanhausen haben dis Schloß Gartenaw innen und außen mit großen Kosten erpaut von Grundt geziert erhochet erweittert und Gott geb inen und ir baider Stamen auch uns allen seinen Segen. Amen.« Jakob Belasy, Bruder des damals regierenden Salzburger Erzbischofs, hatte den südlich gelegenen Trakt errichtet, der nördliche entstand erst um 1800. Gartenau geht auf einen Hof »Kattenowe«, auch »Gatenau«, des 13. und 14. Jh. zurück. Im ersten Stockwerk haben sich Freskenreste des Vorgängerbaues erhalten. Auch sonst sind in den Räumen des kleinen Schlosses mit großer Schloßkapelle spätgotische Details zu finden. Gartenau ist Eigentum der Besitzer des unweit gelegenen großen Zementwerkes.

Gattendorf, nordöstl. Neusiedl a. See, Bgld. Das *Alte Schloß.* Wuchtige Anlage, im Kern auf das 17. Jh. zurückgehend, im 18. Jh. umgebaut. Der an der Straße gelegene Bau ist im letzten Krieg schwer beschädigt und jahrelang als Speicher verwendet worden. Jetzt restaurierter Privatbesitz. Auch das *Neue Schloß,* ein Barockbau, wird von privater Seite vor seinem Verfall bewahrt.

Gayenhofen, Vlbg., → Bludenz.

Gerasdorf am Steinfeld, nördl. Neunkirchen, NÖ. Die heutige Strafanstalt steht an der Stelle einer einst bedeutenden, über mittelalterl. Beständen errichteten Schloßanlage des 19. Jh. Eine 3 m hohe Mauer umschließt jetzt den vormals wichtigen Herrschaftssitz an der steirischen Grenze. Keine Besichtigungsmöglichkeit.

Geyeregg, Stmk., → Eisenerz.

Gilgenberg, nordöstl. Dobersberg, NÖ. Nach dem Verfall der ursprüngl. Bergfeste im 16. Jh. Bau eines großen Renaissanceschlosses, das im 17. Jh. barockisiert wurde. Rustikaler, einfacher Bau mit Zwiebeltürmchen. Ursprünglich Sitz der Eytzing und Puchheim.

Ginselsberg, NÖ., → Scheibbs.

Glanegg, bei Stadt Salzburg. Einstige Grenzburg gegen Berchtesgaden, unter Erzbischof Leonhart von Keutschach zum Schloß ausgebaut (→ auch Burgenbuch).

Glaswein, östl. Hollabrunn, NÖ. Großangelegtes Jagdschloß, 1762 unter Wenzel Graf von Sinzendorf erbaut. Die kilometerweit von Wald umgebene Anlage schließt einen Hof ein. Mit hohem Walmdach, vielfenstriger Gartenfassade, Steintreppe und Portal ein schönes Beispiel barocker Baukunst in Niederösterreich. Dem Volksmund nach erinnert der Name an eine Wette um ein Glas Wein, die zum Bau des Schlosses führte. Die Anlage ist gepflegt und wird bewohnt.

Gleinstätten, südwestl. Leibnitz, Stmk. Der dreigeschossige vierflügelige Bau um einen quadratischen Arkadenhof mit von barocken Zwiebelhelmen bekrönten Ecktürmen, einst repräsentatives Renaissance-Wasserschloß aus dem 16. und 17. Jh., war Sitz der Zeller, der Zehentner, der Khuenburg u. a. Die heute völlig verfallene Anlage ist in privater Hand, die Kosten der Restaurierung sind mit 6 Millionen Schilling veranschlagt.

Gloggnitz, südwestl. Neunkirchen, NÖ. Der im 16. Jh. mit Bastionen und Torbauten befestigte und im 18. Jh. umgebaute und erweiterte Gebäudekomplex des Benediktinerklosters — um 1084 von den Mönchen des Mutterklosters Formbach am Inn begründet — wurde mit seinem Grundbesitz nach 1825 Privateigentum. Im Hof mit vermauerten zweigeschossigen Lauben steht die Pfarrkirche Maria Schnee.

Gmünd, Ktn., → Seite 130.

Gmünd, nordwestl. Weitra, NÖ. Nur wenige Details zeugen in dem von Ämtern und Mietparteien belegten Haus vom ehemaligen Bestand einer Burg der Kuenring, Liechtenstein und Puchheim und dem späteren Schloß des 16. Jh. Der Bau steht auf dem Hauptplatz der Stadt und ist seit 1859 habsburgisch-lothringischer Familienbesitz (→ auch Burgenbuch).

Gmunden, OÖ.
Ehemaliger *Freisitz Weyer,* Freygasse Nr. 27. Eine mehrfach umgestaltete Anlage des 16. Jh. mit Stuckverzierungen aus dem 17. Jh.

Gneisenau, bei Kleinzell im Mühlkreis, OÖ. Ein bis auf den massigen Torturm mit Barockhelm und den Laubengängen im Hof völlig verändertes Wasserschloß des 16. und 17. Jh. Heute Altersheim.

Gneixendorf, NÖ., → Krems.

Gobelsburg, nordöstl. Krems, NÖ. Das unter Achaz Ehrenreich von Hohenfeld 1725 über einer älteren Anlage erbaute Barockschloß, auch »Ehrenreichschloß« genannt, liegt im fruchtbaren Weinland. Es diente als Jagdschloß und wurde 1746 Gutshof des Stiftes Zwettl. In dem z. T. noch mit Stukkaturen und kostbaren Kachelöfen ausgestatteten Räumen — das Prunkzimmer im ersten Stock zeigt Deckenmalereien, die Kapelle Gemälde des Kremser Schmidt — ist eine Außenstelle des Wiener Volkskundemuseums untergebracht. Sammlung »Altösterreichische Volks-Majolika« des 16. bis 19. Jh. und Sonderausstellung des Volkskundemuseums. Besichtigung April bis Oktober täglich, außer Mo., 9—17 Uhr. Keine Führungen.

Goldburg, NÖ., → Murstetten.

Goldegg, südwestl. Bischofshofen, Sbg.

Mächtiges Burgschloß, das den wehrhaften Charakter der mittelalterl. Feste bewahrt hat. Besitztum der Grafen von Schernberg, der Grafen Galen, schließlich des Erzstiftes Salzburg, das es 1972 an die Gemeinde Goldegg verkaufte. Das Schloß mit dem histor. Rittersaal ist heute Sitz des Pongauer Heimatmuseums. Zu den Ausstellungsobjekten gehören ein bedeutender Gemäldezyklus profaner Renaissancemalerei und eine interessante Ortsdarstellung aus dem Jahr 1536 (→ auch Burgenbuch).

Goldegg, nordwestl. St. Pölten, NÖ. Große Schloßburg im Dunkelsteiner Wald, deren Geschichte bis ins 13. Jh. zurückreicht. Die gotische Feste der Goldegger kam an der Wende zur Neuzeit in den Besitz der Enenkel, die sie zum Schloß erweiterten. Umfassende Um- und Zubauten im 17. Jh. unter den Trautson. Heute im Besitz der Auersperg, die den 1945 schwer beschädigten Komplex durch sorgfältige Restaurierungen wieder instand setzten (→ auch Burgenbuch).

Goldenstein, Sbg., → Elsbethen.

Göllersdorf, südl. Hollabrunn, NÖ. Der um 1500 erbaute Sitz der Herren von Puchheim war im 16./17. Jh. eines der Zentren des protestantischen Adels in Niederösterreich. Im April 1632 fand hier die entscheidende Unterredung zwischen Ulrich von Eggenberg und Wallenstein statt (→ Eggenberg). Im 18. Jh. Besitz des Reichsvizekanzlers Franz Karl Graf Schönborn (→ Schönborn). 1874 wurde das weitläufige, damals noch wehrhafte Göllersdorf zur Strafanstalt umgebaut. Der hochbarocke Torbogen vor dem Schloß erinnert an Erzherzog Karl, der hier am 20. September 1703 auf seiner Reise nach Spanien nächtigte, bevor er als Karl III. den spanischen Thron bestieg. Als Karl VI. wurde er römisch-deutscher Kaiser.

Göpfritz a. d. Wild, südöstl. Waidhofen a. d. Thaya, NÖ. Der langgestreckte, einfache Herrschaftssitz (Haus Nr. 3) fällt nur durch seine Größe, die Ecktürme und die barocke Dachform auf. Im 17./18. Jh. errichtet, gehörte er ursprünglich dem Geschlecht der Mallenthein und ist seit mehr als einem Jh. in bürgerlicher Hand (Hotel).

Goppelsbach, bei Stadl an der Mur, westl. Murau, Stmk. Renaissanceschloß des 16. und 17. Jh., dessen Anlage ursprüngl. größer geplant war, aber nicht ausgeführt wurde. Große Doppelfenster und Arkadengänge verraten italien. Vorbilder. Ein Teil der Inneneinrichtung des 17. und 18. Jh. ist erhalten geblieben. Seit 1939 Privatbesitz, gepflegt und großzügig restauriert.

Schloß Goldegg, NÖ.

Görtschach, NÖ., → St. Christof.

Götzendorf, südwestl. Rohrbach, OÖ. Sehr gut erhaltenes Schloß in dem auf einem Hügel gelegenen Dorf, unweit Sprinzenstein. Das Gebäude enthält interessante Bauelemente der vor 1600 hier bestehenden Burg: alte Tor- und Fensterleibungen, burgartiger Zugang. Arkadenhof mit Säulen im Erdgeschoß. Beherbergt heute Kirche, Pfarre und Schule. Die Kapelle ist als moderner Betraum eingerichtet.

Götzis, nördl. Feldkirch, Vlbg.
Embser-Schlößchen (Jonenhof). Das Schlößchen mit Rundturm auf dem Marktplatz, auch »Jonashof« (Jonenhof) genannt, ist 1584 von Lienhart Jonas von Buech und Udelberg erbaut worden. Ein Teil der historischen Innenausstattung (eingelegte Türen, Holztäfelungen) wurde erst um die Jahrhundertwende verkauft.

Grabenhof, bei Gansbach, nordwestl. St. Pölten, NÖ. Einzelstehender Edelsitz, dessen quer gegeneinander gestellte Trakte in ihrer heutigen Gestalt — zweigeschossig mit Walmdächern und turmartigem Ausbau an der Südostecke — aus dem 17. Jh. stammen. 1661 bis 1951 war der Grabenhof Besitz des Klosters Göttweig. Heute privat.

Graden, bei Gaal, westl. Seckau, Stmk.
Gallerhof. Der Adelssitz, heute das Gehöft Mayer »in der Graden«, war seit dem 12. Jh. im Besitz der Familie Galler, der auch der steirische Reimchronist Ottokar »ouz der Geul« angehört. Das Gehöft besitzt Bauteile aus dem 15./16. Jh. und spätere Zubauten.

Grades, im Metnitztal, nordwestl. Friesach, Ktn. Oberhalb der Metnitz gelegenes Schloß aus dem 16./17. Jh. Von der ursprünglichen Feste des 13. Jh. sind keine Reste geblieben. Geistlicher Besitz, jetzt Erholungsheim. Im Hof erhielten sich noch Fresken des 17. Jh., im Inneren Stuckdecken.

Gradisch, südöstl. Feldkirchen, Ktn. Das gut erhaltene, weithin sichtbare Schloß mit den beiden massigen Rundtürmen wurde im frühen 16. Jh. an der Stelle der alten Feste »Paradeis« unter Georg von Neuhaus-Paradeiser erbaut. Georg Paradeiser wurde 1601 im Inneren Burghof zu Wien hingerichtet, weil er die ungarische Festung Kanischa den Türken gegen Zusicherung freien Abzugs kampflos übergeben hatte. Seit 1731 ist das Schloß im Besitz der (Grafen) Goëß. 1945 sind Dach und Zwiebelhelme der Türme abgebrannt und später in annähernd gleicher Gestalt wiedererrichtet worden.

Grafenegg, NÖ., → Seite 54.

Grafenegg, nördl. Liezen, Stmk. Ein ruinöser Bau des 17. Jh., der im 20. Jh aufgestockt und verändert wurde. Im bewohnbaren Teil ist ein Erholungsheim eingerichtet.

Grafenhof, bei St. Johann i. Lavanttal, südl. Wolfsberg, Ktn. Ein massiver Bau des 16. Jh., ursprüngl. »Kleinwinklern« genannt, kam erst im 17. Jh. unter den Herberstein zu seinem heutigen Namen. Jetzt Privatbesitz.

Grafenstein, östl. Klagenfurt, Ktn. Das Schloß, an der Bahnlinie nach Bleiberg, seit seiner Errichtung Mitte 17. Jh. im Besitz der (Fürsten) Rosenberg, ist im 18. Jh. barockisiert worden. Seine Inneneinrichtung, Bibliothek und Gemälde verlor es nach 1918. Eine Inschrift in dem außen bestens restaurierten Schloß erinnert an den Oktober 1920: »In diesem Hause wurde am 10. Oktober 1920 über die Freiheit Kärntens abgestimmt.« Die schöne Fassade täuscht über das z. T. ruinöse Innere des Gebäudes.

Graschnitz, nordöstl. Kapfenberg, Stmk. Der heutige Bau mit seinem mächtigen bergfriedartigen Turm entstand im 19. Jh. an der Stelle eines früheren kleinen Edelsitzes aus dem 16. Jh. Das Schloß inmitten eines englischen Gartens steht als Schule und Tagungsort in Verwendung.

Graz, Stmk.

Schloß Algersdorf, auch Alt-Eggenberg genannt (Baiernstraße 12), ist ein auf einem mittelalterl. Wehrbau errichteter Edelsitz, den die Eggenberger 1580 zum Renaissanceschloß mit Arkadenhof und Ecktürmen ausbauten. Das für Graz und die Steiermark historisch bedeutende Schloß ist heute Verwaltungssitz.

Schloß Galnstein. Herrenhaus, unter Hermann Chr. von Gallenstein um 1664 erbaut. Originaler Hausrat und Mobiliar der Spätrenaissance z. T. noch erhalten. Heute bürgerlicher Besitz.

Schloß Gösting. Das Sommerschloß der Grafen Attems im 13. Bezirk ist, nach der Zerstörung der früheren Feste 1724—1728 errrichtet, ein eindrucksvolles Zeugnis spätbarocker Baukunst. Im Innern Deckenfresken, Gemälde, Stuckdekoration. Der Bildbestand und das Mobiliar wurden 1945 dezimiert; die baulichen Schäden der Nachkriegszeit konnten wieder behoben werden. Der ursprünglich in französ. Manier angelegte Garten ist 1845 einem engl. Naturpark gewichen.

Hallerschloß, Hallerschloßstraße 30. Unter den Grafen Breuner um 1600 anstelle einer mittelalterl. Wehranlage errichtet. Hieß ursprüngl. Sparbersbach und erhielt den jetzigen Namen nach seinem neuen Besitzer Dr. Friedrich Karl v. Haller im 18. Jh. Im 19. und frühen 20. Jh. erweitert und verändert. Vor dem Park barocke Steinplastiken auf z. T. erneuerten Postamenten.

Karlauer Lustschloß, Herrgottwiesgasse 50. In den Auen von Dobl 1584 bis 1590 für Erzhz. Karl II. errichtet und mit einem Tierpark umgeben. Die luxuriöse Sommerresidenz verlor — ebenso wie die Grazer Burg — an Bedeutung, als der Hof nach Wien zog. Das spätere Jagdschloß diente schon zur Zeit Maria Theresias als Kriegsgefangenenlager und ist heute Strafanstalt.

Schloß Kroisbach. Der geschmackvolle, einstöckige Bau oberhalb des Maria-Grüner-Tales, Mitte 17. Jh. für den Grafen Abundio Inzaghi errichtet, ging 1694 an die Grafen Galler über. Unter den bürgerlichen Besitzern des 19. Jh. vielfache bauliche Veränderungen.

Landhaus, Herrengasse 16. Im Auftrag der steirischen Landstände begann nach einem Brand 1557 der Festungsbaumeister Domenico dell' Allio († 1563) mit der Errichtung des repräsentativsten österreichischen Landhauses. 1565 war der im Stile lombardischer Palastbauten gehaltene schönste Renaissance- und spätbarocke Schloßbau der Steiermark vollendet. Er wurde zum Vorbild für eine Anzahl steirischer und österreichischer Barockbauten. Das Gebäude schließt an den schon zu Beginn des 16. Jh. entstandenen Trakt an der Schmiedgasse und den sogenannten »Rittttersaaltrakt«, 1531 vollendet, an der heutigen Landhausgasse an. (Der jetzige Rittersaal mit Stukkaturen von J. Formentini entstand erst im 18. Jh. aus einem ursprüngl. wappengeschmückten Saal). Zu den Frührenaissancebauten innerhalb des Landhauskomplexes gehört auch der Trakt mit der jetzigen »Landstube« — Sitzungssaal des Landtages —, dem wohl schönsten Barockraum des Landes mit Prunkportalen, Barocköfen, Kristalllustern und der grandiosen Stuckdecke des Johann Formentini, 1741. (Nach Bombenschäden 1945 restauriert.) Neben der für die barocke österreichische Architektur vorbildlichen Landhaus-Fassade — mit aufwendigen, auf die Gesamtgestaltung des Gebäudes abgestimmtem Portalbau — gehört der Landhaus-Innenhof mit seinen dreigeschossigen Bogengängen und der prächtigen Brunnenlaube, 1589/90, zu den Sehenswürdigkeiten der Murstadt. Die drei Hofarkaden des südlichen Zubaues mit Uhr-Dachreiter und steirischem Panther entstanden 1581/84 nach Modellen von Francesco und Antonio Marmoro, die Kapelle mit Kuppel und Laterne in der Nordwestecke und die Freitreppe 1630/31. Nach Umbauten im 18. Jh. ließ Baumeister Hermann Scanzoni im Zuge weiterer Veränderungen zwischen 1886 und 1890 den freistehenden Arkadenverbindungsgang errichten, der dem Hof die vielgerühmte intime Abgeschlossenheit verleiht.

Schloß Lustbühel, Lustbühelstr. 28. Vornehmer Landsitz, am Ruckerlberg östl. Graz gelegen. Der schon im 17. Jh. nachweisbare Bau ist im 18. Jh. umgebaut, erweitert und im späten 19. Jh. abermals baulich verändert worden. Heute im Besitz der Stadtgemeinde Graz, die es als Kinderheim verwendet.

Meerschein-Schlößl, Mozartg. 3. Ein im 18. Jh. vermutlich nach Plänen Fischer von Erlachs entstandener Neubau anstelle einer älteren Anlage. Der große Mittelsaal ist mit einem Dekkenfresko von 1708, Olymp und die vier Jahreszeiten, geziert. Der ausgedehnte, mit Steinskulpturen geschmückte Park wurde parzelliert. Im Biedermeier eine vielbesuchte Gaststätte der Familie Meerschein, seit 1914 Besitz der Grazer Universität, die hier ein Institut einrichtete.

Schloß Messendorf. Im 17. Jh. unter den Lengheimern südwestl. der Stadt erbaut, ging nach mehrfachem Besitzwechsel an das Land Steiermark über und ist als Zwangsarbeitshaus und Irrenanstalt verwendet worden.

Metahof-Schlößl, Babenbergerstr. 10. Ein stark modernisierter Barockbau. Der 1868 auf den heutigen Umfang reduzierte Schloßpark gehörte einst zu den größten Anlagen der Stadt. Sein Gartenpavillon ist sehenswert.

Minoriten-Schlößl. Um 1600 auf dem Rosenberg erbaut, ursprünglich nach dem Erstbesitzer »Speidlegg«, dann auch »Rosegg« genannt. In den Besitz des Minoritenkonvents kam das Schlößchen von 1637 bis 1789. Nach der Klosteraufhebung stand es als Kaffeehaus in Verwendung, 1883 erwarb es der Rechtshistoriker Arnold Luschin-Ebengreuth, der es künstlerisch ausgestalten ließ.

Moserhof-Schlößl, Münzgrabenstraße Nr. 94. Ein um 1580 entstandener einstöckiger Bau, dessen Außenfassade ihren Renaissancecharakter nahezu rein erhalten hat. Namengebend war ein Hans Moser, der den ursprünglich »Spanhof« genannten Edelsitz 1618 übernahm. Heute ein Mietshaus und Jugendheim der Stadtgemeinde.

Mühl-Schlößl, Mühlgasse 43. Der einfache Barockbau war Wohnsitz der Freiherrn Gabelkhoven. Heute evangelischer Pfarrhof. Bei der Adaptierung an die neue Bestimmung des Gebäudes wurde an der Südwestseite ein Flügel angebaut.

Rothenburg, Bergstraße 41. Ein schloßartiges Gebäude des 16. Jh., das mehrfach umgebaut worden ist, viele Besitzer hatte und noch Ausstattungsdetails aus dem 18. Jh. aufweist.

Schloß St. Gotthard, Andritzer Reichsstr. 160. Seit dem 14. Jh. im Besitz des Benediktinerstiftes Sankt Lambrecht. Zu Ehren seines Kaisers (Leopold I.), der 1660 hier Station machte, ließ Abt Benedikt das Schloß 1654—1659 von Domenico Sciassi umbauen. Nach Aufhebung des Stiftes Lambrecht mehrfacher Besitzwechsel. Das Schloß ist fast zur Gänze original erhalten und besitzt kostbares Mobiliar. Auf einem Felsen oberhalb des Schlosses ist 1830 das »Pfefferbüchsl«, ein runder Gartenkiosk, errichtet worden.

Schloß St. Josef. Barocker Edelsitz, ein »Freygütl«, das mehrfach den Besitzer wechselte und 1862 in bürgerliche Hand kam.

Schloß St. Martin. Anstelle eines früheren Propsteihofes um 1550 von den Meistern Nachtigall oberhalb des Grazer Feldes im Südwesten der Stadt errichtet, 1638 von Peter Vasol zur heutigen Gestalt umgebaut: zweistökkiger Vierkantbau mit zwei Rundtürmen und zwei Erkertürmchen. Die Anlage war von 1144 bis 1936 Besitz des Stiftes Admont. Hier nächtigten Kaiser und Erzherzöge. Während der Kriege gegen Napoleon war St. Martin Militärspital. 1936 übernahm das Land Steiermark den Besitz. Nach Behebung der schweren Kriegsschäden durch Fliegerbomben stehen die Räume dem Volksbildungsheim zur Verfügung.

Greifenberg, Stmk., → Radmer.

Greifenburg, östl. Oberdrauburg, Ktn. Die mittelalterl. Burg war durch Jahrhunderte heißumkämpftes Streitobjekt mehrerer Geschlechter. Im 16. Jh. mit Ringmauern und Basteien versehen, im 17. Jh. stark verändert und zur heutigen Gestalt ausgebaut. Das im 19. Jh. dem Zeitgeschmack entsprechend »modernisierte« Schloß soll für ein Museum zur Verfügung gestellt werden (→ auch Burgenbuch).

Greifenstein, Ktn., → St. Stefan.

Greillenstein, NÖ., → Seite 65.

Greinburg, OÖ., → Seite 82.

Greißenegg, Stmk., → Voitsberg.

Gresten, westl. Scheibbs, NÖ.

Schloß Stiebar (Niederhausegg). Das Schloß der Grafen Zinzendorf mit dem spätgotischen Kapellenturm liegt südl. des Ortes und ist im 16. Jh. aus einer Burg entstanden. Zum Namen verhalf ihm ein kais. Erlaß, der den verdienstvollen Erneuerern des Schlosses, dem Ehepaar Stiebar, gestattete, der »Feste Nieder-Hausegg« seinen Namen zu geben. Gäste des Schlosses waren u. a. Marie Luise mit ihrem Sohn, dem Herzog von Reichstadt. In der Biedermeierzeit war es Treffpunkt der Maler Kriehuber, Ender, Jakob und Franz Alt u. a.

Groß, westl. Hollabrunn, NÖ. Ein um einen kleinen Hof angelegter, zweigeschossiger Bau aus der zweiten Hälfte des 16. Jh. Ursprünglich mit Ecktürmen, die bis zur Dachhöhe abgetragen wurden.

Großau, nördl. Raabs, NÖ. Ein um 1600 umgebautes und im 17. Jh. erweitertes Wasserschloß mit Arkadenhof. Im angeschlossenen Wirtschaftshof entstand 1856 die erste Landwirtschaftsschule Niederösterreichs. Die z. T. noch mit Wassergraben umgebene Anlage wurde 1930 renoviert.

Großharras, nordöstl. Hollabrunn bei Mailberg, NÖ.

Schloß Harras. Das zweigeschossige Gebäude aus dem 17. Jh. ist im 18. Jh. verändert worden und gehörte ursprünglich zur Herrschaft Seefeld.

Großkirchheim, Ktn., → Döllach.

Großlobming, südwestl. Knittelfeld, Stmk. Der im Park gelegene Schloßbau, auch »Wipffen« genannt, erhielt sein heutiges Aussehen im 19. Jh. In seiner Grundgestalt stammt er vom Wiener Baumeister Ignaz Plaschg, der ihn nach 1777 im Auftrag des Grafen Wurmbrand über dem Mauerwerk eines mittelalterl. Hofes als Wehranlage errichten ließ. Im Besitz der Grafen Saurau war Großlobming, früher auch »Zachenschloß« genannt, im 17./18. Jh. ein Zentrum des Protestantismus. Es erhielt den Namen »Saurauisches Schloß«. Nach den Wurmbrand waren die Seßler-Herzlingen Herren auf Großlobming.

Großpertholz, südwestl. Weitra, NÖ. Ursprüngl. ritterlicher Edelmannssitz, der Schloß und Wirtschaftsgebäude unter einem Dach vereinigte. Der zum Reichsgrafen von Windhag avancierte Dr. Joachim Enzmüller, reicher und mächtiger Emporkömmling der Gegenreformation, baute den Freihof zum Schloß um. 1741, bei Gefechten zwischen Ungarn und Franzosen brannte es aus und wurde anschließend in barockem Stil wiederaufgebaut. In den Arkaden des Hofes und im Park sehenswerte Steinplastiken (Darstellung der Jahreszeiten). Heute Privatbesitz.

Großrußbach, nordöstl. Korneuburg, NÖ. Langgestreckter Barockbau mit Dreieckgiebel und wappengeschmücktem Rundbogentor, den die Passauer Bischöfe 1739 errichten ließen. Ihr vorher an diesem Platz gelegener alter Herrschaftssitz ist schon im 12. Jh. urkundlich bestätigt. G. war eine der reichsten Pfarren, in der bedeutende Persönlichkeiten als Pfarrer wirkten: nach 1200 Konrad von Rußbach, dem man die Urheberschaft des Nibelungenliedes zuschrieb, nach 1615 Kardinal Melchior Klesl. Gegen den Widerstand der Passauer Bischöfe überwies Maria Theresia Schloß und Herrschaft dem Theresianum. Eichendorff und Grillparzer haben sich in dem Schloß aufgehalten. In den spätbarocken Räumen z. T. noch erhaltene Inneneinrichtung.

Großschweinbarth, nordwestl. Gänserndorf, NÖ. Der schloßartige Gutshof der (Grafen) Abensberg-Traun ist ein frühklassizistischer Bau aus josephinischer Zeit auf altem Bestand. 1945 beschädigt, heute Gutshof.

Großsiegharts, südöstl. Waidhofen a. d. Thaya, NÖ. Ursprüngl. bescheidener mittelalterl. Rittersitz, der im 16. Jh. unter den Greißeneggern zum Schloß ausgebaut und um 1700 unter den Grafen Mallenthein zur imposanten Anlage erweitert wurde. Spekulationen der Mallentheiner mit der neugegründeten Ostindischen Handelskompagnie führten zur Errichtung einer ca. tausend Häuser umfassenden Arbeitersiedlung. Nach sieben Jahren (1727) mußten die Webereien und Wirkereien eingestellt werden. Graf Mallenthein und das »Bandlkramerland« verarmten.

Groß-Söding, Stmk., → Söding.

Groß-Sölk, südwestl. Öblarn, Stmk. Der dreigeschossige Pfarrhof, 14. bis 16. Jh., der Gasthof »Schloßwirt« und Meiereigebäude bezeugen die einst landesfürstliche Herrschaft. Mitte des 16. Jh. kam der Besitz des Hanns Finsterwalder, Sekretär Kaiser Maximilians I., an die Hofmann von Grünbüchel. Die ausgedehnte Herrschaft, reichlich mit Wald-, Jagd- und Fischereirechten ausgestattet, unterstand im 18. Jh. den Jesuiten und wurde 1773 staatlich. Im 19. Jh. und 20. Jh. gehörten die Restgebäude Bürgerlichen.

Großtaxen, nördl. Waidhofen a. d. Thaya, NÖ. Der hochgelegene, schloßartige Meierhof des 17. Jh. wurde nach 1618 über einem Bau des 16. Jh. errichtet.

Grub, bei Hallstatt, OÖ. Das 1530 erbaute und 1850 bis 1860 veränderte Schloß erhielt durch die im 19. Jh. aufgesetzten Rundtürme ein villenartiges Aussehen. Im 17. Jh. Besitz der Eiselsberg, gehörte es im 19. Jh. dem russischen Botschafter Tscheffkini u. a.

Grubegg, bei Mitterndorf, westl. Stainach-Irdning, Stmk. Der Herrschaftssitz des Ausseer Händlers und Hammergewerken Andreas Grueber aus dem 16./17. Jh. ist heute Amtsgebäude der Österr. Bundesforstverwaltung.

Grubhof, nächst St. Martin bei Lofer, Sbg. Mit der Absicht, das Geburtshaus des Malers Anton Faistauer in ein Hotel der Luxusklasse zu verwandeln, investierte ein Kölner Architekt 1965/66 30 Millionen Schilling in den Herrschaftssitz des 18. Jh. Das Hotel wurde nie eröffnet. Auch mit Hilfe zweier Erweiterungsbauten innerhalb des Schloßgeländes, die ein Münchner Baukaufmann errichten ließ, gelang es nicht, das Hotelvorhaben zu verwirklichen.

Grubhofen, im Feeberggraben, südöstl. Judenburg, Stmk. Gutshofartiges Landschlößchen mit kleinem Glokkenturm. Gewölbe und Decken um 1600, Ausschmückung im 17. Jh. Heute Gasthof.

Grünau, südwestl. Waidhofen a. d. Thaya, bei Gastern, NÖ. Vierflügelige Anlage des 16. Jh., noch von Graben und Ringmauern umgeben, im 19. Jh. umgebaut.

Grünau, bei Ried i. d. Riedmark, OÖ. Der völlig erneuerte, schloßartige Meierhof mit quadratischem Treppenturm war ein Herrschaftssitz des 17./18. Jh., der über alten Beständen errichtet worden ist.

Grünbichl (Grünbühel), NÖ., → Kilb.

Grünbühel, bei Rottenmann, Stmk. Ein einfacher Edelsitz des 14. Jh., den 1503 die Herren von Hofmann zum Schloß ausbauten. Er kam in der Folge an die Stainacher und Putterer. Im 17. Jh. brannte das Schloß aus und wurde erst von den Welsern von Welsersheimb wiederaufgebaut und ausgestattet. Seit 1866 Privatbesitz.

Gschwendt, bei Neuhofen a. d. Krems, südl. Linz, OÖ.
Das vormals befestigte, große Wasserschloß des 17. Jh. war Besitz der Losensteiner, den im 18. Jh. die Auersperg erheirateten. Seit 1893 Landeseigentum. Heute Pflegeheim.

Gstatt, bei Öblarn im Ennstal, südwestl. Stainach-Irdning, Stmk. Das durch Paula Groggers »Hochzeit von Gstatt« literarisch dokumentierte Schloß wurde im 16. Jh. erbaut, im 18. Jh. aufgestockt und barockisiert. Es gehörte bis ins 19. Jh. dem Stift Admont. Der langgestreckte, gut erhaltene Bau ist heute Sitz der (fürstl.) Colloredo-Mannsfeldschen Forst- und Gutsverwaltung.

Gumpenstein, südl. Irdning, Stmk. Der Hakenbau mit Türmen, ein Edelsitz des 17. Jh., ist im 19. Jh. durch mannigfache Anbauten »modernisiert« worden und dient heute als Bundesversuchsanstalt für Landwirtschaft.

Gumpoldskirchen, nordöstl. Baden, NÖ. Ordensschloß (»Kommendehaus«) des Deutschen Ritterordens, im 18. Jh. erbaut, geht auf eine Burg des 14./15. Jh. zurück. Reste der Ringmauern und des Wassergrabens.

Gundersdorf, nordöstl. Klagenfurt, Ktn. Das zweigeschossige Herrenhaus an der Bundesstraße bei St. Thomas am Zeiselberg ist ein Bau des 18. Jh.

Guntersdorf, nördl. Hollabrunn, NÖ. Repräsentatives Renaissanceschloß, das auf dem Bestand einer schon 1108 urkundl. erwähnten Feste mit bewegter Vergangenheit 1536 unter den Roggendorfern errichtet wurde. Über den ehemaligen Wassergraben führt eine von Löwen flankierte Steinbrücke zur spätgotischen Torhalle. Die zweigeschossigen Flügel liegen um einen weiten Arkadenhof mit schönem Brunnen. Unter den Frh. von Teufel, aktiven Protestanten, spielte das Schloß in der Reformationszeit als religiöses Zentrum eine Rolle. Seit 1703 ist es im Besitz der Frh. von Ludwigsdorff.

Guntramsdorf, südöstl. Mödling, NÖ. Von dem 1945 zerstörten und 1951 abgerissenen Barockschloß blieb nur der 1720 errichtete Gartenpavillon erhalten: zweiarmige Freitreppe, reichgegliederte Barockfassade, im Innern Fresken von Jonas Drentwett. Der Pavillon gleicht dem Gartenhaus des Lukas von Hildebrandt in Obersiebenbrunn (→ Seite 56). Er soll als Museum eingerichtet werden.

Gurhof, bei Gansbach, nordwestl. St. Pölten, NÖ. Schloßartiger Gebäudekomplex aus dem frühen 18. Jh. Eine durch niedere Mauern mit Pfeilertoren getrennte, dreihöfige Anlage. Besitz des Stiftes Göttweig, im 20. Jh. an die Strafanstalt Stein verpachtet.

Güssing, östl. Fürstenfeld, Bgld. *Schloß Draskovich.* Vorzüglich gepflegter, klassizistischer Bau von 1804, im großen Park unterhalb der historischen Burg gelegen. Zeitgenössische Inneneinrichtung, barocke Ahnengalerie, wertvolle Porzellansammlung. In der Kapelle sehenswerter spätgotischer Flügelaltar.

Gusterheim, bei Oberkurzheim, nordwestl. Judenburg, Stmk. Ein einfacher Renaissancebau des 17. Jh., Verwaltungsgebäude der Schwarzenbergschen Forste. Die Fürsten Schwarzenberg waren seit dem 17./18. Jh. die bedeutendsten Grundherren der Steiermark. 1623 hatten sie das Erbe der Anna Neumann auf Schloß Murau (→) übernommen. Im 17. Jh. erwarben sie noch Frauenburg, Scheifling, Altteufenbach, Katsch, Schrattenberg, Offenburg, Reifenstein. Während des 18. Jh. fiel ihnen Tschakathurn (Schachenstein), Penkhof, Authal, Grubhofen, Pusterwald, Rosenbach und Hanfelden zu, im 19. Jh. auch Goppelsbach und Baierdorf.

Gutenbrunn, NÖ., → S. 77.

Gutenbrunn, im Weinsberger Wald, nordwestl. Pöggstall, NÖ. Unter Joseph von Fürnberg 1771 errichtetes Schlößchen mit reichem Rokokodekor, eingereiht in die Häuserfront des Marktes (→ Luberegg). Besitz des Kaisers Franz I., der sich hier zur Kur aufhielt. Heute noch habsburgisch.

Gutenstein, westl. Wr. Neustadt, NÖ. Das im 17. Jh. errichtete, mit schönem Arkadenhof ausgestattete Schloß des Joh. Balthasar von Hoyos ist im 19. Jh. klassizistisch verändert worden. Es liegt inmitten eines stimmungsvollen Schloßparks.

Haag, südwestl. Amstetten, NÖ. *Schloß Salaberg.* Ausgedehnte, dreihöfige Anlage, Nachfolgebau einer um 1310 entstandenen Burg der Herren von Wallsee. Das Renaissanceschloß, ein dreigeschossiger Trakt mit Doppeltor und Uhrturm um einen Hof, errichteten die Kölnpeck, reich gewordene Eisenhändler. Mitte des 17. Jh. entstand der mittlere Hof mit Ecktürmen und Rundbogentor, um 1700 die Trakte um den großen Hof. Rokokogarten und -park legten die Salburg an, die nach den protestantischen Kölnpeck 1609 die ausgedehnte Herrschaft übernahmen. Nach erheblichen Kriegsschäden wird das Schloß etappenweise restauriert. Sehenswert sind der Rittersaal und eine Gemäldegalerie mit etwa 60 in die Wand eingelassenen Bildern. Das Schloß soll von der Stadt Haag zu einem Kulturzentrum ausgestaltet werden.

Haag am Hausruck, südöstl. Ried i. Innkreis, OÖ.
Schloß Starhemberg. Ein Burgschloß des 16. Jh., an der Stelle der passauischen Burg Storchenberg, der Stammburg der Starhemberg, errichtet. Umbauten des 20. Jh. bestimmen das heutige Aussehen des in bestem Zustand befindlichen Schlosses mit stimmungsvollem Innenhof. Privatbesitz (→ auch Burgenbuch).

Hackledt, bei Eggerding, südöstl. Schärding, OÖ. An den einst ansehnlichen Edelsitz der wohlhabenden Hackledter des 16./17. Jh. erinnern nur mehr Einzelheiten des heutigen Gebäudes, in dem eine Gastwirtschaft untergebracht ist.

Hadersfeld, nordwestl. Klosterneuburg, NÖ. Das nächst der Burg Greifenstein gelegene Schlößchen ist Anfang des 19. Jh. über einer älteren Anlage unter Fürst Johann I. von

Liechtenstein errichtet worden. Als das Gut Hadersfeld später mit der Herrschaft Judenau vereinigt wurde, verfiel das Gebäude.

Hagenau, nordöstl. Braunau, OÖ. Das große, stille Schloß im weiten Park am Innufer, im 16. Jh. errichtet, um 18. und 19. Jh. baulich verändert, ist Familienbesitz der (Freiherrn von) Handel und wird als Pension geführt. Die neben dem Schloß liegende Kapelle, ein ursprüngl. gotischer Bau, wurde im 18. Jh. von Grund auf erneuert und erhielt im 19. Jh. ihr neugotisches Aussehen. Im Innern Stuckverzierungen von J. M. Vierthaler.

Hagenberg, nordwestl. Mistelbach, NÖ. Ehemaliges Barockschloß der Sinzendorf, 17. Jh., heute ein verwahrloster, zu Zeiten als Fabrik benützter Bau.

Hagenberg, bei Pregarten, südl. Freistadt, OÖ. Von der Ferne her besehen, wirkt Hagenberg als äußerst imposanter Schloßbau des 16. Jh. mit Vorburg und Ecktürmen, doch wurde der ehemalige Besitz der Hoheneck, Türheim, Althan u. a. nach 1945 von der russischen Besatzungsmacht völlig devastiert. Das Betreten ist wegen Einsturzgefahr verboten.

Hagenegg, südl. Eisenkappel, Ktn. Der vorbildlich erhaltene Besitz der (Grafen von) Thurn-Valsassina entstand aus dem Schloß der Hagen von Hagenegg im 16. Jh. und dem ihm vorgelagerten Eckturmgebäude, das Georg Balthasar Graf Christallnigg im 18. Jh. errichten ließ. 1906 wurden die beiden Komplexe durch Zubauten und Erweiterungen vereinigt.

Haiding, nördl. Wels, OÖ. Außer dem Teich weisen ein Steinportal von 1604, Turmfragmente, Arkadenreste u. a. auf das einstige Wasserschloß des 16. Jh. hin. Nach mehrfachem Besitzwechsel war es Eigentum der Grafen Strattmann und Fürsten Bátthyany bzw. der späteren Familie Bátthyany-Strattmann. Seit 1966 im Besitz eines engagierten Baumeisters, der einen Trakt in alter Form wiederaufbaute und ein »Kulturzentrum« schuf.

Hainburg an der Donau, östl. Wien, NÖ. Unterhalb der alten Feste Hainburg (→ Burgenbuch) entstand unter den Grafen Bethlen und Bátthyany im 18. Jh. ein prächtiges Rokokoschloß mit Kapelle, Theater, drei Sälen und 47 Zimmern. Im 19. Jh. wurde es vom Staat erworben, als Kadettenschule verwendet und »gotisiert«.

Haindorf, östl. Langenlois, NÖ. Das sogenannte »Untere« Schloß, um 1624 errichtet, war Besitz der Grafen Hardegg. Eleganter Haupttrakt mit zweiarmiger Freitreppe, später durch barocke Dekorelemente verziert. Der große Schloßpark ist ein Teil der Kamp-Auen. — Das »Obere« Schloß, ein schlichter, zweistöckiger Bau des späten 18. Jh., findet heute als Landeswinzerschule Verwendung.

Hainfeld, östl. Feldbach, Stmk. Ehemaliges Wasserschloß des 13. Jh., dessen breiter Graben noch gut zu erkennen ist. In der zweiten Hälfte des 16. Jh. in der heutigen Form als zweigeschossige quadratische Anlage mit Ecktürmen, Arkadenhof und prunkvoller Freitreppe erbaut. Im Inneren Stuckdecken, ein Laudonzimmer mit historischen Malereien, Kabinett mit niederländischen Fayenceplatten, Bibliotheksaal. Im Nordflügel die 1773 eingerichtete Schloßkapelle. — Den bescheidenen Edelsitz der Hainfelder, später der Winkler, erwarben 1719 die Grafen von Purgstall. Die letzte Gräfin von Purgstall vererbte das Schloß an den Orientalisten, wirklichen Staatskanzleirat und Hofdolmetsch Josef von Hammer, der sich Freiherr von Hammer-Purgstall nannte. Hainfeld befindet sich noch heute im Besitz seiner Familie. Nach den Zerstörungen von 1945 ist das Schloß unter großen Opfern wiederaufgebaut worden.

Hainstetten, nordöstl. Amstetten, NÖ. Das inmitten eines Parks gelegene Renaissanceschloß wird an der Ostseite noch von dem Bergfried der spätmittelalterl. Wehranlage überragt. Als einst kaiserl. Lehen besaßen es die Sinzendorf, die Saint Julien, die Kielmannsegg u. a. Die ursprüngl. mächtige, um zwei Höfe gruppierte, dreistöckige Anlage mit Schloßkapelle, im 19. Jh. reduziert und mit neobarocken Fassaden versehen, gehört heute den Schulschwestern von Amstetten und wird als landwirtschaftlicher Betrieb geführt.

Halbenrain, nordwestl. Radkersburg, Stmk. Mit seinem mächtigen Hof und der fürstlichen Freitreppe erweist sich das im weitläufigen Park gelegene Schloß als ein repräsentativer Bau des 16./17. Jh., mittelalterl. Restbestände dokumentieren die frühe Grenzburg derer von Emmerberg, Stubenberg und Radmannsdorf. Bei Überfällen von Ungarn und Türken wurde mit Klöch (→ Burgenbuch) auch Halbenrain zerstört. Der Neubau des 18. Jh. entstand unter den Grafen Stürgkh, die das Schloß noch heute besitzen. Nach den Zerstörungen von 1945 ist es in jahrelanger Arbeit wiederhergestellt und mit einem in Österreich seltenen Empire-Mobiliar ausgestattet worden. Das Schloß ist nicht zu besichtigen.

Hall, Tirol, → Solbad Hall.

Halleg, westl. Klagenfurt, Ktn. Das massige, unregelmäßig gegliederte Schloß, um 1546 unter den Welzern errichtet, enthält Bestände der alten romanischen Wehranlage. Im prächtigen Innenhof mit zweigeschossigen Laubengängen sind medaillonartige Sgraffitoornamente bemerkenswert. Vorderer Hof und Zubauten stammen aus jüngerer Zeit. Das ausgezeichnet erhaltene Schloß ist heute Pensionsbetrieb.

Hallwang, nördl. Stadt Salzburg.
Schloß Söllheim. Das einfache, dreigeschossige Schloß unterhalb der Autobahn, nächst der großen Rundkapelle zum hl. Antonius von Padua, von Caspar Zugalli 1685 errichtet, ist ein Bau des späten 18. Jh. mit einem älteren Kern.

Hanfelden, Stmk., → Unterzeiring.

Hanstein, nächst Großlobming, südwestl. Knittelfeld, Stmk. Nach den Freiherrn von Hanstein benanntes Schlößchen des 19. Jh.

Hantberg, bei Johnsdorf, östl. Feldbach, Stmk. Ein romantischer Schloßbau des 19. Jh. mit Anklängen an viele Stilarten.

Hard, östl. Bregenz, Vlbg.
Mittelweierburg. Ein um 1560/70 erbauter Ansitz, von dem nur mehr der mächtige Rundturm mit steinerner Wendeltreppe unverändert erhalten ist. Das einzige ehemalige Wasserschloß Vorarlbergs wurde 1827 durch einen Brand zerstört und diente wiederaufgebaut als Fabrik. 1962 wurde das Gebäude renoviert und museal eingerichtet. Es enthält ein Heimatmuseum mit einer Formstecherei- und einer Stoffhanddrucksammlung von 1794 bis 1930, ebenso eine Sammlung von Musterbüchern, Zunftzeichen etc. Besichtigung 1. Mai—31. Oktober täglich, um 10.30 Uhr Führung.

Harmannsdorf, NÖ., → Seite 72.

Harrachegg, im Sausal, westl. Leibnitz, Stmk. Das reizvolle Barockschlößchen ließ der Salzburger Erzbischof Franz Anton Graf Harrach, 1709—1727, als Amtshaus für seinen ausgedehnten Besitz im Sausal errichten. Nach der Säkularisierung 1803 kam die Herrschaft unter staatliche Verwaltung. 1812 an Moritz Graf von Fries, später an die Liechtenstein.

Hart, Stmk., → Kindberg.

Hartberg, a. d. Wechselbundesstraße, Stmk. Der im Bereich der mittelalterl. Burganlage errichtete Schloßbau der Fürsten Paar, 1572, ebenso wie der Mitte 17. Jh. entstandene Trakt mit Bogengängen können zusammen mit den alten Burgresten nur mehr als Halbruine angesprochen werden.

Harterschlößl, Stmk., → Thal.

Hartheim, OÖ., → Seite 85.

Haunsperg, Sbg., → Oberalm.

Haus, bei Wartberg ob der Aist, südwestl. Pregarten, OÖ. Das Schloß, in der Ortschaft Steinpichl Nr. 1, ein dreiflügeliger Bau aus den Jahren 1721—1729, ist seit 1947 Pflegeheim und war bis 1958 Starhembergscher Besitz.

Hauskirchen, nordöstl. Mistelbach, NÖ. Düsterer Schloßbau aus dem beginnenden 17. Jh., jetzt als Mietshaus völlig »zerwohnt«: Der »Rittersaal« dient heute zwei Familien als Wohnung.

Hautzenbichl, bei Knittelfeld, Stmk. Der massige Bau mit zwei mächtigen runden Ecktürmen und steil aufragendem Dach ist Ende des 17. Jh. an Stelle eines früheren Wehrhofes errichtet worden. Mauern und Graben wurden bei der Restaurierung 1735 eingeebnet. Der säkularisierte Edelsitz des Stiftes Seckau kam an den Hammerherrn Franz Forcher von Ainbach, der das Schloß renovieren ließ und es mit historischen Waffen und Bildern ausschmückte. 1883 kauften es die Grafen Vetter von der Lilie, die es noch heute besitzen.

Helfenberg, nordwestl. Bad Leonfelden, OÖ. Das gut erhaltene, auf einer Anhöhe gelegene Schloß wurde 1607 auf dem Grund einer zur Burg ausgebauten Wehranlage des 13. Jh. errichtet. Von der einst größeren Anlage sind nur der Nordflügel mit Torturm und der zweigeschossige Ostflügel mit Ecktürmchen erhalten. Der Hof mit wappengeschmückten Steinbrunnen geht in den prächtigen Garten über, in dem 6 steinerne Zwergenfiguren aufgestellt sind (Besichtigung gegen Rückfrage bei der Verwaltung möglich). Jetzige Besitzer sind die (Grafen) Revertera y Salandra, die das Innere und nun auch die Fassade restaurieren ließen.

Hellbrunn, Sbg., → Seite 138.

Herbersdorf, in Allerheiligen bei Wildon, nördl. Leibnitz, Stmk.. Das ehemalige Jesuitenkolleg mit Ecktürmen und zweigeschossigem Arkadentrakt entstand im 17. Jh. und geht auf einen früheren Edelsitz mit Bergfried zurück. Nach Auflösung des Ordens wurde Herbersdorf 1773 Staatsherrschaft und dann Privatbesitz. Im 18. und 19. Jh. bedeutende Um- und Zubauten.

Herberstein, südwestl. Hartberg, Das mit dem ältesten Teil ins 13. Jh. zurückgehende Burgschloß Herberstein (→ Burgenbuch) bewohnt seit sieben Jahrhunderten dasselbe Geschlecht, 500 Jahre ist an ihm immer wieder gebaut worden. Die heutige Gestalt erhielt das Schloß im 17. Jh. unter Maximilian Reichsgraf von Herberstein. Er ließ den »Florentinerhof«, den Rottersaal, den Uhrturm und die Kapelle errichten. Herberstein gehört zu den sehenswertesten Burgschlössern der Steiermark.

Hermesvilla, Wien, → Seite 37.

Hernstein, NÖ., → Seite 52.

Himberg, NÖ., → Velm.

Himmelau, bei St. Michael, westl. Wolfsberg, Ktn. Die ehemals um einen Wehrturm errichtete Wasserburg der Himmelberger wurde 1476 unter Beibehaltung von Wassergraben und Wehrmauern zum Schloß ausgebaut. Die Herrschaft kam an die Kronegger, Strasser u. a. und ist seit 1901 ein Kloster der Karmeliterinnen. Sehenswert sind die aus dem 15. Jh. stammenden Fresken der Burgkapelle. Im 19. Jh. wurde die Fassade neugotisch »modernisiert«, der Wassergraben trockengelegt und die originale Zugbrücke durch eine Steinbrücke ersetzt.

Heuberg, südöstl. Zell a. See, Sbg. Der zweigeschossige, schlichte Bau auf einer Terrasse des Salzachtales oberhalb St. Georgen war einst Mittelpunkt der Besitzungen des Hochstiftes Berchtesgaden. Nach dem Brand von 1669 erhielt es die heutige Gestalt.

Himmelberg, Ktn., → Seite 124 (Biberstein).

Hinterndobl, bei Dorf a. d. Pram, nordöstl. Ried i. Innkreis, OÖ. Das zweigeschossige Schlößchen auf der Anhöhe stammt aus dem 16. Jh. und ist noch mit Kreuzrippengewölbe und gotischen Holzbalkendecken versehen. Heute ist in ihm ein Gasthaus untergebracht.

Hirschbach, östl. Gmünd, NÖ. Einst weitläufiges, vieltürmiges Schloß der Grafen Streun, mehrmals ausgeraubt und durch Brand zerstört. Heute ist das Gelände um den großen Hof durch Kleinhäuser verbaut, nur spärliches Restgemäuer zeugt von der früheren Anlage.

Hirschenau, südwestl. Griffen, Ktn. Einfaches, schloßartiges Herrenhaus vom Ende des 18. Jh., baulich mehrmals verändert. Hauptfront mit Dreiecksgiebel, an einer Seitenfront Holzbalkon mit freitreppenartigem Aufgang.

Höch, nordwestl. Flachau, Sbg. Der Schloßbau der Grafen Plaz besteht aus zwei durch einen Hallenbau verbundenen, typisch salzburgischen Ansitzen des 17. Jh., eine Doppelanlage aus dreigeschossigen Ecktürmchen über mittelalterl. Mauerwerk. Die Ausstattung hat Details aus der Entstehungszeit bewahrt, in der Schloßkapelle erzbischöfl. Wappen des 16. und ein Altar des 17. Jh. Das Gebäude ist im Verfall.

Hochhaus, OÖ., → Vorchdorf.

Hochscharten, OÖ., → Waizenkirchen.

Hochwolkersdorf, südl. Wr. Neustadt, NÖ. Ein einfacher, zweigeschossiger Herrschaftsbau, der 1453 unter den Weispriachs errichtet wurde und 1610 an die Wurmbrands überging, die den Besitz nahezu zwei Jahrhunderte lang behielten. Nach mehrfachem Wechsel kam er an das Stift Reichersberg. Im 19. Jh. erweiterte man die Anlage hufeisenförmig. Seit 1967 ist hier ein Jugendheim eingerichtet.

Hofarnsdorf, bei Rossatz in der Wachau, südwestl. Krems, NÖ. Ein nach 1890 modernisierter, dreigeschossiger Kastenbau, wahrscheinlich des 16./17. Jh. Bis 1806 Verwaltungssitz des Salzburger Erzbistums, dem das Gebiet seit dem 9. Jh. unterstand.

Hofen, Vlbg., → Seite 160.

Höhenbergen, südwestl. Völkermarkt, Ktn. Aus einem älteren Schloß umgebauter, bis heute unvollendet gebliebener mächtiger Barockbau aus der Mitte des 18. Jh., an der neuen Autobahntrasse gelegen. Der Besitz gehörte den Windischgrätz, den Rosenberg und ist heute Eigentum der Familie Orsini-Rosenberg.

Hohenbrugg a. d. Raab, westl. Jennersdorf, Stmk. Repräsentatives, auf einer Anhöhe gelegenes Schloß, das seit Ende des 17. Jh. äußerlich nicht verändert wurde. Nach Wulfing von Hohenbrugg benannt, der 1305 die landesfürstl. Burg als Lehen besaß. Immer wieder umkämpft, ist das Schloß mehrfach geplündert und in Brand gesteckt worden: 1480 durch Ungarn, 1532 durch Türken, 1605 durch Ungarn, Türken und Tataren, im 18. Jh. durch die Kuruzzen. Die letzten schweren Schäden erlitt Hohenbrugg 1945. Hohenbrugg ist heute Privatbesitz, mit Restaurierungsarbeiten hat man begonnen.

Schloß Horn, NÖ.

Hohenbrunn, OÖ., → Seite 86.

Hohenburg, Tirol, → Igls.

Hohenems, Vlbg., → Seite 157.

Hohenstein, bei Liebenfels, südwestl. St. Veit a. d. Glan, Ktn. Ein 1537 mit Erlaubnis Ferdinands I. von Hermann Khulmer neuerrichtetes, 1589 erweitertes Schloß. Der wuchtige, in Kreuzform angelegte Bau besitzt noch Ringmauer, Zugbrücke und Schießscharten. Über dem Stiegenbogen im Erdgeschoß verkündet eine Inschrift des 18. Jh.: »Wer Kunst und Waffen liebt, ist willkumb hier zu Haus, das sinnenarme G'sind bleib mir viel lieber drauß!« — Nach mehrfachem Besitzwechsel kam das Schloß an die Grafen Goëß, von denen es die Freiherrn von Maltzahn übernahmen.

Hohenwang, Stmk., → Neu-Hohenwang.

Hollenburg, südl. Klagenfurt, Ktn. Erdbeben und Brand zerstörten die ursprüngliche Anlage der Hollenburg (→ auch Burgenbuch). Die heutige Gestalt erhielt das Burgschloß beim Neubau um 1600. Reste des Bergfrieds, Kellergeschosse und Kapelle vom Vorgängerbau erhielten sich. 1913 kam die Hollenburg an die Wittgenstein.

Hollenburg, südöstl. Krems, NÖ. Das dreistöckige Gebäude mit Neben- und Anbauten in Hanglage nächst der historischen Burgruine ließ sich zwischen 1811 und 1814 der Bankier und spätere Freiherr Johann Jakob von Geymüller errichten. Das »Neue Schloß« bewohnen noch seine Nachkommen.

Holzhüttenboden, NÖ., → Langau.

Hopfgarten, bei Weißkirchen, südöstl. Judenburg, Stmk. Hammerherrensitz des 18. Jh., im 19. Jh. modernisiert.

Hörmanns, nördl. Litschau, NÖ. Mit Hilfe barocker Versatzstücke, die er sich allerorts zusammensuchte, ließ Rudolf (Graf) Seilern-Aspang nach 1924 die alte »Hutterer-Mühle« in ein schmuckes »Barockschlößchen« umwandeln.

Horn, NÖ., Im Park gelegener, großräumiger Bau des 18. Jh., in den das Burgschloß der Puchheimer aus dem Jahr 1539 einbezogen ist. Von dieser älteren Anlage zeugen vor allem Zwinger, Hofarkaden, der quadrat. »Diebsturm« und die Renaissance-Rauchfänge. An der Nordseite, dem Sitz des ehemaligen Landgerichtes, zweigeschossige Laubengänge. Der Herrensitz der Puchheimer war das Zentrum des protestantischen Adels in Niederösterreich. 1608 vereinigten sich hier die protestantischen Stände zum »Horner Bund«. Nach 1620 kam die Herrschaft an die katholischen Grafen Kurz, 1679 an die Sprinzenstein. Das Schloß, heute Besitz der (Grafen) Hoyos-Sprinzenstein, birgt eine Gemäldegalerie und wertvolles Inventar. Nicht zu besichtigen.

Hornegg, nordöstl. Deutschlandsberg, Stmk. Das große Renaissanceschloß in Burgenlage wurde um 1557 über der alten Feste derer von Hornecke errichtet. Es war in der Folgezeit u. a. Besitz der Saurau und des Chorherrenstiftes Stainz. Nach Aufhebung des Stiftes fiel es an den Religionsfonds des Staates. Im 19. Jh. ist die stilvolle Anlage durch umfassende Zubauten und Veränderungen »modernisiert« bzw. neugotisch entstellt worden.

Hornstein, bei Krumpendorf, Ktn. Am Wörther See gelegener, quadrat. Bau des 16. Jh. Die beiden gedrungenen Ecktürme geben dem kleinen, bestens erhaltenen Schlößchen der (Freiherrn von) Steineck ein noch immer wehrhaftes Aussehen.

Schloß Hunnenbrunn, Ktn.

Hubertendorf, NÖ., → Blindenmarkt.

Hueb, östl. Aspach, bei Mettmach im Innkreis, OÖ. Das Schloß auf einem Hügel in der Mettmacher Au trägt über dem Tor das Wappen der Dachsberg und die Jahreszahl 1610. Nach den Grafen von Wartenberg besaßen es die Freiherrn von Handel (-Mazetti). Seit 1920 in bürgerlicher Hand.

Hueb, bei Eggendorf im Traunkreis, östl. Wels, OÖ. Der noch an drei Fronten vom Schloßteich umgebene Vierflügelbau, bereits im 14. Jh. als Wasserschloß urkundlich erwähnt, wurde um 1700 nach schweren Brandschäden wiederaufgebaut. Heute ein landwirtschaftlicher Betrieb mit Gasthaus.

Hungerbrunn (Hunnenbrunn), nordöstl. St. Veit a. d Glan, Ktn. Das ursprüngl. Bauernhaus der Familie Hunnerbrunner, im 16. Jh. zum Schloß ausgebaut, ist ein massiger Viereckbau mit Rundtürmen an den Giebelseiten, einst mit Marmorbrunnen im Hof, der die Jahreszahl 1585 trug. Dem an der Straße nach Friesach gelegenen Bau haben etwas zu gut gemeinte Restaurierungsarbeiten viel von seinem Schloßcharakter genommen. Heute als Schulgebäude in Verwendung.

Hüttenstein, nordöstl. St. Gilgen, Sbg. Über den Ruinen der alten Burg von etwa 1300, Sitz des früheren Pfleggerichts, entstand oberhalb des »Krothensees« um 1843 der landschaftsfremde neugotische Schloßbau. Privatbesitz.

Idolsberg, südwestl. Horn, NÖ. Seine heutige Gestalt erhielt der Schloßbau nach einem Brand von 1835. Tonnengewölbte Räume und verschiedene Ausstattungsdetails verweisen auf Vorgängerbauten im 14. und im 17. Jh. Das Schloß ist heute im Besitz der (Grafen) Waldstein.

Igls, bei Innsbruck, Tirol.
Schloß Hohenburg. Die mittelalterl. Burg der Perchtinger, der spätere landesfürstliche Sitz am Ostrand von Igls, wurde bereits 1620 als unbewohnbar bezeichnet und war durch zwei Jahrhunderte Ruine. Erst 1877 ließ Dr. von Riccabona über den alten Baubeständen das zweistöckige Schloß mit Türmchen errichten. Es wird heute als Hotel geführt.

Illmau, bei Kautzen, nördl. Waidhofen a. d. Thaya, NÖ. Von dem ehemaligen dreigeschossigen Wasserschloß, wie es G. M. Vischer 1672 abbildete, steht nur mehr verfallendes Gemäuer. Das breite Rundbogentor an der Straßenseite ist Teil der einstigen Toranlage des repräsentativen Schlosses der Puchheim, Herberstein und Grünne.

Immendorf, nordöstl. Hollabrunn, NÖ. Der schon im 13. Jh. bezeugte Bau mit massigen Türmen und zwei Obergeschossen ist durch Brand zerstört und abgetragen worden.

Innersee, OÖ., → Rottenbach.

Innsbruck, Tirol.

Albersheim. Ein vom Hofkanzler Dr. Matthias Alber um 1560 errichteter Ansitz, der in Fassade und Eckerkern noch den Charakter eines Herrensitzes im 16. Jh. bewahrt hat. König Ferdinand I. verlieh Dr. Alber das Recht, sich nach diesem Bau »von Albersheim« zu nennen. Das Gebäude ist heute ein Altersheim.

Ambras → Seite 149.

Büchsenhausen, Hötting, Weiherburggasse 9. Im Renaissancebau des Innsbrucker Geschützgießers Gregor Löffler, auf den der Schloßname verweist, ließ 1641 Wilhelm Biener, der »Kanzler von Tirol«, eine Bierbrauerei einrichten. Nach mehrfachen Umbauten behielt nur der Westtrakt des Gebäudes etwas vom Ansehen eines einstigen Edelsitzes.

Ettnau, auch »Malfattischlößl« genannt, Hötting, Höttinger Gasse 25. Ein im 19. Jh. stark veränderter, würfelförmiger Bau, in dem Renaissanceportale und Eckerker noch an den Edelsitz des 16. Jh. erinnern.

Grabenstein (Sternbachschlößl), Mühlau, Sternbachplatz 2. Mit seinem hohen Giebel und den mehrgeschossigen Eckerkern gehört Grabenstein zu den in seiner ursprünglichen Form noch am besten erhaltenen spätgotischen Edelsitzen in Tirol. Es ist im 18. Jh. durch den Freiherrn von Sternbach in den Innenräumen ausgestattet und mit dem benachbarten Rizol (→) verbunden worden.

Hofburg → Seite 146.

Landhaus, Maria-Theresienstraße 43. Das Landhaus der Tiroler Stände mit 11achsiger Hauptfront, Flügelbauten und Kapelle um den Innenhof ist ein Werk des Innsbrucker Architekten Georg Anton Gumpp. 1724 lag der Entwurf vor, 1728 stand der Rohbau, 1734 war die Innenausstattung vollendet. Den äußeren Eindruck bestimmt der hervortretende Mittelteil der Hauptfassade mit Pilastern und Adlerwappen vor dem Giebel. Ähnlich gegliedert erscheint die Hoffront. Durch die achtsäulige Eingangshalle mit kassettierter Decke, durch ein Treppenhaus und ein dreischiffiges Säulen-Vestibül erreicht der Besucher die prächtige zweigeschossige Treppe mit reichem figuralem und ornamentalem Schmuck. Der Landhaussaal im zweiten Obergeschoß mit überschweren Barock-Dekorationen, Statuen und Freskomalereien, ebenso zweigeschossig und galerieartig angeordnet, enthält ein Deckengemälde des Cosmas Damian Asam aus München. Die Landhauskapelle, 1725—1728, von G. A. Gumpp, überschwenglich im Stile des 18. Jh. ausgestattet wie das Hauptgebäude, bildet vom Hof aus besehen, den eigentlichen Schwerpunkt des Landhauskomplexes.

Leopardischlößchen, Pradl, Egerdachstraße 13. Der würfelartige Bau mit den beiden Ecktürmen, im 16. Jh. Sitz des kaiserlichen Hauptmanns Stefan Leoparth, dient heute als Studentenheim.

Lichtenthurn, auch »Schneeburgschlößl« genannt, Hötting, Schneeburggasse 15. Der spätgotische Ansitz, nach 1598 im Besitz des Hofkanzlers J. B. Wellinger, späteren Freiherrn von Schneeberg, ist im 18. Jh. erweitert und verändert worden.

Liebenegg, Liebeneggstraße 25. Der Barockbau, nach seinen ursprünglichen Besitzern auch »Wellspergschlößl« genannt, ist heute Gasthof.

Mentelberg, in Mentelberg. Das »Gut auf der Gallwiese«, ein Besitz des Stiftes Wilten, ist unter Heinrich von Mentelberg zum Edelsitz geworden. Sowohl im 18. wie im 19. Jh. von Grund auf umgebaut, dient er heute als Studentenheim.

Rizol, Mühlau, Sternbachplatz 1. Der Bau des 16. Jh., Besitz des flämischen Bildhauers Alexander Colin, eines der Meister des Maximilian-Grabmals in der Hofkirche, kam Anfang des 18. Jh. an die Freiherrn von Sternbach. Unter ihnen entstand die hufeisenförmige Anlage im Park, die mit dem benachbarten gotischen Grabenstein (→) verbunden wurde.

Weiherburg, Hötting, Weiherburggasse 13. Den nach 1460 von dem Gewerken Christian Tänzl erbauten und wenig später an den Landesfürsten verkauften Ansitz erhob Kaiser Maximilian 1493 zur »Weiherburg«. Im hangseitigen Verbindungstrakt liegt die spätgotisch gewölbte Annakapelle. Seit 1911 im Besitz der Stadt.

Irdning, südwestl. Liezen, Stmk.

Falkenburg. Den ursprünglich bäuerlichen Hof, den sich die protestantischen Herrn von Praunfalk 1615 zum Jagdschloß erweiterten, mußten sie 14 Jahre später wieder verlassen. Nach mehrfachem Besitzwechsel ist Falkenburg 1711 Kapuzinerkloster geworden.

Irnharting, südwestl. Wels, OÖ. Das interessante Doppel-Wasserschloß des 16. Jh. geht auf eine Anlage zurück, die 1349 als »haus zu Yernhärting« urkundlich bestätigt ist. Die beiden Hauptgebäude aus dem 16. bzw. 17. Jh. verband ursprünglich eine Brücke. Der baulich entscheidend veränderte ältere Teil dient heute als Wirtschaftshof, der jüngere als Wohnhaus. Trotz mancher Bemühungen erscheint es immer wieder fraglich, ob das ehemals »größte Wasserschloß Oberösterreichs« vor dem endgültigen Verfall bewahrt werden kann.

Ischl, OÖ. → Bad Ischl.

Jaidhof, bei Gföhl, nordwestl. Krems, NÖ. Der einfache, doch großartige Herrensitz im Park, schon im 15. Jh. erwähnt, war Verwaltungssitz der Herrschaft Gföhl. 1769 erhoben sich hier die Bauern gegen die Grafen Sinzendorf. Trotz zehnjähriger passiver Resistenz gegen überhöhte Robot- und Abgabenforderungen und widerrechtliche Übergriffe der Herrschaft unterlagen die Untertanen gegen die bei Hof hochangesehenen Grafen. Seit dem 19. Jh. bietet sich der Jaidhof mit klassizistischer Fassade dar.

Jedenspeigen, nordöstl. Gänserndorf, NÖ. Das auf einem Hügel am Nordrand des Marktes liegende Renaissanceschloß ist von den Grafen Kollonitsch um 1600 über altem Bestand errichtet worden. Das Gebäude, in dem sich noch der Torturm und Reste der Befestigungsanlagen erhielten, wird als Getreidespeicher benützt.

Jergenberg, bei Sulz, nordöstl. Feldkirch, Vlbg. Der ehemalige Edelsitz aus dem 16. Jh. besitzt noch alte Türfassungen und holzgetäfelte Renaissancestuben und diente bisher als Pfarrhof. Als Erbauer wird ein Amtsmann Hans von Andelberg angenommen. Über dem Eingang und in der großen Wohnstube sind die Wappen der Altmannshauser und Furtenbach zu sehen. Die Herren von Jergenberg besaßen das Anwesen vom 17. bis zum 19. Jh.

Jeutendorf, nordöstl. St. Pölten, NÖ. Das Schloß im Park entstand über einer von den Franzosen zerstörten Wasserburg des 16. Jh. Das Aussehen eines charakteristisch klassizistischen Baus gab ihm der Architekt Joseph Kornhäusel.

Johnsdorf, östl. Feldbach, Stmk. Ein vielgeschossiger Beton-Quertrakt und der Anbau der Mariahilf-Kirche des Ordens der Salesianerinnen Don Bosco entwerten das Schloß der Katharina Elisabeth von Galler völlig. Die Herrin der Riegersburg hatte es 1656 an der Stelle einer alten Wehranlage errichten lassen. Der Baukomplex dient heute als Exerzitien- und Bildungshaus.

Jormannsdorf, bei Tatzmannsdorf, nördl. Oberwart, Bgld. Den zweistöckigen Hakenbau ließen sich um 1600 die Königsberger errichten, als ihre Burg Bernstein vorübergehend unbewohnbar geworden war. Als 1644 die Báthyany den Besitz übernahmen, nützten sie den Sauerbrunn im Schloßgarten und ließen in das Schloß auch eine Apotheke und eine Brauerei einbauen. Nach den Türkenkriegen diente Jormannsdorf als Rekonvaleszentenheim für Offiziere. Der im 18. und 19. Jh. umgebaute, 1948 abermals veränderte Bau wird heute als Hotel und Schloßrestaurant verwendet.

Judenau, südwestl. Tulln, NÖ. Das weithin sichtbare Renaissanceschloß mit seinen drei barockbehelmten, mächtigen Rundtürmen ist an der Stelle einer 1529 von den Türken zerstörten Wasserburg entstanden. Einen noch nicht ganz fertiggestellten Neubau des Helmhard Jörger vernichtete das große Erdbeben von 1590. Gegen die protestantische Kirche, die Jörger innerhalb der wiederhergestellten Schloßmauern hatte errichten lassen, protestierten der Wiener Hof und Kardinal Klesl vergeblich. Erst Georg Andrä von Hofkirchen, Jörgers Nachfolger, mußte als Protestant 1619 Judenau verlassen. 1703 erwarben die Fürsten Liechtenstein die Herrschaft, 1726 entstand die Mariensäule im Schloßhof. Kurze Zeit dienten Schloßkirche und »Spital« einem Eremitenorden als Kapitelhaus. Im 19. Jh. errichtete der niederösterreichische Waisenhausfonds im Schloß ein Erziehungsheim, heute unterhält die Gesellschaft »Rettet das Kind« in ihm ein Schülerinternat.

Judenburg, südwestl. Knittelfeld, Stmk.

Neue Burg, Hauptstraße, ein Dreiflügelbau des 16./17. Jh. — heute Sitz der Bezirkshauptmannschaft —, entstand nach Auflassung der alten Burg im Osten der Stadt. Ein Gebäudekomplex mit schönem Arkadenhof und Prunkstiege nach Plänen des Franz Carlone.

Schloß Neu-Liechtenstein. Unterhalb der gleichnamigen Ruine ließ Mitte des 17. Jh. das Stift Seckau errichten. Seit 1814 ist der stattliche, gut erhaltene Bau Besitz der (Fürsten) Liechtenstein.

Schloß Weyer. Das im letzten Krieg schwerbeschädigte zweigeschossige Dreikant-Gebäude des 16. Jh. mit großem Arkadenhof und zwei Ecktürmen entstand unter den Praunfalkh aus einem Gutshof. Im 17. Jh. ist von einem »adeligen Sitz und Gschloss der Weyer« die Rede. Im 18. Jh. Besitz der Grafen Heinrichsberg, im 19. Jh. der Liechtensteiner u. a. Heute Eigentum der Gemeinde.

Juliusburg, NÖ., → Stetteldorf.

Kainach, Stmk., → Altkainach.

Kainbach, östl. Graz, Stmk.
Ein Bau des 16. Jh., der im 17. Jh. den Grazer Klarissinnen gehörte und seit 1875 von den Barmherzigen Brüdern als Heil- und Pflegeanstalt Verwendung fand. Den tiefgreifenden baulichen Veränderungen des 19./20. Jh. fielen u. a. zwei Türme zum Opfer.

Kainberg, nordöstl. Graz, bei Kumberg, Stmk. Das im 17. Jh. erbaute Renaissanceschloß entstand über einer Wehrburg des 13. Jh., die durch drei Jahrhunderte im Besitz der Kainberger war. 1841 kam die Herrschaft an die Grafen Wimpffen. Der repräsentative Herrensitz mit Ecktürmen, Arkadenhof, Uhr- und Glockenturm ist noch mit Rokokostuck ausgestattet, enthält eine Gemäldesammlung, historische Waffen und wertvolles Mobiliar. Über den eingeebneten Wehranlagen der alten Burg sind Gärten angelegt worden.

Kaiserau, südl. Admont, Stmk. Den in über 1200 m Seehöhe gelegenen Schwaighof des Stiftes Admont baute Abt Anselm 1720 zum großen barocken Jagdschloß aus. Als das sogenannte »Alpenschlößl« 1942 ausbrannte, ging die originelle Innenausstattung verloren. In einfacher Form wurde Kaiserau 1952 wiederaufgebaut.

Kaiserebersdorf, → Wien.

Kaisersberg, bei St. Michael, Stmk. *Neuschloß.* Der schmucklose Bau unterhalb der Ruine Kaisersberg (→ Burgenbuch) entstand Ende des 18. Jh. aus einem Meierhof und diente als Verwaltungssitz.

Kälberhart, südl. Melk, NÖ. Das auf altem Bestand errichtete Schlößchen der Familie Kelberharder (14. Jh.), ein Bau des 17. Jh., ist im Verfall.

Kalsberg, bei Oberalm, südl. Stadt Salzburg, Sbg. Der dreigeschossige Bau des 16./17. Jh. mit Ecktürmchen und einem hohen Schindelzeltdach wird als Ansitz der Kalhochberger schon 1368 erwähnt, vom Schloß Kalsperg, Besitz der Grafen Lodron, ist erst seit 1612 die Rede.

Kammer am Attersee, OÖ., → Seite 93.

Kapfenberg, nordöstl. Bruck an der Mur, Stmk.

Herrschaftshaus der Stubenberg, Koloman-Wallisch-Platz 1. Als die Stubenberg im 16. Jh. ihre Burg Kapfenberg (→ Burgenbuch) aufgaben, entstand das jetzt als Rathaus der Stadtgemeinde in Verwendung stehende, mit klassizistischer Fassade versehene Herrenhaus. Es wurde im Gegensatz zu Alt- und Ober-Kapfenberg auch Unter-Kapfenberg genannt. Das Gebäude war im 18. Jh. Sitz der stubenbergischen Herrschaftsverwaltung und besitzt aus dieser Zeit auch die schöne Treppe.

Schloß Wieden. Den weitläufigen und reichausgestatteten Herrschaftssitz ließen sich die Stubenberg im 18. Jh. unterhalb ihrer verfallenen Burg Oberkapfenberg errichten. In diesem Schloß empfing Maria Theresia den steirischen Adel, hier übernachtete Papst Pius IV. auf seiner Reise zu Joseph II. nach Wien. Das im 19. Jh. renovierte Schloß bietet sich heute in verwahrlostem Zustand dar.

Schloß (Ober-) Krottendorf. Das jetzige Arbeiterwohnhaus der Fa. Gebrüder Böhler erinnert nur mehr im Grundgemäuer an den einstigen Herrensitz der Krottendorfer und Lenzendorfer des 17. und 18. Jh.

Kaprun, südl. Zell am See, Sbg. Das Raubritternest des Ekke von Velben, die alte Burg Kaprun (→ Burgenbuch), ist 1526 von den Bauern niedergebrannt und dann wiederaufgebaut worden. Das Mauerwerk um den Hof der heutigen Ruine mit noch altem Bergfried stammt aus dem 16. Jh. Die alte Kapelle befindet sich im dritten Stockwerk eines Traktes. Nordöstl. vom Schloß entstand im 16. Jh. die neue Schloßkapelle. Kaprun war bis 1600 Pfleggericht und verfiel später.

Kapsburg, Tirol, → Kitzbühel.

Karlsberg, südwestl. St. Veit an der Glan, Ktn. Der vorzüglich erhaltene Besitz der (Grafen) Goëß mit Kapellenturm und Gedenksteinen von der oberhalb des Schlosses gelegenen gleichnamigen Burgruine ist ein Bau des 17. Jh. (→ auch Burgenbuch).

Karlsdorf, bei Ilz, nordwestl. Fürstenfeld, Stmk. Das Schloß der Herberstorf, 15./16. Jh. und der Grafen Wildenstein, 17./18. Jh., ist 1945 durch Brand verwüstet worden. Ost- und Südflügel brannten völlig aus. Die derzeitigen Besitzer sind bemüht, den z. T. modernisierten Bau zu sanieren.

Karlslust, nordwestl. Retz, NÖ. In einer Lichtung seines Jagdreviers ließ sich Karl Fürst Auersperg 1790 ein elegantes Rokokoschloß mit ausgedehntem Tierpark errichten. Der Bau besitzt 40 Zimmer und 2 repräsentative Säle, er ist mit kostbaren Empiremöbeln eingerichtet und beherbergt auch eine reiche Trophäen- und historische Jagdgeräte-Sammlung. Der Bestand konnte im wesentlichen während der Kriegs- und Nachkriegszeiten bis heute erhalten werden. Nicht zu besichtigen.

Karlstein, nordöstl. Waidhofen an der Thaya, NÖ. Das imposante Burgschloß Karlstein (→ Burgenbuch) mit spätgotischer Schloßkapelle und interessanten architektonischen Details des 15. bis 17. Jh. war als Eigentum der Hauser und Puchheim im 16. und 17. Jh. protestantisches Zentrum mit eigenem Prediger.

Karlstetten, nordwestl. St. Pölten, NÖ. Vom Schloß der Zinzendorf blieben neben der dreigeschossigen Westfassade nur desolate Reste der einstigen Wohn- und Wirtschaftstrakte. In der Schloßkirche zeugen zahlreiche Grabsteine von den z. T. berühmten Schloßherren des 18. und 19. Jh. Hier liegt auch Ludwig von Zinzendorf († 1780) begraben, Verfasser eines mehrbändigen, für die Verhältnisse in Wien und am Wiener Hofe zur Zeit Maria Theresias und Josephs II. bedeutenden Memoirenwerkes.

Karnabrunn, nördl. Korneuburg, NÖ. Der unterhalb der bekannten Wallfahrtskirche hangwärts gelegene Bau des 18. Jh. mit seiner durch Lisenen und Balkone gegliederten Barockfassade ist noch von Resten alter Wehranlagen umgeben.

Kassegg, südöstl. St. Gallen, Stmk. Historisierender Türmchenbau der Jahrhundertwende ohne weitere Bedeutung.

Kattau, nördl. Eggenburg, NÖ. Der von einem Wassergraben umgebene und mit starken Ecktürmen ausgestattete Bau wurde im 18. Jh. zum Schloß umgebaut. Obwohl sich von ihm noch ansehnliche barocke Details erhielten, ist Kattau seit 1945 in so desolatem Zustand, daß man an den Abbruch des Gebäudes denkt. Der Gutshof wird bewirtschaftet.

Katzelsdorf, südl. Wr. Neustadt, NÖ. In den Auen der Leitha, am Rand des Rosaliengebirges, liegt das »Kezelinsdorf« des Ulrich von Liechtenstein, wo er als König Artus im Jahre 1240 seine Tjoste ritt. Das heutige zweigeschossige Gebäude ist der Rest jenes mit Turm und Arkadenhof ausgestatteten Renaissanceschlosses der Königsberger, das G. M. Vischer 1672 in seiner einstigen Größe abbildete. Der Bau überdauerte die Türkeneinfälle von 1529 und 1683, 1773 wurde er Eigen der Grafen Hoyos, im 19. Jh. Herrschaft der aus Frankreich emigrierten Bourbonen und ihrer Nachkommen. Im Zweiten Weltkrieg war das Schloß Pferdelazarett. Es ist jetzt Privatbesitz, restauriert und wird für Erholung benutzt.

Katzenberg, OÖ., → Atzbach.

Katzenberg, südwestl. Obernberg am Inn, OÖ. Das barockisierte Renaissanceschloß des 16. Jh. mit Arkadenhof, Rittersaal, Bibliothek und Kapelle zeigt historisches Dekor und hat mit Graben und Toreinfahrt noch alte wehrhafte Züge bewahrt. Nicht zugänglicher Privatbesitz.

Kellerberg an der Drau, Ktn. → Seite 120.

Kematen an der Krems, OÖ.

Schloß Weyer. Das gut erhaltene, im 19. Jh. aufgestockte Wasserschloß des 16. Jh. mit Ecktürmchen am Osteingang steht auf Piloten und wird von einem Nebenarm der Krems umflossen.

Kematen in Tirol, westl. Innsbruck, Tirol.

Burghof. Mitte 16. Jh. errichteter Ansitz mit Ecktürmchen. Stark erneuert.

Kerschdorf, östl. Hermagor bei Nötsch im Gailtal, Ktn. Wuchtiger, rechteckiger Bau aus dem 16. Jh., heute bäuerlicher Betrieb.

Kesselschloß, nächst Altenmarkt bei St. Gallen, Stmk. Das schlößchenartige Herrenhaus über dem Eisenbahntunnel an der Laussa-Mündung ließen sich die Hammerherren des 18. Jh. errichten.

Keutschach, am Keutschachersee, südwestl. Klagenfurt, Ktn. Die Herrschaft der Keutschacher — Erzbischof Leonhard von Keutschach, 1495 bis 1519, war der Bedeutendste des Geschlechtes — kam im 17. Jh. an die Grafen von Rosenberg. Sie errichteten den viergeschossigen, in bestem Zustand befindlichen Bau nächst der Kirche.

Khünegg, südöstl. Hermagor, Ktn. Als 1540 die Stammburg der Khünburger ausgebrannt war, errichteten sie das Schloß in Egg im Gailtal. Noch Ende des 17. Jh. war Khünegg eine intakte Wehranlage mit Zugbrücke, Rundturm und Bering. Heute ist der mächtige Vierkantbau, durch eine dreigeschossige Loggia erweitert, im Besitz der (Grafen) Khünburg (→ auch Burgenbuch).

Kilb, südöstl. Melk, NÖ.

Schloß Grünbichl (Grünbühel). Das kastenartige Gebäude mit den vier Ecktürmen, im gepflegten Park hat trotz verschiedener Um- und Zubauten des 19. und 20. Jh. noch den Charakter des Renaissanceschlosses bewahrt, das Nicolaus Gienger um 1550 über alten Mauern errichten ließ. Privatbesitz.

Kindberg, südwestl. Mürzzuschlag, Stmk.

Schloß Oberkindberg. Ein wahrscheinlich über einer Wehranlage der Herberstein um 1680 errichteter Herrschaftsbesitz der Grafen Inzaghi. Das oberhalb des Marktes auf einer Anhöhe gelegene dreiflügelige Barockschloß erhielt im 18. Jh. seine reiche Innenausstattung. Es ist geplant, nach Instandsetzung einige Räume der Öffentlichkeit zugänglich zu machen. Heute Familienbesitz der (Grafen) Attems.

Das *»Kindtaler Schlößchen«* beim Weiler Kindtal, mit Portal und Glokkentürmchen, ist ein Gewerkenschloß des 18. Jh., das im 19. auch eine Sichel- und Sensenerzeugung beherbergte. Heute Mietshaus.

Schloß Hart, südöstl. des Marktes, oberhalb der Bundesstraße gelegen. Der im 16. Jh. entstandene Bau der Frührenaissance blieb in fast ursprünglicher Gestalt erhalten. Das Schloß kam 1675 in den Besitz der Inzaghi und gehört heute ihren Erben, den (Grafen) Attems. Es ist bewohnt und zum Teil als Museum eingerichtet. Besichtigung nach Vereinbarung.

Kirchbach, im Gailtal, westl. Hermagor, Ktn.

Thurnhof. Der als Kaffeehaus und Frühstückspension in Verwendung stehende Bau an der Westausfahrt des Ortes geht auf einen Edelmannssitz des 15. Jh. zurück.

Kirchberg am Walde, südöstl. Gmünd, NÖ. Der prunkvolle Herrschaftssitz in dem eher bescheidenen Markt im Waldviertel ist das Endergebnis von Um- und Zubauten während mehrerer Jahrhunderte. Die ursprüngliche Kuenringerburg wurde unter den Freiherrn von Kollonitsch zum Renaissanceschloß erweitert. Nach ihnen ließen es die Kuefstein und geschäftstüchtige Frühindustrielle, die Grafen von Mallenthein, in barocker und frühklassizistischer Manier verändern. Um 1833 diente Kirchberg dem emigrierten Bourbonenkönig Karl X., dem Schwiegersohn der Marie Antoinette, als Residenz, bis er das klimatisch günstiger gelegene Fohnsdorf (→) vorzog. Die in der letzten Nachkriegszeit entstandenen Schäden machten ausgedehnte Restaurierungsarbeiten nötig.

Kirchberg am Walde, nächst Grafendorf, bei Hartberg, Stmk. Über einer von den Türken 1529 zerstörten Burg errichteten die Trauttmansdorff auf einer Steilstufe über Grafendorf ihr neues Schloß. Das dreigeschossige Gebäude mit unregelmäßigem Grundriß und Arkadenhof der Renaissance wird vom barockbehelmten Turm überragt. Im 17. und 18. Jh. ließen die Auersperg die Anlage erweitern und umbauen. Das guterhaltene Schloß mit Meierhof und Grünanlagen dient heute einer Landwirtschaftsschule des Landes Steiermark als Unterkunft.

Kirchberg an der Pielach, südwestl. St. Pölten, NÖ. Die ehemalige Wasserburg wurde 1531 zum Schloß ausgebaut und war noch im 17. Jh. Herrschaftsitz der Zinzendorf. Er verlor seine Bedeutung, als spätere Besitzer ihren Wohnsitz nach Fridau verlegten. Das Schloß ist heute im Besitz von 19 Wohnparteien, die es gemeinsam erhalten. Im Park sind noch Reste der ehemaligen Wehranlagen zu sehen.

Kirchberg an der Raab, nordwestl. Feldbach, Stmk. Feldmarschall Sigbert Graf Heister ließ nach dem Kuruzzenjahr 1704 das Schloß, von dem aus er die Türkenabwehr befehligt hatte, unter Einbeziehung der älteren Anlage der Steinpeiß zu einem zweihöfigen Prunkschloß mit Basteien, Gartenanlagen und 15 Teichen erweitern. Die reiche Türkenbeute ermöglichte ihm auch die Einrichtung einer Musterwirtschaft. Das schon ab-

Schloß Kirchberg, Stmk.

bruchreife Versteigerungsobjekt ist nach 1967 von privater Seite erworben und hervorragend restauriert worden. Mit seinem überhöhten, reich stukkierten Mittelpavillon und dem freskengeschmückten großen Saal gehört Kirchberg heute zu einem der schönsten Barockbauten der Steiermark.

Kirchberg an der Wild, südöstl. Waidhofen, NÖ. Ein Wenzel von Krakowitz ließ die alte Burg, in deren Nähe 1431 die Österreicher ein Hussitenheer geschlagen hatten, zum wehrhaften Renaissanceschloß umbauen. Nach mehrfachem Besitzwechsel zur Zeit der Reformation und Gegenreformation kauften die Grafen Mallenthein den Besitz. Unter ihnen erhielt das Schloß sein heutiges Aussehen. Die Mallenthein vereinigten Kirchberg mit ihrer Herrschaft Großsiegharts. Nach einem Brand im Jahre 1895 ist das Schloß lange vernachlässigt und erst in jüngster Zeit wieder restauriert worden.

Kirchbichl, westl. Wolfsberg im Lavanttal, Ktn. Der Edelmannssitz der Freydl, Zenegg, Egerer und anderer, wurde im 16. Jh. aufgebaut und erhielt erst im 19. Jh. seine jetzige Gestalt.

Kirchstetten, nördl. Mistelbach, NÖ. Der Umbau der früheren, durch Hussiten, Ungarn und Schweden schwer in Mitleidenschaft gezogenen Wehranlage zum prunkvollen Barockschloß erfolgte Ende 17. Jh., möglicherweise nach Plänen von Fischer von Erlach. Kirchstetten war Eigentum der Familie Suttner. Das heutige Schloß der (Baronin) Maria Theresia Suttner, Großnichte der Nobelpreisträgerin (→ Seite 72), ist in jüngster Zeit nach drei Großeinbrüchen vieler Kostbarkeiten — Barockmöbel, historischer Waffen u. a. — beraubt worden. Aus Sicherheitsgründen hat man die noch vorhandenen Objekte, das Deckengemälde »Allegorie der Zeit und der Wahrheit« im großen Festsaal, ein Meisterwerk des großen Barockmalers F. A. Maulpertsch, in das Barockmuseum nach Heiligenkreuz-Gutenbrunn gebracht.

Kirnberg an der Mank, südl. Melk, NÖ. Ein nur traditionsgemäß als »Schloß« bezeichneter kleiner Klosterbau, im 18. Jh. über einer alten Wasserburg errichtet. Seit der Säkularisierung des Klosters wird ein Trakt als Pfarrhof benützt.

Kittsee, Bgld., → Seite 42.

Kitzbühel, Tirol.

Schloß Kapsburg. Der hohe rechteckige Bau mit Eckerkern und um 1700 entstandenen, turmartigen Anbauten stellt einen typisch tirolischen Adelssitz dar. Ihn als solchen zu bezeichnen, erhielt 1615 Dietrich Rößl vom Landesfürsten die Erlaubnis. Nach Rößl kamen die Wolkenstein und die Lamberg in den Besitz des »Schlößls«. 1880 wurde die Anlage durch Wirtschaftsgebäude und durch eine neugotische Kapelle erweitert, die einen Altar des 16. Jh. enthält.

Schloß Lebenberg. Das heutige Hotel dieses Namens geht auf einen Wohnturm der Renaissance zurück, den die Grafen Lamberg bereits im vorigen Jahrhundert umbauen ließen und der 1961 weitere Zubauten erhielt.

Klaffenau, östl. Hartberg, Stmk. Der kleine Adelssitz, im 16. Jh. aus einem Bauernhof zum Schloß ausgebaut, erlitt schwere Schäden durch Brandschatzung und Plünderung bei feindlichen Einfällen aus dem Osten (1605, 1672, 1683, 1704 und 1709). Zu Beginn des 17. Jh. übernahm ihn das Stift Vorau, das die vorhandene Anlage um einen Wirtschafts- und Wohntrakt erweiterte.

Klafterbrunn, NÖ., → Rothenau.

Klagenfurt, Ktn.

Annabichl (→).

Ehrenhausen. An das Schloß des 16. Jh. erinnert noch der sechseckige Turm, der heute einen Zwiebelhelm trägt. Der Gesamteindruck der Anlage ist durch den Zubau eines Industriegebäudes in neuerer Zeit entstellt. Als Besitzer werden u. a. im 17. Jh. die begüterten Deuttenhofen, nach ihnen die Freiherrn von Schneeweiß genannt.

Ehrental. Das von einem Garten umrahmte Schloß des 17. Jh., im 18. Jh. mit Rokokodekor und Deckengemälden ausgestattet, war einst Repräsentationsgebäude angesehener Geschlechter, wie der Christallnigg, der Goëß u. a. Seit 1953 gehört es dem Land Kärnten und wurde durch weitgreifende Umbauten für Schulzwecke adaptiert.

Falkenberg. Dem bescheidenen

Schlößchen im Nordwesten der Stadt sieht man noch das Bauernhaus an, aus dem es hervorgegangen ist. Es gehörte um 1600 der Familie Deuttenhofen und ging dann an die Freiherrn von Hallerstein über, unter denen es 1686 seine heutige Gestalt erhielt. Pensionsbetrieb.

Freyenthurn. Den schlichten Schloßbau des 16. Jh. ließ Graf Westerholt 1884 durch Um- und Zubauten in ein dreigeschossiges Gebäude im Tudorstil umwandeln. Pensionsbetrieb.

Harbach. In dem heutigen Kloster der Schwestern vom Guten Hirten ist der frühere Edelmannssitz, nach dem sich der 1755 geadelte Dr. Franz Anton Rainer »von Harbach« nannte, kaum mehr zu erkennen. Erziehungsanstalt.

Krastowitz. Ein im 18. Jh. erbautes, im 19. Jh. umgestaltetes Schloß, das heute als bäuerliche Volkshochschule und Tagungsstätte Verwendung findet.

Mageregg → Seite 129.

Maria Loretto am Wörther See, westl. Klagenfurt. Wer den Stich von Valvasor aus dem Jahre 1681 gesehen hat, will nicht glauben, daß der auf einem Felsen im Wörther See verbliebene schlichte Wohnblock der einzige Rest der riesigen Prachtanlage der Grafen Orsini-Rosenberg im 17. Jh. ist. Die prunkvolle Toranlage am Lendkanal, Galeriehöfe und Freitreppen, Türme und Ziergärten gingen bei der großen Brandkatastrophe des Jahres 1704 zugrunde. Pensionsbetrieb.

Pichlern. Den Edelmannssitz in der Nähe von Maria Saal baute Franz Ignaz von Fresacher im 18. Jh. zum Schloß aus.

St. Georgen am Sandhof. Nur die Südwestecke des rechtwinkeligen, einstöckigen Baues stammt noch von dem Schloß des 16. Jh., das übrige sind Zubauten des 17. Jh. 1769 kaufte der Deutschordenskomtur Leopold von Liechtenfels den Besitz. Das im 19. Jh. durchgreifend restaurierte Haus ist heute Außenstelle der gewerblichen Bundesversuchsanstalt.

Welzenegg. Den mit Ecktürmen versehenen Renaissancebau ließen sich der Landrat Viktor Welzer zu Eberstein und seine Gattin Elisabeth 1578 erbauen. Seit 1671 ist der mit Arkaden, Sgraffiti und Stukkaturen ausgestattete Besitz Eigentum der Familie Rosenberg und wird von Mietparteien bewohnt.

Ziggulln. Das auf einem Hügel des Kreuzbergls gelegene Schloß des 17. Jh. ist aus einem Bauernhof hervorgegangen und wurde von den Jesuiten, die den Besitz 1633 übernahmen, zu einem Sommersitz für adlige Studenten ausgebaut. Heute gehört der vierflügelige, z. T. mehrgeschossige Komplex der Kammer für Arbeiter und Angestellte.

Klaus, südöstl. Kirchdorf an der Krems, OÖ. Vor der Ruine der alten Burg liegt das 1578 errichtete Schloß Klaus, im 17. Jh. mit Befestigungsanlagen versehen, im 18. Jh. weiter ausgebaut und erneuert. Charakteristisch ist der achteckige, turmartige Anbau an der Aussichtsseite. Im 16. Jh. war Klaus mit seiner Kirche Stützpunkt der Protestanten. 1742 eroberte Trenck, der Pandurenoberst, das von den Bayern besetzte Schloß der Freiherrn von Salburg. Im 19. Jh. war Klaus vorübergehend Besitz der Fürsten zur Schaumburg-Lippe, heute ist es Privatbesitz.

Kleinneusiedl, südöstl. Wien, NÖ. Die im 18. Jh. umgebaute, eingeschossige Anlage des 17. Jh. verfällt.

Kleinwetzdorf, NÖ., → Seite 60.

Klement, westl. Mistelbach, bei Ernstbrunn, NÖ. Das ehemalige Schloß am Fuß des Hausberges, ein Bau des 16. Jh., war während der Ereignisse der Jahre 1619/20 Fluchtort des achtjährigen Wolf Helmhard von Hohberg, des späteren Barockdichters aus dem niederösterreichischen Lengenfeld (→).

Kleßheim, Sbg., → Seite 142.

Klingenstein, bei Vasoldsberg, südöstl. Graz. Ein im 17. Jh. zum turmgeschmückten Adelssitz ausgebauter Bauernhof. Nach der Gegenreformation im Besitz der Grafen Herberstein und des Klosters Stainz. Im 18.—20. Jh. mehrfach umgestaltet.

Klosterneuburg, nordwestl. Wien, NÖ.

Schloß Ehrenhausen in Klagenfurt, Ktn.

Martinschloß. Eines der gediegensten Barockschlösser im Umkreis Wiens, in maria-theresianischer Zeit 1766 erbaut, war lange Zeit im Besitz des (Baron) Trapp und seiner singenden Familie. Nach dem Zweiten Weltkrieg bestens restauriert, wurde es Hotel.

Kobersdorf, Bgld., → Seite 41.

Kogl, bei St. Georgen im Attergau, OÖ. Unterhalb einer kaum mehr über dem Erdboden sichtbaren alten Schloßruine liegt im gutgepflegten Park der hufeisenförmig gestaltete, repräsentative Khevenhüller-Bau des 18. Jh. Er ist im 19. Jh. weitgehend umgestaltet worden und befindet sich heute im Besitz der (Freiherrn) Mayr-Melnhof.

Kohfidisch, südöstl. Oberwart, Bgld. Die drei Trakte der Anlage sind um einen nach Osten geöffneten Hof angeordnet. Das Schloß entstand unter Einschluß älterer Bauteile im 18. Jh. Die langgestreckte Hauptfassade akzentuiert ein Mittelrisalit. Koh-Fidisch oder »Gyze-Füzes, Gräfl. Erdödysche Herrschaft in der Eisenburger Gespanschaft«, wurde im Zweiten Weltkrieg so nachhaltig verwüstet, daß von der ursprünglichen Ausstattung und Einrichtung nichts mehr übrigblieb. Mit der Restaurierung des Gebäudes ist begonnen worden.

Kolhof, bei Völkermarkt, Ktn. Ein Schloßbau, den die vermögende, um 1600 geadelte Völkermarkter Familie Umbfahrer errichten ließ. Im 19. Jh. erweiterten und gotisierten ihn die Herren von Eggarten.

Kollegg, südwestl. Wolfsberg, Ktn. Der dreigeschossige Vierkantbau mit Ecktürmen aus dem 16. Jh., im 17. Jh. in den Besitz des Lavanter Bistums gelangt, gehört seit 1931 dem Jesuitenkolleg St. Andrä und ist Schulgebäude.

Kornberg, nördl. Feldbach, Stmk. Das stattliche Siebentürmeschloß der Freiherrn von Stadl aus dem 17. Jh. mit dem malerischen Arkadenhof besitzt noch Reste von Bastionen der einstigen Wehranlage, die schon im 12. Jh. urkundlich ist. Hier verfaßte Franz Leopold Freiherr von Stadl zwischen 1731 und 1741 sein Werk: »Hell glänzender Ehrenspiegel des Herzogthums Steyermark.« Kornberg war nach den Stadl bis 1871 Besitz der Fürsten Liechtenstein, bevor die Grafen Bardeau die Herrschaft erwarben.

Kottingbrunn, südl. Baden, NÖ. Das Wasserschloß mit den charakteristischen Zwiebeltürmen liegt inmitten eines ausgedehnten Parks. Man erreicht es über den Wirtschaftshof. Ein noch Wasser führender Graben in Form einer 8 umschlingt die um 1700 von den Freiherrn von Lamberg errichtete Vierflügelanlage. Der dreigeschossige Bau um den rechteckigen Hof wird von Mietparteien bewohnt. Mit Kottingbrunn sind Namen berühmter Adelsgeschlechter verbunden. Neben den Lamberg besaßen die Colloredo, Dietrichstein, Báthyany-Strattmann, Bartenstein, Münch-Bellinghausen u. a. m. die Herrschaft. Das Schloß, Ende des 19. Jh. mit einer Pferderennbahn versehen und später im Besitz eines Jockeiklubs, war seit je ein beliebter Ausflugsort der Wiener Gesellschaft.

Krems an der Donau, nördl. St. Pölten NÖ.

Schloß Gneixendorf. Der ehemalige »Wasserhof« aus dem 17. Jh. ist eine rechteckige Anlage mit Mittelturm und Ecktürmen. Die Lage im Weinbaugebiet machte den Besitz zum Streitobjekt von Klöstern. Nach 1820 war Gneixendorf Eigentum von Johann van Beethoven, Bruder des Komponisten, der hier den letzten Sommer seines Lebens verbrachte. Entstehungsort seines F-Dur-Quartetts op. 135. Im benachbarten »Trautingerhof« Beethoven-Gedenkstätte.

Förthof, an der Donaulände, nächst der Donaubrücke. Ein dreigeschossiger Ansitz des späteren 16. Jh. mit jüngeren Zubauten und einer freistehenden frühgotischen Kapelle nördlich des Gebäudes. Der Hof besitzt z. T. vermauerte Arkaden und eine Freitreppe. Mit dem einstigen landesfürstlichen Lehen war das ausschließliche Recht der Überfuhr nach Mautern verbunden. Im 16. Jh. besaßen es die Ritter von Aschpan.

Kremsegg, östl. Kremsmünster, OÖ. Die alte Burg bei Kremsmünster war im Besitz der Familie Rote, bis eine Rote-Tochter einen Grünthal heiratete und Kremsegg als Heiratsgut mitbrachte. 1626 wurde die Herrschaft an das Stift Kremsmünster verkauft. Zu Beginn des 18. Jh. ließ Abt Martin Resch den alten Bau niederreißen und von Carlo Carlone das wuchtige, ungrazile Barockschloß mit Arkadenhof in seiner heutigen Gestalt aufrichten. Nach mehrfachem Besitzwechsel gehört es jetzt den (Grafen) Kinsky.

Kreuzen, nordöstl. St. Stefan an der Gail, Ktn. Ein gedrungenes, rundturmbesetztes, noch schindelgedecktes Gewerkenschlößchen in der erzreichen Gegend zwischen Drau und Gail, erbaut im 17. Jh. an der Straße über die Windischen Bühel.

Kröllendorf, nördl. Waidhofen an der Ybbs, NÖ. Gestalt, Türme und Innengewölbe des Schlößchens der Grafen Stiebar weisen auf das 17. Jh., Uhrtürmchen und biedermeierlicher Zierat an der Hauptfront auf das 19. Jh. Die damaligen Schloßherrn besaßen eine ansehnliche Bibliothek sowie ein Naturalien- und Mineralienkabinett.

Krummnußbaum, westl. Pöchlarn, NÖ. Ein turmbewehrtes altes Schlößchen der Losenstein, dessen heutiges Aussehen im 19. Jh. von den Grafen Esterházy geprägt wurde.

Krumpendorf, westl. Klagenfurt, Ktn. Ein weitläufiges, zweistöckiges Gebäude des 19. Jh., das als Lehrwerkstätte des Österreichischen Gewerkschaftsbundes in Verwendung steht.

Kühtai, südl. Telfs, Tirol. Erzherzog Leopold von Tirol ließ sich um 1625 den schon im 13. Jh. urkundlichen Schwaighof zum Jagdschlößchen umbauen. Der noch mit »Fürstenzimmern« und alter Ausstattung versehene Besitz steht von Dezember bis April als exklusives Hotel in Verwendung.

Külml (Külmel, auch Külbl), bei Anger, nordöstl. Weiz, Stmk. Als Sommersitz der Pöllauer Stiftsherren verlor der »hof in dem chulmlein«, ein wehrhafter, mittelalterl. Sitz der Stubenberg, seine Türme und erhielt eine reiche Barockausstattung mit Stuck und Fresken, Speisesaal und Bibliothek. Das Gebäude wurde 1954 dem steiermärkischen Kinderrettungswerk zur Verfügung gestellt.

Labach (Lambach), Sbg., → Stuhlfelden.

Lackenbach, nördl. Oberpullendorf, Bgld. Das Anfang des 17. Jh. vollendete Wasserschloß der Esterházy war 1620 Mittelpunkt einer verlustreichen Schlacht zwischen den Truppen des kaisertreuen Nikolaus Esterházy und jenen des ungarischen Magnaten Gabriel Bethlen. Nur das Eingreifen der Dampierreschen Reiter rettete die bedrängten Scharen des Esterházy. An die 1700 Rebellen sollen damals gefallen sein. Als zeitweiliger Sitz der Esterházy wurde Lackenbach wenig später zur ausgedehnten Anlage und zum Wirtschaftszentrum der Herrschaft. Die Schloßanlage mit Torwappen und der Inschrift »Geleitet von der Tugend, begleitet vom Glück« befindet sich heute nicht im besten Zustand und wird von Arbeiterfamilien bewohnt.

Ladendorf, südwestl. Mistelbach, NÖ. Nach 1722 hatte Feldmarschall Graf Daun den alten Bau der Steger (wahrscheinlich Donato von Felice d'Allio) zum prunkvollen Schloß umbauen lassen, seit 1715 waren die Grafen Khevenhüller-Metsch Herren auf Ladendorf. Zur Hochzeit einer der Töchter ihres Obersthofmeisters war 1756 auch Maria Theresia mit dem fünfzehnjährigen Joseph hier erschienen. Das Fest mit Bauerntanz und Glückshafen, in dem die Bevölkerung »verschiedene für dergleichen Leuthe convenable Nippes als aufgebuzte Hauben, Fichus, Bänder, Corseten etc.« — auch lebende Gänse und Hühner — gewinnen konnte, schildert das Tagebuch Khevenhüllers. 1866 defilierten vor dem Schloß die preußischen Truppen vor ihrem siegreichen König. Der Khevenhüller-Besitz war bis 1940 in vorbildlichem Zustand, seither verfällt er. In neuester Zeit gelang es, die Substanz des Schlosses durch ein neues Dach zu bewahren.

Landersdorf, bei Oberwölbling, südl. Krems, NÖ. Das Schlößchen in Hanglage, ein »Edelmannshof« des 16. Jh., erwarb in der zweiten Hälfte des 17. Jh. das Erzbistum Salzburg. Eine Ansicht aus dieser Zeit zeigt es noch mit kleinen Zwiebeltürmchen versehen. Das zweigeschossige Gebäude mit gestuftem Walmdach dient heute als Försterwohnung.

Langau, südöstl. Lunz am See, NÖ. Inmitten der Siedlung Holzhüttenboden — verstreute Häuser im »Schweizer Alpenstil« — steht ein Jagdschlößchen des 19. Jh. in einem großen Park, ebenso im Stile eines Schweizerhauses. Ein Besitz der Barone Rothschild.

Lankowitz, westl. Voitsberg, Stmk. Das einstige Schloß der Herberstein und des Stiftes Stainz südlich Maria Lankowitz ist seit Kaiser Josephs II. Zeiten Staatsherrschaft, seit 1855 Straf- und Besserungsanstalt, heute Frauengefängnis.

Lannach, südwestl. Graz, Stmk. Den Wehrbau der Lannach ließen sich die Galler im 17. Jh. zum Vierflügelbau mit Arkadenhof umbauen. Im 19. Jh. Freiherrn-, im 20. Jh. Kommerzialrats-Besitz. Heute nützt ein Industrieunternehmen das Gebäude.

Lanzendorf, südöstl. Wien, NÖ. Das heute kaum mehr als Schloß anzusprechende Gebäude des 16./17. Jh. im großen Park, mehrfach umgebaut, steht als Genesungsheim in Verwendung.

Lasseregg, Sbg., → Niederalm.

Lasserschlößl, OÖ., → Unterach am Attersee.

Laubegg, nordöstl. Leibnitz, Stmk. Ein weithin sichtbares Schloß, das die Grafen Saurau um 1560 über dem Mauerwerk einer Burg errichten ließen. Nach 1680 statteten die Webersberg den Westflügel des Renaissancebaues mit Arkadengang und venezianischer Stiege aus, um 1780 entstand unter den Lengheim der Ostflügel mit neuer Kapelle und Treppenhaus. Sehenswürdigkeit im vorzüglich ausgestatteten Schloß, das 1934 in den Besitz der Kongregation christlicher Schulbrüder kam, ist der erst im 20. Jh. entstandene »Orientalische Saal«.

Laussa, südl. Steyr bei Losenstein, OÖ. Das Schlößchen *Hammeris* mit rundem Eckturm ist im 17. und 18. Jh. über einer älteren Anlage entstanden und auch im 19. Jh. erweitert worden.
Das *Zekert-Schlößchen* ist ein über älterem Baubestand entstandenes und mehrfach verändertes Herrenhaus.

Lebring, nördl. Leibnitz, Stmk.
Schloß Murstetten. Das Barockschloß im großen Park mit hübschen Stuckreliefs an der Hauptfassade, seit 1954 Altersheim, entstand im frühen 18. Jh. unter den Saurau als Nachfolgebau eines schon im 15. Jh. genannten Hofes.

Lehenshofen, bei Pöllau, nordwestl. Hartberg, Stmk. Der zweigeschossige Bau um einen quadratischen Laubenhof, 1632, ist 1963 abgetragen worden.

Leiben, nördl. Melk, NÖ. Zum viergeschossigen mächtigen Baukomplex mit fünfeckigem Arkadenhof und Uhrturm wurde das Schloß der Trauttmansdorff und Geyer von Osterburg zwischen 1590 und 1620. Mauerstärken, »Hungerturm«, Verlies, Halsgraben u. a. m. verweisen noch auf die mittelalterl. Burg der Dachsberg, das Raubnest des Hans von Fritzelsdorf.

Leifling, südl. Lavamünd, Ktn.
Schloß Eberwein. Der Bau des 18. Jh. — Sitz einer Gewerkenfamilie, später der Grafen Thun — entwickelte sich durch Ausbau des Nordtraktes aus einem Edelmannssitz des 16. Jh.

Leitring, bei Leibnitz, Stmk.

Schloß Retzhof. Die als Volksbildungshaus verwendete Anlage des 18. und 19. Jh. war ehemals Besitz der Trauttmansdorff, Auersperg u. a.

Lengenfeld, nördl. Krems, NÖ. Im einstöckigen, von vier kleinen Rundtürmen umstandenen Herrensitz, einem Bau des 16. Jh., wurde am 20. Oktober 1612 »zwischen zwei und drei Uhr mittags« Wolf Helmhard von Hohberg († 1688) geboren, Verfasser der »Georgica curiosa«, einer »Unvergnügten Proserpina« und des »Hapsburgischen Ottobert«. Heute bewohnt ein Künstlerehepaar das Landschlößchen. Es hat sich durch Ausstellungen, Veranstaltungen und auch Künstlerfeste einen Namen gemacht.

Leoben, südwestl. Bruck a. d. Mur, Stmk.

Neue Stadtburg, Kirchgasse 6. In ihrer jetzigen Gestalt unter Veit Zollner, Herr der Massenburg (→ Burgenbuch), Mitte des 16. Jh. über einem Bau des 15. Jh. errichtet. Eine Vierflügelanlage mit trapezförmigem Innenhof und (großteils vermauerten) Laubengängen. Nach 1613 als Kollegiatsgebäude der Jesuiten umgebaut, nach 1773 Kaserne, nach 1876 Schulgebäude, 1964 bis auf den Osttrakt abgetragen. In ihm befindet sich heute das Stadtmuseum.

Ehrenheim. Das zweigeschossige einfache »Stöckl« am Münzberghang nächst dem Bahnhof war im 18. Jh. unter den Grössing Edelhof geworden. Im 19. Jh. kam das »Grössing-Stöckl« an Hammergewerken und hieß eine Zeitlang »Ehrenstein«, später auch »Karerschlößl«. Als es von der Alpine-Montangesellschaft angekauft wurde, nannte man es »Steinkohlenschlößl«.

Leombach, südöstl. Wels, bei Sipbachzell, OÖ. Der Name ist schon im 8. Jh. urkundlich. Vom großen Wasserschloß, 8 km südl. Wels, das einst der Dichter Christoph von Schallenberg, 1561—1597, bewohnte, bestehen nur noch in ein Bauernhaus verbaute Restmauern.

Leonstein, Ktn., → Pörtschach.

Leonstein, bei Kirchdorf an der Krems, OÖ. Ein als Kinderheim adaptierter und veränderter Schloßbau des 17./18. Jh. unterhalb der gleichnamigen Ruine (→ auch Burgenbuch).

Leopoldsdorf, südl. Wien, NÖ. Von den Freiherrn von Beck (→ Ebreichsdorf) im 16. Jh. als wehrhaftes zweitürmiges Wasserschloß mit Laubenhof errichtet, ist Leopoldsdorf im 19. Jh. vollständig erneuert und auch verändert worden. Heute ein Besitz der (Freiherrn von) Wächter.

Leopoldsdorf, im Marchfeld, südl. Gänserndorf, NÖ. Das 1945 fast vollständig zerstörte Schlößchen des Freiherrn von Kempfen, 18. Jh., wurde von privater Hand im alten Stil — vielleicht etwas allzu perfekt — wiederaufgebaut und erweitert.

Leopoldstein, am Leopoldsteiner See, nordwestl. Eisenerz, Stmk. Ende des 19. Jh. ließ Prinz Arnulf von Bayern den Schloßbau des Kardinals Neidhardt aus dem 18. Jh. und der Liechtenstein aus dem 19. Jh. zum siebenten der neuromantischen Wittelsbacher Königsschlösser ausbauen. Heute dient das Schloß als Internat des Realgymnasiums Eisenerz.

Lerchen, Sbg., → Radstadt.

Leutschach, südwestl. Leibnitz, Stmk.

Schloß Tautenburg im Park oberhalb der Straße nach Marburg ließen sich im 17. Jh. die Trauttmansdorff errichten. Es ist im 19. Jh. prächtig ausgestattet und mit einem großen Saal versehen worden. Der Herrschaft waren damals noch 145 Häuser untertan. Heute Privatbesitz.

Lichtenau, nordwestl. Krems, NÖ. Ein einfacher dreiflügeliger Renaissancebau des 16. Jh. mit Erkertürmen, auf altem Bestand oberhalb des Ortes errichtet.

Lichtenau, bei Haslach, im Mühlkreis, OÖ. Das mit großem Aufwand restaurierte Schloß der Jörger, Wallseer und Herleinsperger, 17. Jh., im schönen Park enthält trotz der weitreichenden Zerstörungen von 1945 noch beachtliche Details der historischen Ausstattung. Der gepflegte Privatbesitz ist mit Gitterwerk aus dem 17. und 18. Jh. ausgestattet.

Lichtenau, Sbg., → Stuhlfelden.

Lichtenberg, Sbg., → Saalfelden.

Lichtengraben, nördl. St. Leonhard im Lavanttal, Ktn. Als Nachfolgebau der Painburg um 1544 errichtet, im 18. Jh. und später umgebauter Besitz der Teuffenbach, Stampfer u. a. m.

Liechtenegg, OÖ., → Wels.

Liechtenegg, Stmk., → Wartberg.

Liechtenstein, bei Mödling, NÖ. Das langgestreckte Biedermeierschloß des Fürsten Johann von Liechtenstein, ein klassizistischer Bau des Kornhäusel-Schülers Josef Engel, wurde 1945 schwer beschädigt und in neuerer Zeit wiederhergestellt (→ auch Burgenbuch).

Liemberg, südwestl. St. Veit an der Glan, Ktn. Das viergeschossige Schloß am Abhang des Göseberges im Glantal mit seinen turmartigen Vorbauten entstand im 16. Jh. nächst der gleichnamigen Ruine (→ auch Burgenbuch). Nach mehrfachem Besitzwechsel im 17. und 18. Jh. erwarben im 19. Jh. die Freiherrn von Sterneck das Schloß. Die Familie besitzt es noch heute.

Lienz, Osttirol.

Edelsitz Lieburg. Der auffällige Bau am unteren Stadtplatz mit Zwiebeltürmen, im 16. Jh. entstanden, ist Sitz der Bezirkshauptmannschaft.

Lilienfeld, südl. St. Pölten, NÖ.

Berghof. Das Biedermeierschlößchen des Schriftstellers J. F. Castelli, 1839, dient heute als Berufsschule.

Limberg, nordöstl. Maissau, NÖ. Das Renaissanceschlößchen mit Turm, kleinem Hof und Arkaden, ehemals

Lesehof des Stiftes Altenburg, liegt in einem bäuerlichen Obstgarten und wird bewohnt.

Limberg, südl. Deutschlandsberg, Stmk. Das als »Denkmal barocker Romantik« bekannte Schloß ließ ein Herr von Grattenau zwischen 1661 und 1681 errichten. Es erhielten sich sehenswerte Portale und Innenräume, der dreitürmige Eingangstrakt und die doppelläufige Freitreppe. Den höherliegenden engen Arkadenhof umgeben viergeschossige Trakte. Nach den Ortenhof im 18. Jh. besaßen die Liechtenstein das Schloß. Teile der Ausstattung und Einrichtung sind unter ihnen 1820 und später nach Schloß Hollenegg gebracht worden. Zuletzt stand Limberg dem steirischen Jugendhilfswerk zur Verfügung. Seit einiger Zeit verfällt das Schloß.

Lind, östl. Grafenstein bei Klagenfurt, Ktn. Schlichter, modernisierter Edelmannssitz, 17./18. Jh., in Privatbesitz.

Lind, westl. Maria Saal–Karnburg, Ktn. Der Landsitz mit halbrundem 19.-Jh.-Vorbau wurde über dem Mauerwerk einer kleinen mittelalterl. Feste errichtet. Unter den vielen Besitzern veränderte er im Lauf der Jahrhunderte seine Gestalt jeweils nach Mode.

Lind, nächst St. Marein bei Neumarkt, Stmk. Ruinen eines turmartigen, vierstöckigen Oberen und eines dreigeschossigen Niederen Schlosses mit vorspringenden Ecktürmen. Im 14. und 16. Jh. entstandene Burg- bzw. Schloßbauten, die z. T. bereits zu Beginn des 19. Jh. verfielen.

Lindach, nordöstl. Gmunden, OÖ. Der schloßartige Gutshof um 1700 nächst der Autobahn-Raststätte gleichen Namens hat seinen Schloßhof als Dorfplatz und die Schloßkapelle als Dorfkirche zur Verfügung gestellt. Den Besitz der Hayden, 1470 bis 1758, erweiterte Carl Josef von Frey 1780 zum Schloß, 1870 brannte es ab. Auch 1926 wurde der heutige Privatbesitz ein Opfer der Flammen.

Linsberg, nördl. Pitten, NÖ. Ein im 18. und 19. Jh. stark veränderter älterer Edelsitz mit Park. Der zweiflügelige Bau mit zinnengekröntem Turm war Besitz der Augustiner Chorherren, der Starhemberg, Auersperg u. a. Er ist 1945 völlig geplündert worden und jetzt als Privatbesitz wieder gediegen eingerichtet.

Linz, OÖ.

Schloß Auhof, Leonfelder Str. 36. Der ehemalige Starhembergische Besitz des 16. Jh., mit Nebentrakten und einer Schloßkapelle aus dem 17. Jh., ist im 18. Jh. umgebaut worden. Seit 1961 Eigentum der Stadt Linz. Das Schloß mit Brunnen und Parkanlagen wurde nach Beschädigungen in den Jahren 1945—1955 wieder instand gesetzt.

Das *Bergschlössel* in der gleichnamigen Straße im großen Park hinter hoher Mauer ist ein Bau des 18. Jh. und wahrscheinlich von Johann Michael Prunner, dem Linzer Baumeister, errichtet worden. Der erzbischöfl. Besitz mit schönem Gartentor, Pförtnerhaus und Steinplastiken wurde später Eigentum des Jesuitenordens. Seit 1878 im Besitz der Familie Weingärtner.

Schloß Ebelsberg am südlichen Stadtrand. Von der Burg an dieser Stelle (→ Burgenbuch) zeugt noch der mittelalterl. Bergfried. Enea Silvio, der spätere Papst Pius II., beschreibt sie als Sommersitz der Passauer Bischöfe mit Marmorbrunnen und Bronzedach. Im späten 16. Jh. entstand das Schloß mit den beiden Treppentürmen, im 18. Jh. das barocke Pförtnerhaus im Park. Am 31. Oktober 1773 wohnten in Ebelsberg Wolfgang Amadeus und Konstanze Mozart einer Opernaufführung bei. Im Gefecht von Ebelsberg am 3. Mai 1809 wurde das Schloß in Mitleidenschaft gezogen. Als Besitzer des modernisierten Gebäudes zeichnen seit dem 19. Jh. die Freiherrn von Kast.

Schloß Hagen. 1964 abgetragen.

Landhaus, Klostergasse 11, Promenade 24. Die Stände ob der Enns ließen sich nach 1564 an der Stelle des demolierten Minoritenklosters als Amts- und Tagungsgebäude ein »Landhaus« errichten. Architekt und Baumeister war Christoph Canevale. Zuerst errichtete man den südwestlichen Trakt mit Turm und dem Ständesaal, der dann auch als protestantisches Bethaus diente und im 17. Jh. erhöht und mit Marmor verkleidet wurde. In der Folge entstanden die Trakte um den großen Laubenhof, 1568—74, den Schulhof, 1574 bis 1577, und den Bauschreiberhof, 1655—1658 (nach Plänen von H. Ch. Kellerer). Beim Großbrand von 1800, dem das Linzer Schloß zum Opfer fiel, wurde auch das Landhaus schwer beschädigt, Bibliothek, Archiv und Gemäldegalerie gingen verloren. Das wiedererrichtete Gebäude erhielt klassizistische Fassaden. Architektonische Sehenswürdigkeiten blieben das prachtvolle Nordportal mit den beiden Landeswappen um dem österr. Bindenschild, der große Laubenhof mit Arkaden (an der Ostseite vermauert) und dem Planetenbrunnen von Peter Guet, 1582.

Lippitzbach, südöstl. Völkermarkt, bei Ruden, Ktn. Ein einfacher Barockbau mit klassizistischen und gotisierenden Zubauten.

Litschau, nordöstl. Gmünd, NÖ. Nördlich der Burg mit dem weithin sichtbaren Bergfried (→ Burgenbuch) liegt jenseits von Graben und Mauer das neue Schloß, ein langgestreckter, zweigeschossiger Bau, dessen Eingang zwei Steinplastiken flankieren. Er entstand zwischen 1763 und 1801 und ist Sitz der (Graf) Seillernschen Gutsverwaltung.

Litzelberg, südwestl. Seewalchen am Attersee, OÖ. Das alte Inselschlößchen des Elias von Seeau, wie es Vischers Topographie wiedergibt, war ein wohlbewehrtes »Fluchthaus in Kriegs- und Feindsgefahr«. Es verfiel nach 1780. Die Bewohner von Schörfling nützten die Ruine als Steinbruch. Gast in dem im 19. Jh. von Privaten wiederaufgebauten Schlößchen war einige Sommer hindurch Gustav Klimt.

Litzelhof, östl. Pusarnitz, nordwestl.

Spittal, Ktn. Ein als Landwirtschaftsschule verwendetes Landschloß des 16./17. Jh.

Loosdorf, nordwestl. Mistelbach, Stmk. Der heutige zweigeschossige Bau mit Fassadendekoration und toskanischem Säulenvorbau entstand unter Nutzung von Gebäudeteilen einer älteren Anlage des 18. Jh. und wurde Besitz einer Linie der Liechtenstein. Im Jahre 1803 hatte der Liechtensteinsche Güterdirektor Petri in einer tollkühnen Aktion 250 Merinoschafe aus Spanien auf das Gut geschmuggelt. Die Liechtenstein belebten damals die schon zu Maria Theresias Zeiten initiierte österreichische Wollindustrie. 1836 kam Loosdorf an die Familie Piati. 1945 ist das Schloß verwüstet und die wertvolle Empire-Einrichtung zerstört worden. Schloßherr Piati hat neben seiner Ordensammlung in einem der Schloßräume eine Porzellanscherben-Sammlung eingerichtet, trauriger Rest einer der schönsten, 1945 zugrunde gegangenen Porzellansammlungen Österreichs.

Lorberau, Stmk., → Donawitz.

Losensteinleithen, nördl. Steyr, OÖ. Das vieltürmige Wasserschloß des 17. Jh., Nachfolgebau einer historisch bedeutenden Wasserburg, Stammsitz der Herren von Losenstein, 15. bis 17. Jh., bis 1950 im Besitz der Auersperg, wurde im 18. Jh. umgebaut und verfiel nach Kriegszerstörungen im Jahre 1945. Die erneuerte hufeisenförmige viertürmige Anlage mit Wirtschaftsgebäuden hat ein geistlicher Orden erworben.

Luberegg, gegenüber Melk, in der Wachau, NÖ. Das Landhaus Luberegg, 1780 vom Postmeister Josef Edler von Fürnberg erbaut, diente nach 1790 als Poststation. 1795 erwarb es Kaiser Franz II. Er ließ den Besitz ausbauen, mit schönem Walmdach versehen und den Eingang mit Karyatiden schmücken. Luberegg wurde nach 1800 einer seiner Lieblingssitze. Von diesem Schloß aus, heißt es in einem idyllischen Bericht, »schweifte der Kaiser weit und breit durch die Landschaft, überall und gerne gesehen, vom Landvolk geliebt«.

Ludwigstorff, NÖ., → Bad Deutsch-Altenburg.

Lunz am See, südwestl. Scheibbs, NÖ. *Schloß Seehof.* Im 19. Jh. in neubarocker Form vergrößerter Bau des 16. Jh. mit mittelalterl. Bestand. Der ehemalige Stiftshof der Kartause Gaming ist heute Eigentum der Österreichischen Bundesforste.

Mageregg, Ktn., → Seite 129.

Mailberg, nordöstl. Hollabrunn, NÖ. Burg und Schloß Mailberg waren Orte zweier wichtiger historischer Begebnisse. Am 2. Mai 1082 verlor hier der Babenberger Leopold II. eine entscheidende Schlacht gegen den kaisertreuen Böhmenfürsten Wratislaw. Im Jahre 1451 vereinigten sich im Schloß die Landstände von Ober- und Niederösterreich, die mit Kaiser Friedrich III. wegen Freigabe des unter seiner Vormundschaft stehenden Thronerben Ladislaus im Streit lagen, und schlossen den »Mailberger Bund«. Im Namen aller »Prälaten, Herren, Ritter und Knechte« wollten sie nicht eher ruhen, »bis nicht ihr rechtmäßiger Erbherr« aus der Vormundschaft Friedrichs entlassen wäre und in Wien seine Residenz aufgeschlagen hätte. 250 Siegel bestätigten dieses Bündnis. Am 6. September 1452 hielt Graf Ulrich von Cilli mit dem jungen Ladislaus feierlichen Einzug in Wien, die Landstände hatten gesiegt. Die Herrschaft Mailberg ist seit dem 12. Jh. im Besitz des Johanniter-, heute Malteser-Ritterordens. Unter dem Komtur Karl Tettauer von Tettau wurde das Schloß 1595 erbaut, der Komtur Anton Graf Colloredo schuf 1762 die barocke Anlage. Im restaurierten Gebäude ist ein Johanniter-Museum eingerichtet, das in den Sommermonaten besichtigt werden kann. Die in den Schloßbereich einbezogene, auf einen Bau des 13. Jh. zurückgehende Pfarrkirche Johannes des Täufers entstand Anfang des 17. Jh. und wurde im 18. Jh. verändert.

Schloß Mailberg, NÖ.

Mainhartsdorf, nordwestl. Oberwölz, Stmk. Der ehemalige Amtshof des Stiftes Admont aus dem 17. Jh. wurde in der Barockzeit erweitert und ausgestattet. Seit 1850 ist das Gebäude, auch »Paterschlößl« genannt, in Privatbesitz.

Maishofen, nördl. Zell am See, Sbg. *Schloß Kammer.* Das heutige Gasthaus steht an der Stelle eines 1711 abgebrannten Schlosses, dessen Kapelle, ein Bau des 17. Jh., erhalten blieb, jedoch 1860 exsekriert wurde.

Schloß Saalhof. Der sehr typische Salzburger Ansitz mit Ecktürmchen, hohem Walmdach und Kielportal,

1606, erhielt seine heutige Gestalt von Christoph Aman, im 18. Jh. Pfleger zu Taxenbach. Der letzte Adlige auf Schloß Saalhof war im 19. Jh. Rochus von Braun, Pfleger von Fügen. Seit 1840 ist das immer noch ortsbeherrschende Gebäude bürgerlicher Besitz.

Stiegerschlößl. Das Haus Nummer 12 ist ein Bau des 17. Jh., dem die Stieger, 1700—1818, den Namen gaben.

Mamling, nordöstl. Braunau, OÖ. Von der mittelalterl. Wasserburg, im 17. Jh. zum Wasserschloß der Mamblinger umgebaut, blieb nach Umbauten im 19. und 20. Jh. nicht viel über. Der ehemalige Abensberg-Traunsche und Strachwitzsche Besitz ist heute in bürgerlichen Händen.

Mandorf, bei Kötschach-Mauthen, Ktn. Ein im 16. Jh. zum turmlosen massigen Gebäude ausgebauter Bauernhof, den die Manberg besaßen, die im Ortenburger Bergbau ihr Vermögen erworben hatten.

Mannersdorf, südwestl. Bruck an der Leitha, NÖ. Das Amtshaus an der Hauptstraße mit seiner lebendig gegliederten Fassade, im Grundgemäuer ein Bau des 16. Jh., entstand in seiner heutigen Gestalt im 18. Jh., möglicherweise nach Plänen Fischers von Erlach. Maria Theresia ließ den ehemaligen Besitz ihrer Erzieherin, der »Fuchsin«, mit aufwendigem Treppenhaus, Saal und Kapelle ausstatten. Der Maria-Theresien-Saal, den ein Vier-Jahreszeiten-Fresko mit Landschaftsmotiven und Barockhimmel überwölbt, und Nebenräume werden heute für Ausstellungszwecke benützt. Das Wahrzeichen des Schlosses, der Turm, wurde im vergangenen Jahrhundert abgetragen.

Mannswörth, NÖ., → Schwechat.

Manzing, bei Neustift-Innermanzing, östl. St. Pölten, NÖ.

Schloß Tannenmühle. Ein zweigeschossiger, in Hufeisenform angelegter Schloßbau des Fürsten Esterházy, 1871, mit zwei Haupttrakten und einer neugotischen Kapelle. Das Schloß im großen Park, 1945 zur Gänze ausgeplündert, ist heute ein wieder instandgesetzter Privatbesitz.

Marbach, bei Ried in der Riedmark, nördl. Mauthausen, OÖ. Die mittelalterl. Burg, im 16. Jh. von den Rohrbachern zum Schloß mit zweigeschossigem Laubenflügel ausgebaut, erwarb 1623 das Stift St. Florian. Dem dreigeschossigen rechteckigen Gebäude mit ursprünglich vier Ecktürmchen wurde zwischen 1686 und 1689 eine Kapelle hinzugefügt, erbaut von Carlo Antonio Carlone, ausgestattet mit Statuen von Giovanni Battista Carlone und Gemälden von Johann Michael Rottmayr. Das seit dem 19. Jh. öfter veränderte und seiner Gemälde beraubte Schloß ist in Privatbesitz.

Marbach an der Donau, westl. Pöchlarn, NÖ. Das zweitürmige Gebäude ist als Herrenhaus des 16. Jh. ausgewiesen.

Marchegg, NÖ., → Seite 48.

Margarethen am Moos, westl. Bruck an der Leitha, NÖ. Die ausgedehnte Vierflügelanlage im großen Park, ein Bau des 16. Jh. mit spätgotischer Spindeltreppe, entstand durch Umbauten um 1760. Noch 1830 umgab ein Wassergraben das Schloß. Der Besitz der Thürheim und Harrach wurde nach 1812 Verwaltungssitz der Batthyány. Über eine Tochter der Fürstin Batthyány und einen Sohn Königin Maria Luises aus ihrer zweiten Ehe mit General Graf Neipperg kam das Schloß an die Montenuovo. Der Letzte des Geschlechtes starb 1951.

Maria-Anzbach, bei Neulengbach, NÖ.

Aichhof. Schloßartiger Gutshof des 19. Jh.

Maria-Enzersdorf, südl. Wien, NÖ.

Schloß von der Weide. Die Anlage von 1714 mußte wegen des Straßenbaues zum Großteil abgetragen werden, enthält jedoch noch einen Marmorsaal mit Deckenfresken. Heute im Besitz einer Schloßkellerei.

Hunyadi-Schloß. Das spätbarocke Gebäude mit Rokokoausstattung erhielt seinen Namen, als eine Gräfin Hunyadi den Besitz erwarb. Das Schloß ist heute restauriert, mit Repräsentationsräumen und einer Heurigenschank versehen.

Mariapfarr, nordwestl. Tamsweg, Sbg.

Ansitz Niederrain. Der zweigeschossige Bau auf einem Hügel am Eingang ins Weißpriachtal trägt über dem Tor ein Wappen der Horner, domkapitelischer Pfleger zu Mauterndorf, 1539. Im ersten Stock waren bis vor kurzem zirbengetäfelte Räume des einstigen Jagdsitzes zu sehen, den die Herren von Grimming im 17. Jh. erworben hatten. Heute bäuerlicher Besitz.

Maria Ponsee, östl. Traismauer, NÖ. Ein um 1720 errichtetes, zweigeschossiges Schloß mit prächtigem Barockportal (wahrscheinlich von J. Prandtauer) nächst der Wallfahrtskirche, das unter den Geyer von Osterburg entstand, später zum Jagdschloß umgebaut, dann als Priesterschule verwendet wurde und jetzt als Pfarrhof dient.

Matrei, südöstl. Innsbruck, Tirol. Das Schloß der Trautson und Auersperg wurde 1945 zerstört. Von den beiden Ansitzen östlich der Sill ist die *Latschburg* (18. Jh., mit »Paradieszimmer«) gut erhalten, von *Arnholz* (Nornholz) 16. Jh., steht ein Rundturm.

Mattighofen, südöstl. Braunau, OÖ. Das amtshausähnliche Gebäude am Ortsausgang ist möglicherweise Nachfolgebau eines hier urkundlich belegten herzoglichen Wirtschaftshofes der Agilolfinger aus dem 8. Jh., der auch als königlicher Hof der Karolingerzeit belegt ist. Im 16. Jh. errichtete der Bayernherzog Wilhelm V. an dieser Stelle ein Schloß, das 1779 österreichisch und später habsburgischer Familienbesitz wurde. Es diente als Jagdschloß und ist heute im Besitz der Österreichischen Bundesforste.

Matzen, nördl. Gänserndorf, NÖ. Das heutige zinnengekrönte Schloß

Schloß Meires, NÖ.

hoch oberhalb des Marktes ist im 17. Jh. auf mittelalterl. Grundmauerwerk errichtet und nach 1825 unter einem Grafen Kinsky romantisch-gotisierend erneuert bzw. ausgebaut worden. Das dreigeschossige Gebäude der Herberstein, Fünfkirchen und Kinsky mit zweigeschossigen Galerien im Hof liegt in einem ausgedehnten Park am Rand des Matzener Waldes und bietet eine schöne Fernsicht über das Marchfeld. Den riesigen Weinkeller neben dem Schloß können Fuhrwerke bis in die Tiefe befahren. Matzen beherbergt eine Außenstelle des Museums für Völkerkunde in Wien und bietet mit jährlich wechselnden Ausstellungen Einblicke in Kultur und Wirtschaft außereuropäischer Völker. Besichtigung Mai bis Oktober täglich außer Mo., 9—12, 13—18 Uhr.

Matzleinsdorf, südwestl. Melk, NÖ. Das Gebäude mit Mansardendach, Pilasterschmuck im ersten Stock und Schloßterrasse entstand im 18. Jh. anstelle eines Edelhofes der Zelking. 1809 verwüsteten Matzleinsdorf die Franzosen, zwischen 1938 und 1945 verlor es seine Einrichtung. Heute ist es Sitz eines Industriebetriebes.

Mauer, Sbg., → Radstadt.

Mautern, westl. Leoben, Stmk.

Schloß Ehrnau. Die jetzige Landessiechenanstalt entstand 1673 über einem Burgenbau der Ehrenfelser und des Stiftes Admont als Barockschloß. Es besitzt noch einen (zum Teil zugemauerten und durch Fenster verschlossenen) Arkadenhof und eine Kapelle mit Rokokostukkatur. Nach einem Bericht soll Karl VI. mit Hofstaat und Familie im Herbst 1718 auf Ehrnau genächtigt haben. Während der hier veranstalteten Jagd schoß der Kaiser 36 Gemsen, die Kaiserin 24, Prinz Franz Stephan von Lothringen 15.

Mautern, an der Donau, bei Krems, NÖ.

Schloß Schönborn (Passauer Schloß). Der Viereckbau um einen Hof mit dem z. T. noch mittelalterl. Osttrakt, einem im 16. Jh. ausgebauten Südflügel, dem im 17. Jh. entstandenen Westtrakt und im 18. Jh. errichteten Nordtrakt war Sitz der Passauer Pfleger und Hauptmänner. Eine Gedenktafel im Hof erinnert an einen Nachkommen des 1568 hingerichteten Grafen Lamoral von Egmont. Nach 1710 besaßen die Grafen Schönborn das Schloß, heute ist es Gemeindebesitz.

Janaburg. Ein 1581 vor den Stadtmauern aus dem Janerhof entstandenes Renaissanceschloß mit barockisiertem Torbau und achteckigem Renaissancebrunnen. Wappen, Name und Spruch weisen auf den Erbauer Sebaldus Janer, das Göttweiger Wappen auf das Stift als vorübergehenden Besitzer, Bezeichnungen des Schlößchens als Geierhof und Rohrhofer Hof auf seine wirtschaftliche Bedeutung.

Mayerhofen, nordwestl. Friesach, bei St. Salvator, Ktn. Der dreigeschossige, rechteckige Bau entstand im 17. Jh. Als Salzburgischer Meierhof ist »Mirhoven« seit Beginn des 14. Jh. urkundlich. Im Giebelfeld trägt das Schloß das erzbischöfliche Wappen und das der Knappitsch, die es seit 1844 besitzen.

Meidling, südl. Krems, NÖ. Der gut instandgesetzte Schloßbau mit auffälligen Eckrisaliten, vom Göttweiger Abt Gottfried Bessel über einer mittelalterl. Burg nach 1715 als Gutshof errichtet, ist heute als Außenstelle der Strafvollzugsanstalt Stein eingerichtet.

Meires, südl. Waidhofen an der Thaya, NÖ. Den einstöckigen ehemaligen Herrschaftssitz mitten im Ort, ein Wasserschloß des 16. Jh., charakterisieren drei runde Ecktürme und ein langer Arkadengang im nördlichen Trakt des U-förmig angelegten Dreiflügelbaues. Das Schloß entstand an der Stelle der im Auftrag Kaiser Friedrichs III. von Stephan Eytzinger zerstörten Burg der Neidecker.

Meiselberg, nordöstl. Maria Saal, Ktn. Ein Bau des 16. Jh., der seine heutige Gestalt im 17. Jh., die barocke Ausstattung (Deckengemälde von Fromiller) im 18. Jh. erhielt. Der Besitz einer Gewerkenfamilie kam im 19. Jh. an eine Freiin von Rechbach und an die Christallnigg. Im 20. Jh. wurde Meiselberg Eigentum der Maria Theresia (Fürstin) Hanau.

Melans, Tirol, → Absam.

Mell (Möll), Stmk., → Trofaiach.

Mendling an der Lassing, südl. Göstling an der Ybbs, NÖ. Das spätbarocke Bauwerk mit schönen Fensterkörben, Mendling Nr. 3, ist das einstige Salzmauthaus, auch »Schnallenhaus« genannt. Mendling Nr. 6 ist ein schlößchenartiges Gebäude aus dem 17. Jh., das im 19. Jh. romantisiert und mit einer neuen Fassade versehen worden ist.

Merkenstein, westl. Baden, NÖ. Das klassizistische Sommerschloß am Fuß der großen Ruine (→ Burgenbuch) entstand nach 1801 unter Josef Karl von Dietrichstein. J. E. von Münch-Bellinghausen ließ es vierzig Jahre später von den Architekten Romano und Schwendenwein nach Laxenburger Vorbild verändern, 1945 brannte der zinnengeschmückte Bau aus. Heute verfällt er als Eigentum der Österreichischen Bundesforste.

Michelstetten, nordwestl. Mistelbach, NÖ. Die interessante Schloßruine ist nach Bombenabwürfen im Krieg einsturzgefährdet und nicht zu betreten. Das runde, nach spanischem Vorbild erbaute Wasserschloß entstand im 16. Jh.

Milesischloß, Ktn., → Villach.

Millstatt, am Millstätter See, Ktn. Das Hochmeisterschloß des von Kaiser Friedrich III. gestifteten Ordens der St. Georgsritter fiel 1478 den Türken und 1516 einem Brand zum Opfer. Die vielfach umgebaute und modernisierte Doppelhofanlage birgt künstlerische Sehenswürdigkeiten von Rang.

Mirabell, Sbg., → Seite 136.

Missingdorf, nordöstl. Horn, NÖ. Die heute als Wirtschaftsgebäude genützte Anlage ist der Westflügel eines einst mehrtürmigen Wasserschlosses der Missingdorf und Puchheim aus dem 17. Jh. Im Turm des 12. Jh. findet sich eine kreuzrippengewölbte Kapelle, 1405, mit Altar des 17. Jh.

Mistelbach, nördl. Wien, NÖ.

Ebendorf. Das dreigeschossige Parkschlößchen im eingemeindeten Ort Ebendorf, auf einen im 19. Jh. villenartig veränderten Bau des 17. Jh. zurückgehend, ist — nach den Zerstörungen von 1945 wiederaufgebaut — Eigentum der Familie (von) Märheim.

Das *Schlössel* in der Museumsgasse Nr. 4, ein Barockbau, den sich der Obereinnehmer Max Ferdinand Devenna eines erhofften Adelsdiploms wegen in den dreißiger Jahren des 18. Jh. erbauen ließ, dient heute als Heimatmuseum von Mistelbach. Im zweigeschossigen Gebäude um den netten Hof sind neben interessanten vorgeschichtlichen Funden u. a. bedeutsame Barockgemälde des 18. Jh. aus der Spitalskirche des Marktes aufgestellt. Zu besichtigen So. 10—12 Uhr, sonst gegen Voranmeldung.

Mistelbach, bei Buchkirchen, nördl. Wels, OÖ. Den Besitz der Starhemberg, der Polheim und Firmian erwarb im 19. Jh. die Oberösterreichische Volkskreditbank. Sie baute ihn zur Haushaltungsschule für Mädchen um. Bei der Renovierung im Jahre 1946 verlor das Schloß auch seinen schon baufällig gewordenen Turm.

Mittelweierburg, Vlbg., → Hard.

Mitterau, westl. St. Pölten, NÖ. Von ihren zahlreichen Schlössern der Umgebung erhielten sich die einstigen Grafen und Fürsten Montecuccoli nur dieses Talschloß an der Pielach nächst der Bundesstraße 1. Der Viereckbau mit den rotbehelmten Rundtürmen liegt hinter einer z. T. noch mit Schlüsselscharten versehenen hohen Parkmauer. Das Schloß des berühmten Türkensiegers Franz Raimund Graf Montecuccoli, zwischen 1746 und 1755 errichtet, bezog die Familie, als sie die bombastische Burg Hohenegg (→ Burgenbuch) bei Hafnerbach verließ. Mitterau mit fast tausend Hektar Waldbesitz ist noch heute Eigentum der Familie Montecuccoli-Laderchi.

Mitterberg nächst Schwanenstadt, nordöstl. Vöcklabruck, OÖ. Das vierflügelige zweigeschossige Schloß mit achteckiger Kapelle entstand über einer älteren Anlage unter den Grafen von Salburg im 17. Jh. Von den Grafen Fuchs um 1842 verändert, kam das Gebäude an Erzherzog Maximilian von Este. Im 20. Jh. benützten es abwechselnd Geistliche, eine Stelle des deutschen Reichsarbeitsdienstes und Wohnparteien. Heute ist es Privatbesitz.

Mitterdorf im Mürztal, südwestl. Mürzzuschlag, Stmk.

Schloß Pichl. 1554 hatte Jörg Idunsperger vom Abt des Zisterzienserklosters Neuberg die Erlaubnis erhalten, auf dem »Puchl« nördlich von Mitterdorf einen Edelmannssitz zu errichten. 1594 wird urkundlich, daß »Gschloß Puchl« samt Gütern zwischen Krieglach und Mitterdorf dem Freiherrn von Herberstein gehörte. Im 18. Jh. war das kleine Viertürmeschloß, inzwischen von einer doppelten Ringmauer mit Rundtürmen geschützt, Eigentum der Gabelkhoven und Kalchberg. Am 14. März 1765 wurde in ihm der als Verfasser von Ritterstücken und vaterländischen Novellen bekannt gewordene Johann Nepomuk Ritter von Kalchberg geboren. Das bestens restaurierte Schloß mit einem nach dem Park zu offenen Arkadenhof ist heute Sitz einer Waldbauern- und Waldfacharbeiter-Schule der steirischen Kammer für Land- und Forstwirtschaft. Die einstige Schloßkapelle dient als »getäfelte Halle«.

Mittergrabern, nordwestl. Hollabrunn, NÖ. Ein hervorragend instandgesetztes, zweistöckiges Gebäude des 17. Jh. mit Freitreppe. Das auf einen Bau der Rogendorfer des 16. Jh. zurückgehende Schloß inmitten des gepflegten Parks war später Besitz der Grafen Waldstein und wird heute als landwirtschaftliche Schule benützt.

Mittersill, westl. Zell am See, Sbg.

Einödberg. Ein Ansitz des 15./16. Jh. mit origineller Silhouette. Zu- und Umbauten haben der Anlage das historische Ansehen genommen.

Mittertrixen, nordwestl. Völkermarkt, Ktn. Im Tal unter der Ruine (→ Burgenbuch) entstand das Neu-Schloß, ein weitläufiger Baukomplex des 18. Jh., der im 19. Jh. als Reiterkaserne benützt wurde. Seit dem

18. Jh. ist das Schloß Besitz der Grafen Christallnigg.

Möchling, südwestl. Völkermarkt, Ktn. Das in den mittelalterl. Urkunden des Stiftes St. Paul im Lavanttal mehrfach genannte Gut und »feste Haus« Möchling ist heute ein einfacher dreigeschossiger, schloßartiger Herrensitz aus dem 17. und 18. Jh. mit Resten von Stukkaturen und Fresken aus der Bauzeit. Privatbesitz.

Möderndorf, am Zollfeld, nordwestl. Maria Saal, Ktn. Der Bau in der Nähe des Schlosses Tanzenberg (→) entstand im 16. Jh. über einer spanheimischen Burg. Vom Renaissanceschloß, wie es Valvasor im 17. Jh. darstellt, steht nur ein im Verfall befindlicher, im 19. Jh. veränderter Trakt. Das einstige Lehen der Keutschacher wechselte seit dem 17. Jh. vielfach die Besitzer.

Möderndorf, bei Hermagor, Ktn. Der wuchtige zweistöckige Bau des 16. Jh. mitten im Ort trägt über dem Eingang das Wappen der Porcia. Die Ortenburger erwarben es von den Herren von Rechbach und Weidegg. Seit dem 19. Jh. ist Möderndorf bürgerlicher Besitz.

Möllersdorf, nördl. Traiskirchen, NÖ. Ein vermutlich um 1690 entstandener, einfacher zweigeschossiger Bau mit Pilastergliederung, der im 19. Jh. als Militärgefängnis und bis 1925 als Strafanstalt für Männer Verwendung fand. Heute Wohnbau der Stadtgemeinde Traiskirchen.

Mondsee, am gleichnamigen See, OÖ. Das Schloß der Grafen Almeida, Teil des einst ältesten Klosters von Oberösterreich, entstand nach der Klosterreform Josephs II.

Moosburg, nördl. Pörtschach, Ktn. Den mächtigen Bau oberhalb der gleichnamigen Ortschaft errichtete Leonhard von Ernau anstelle der unbewohnbar gewordenen Burg (→ Burgenbuch) um 1514. Moosburg besitzt im ersten Stock einen riesigen, von vier Pfeilern getragenen, dreischiffigen Rittersaal. Um- und Zubauten, auch die kleine (ursprünglich evangelische) Kapelle mit Anbau stammen aus dem 17. Jh. Als Hektor von Ernau wegen seines protestantischen Glaubens 1629 emigrieren mußte, kam sein Besitz an die Herren von Kronsegg. Seit 1708 besitzen die Grafen Goëß das als Gästehaus eingerichtete Schloß.

Moosheim, Ktn., → Prebl.

Moosheim, östl. Gröbming, Stmk. *Schloß Thurnfeld* (Tanneg, Thonegg). Den im 15. Jh. urkundlichen »Bischofsturm« *Tanneg* am Abhang des Michaelerberges bauten erzbischöflich-salzburgische Dienstleute im 16. Jh. zum Schloß Moosheim aus. Von der Dreiflügelanlage stehen noch zwei Trakte, in denen sich Sgraffitomalerei erhielt. 1911 wurde ein Teil des zweigeschossigen Bauwerkes als Altersheim eingerichtet.

Mühlbach am Manhartsberg, südwestl. Hollabrunn, NÖ. Das gepflegte Schloß im Park oberhalb des Ortes, seit 1840 im Besitz der Reichsfreiherren von Gudenus, ließen um 1600 die Hofkircher auf Burg Kollmitz (→ Burgenbuch) bei Raabs errichten. 1620, als sie ihres protestantischen Glaubens wegen geächtet wurden, fiel Mühlbach an den Landesfürsten und wurde im 17. wie im 19. Jh. umgebaut und verändert. Im Viereckturm und im Torbau sind noch Teile des alten Schlosses zu sehen.

Mühldorf, bei Feldkirchen i. M., westl. Ottensheim, OÖ. Ein gotischer Torturm weist noch auf die Burg der Wallseer. Vom Wasserschloß des 16. Jh. — Mühldorf war damals liechtensteinsches Lehen — blieben nur der rechteckige Mittelteil und ein Rundturm erhalten. Seit 1754 dient der gut instand gehaltene, noch mit historischem Detail und mit schöner Kapelle (mit Gemälde von Altomonte) versehene Bau dem Stift Wilhering als Meierhof.

Mühlegg, bei Gössendorf, südl. Graz, Stmk. Im »Stockh Millegg« bei Gössendorf wohnte 1597—1599 Johannes Kepler, damals Mathematiklehrer an der Grazer Stiftsschule. Barbara, die Tochter des Mühlherrn Jobst Müller, wurde seine Frau. Der schloßartige Edelsitz der einstigen »Müller von und zu Mühleck« im Augebiet an der Mur besitzt einen Arkadengang, eine Kapelle und noch gut eingerichtete Zimmer. Nach dem Zweiten Weltkrieg war Mühlegg Sitz einer Gemeinde der »Christlichen Weltmission«.

Mühlgrub, südöstl. Bad Hall, OÖ. Vom mehrtürmigen Schloß um 1600 steht heute noch der Hauptbau. Im Mittelalter als »Grub« im Besitz des Stiftes Kremsmünster, im 15. Jh. Eigentum der Mühlwanger, kam »Mühlgrub« nach mehrfachem Besitzwechsel 1659—1876 an das Stift Schlierbach. Heute Privatbesitz mit Brauerei.

Mühlheim am Inn, nordöstl. Braunau, OÖ. Das jetzige Schloß, ein im Renaissancestil nachempfundener Neubau des 19. Jh., geht auf eine im 17. Jh. errichtete weitläufige Anlage des Friedrich von Rhelling zurück. Das Wohnschloß ist Eigentum eines Wiener Fabrikanten, die dazugehörige Landwirtschaft bäuerlicher Besitz.

Mühlhof, nordwestl. Gloggnitz, bei Küb, NÖ. Ein »sterbendes Schlößl« ist der im Verfall befindliche hakenförmige Bau im Park am rechten Schwarza-Ufer. Im 17./18. Jh. klösterlicher, dann Salla-Stollbergscher Besitz.

Mühlwang, in Traundorf, östl. Gmunden, OÖ. Das Stammhaus der Mühlwanger baute im 16. Jh. ein Hofmann von Grünpichl zum Schloß aus. Als es dem Salzamtmann Freiherrn Georg Siegmund Schiffer gehörte, war der 1683 vor den Türken nach Linz geflüchtete Kaiser Leopold I. hier zu Gast. Im Museum der Stadt Gmunden gibt ein Modell etwas von der »Biedermeierherrlichkeit und Gartenlust« des einstigen Schlößchens Mühlwang wieder, das 1901 Herzog Ernst August von Cumberland erwarb und heute unter der Hausnummer 59 in der Linzer Straße zu finden ist.

Münichau, Tirol, → Seite 153.

Münichhofen, südöstl. Weiz, Stmk. Der nüchterne Bau mit vier Ecktürmen um einen Innenhof entstand im 18. Jh. unter den Stubenberg, die den wehrhaften Edelsitz des 17. Jh. von den Rindsmaul erworben hatten. Heute Privatbesitz.

Murau, Stmk., → Seite 109.

Mureck, westl. Radkersburg, Stmk. Das zum malerischen Markt gehörige Schloß *Obermureck,* ein Bau des Andrea Bertoletto vom Comersee, 1591, liegt jenseits der Mur als »Grad Cmurek« auf jugoslawischem Staatsgebiet.

Murstetten (Goldburg), nordöstl. St. Pölten, NÖ. Das hochbarocke Wasserschloß aus dem 17. Jh. brannten im Jahre 1809 französische Soldaten nieder, als sie nach durchzechter Nacht einen der ihren erstochen im Schloßhof liegend fanden. Die Goldburg des Grafen Gundaker von Althan, Kaiserlicher General-Hofbaudirektor und Vorgesetzter des Hofbaumeisters Johann Bernhard Fischer von Erlach, war als eines der prächtigsten Schlösser im Lande unter der Enns bekannt. Reste der Gartenanlagen mit Wasserspielen, Exoten und Skulpturen sind im Gelände hinter der hohen Schloßmauer zu finden: eine Gartenterrasse, einzelne Steinfiguren und eine künstliche Grotte. Die Grabsteine der Althan in der nahen Pfarrkirche nennen Stand und Würden der einstigen Schloßherren. Wolfgang von Althan († 1543) hatte Anna von Pötting, Erbin von Murstetten, geehelicht. Christof Althan († 1574) war Kaiserlicher Geheimer Rat, Hofkammerpräsident und Herr auf Goldburg, Einöd, Gobelsburg, Osslarn, Rohr, Tautendorf, Watzendorf und Weinzirl. Gundaker Ludwig Josef, 1665—1747, war Regimentsinhaber, Hofkriegsrat und Ritter des Ordens vom Goldenen Vlies. Unter seiner Leitung wurde die k. k. Hofbibliothek in Wien, die heutige Nationalbibliothek, errichtet. Er hatte in Murstetten des öfteren Kaiser Karl VI. und Maria Theresia zu Gast. Nach seinem Tod übersiedelten die Althan nach Zwentendorf (→) an der Donau.

Murstetten, Stmk., → Lebring.

Mürzsteg, nordwestl. Mürzzuschlag, Stmk. Der Name des 1870 von Kaiser Franz Joseph I. im obersten Mürztal errichteten Jagdschlosses wurde 1903 durch die hier geschlossenen Verträge zwischen dem Monarchen und Zar Nikolaus II. bekannt. Die Republik Österreich stellt das Gebäude dem jeweiligen Bundespräsidenten als Sommersitz zur Verfügung.

Natters, südl. Innsbruck, Tirol. *Ansitz Waidburg.* Als sich die Innsbrucker Bürger Wendelin und Ambrosi Yphofer um 1518 den Edelsitz errichten ließen, adelte sie Kaiser Maximilian I. Den kubischen Bau mit netzgewölbter Kapelle und Tiroler Adler samt Herzogshut über dem spätgotischen Tor besaßen später verschiedene Familien aus dem Beamtenadel. In den letzten Jahren ist der als Ferienheim in Verwendung stehende Bau im Inneren fast völlig modernisiert worden.

Naudersberg, in der gleichnamigen Ortschaft, südl. Landeck, Tirol. Die einstige landesfürstliche Burg mit Renaissancearkaden des 16. Jh. (→ Burgenbuch) und desolater spätgotischer Schloßkapelle dient sommersüber österreichischen Mittelschülerinnen als Ferienaufenthalt.

Nebersdorf, nordöstl. Oberpullendorf, Bgld. Das heute im Verfall befindliche frühklassizistische Schloß mit halbrundem Säulenvorbau und dem Fresko »Götter des Olymps« von Stephan Dorffmeister, 1773, im hohen Mitteltrakt ließ Christoph Niczky um 1770 über einer früheren Anlage errichten. Der heutige Eigentümer, ein Gastwirt, plant den Bau zu restaurieren und in ihm ein »Museum der kroatischen Kultur im Burgenland« einzurichten.

Nechelheim, Stmk., → St. Lorenzen im Mürztal.

Neuaigen, nordwestl. Tulln, NÖ. Das sorgfältig gepflegte Schloß im großen Park mit quadratischem Torturm, reichgeschmückten Giebeln und Arkadenhof ist Wohnsitz des (Fürsten) Franz Metternich-Sandor (Herzog von Ratibor und Corvey), Eigentümer der Güter und Schlösser Grafenegg (→ Seite 54) und Asparn a. d. Zaya (→ Burgenbuch). Das nach 1494 von den Hofkirchen erbaute, später barock umgestaltete Schloß fiel nach 1620 als »Rebellengut« an den Landesfürsten und kam über die Harrach u. a. 1685 an Johann Ferdinand Graf Enckevoirt, um 1750 an die Grafen Breuner-Enckevoirt.

Neudau, nördl. Fürstenfeld im Lafnitztal, Stmk. Das heutige Wohnschloß im umzäunten Park erinnert in nichts mehr an das wehrhafte Wasserschloß der Polheim und Rottal im 17. und 18. Jh. 1704 erwarben die schlesischen Grafen Kotullinsky den Besitz, deren Geschlecht das Schloß noch heute bewohnt. Im Schloßarchiv werden Briefe des Verwalters Pänckler an Franz Karl Graf Kotullinsky aufbewahrt, in denen über die Kuruzeneinfälle der Jahre 1704 bis 1711 berichtet wird. An die Kuruzen, ungarische Aufständische, die mit der Neuordnung nach den Türkenkriegen nicht einverstanden waren und von Ludwig XIV. Hilfsgelder empfingen, erinnert noch das österreichische Schimpfwort »Kruzitürken«. Die Pänclerbriefe berichten von den unbeschreiblichen Greueln dieser Horden in der Oststeiermark, auch von der zweimaligen Vernichtung des Ortes Neudau. Am 29. Juli 1704 gingen Schloß, Pfarrhof, vier Meierhöfe und das ganze Dorf in Flammen auf. Im Schloß standen nur mehr die ebenerdigen Gewölbe, auf die der Schutt des übrigen Gebäudes zusammengestürzt war. »Wenn man das sieht«, schreibt der Verwalter, »steigen einem die Haare zu Berge, und es ist dabei ein solcher Gestank, daß man fast vor Blödigkeit umfallen möchte.« Am 21. Januar 1707 fiel der Kuruzenführer Bessereti mit fünftausend Mann wieder in das Land ein und legte dreizehn Dörfer an der Grenze in Schutt und Asche. Nach dem Überfall vom 27. August desselben Jahres berichtet Pänckler: »Von frühmorgens bis in die dunkle Nacht hinein bekomme ich nichts als zerhaute oder zerschossene Leute zu sehen ... Was noch steht, ist samt der Kirche dermaßen ruiniert, daß es gar keinem Gebäude ähnlich sieht.«

Neudenstein, südwestl. Völkermarkt, Ktn. Der Name der Burg der Aufensteiner aus dem 14. Jh. mit Wohntrakten und sehenswertem mustergültig restauriertem Arkadenhof aus dem 16. und 17. Jh. oberhalb des aufgestauten Edlinger Sees (→ Burgenbuch) weist auf Neid-Stein (= Zankapfel). Seit dem 17. Jh. nannte man Neudenstein auch »Schwarzes Schloß«. Der gepflegte Bau besitzt aus dieser Zeit Stukkaturen und Deckengemälde.

Neudorf ob Wildon, nordwestl. Wildon, Stmk. Andreas von Glojach, der als Protestant 1628 das Land verlassen mußte, verkaufte das von ihm nach 1580 erbaute stattliche Schloß um 23 500 Gulden an Georg Sigmund Paradeiser, doch wurde der Kaufpreis nie erlegt, und 1641 zog der katholisch gewordene Sohn des Andreas wieder in Neudorf ein. Die Herrschaft war verschuldet und das Schloß im Verfall, als es 1703 die Grafen Breuner, wenig später die Gleispach, die Wurmbrand u. a. erwarben. Der Privatbesitz, 1954 völlig restauriert, gehört zu den schönsten Renaissanceschlössern der Steiermark. Den quadratischen Hof umfassen drei Wohntrakte mit zweigeschossigen Säulenarkaden im Ost- und Südflügel, die als »Meisterwerk der steirischen Renaissancekunst« bezeichnet wurden. Das noch mit Resten der Zugbrücke und mit Schießscharten versehene Schloß besitzt neben modernen Räumen eine historische Kapelle mit illusionistischer Malerei, prächtige Renaissanceportale und Wappen.

Neu-Finkenstein, bei Gödersdorf, südl. Warmbad Villach, Ktn. Ein rechteckiger, zweigeschossiger Bau des 16. Jh., den sich die Dietrichstein im Tal auf einem Hügel bei der Pfarrkirche von Gödersdorf errichten ließen, als ihnen die hochgelegene Burg Finkenstein (→ Burgenbuch) unbequem geworden war. Von 1913 bis 1939 war Neu-Finkenstein Besitz der Wittgenstein, seit 1945 ist es Eigentum der Österreichischen Bundesforste.

Neu-Gleichenberg (Schloßruine), bei Bad Gleichenberg, südl. Feldbach, Stmk. Das wehrhafte Schloß der Trauttmansdorff, vor 1624 nördlich des heutigen Heilbades entstanden, im 17. Jh. Schauplatz zahlreicher Hexenprozesse, ist 1945 schwer beschädigt worden und ausgebrannt.

Neuhaus (Neuhäusl), westl. Lavamünd, Ktn. Der massige, gedrungene Bau mit dachgleichen Ecktürmen oberhalb des südlichen Drauufers entstand, als die Ungarn 1481 die alte Burg zerstört hatten. Bauherr war Christof Ungnad. Im 16. Jh. war Neuhaus Besitz der Herberstein, der Gall zu Gallenhofen, der Paradeiser u. a. Geschlechter. Im 17. Jh. kam Neuhaus an die Prüggler, deren Wappen im Rittersaal noch zu sehen ist.

Neuhaus, westl. Baden, NÖ. Zwischen 1607 und 1612 entstand unter Hans Christoph von Wolzogen aus der Burg der Inprucker oberhalb des Ortes ein wehrhaftes Schloß mit Ecktürmen und turmbestückter Ringmauer. 1683 zerstörten es die Türken. Um 1726 ließ die Hofkammer den landesfürstlich gewordenen Besitz um einen westlichen Trakt erweitern und eine von venezianischen Meistern geleitete Spiegelfabrik in ihm einrichten. Den frühen Industriebetrieb schildert der Schlösserchronist Sartori im 19. Jh. mit überschwenglichen Worten: »So herrlich die Gegend von Neuhaus am hellen Tage, so gewinnt sie ungemein Abends zur Zeit der Dämmerung, wo die helle Glut der Öfen wie Vulkane Feuer um sich sprüht und der dicke Rauch die Hütten deckt, kommt hierzu der Mond mit seiner magischen Beleuchtung ... so wird dieser Anblick jeden ergreifen und mit unaussprechlichem Vergnügen erfüllen.« — Als die italienischen Meister unter Zurücklassung erheblicher Schulden Österreich bei Nacht und Nebel in südlicher Richtung wieder verließen, hatte die Hofkammer das Nachsehen. Im 19. Jh. suchten die Grafen Wimpffen ihren Besitz Neuhaus durch einen Kurbetrieb aufzuwerten. 1945 wurde Schloß Neuhaus Ruine. Der instand gesetzte Westtrakt dient heute als Pfarrhof.

Neuhaus, südl. Obernberg am Inn, bei Geinberg, OÖ. Das Schloß mit dem noch etwas burgenhaften Aussehen auf dem Hügel oberhalb Neuhaus, im 16. Jh. aus einer Burg entstanden, war 600 Jahre, vom 13. bis zum 19. Jh., im Besitz der Ahamer, Ministerialen der Passauer Bischöfe, Beamte und Kammerherrn am herzoglich und königlich bayerischen Hof. Heute ist im Schloß ein Kinderheim untergebracht.

Neu-Hohenwang, westl. Langenwang, Stmk. Als die Schärffenberg im September 1788 das Burgschloß Hohenwang (→ Burgenbuch) verließen, bezogen sie das nach 1760 errichtete prächtige »Unterhochenwang«, später Neu-Hohenwang genannt. Angeblich sollen die Zimmer dieses Schlosses mit goldenen und silbernen Tapeten ausgestattet gewesen sein. Noch im 19. Jh. erneuerte man den Bau, der 1864 als Feldspital diente. Bis 1960 gehörte der Besitz dem französischen Grafen Saint Maurizette-Genois. Sein Nachfolger verschuldete sich, Neu-Hohenwang wurde versteigert und 1964 gesprengt. Der mittelalterl. Edelsitz Krottenhof neben dem Schloß blieb erhalten.

Neukirchen am Großvenediger, südwestl. Mittersill, Sbg.

Schloß Hohenneukirchen. Das marktbeherrschende Hochschloß, ein Bau des 16. Jh., dient der Gemeinde als Krankenhaus. Nach den Herren von Neukirchen, Ministerialen des Salzburger Erzbischofs, erbten 1558 die Brüder Erasmus und Christoph von Kuenburg den Besitz. Ihre Familie stellte bis 1849 die Schloßherren. Seit 1898 ist Hohenneukirchen Gemeindebesitz.

Neumarkt an der Raab, südöstl. Jennersdorf, Bgld. Der zweigeschossige, dezente Schloßbau in Gelb-weiß mit grünen Fenstern im gepflegten Park oberhalb des Ortes entstand 1846 an der Stelle eines älteren Baues. Er wird von der (Grafen-)Familie Batthyány bewohnt.

Neumarkt in Steiermark, südöstl. Murau, Stmk.

Pichlschloß. Der Hof zu Pühlarn, ein zweistöckiger Bau des 17. Jh. nördlich des Marktes, ist heute Erholungsheim. Toranlage und Mauerreste weisen noch auf die einstige Wehranlage.

Neu-Pernstein, südöstl. Kirchdorf an der Krems, OÖ. Um 1715 ließ der Abt von Kremsmünster den Meierhof zu Hanfelden, den das Stift 1689 erworben hatte, von Jakob Prandtauer zum Schloß umbauen. Unweit ihrer Burg Alt-Pernstein (→ Burgenbuch) gelegen, wurde Neu-Pernstein — noch heute Stiftseigentum — Sitz des Distriktskommissariats und des Steuerbezirkes.

Neupfannberg (Grafendorf), südl. Frohnleiten, Stmk. Ein unter dem Hofkammerrat Franz Anton von Saffran nach 1736 vom Wiener Neustädter Baumeister Joseph Stainperger errichteter Schloßbau. Im September 1757 nächtigte in ihm Maria Theresia, die mit einer ihrer Töchter eine Wallfahrt nach Adriach unternommen hatte. 1776 übertrug man das Seelsorgeprivileg von der alten Burg Pfannberg (→ Burgenbuch) auf die der Hl. Dreifaltigkeit geweihte Schloßkapelle. Der mächtige Vierkanter im Park, mit mehreren Sälen und einer Vielzahl von Räumen, ist vielfach umgebaut und mit klassizistischen Zubauten versehen worden. 1945 verwüstet, steht Neupfannberg heute als Forstamtsgebäude der (Freiherrn von) Mayr-Melnhof in Verwendung.

Neu-Roseneck, Tirol, → Fieberbrunn.

Neu-Scharnstein (Scharnstein), OÖ., → Seite 88.

Neuschloß, bei Wundschuh, südl. Graz, Stmk. Der zweistöckige Bau mit ausgedehnter Parkanlage und schön gestalteten Gartentoren entstand im 18. Jh. unter den Dietrichstein, die den Edelsitz des Sebastian Speidel aus dem 17. Jh. zum Barockschloß gestalten ließen. Die Dietrichstein besaßen das »Neugeschloß« bis 1780. Seit 1807 sind die Grafen Des Enffans d'Avernas Besitzer des noch mit Stuckwerk der Entstehungszeit reichlich versehenen Gebäudes.

Neustarkenberg, Tirol, → Tarrenz.

Neusteinhof (Flattachhof), im Drautal, südwestl. Spittal, Ktn. Der Renaissancebau des 16. Jh., dessen historisches Aussehen jüngst durch einen Zubau gestört wurde, beherbergt eine Schloßpension. Wahrscheinlich ein vom Klagenfurter Münzmeister Florian Kriegelstein errichteter Bau, der ursprünglich »Flattachhof« hieß.

Neustift, südl. bei Scheibbs, NÖ.

Schloß Lehenhof. Ein einfacher, hufeisenförmig angelegter zweigeschossiger Bau des 19. Jh., Sommersitz des Dichtergrafen Albrecht von Wickenburg, 1839—1911. Heute Heim des Wiener Jugendhilfswerkes.

Neutenstein, NÖ., → Untergrafendorf.

Neuteufenbach, Stmk., → Teufenbach.

Neuwartenburg, bei Vöcklabruck, OÖ. Den spätbarocken Landsitz unterhalb der mittelalterl. Feste Wartenburg (→ Burgenbuch) errichtete im Auftrag der Grafen Saint-Julien der Wiener Architekt Anton Erhard Martinelli zwischen 1730 und 1732. Den achteckigen vorspringenden Mittelbau, der den Prunksaal mit einem Fresko von Bartolomeo Altomonte birgt, flankieren zweigeschossige Flügel mit Rosenholzzimmer, Kupferstichkabinett und Schloßkapelle. Der festliche Ehrenhof, die Einfahrtshalle mit Giebel und Uhrtürmchen über der Auffahrtsrampe, Torpavillon, die barock geschwungene Schloßmauer um die prächtigen Parkanlagen mit Gittertoren akzentuieren dieses eigenwillige »maison de plaisance« des Grafen Johann Albrecht Saint-Julien. Er hatte weder Aufwand noch Kosten für das Schloß gescheut, als Karl VI. ihm zugesagt hatte, ihn zu besuchen. Eine Marmortafel auf dem Falkenhäuschen im hinteren Park hält fest, daß der Kaiser 1732 auf der Rückreise von Ischl sein Versprechen eingelöst hat.

Neydharting, OÖ., → Bad Wimsbach-Neydharting.

Niederalm, südl. Stadt Salzburg.

Schloß Lasseregg. Der Edelsitz des Salzburger Ratsherrn und Bürgermeisters Rueprecht Lasser, den Kaiser Maximilian I. in den Ritterstand erhob und dem Erzbischof Matthäus Lang auch die Freiheiten eines Salzburger Ritters verlieh, ist ein einfacher, zweigeschossiger rechteckiger Edelsitz aus der ersten Hälfte des 16. Jh. Nach den Grafen Kuefstein und Freiherrn von Laßberg wechselten die Besitzer im 18. und 19. Jh. häufig. Heute Privatbesitz.

Niederdorf, südl. St. Veit an der Glan, Ktn. Ein schloßartiger, einstöckiger Edelmannssitz, im 16. Jh. über mittelalterl. Mauerwerk entstanden und vielfach verändert, wahrscheinlich bedeutend verkleinert auf uns gekommen. Besitzer waren u. a. auch Mager von Fuchsstätt (→ Mageregg), über dem Portal findet man die Wappen der Welzer und der Hagen. Heute Privatbesitz.

Niederfellabrunn, nordöstl. Stockerau, NÖ. Der schloßartige Bau des 18. Jh. mit zwei Türmchen an der Dorfangerstraße war Sitz eines Gerichtes.

Niederfladnitz, nordwestl. Retz, NÖ. Das ehemalige Schloß mit zwei Ecktürmchen und einem achteckigen Mittelturm nächst der Ruine Kaya (→ Burgenbuch) war schon unter den Eytzingern im 16. Jh. Amtssitz der Herrschaft Nieder-Fladnitz, die im 17. Jh. die Fürsten Trautson, im 18. Jh. die Auersperg besaßen.

Niederkreuzstetten, südwestl. Mistelbach, NÖ. Burg und Schloß des 16. Jh. oberhalb des Ortes waren Sitz einer Herrschaft, die zur Reformationszeit die Herren von Prandeck und im 17. Jh. die Grafen Hoyos be-

Schloß Niederweiden, NÖ.

saßen. Das Schloß im kleinen Park, mit Bastionen, nur zum Teil ausgebautem Arkadenhof und schöner Kapelle, ist im 18. Jh. erneuert worden und heute Privatbesitz.

Niederleis, westl. Mistelbach, NÖ. Das ehemalige Wasserschloß, eine unregelmäßige Renaissanceanlage um einen großen Hof, liegt inmitten eines verwilderten Parks und gehört zum jetzigen »Naturpark Leiserberge«. Der Besitz des Stiftes Heiligenkreuz ist im 17. und 18. Jh. mehrfach verändert worden. Im 19. Jh. ließ Graf Wallis den einstigen Schüttkasten in einen Festsaal umbauen, Schloß und Kapelle in den jetzigen Zustand bringen und den großen italienischen Garten anlegen. Seine Kunstsammlungen bestanden aus Antiken, romanischen, gotischen, Renaissance- und auch klassizistischen Plastiken — meist aus Oberitalien —, Gobelins, Fayencen, Majoliken und kunstgewerblichen Arbeiten des 18. und 19. Jh. Die Sandsteinstatuen an der Brücke stammen von Giovanni Giuliani aus dem 18. Jh. Das Schloß ist vom 1. April bis 15. November Sa. und So. zwischen 13 und 18 Uhr geöffnet und kann auch nach Anmeldung besichtigt werden. Ferner stehen einige Fremdenzimmer zur Verfügung.

Niedernondorf, südöstl. Zwettl, NÖ. Das große Schloß nächst der Kirche entstand im 18. Jh. durch Umbau einer Anlage der Zelking, die vom Mittelalter bis 1722 Herren in Niedernondorf waren. Das freistehende Verwaltungsgebäude ist im 19. Jh. von den Grafen Thurn-Valsassina errichtet worden.

Niederosterwitz, östl. St. Veit an der Glan, Ktn. Als den Burggrafen von Hochosterwitz (→ Burgenbuch) und den Fürsten Khevenhüller im 17. Jh. der Anstieg durch die vierzehn Tore zum Hochschloß zu mühsam und das Wohnen in ihm zu unbequem geworden war, erwarben sie den Besitz Aftendorf zu Füßen der Burg und ließen sich hier ein Schloß errichten. 1645 entstand der Haupttrakt, 1690 der Südflügel von Niederosterwitz. Bis zum heutigen Tag ist das Schloß Wohnsitz der (Fürsten) Khevenhüller.

Niederranna, westl. Spitz, NÖ.
Schloß Brandhof. Göttweigs großer Abt Gottfried Bessel ließ zwischen 1730 und 1740 eine hier bestehende ältere Schloßanlage unterhalb der Burg Oberranna (→ Burgenbuch) prächtig ausbauen. Den fast zur Ruine gewordenen zweigeschossigen Bau mit schöner Eingangshalle, barocken Fenstern und Stukkaturen rettete ein Wiener Antiquitätenhändler 1974/75 vor dem endgültigen Verfall.

Niederwallsee, NÖ., → Wallsee.

Niederweiden (Engelhartstetten), südlich Marchegg, NÖ. Nach den Strapazen als Verteidiger Wiens gegen die Türken und während der mißglückten Belagerung der Stadt Ofen im Jahre 1684 hatte Ernst Rüdiger Graf Starhemberg die Herrschaft Engelhartstetten erworben. An der Stelle der alten, von den Türken zerstörten Burg Grafenweiden ließ er sich vom Hofbaumeister Fischer von Erlach das Jagdschlößchen Niederweiden errichten, ein eingeschossiges, barockes Lustschlößchen mit hohen Fenstern, vorspringendem, attikageschmücktem, ovalem Mitteltrakt und flachen Dächern, ein Gebäude, in dem der Fürst seine kaiserlichen Herren empfangen konnte. Prinz Eugen, der den Besitz mit Schloßhof (→) 1727 erwarb, ließ den kleinen Bau erweitern. Seine heutige Gestalt erhielt Niederweiden jedoch erst nach 1755, als Maria Theresia die beiden Herrschaften des Feldherrn angekauft hatte: Erd-, Hauptgeschoß und Kuppelsaal wurden erhöht, die Fensteröffnungen höhergesetzt, über die früheren Flachdächer stülpte man nach Abtragung der Attika einen Dachstuhl. Das Herzstück des gesamten Baues, der ovale Kuppelsaal, das prächtige Stiegenhaus und auch die Räume erhielten jetzt ihren malerischen Schmuck. Nach dem Ersten Weltkrieg begann der Verfall von Niederweiden. 1945 erlitt der Bau böse Zerstörungen. Restaurierungen im letzten Jahrzehnt retteten das Schloß vor dem endgültigen Untergang. Über seine künftige Verwendung ist man sich noch nicht einig.

Nikitsch, nordöstl. Oberpullendorf, Bgld. Das von Georg Recsey, 1638 bis 1661, über dem alten Kastell Nikitsch-Gálosháza erbaute Schloß war bis Anfang des 18. Jh. verpfändeter Besitz der Esterházy. 1708 erwarb Adam Meskó die Herrschaft. Sie ist noch heute im Besitz der (Grafen-)Familie Zichy-Meskó. Seine Fassade, den Mittelrisalit im Hof und den Torbau, erhielt das Schloß mit schönem Park im 19. Jh. Die Kapelle mit einem Stephan-Dorffmeister-Fresko, 1781, besitzt noch Ausstattung aus dem 18. Jh.

Obdach, südl. Judenburg, Stmk.

Schloß Rosenbach. Der einfache zweistöckige Viereckbau des 17. Jh. nordwestl. des Marktes, einst mit Wassergraben umgeben, war Besitz der Grafen Saurau, seit 1656 der Freiherrn von Sidenitsch, im 18. Jh. der von Heiß, von Prandau und der Liechtenstein.

Oberalm, bei Hallein, Sbg.

Schloß Haunsperg. Das heute als Hotel benützte Gebäude mit zwei giebelgeschweiften Türmen, zweistöckigem Laubenaufbau und drittem Geschoß ist 1960/61 restauriert worden. Von den Haunsperg im 17. Jh. errichtet, kam der Besitz im 19. Jh. u. a. an Adolf Mautner Ritter von Markhof, heute ist er Eigentum der Familie (von) Gernerth. In der durch einen Gang mit dem Schloß verbundenen Kapelle zum hl. Antonius, 1675, sind neben schönen Stukkaturen etwa dreißig Fresken an Wänden, Decken und Nischen zu sehen.

Schloß Winkl. Der 1908 zur Landwirtschaftsschule umgebaute Edelsitz der Wispeck des 16. Jh. zeigt in Keller, Erdgeschoß und erstem Stock noch spätgotische Elemente, eine Kassettendecke im zweiten Stock weist auf die Renaissancezeit, Stuckierungen auf das Barock. Seit dem 17. Jh. war Winkl Besitz der Freiherrn Dückher von Haslau.

Oberdorf, nordwestl. Neumarkt, nächst St. Lorenzen bei Scheifling, Stmk. Die zweistöckigen Trakte des verfallenden Edelsitzes der Teufenbach, um 1600 entstanden, schließen einen kleinen quadratischen Arkadenhof ein und besitzen Ecktürme. Über dem Tor mit Dachreiter findet sich das Teufenbachsche Wappen 1604. Schon im 18. Jh. war das Gebäude nicht bewohnt.

Obergrafendorf, südwestl. St. Pölten, NÖ.

Schloß Fridau. Neben dem barock ausgebauten Renaissanceschloß der Sinzendorf, 1497 bis 1708, in dem Johann G. Grechtler 1751 eine Barchentfabrik einrichten ließ, entstand zwischen 1750 und 1753 das spätbarocke Prunkschloß. Der 1945 schwerbeschädigte Grechtler-Bau im weitläufigen Park mit Groteskfiguren, eine Dreiflügelanlage mit siebenachsigem Mittelteil, mit bedeutender Treppenanlage, einem Prunksaal mit Deckenfresken von Daniel Gran, 1755, mit einer hohen Kapelle in Weiß und Gold wurde 1950 unter Denkmalschutz gestellt. Mit der Absicht, im Schloß eine Gemäldegalerie des 19. Jh. aufzustellen, erwarb das Land Niederösterreich den Besitz. Nach aufwendigen Restaurierungsarbeiten stellte sich in jüngster Zeit heraus, daß der Bestand der Anlage durch Bodensenkung gefährdet ist.

Oberhöflein, nordwestl. Horn, NÖ. Das Wasserschloß der Grafen von Hardegg, mit einem hohen und einem niedrigeren Viereckturm, typischen Rauchfängen des 16. Jh. und Trakten um einen rechteckigen Innenhof mit durch Fenster abgeschlossenen Arkadengängen, entstand im 16. Jh. Wirtschaftsgebäude und Zubauten erhielt Oberhöflein im 18. Jh. Aus dieser Zeit stammen auch die ornamental geschmückten Fensterrahmungen. Besitzer waren nach den Grafen von Kielmannsegg die Freiherrn von Suttner.

Oberkindberg, Stmk., → Kindberg.

Oberlorenzen, Stmk., → St. Lorenzen.

Obermayerhofen, südl. Hartberg, Stmk. Das Vierflügelschloß der Teufenbach, 14. bis 17. Jh., der Colloredo, Herberstein und Kottulinsky im 18. und 19. Jh. umschließt mit seinen unregelmäßig gebauten Trakten hufeisenförmig einen langen, schmalen Hof. Im dreigeschossigen Torbau mit Renaissancefenstern findet sich ein Saal, dessen Decke und Wände mit Landschaftsmalerei um 1780 geschmückt sind. Im tiefer liegenden Vorgebäude des noch mit Bastionen und Brücken versehenen Schlosses sind heute eine Schuhfabrik und ein Bürohaus eingerichtet. Im Hochschloß wohnt der Fabriksbesitzer.

Obermureck, Stmk., → Mureck.

Oberpullendorf, nordöstl. Pinkafeld, Bgld. Das kleine Schloß des 17. Jh., früher Eigentum ungarischer Familien aus dem Beamtenadel, ist heute, umgebaut und mit neuen Zubauten versehen, Sitz eines landwirtschaftlichen Bezirksreferates und als »Haus der Bäuerin« eingerichtet.

Wasserschloß Oberhöflein, NÖ.

Oberradkersburg, Stmk., → Radkersburg.

Oberrain, Sbg., → Unken.

Obersdorf (Stockschloß), westl. Trofaiach, Stmk. Der Doppelgiebelbau mit vorgelagertem Turm trägt an einem Torbogen die Jahreszahl 1467 eingemeißelt. Um diese Zeit ist in Urkunden ein »hoff Oberdarf« vermerkt, erst 1635 wird »Schloß Oberndorf« genannt. Im 17. Jh. wurde es barock umgebaut und diente im Besitz verschiedener Herren auch als Jagdschloß. Um 1880 zeichnen die Freiherrn Mayr-Melnhof, seit 1959 die (Grafen) Goëß als Besitzer. Das Gebäude findet als Land- und forstwirtschaftliche Berufsschule Verwendung.

Obersiebenbrunn, NÖ., → Seite 56.

Oberstall, nordöstl. Admont, Stmk. Ein schlößchenartiger Bau des 19. Jh.

Oberstockstall, östl. Krems, bei Kirchberg am Wagram, NÖ. Erbauer der zweigeschossigen Anlage um einen rechteckigen Hof war im 16. Jh. ein Passauer Kanonikus, auch die Zubauten des 17. Jh. veranlaßte das Passauer Bistum. Anfang des 18. Jh. wurde das Schloß Verwaltungssitz der in den Besitz des Passauer Domkapitels übergegangenen Herrschaft Oberstockstall. Die gotische Kapelle um 1320 besitzt ein Kreuzrippengewölbe, Maßwerkfenster, Sakramentsnische und Freskenreste des 15. Jh. Das mit Empireeinrichtung versehene Schloß ist im Verfall.

Obertrixen, nordwestl. Völkermarkt, Ktn. Den einfachen rechteckigen Bau unterhalb der Ruine Obertrixen (→ Burgenbuch) besaßen im 16. Jh. die Khevenhüller, seit 1579 Viktor Rauber, dessen Wappen über dem Tor zu sehen ist. Der Privatbesitz von heute gehörte vom 17. bis zum 19. Jh. den Welz, Goëß, Christallnigg u. a. m.

Obervellach, im Mölltal, nordwestl. Spittal a. d. Drau, Ktn.

Trabuschgen. Das weinumrankte, als Pension geführte Schloß oberhalb des Ortes mit Pilastergliederung, Säulenportal und Uhrengiebel ließen sich an der Wende zum 18. Jh. die nobilitierten Gewerken Hans Josef und Franz Adam Stampfer über einer älteren Anlage der Grafen Khuenburg erbauen. Der Empiresaal, der große Saal mit Mobiliar aus dem 18./19. Jh., mit prächtigem Deckengemälde des Kärntner Schlösser- und Kirchenmalers Josef Ferdinand Fromiller, 1693 bis 1760, sowie Stukkaturen weisen auf das einstige kleine Kulturzentrum im Mölltal hin. Im Schloß der als Sammler und Kunstförderer bekannten späteren Grafen Stampfer trafen einander Künstler und Persönlichkeiten des Landes. Der Tiroler Anton Zoller, 1695—1768, stattete die schöne Kapelle mit Fresken aus. Nach 1803 kam Trabuschgen über die Grafen Batthyány an die Familie Wenger, deren Nachkommen das Schloß noch bewohnen.

Oberwaltersdorf, östl. Baden, NÖ. Die zweigeschossige, einst mit Wassergraben umschlossene Anlage des 16./17. Jh. mit viereckigem und rundem Turm, Besitz der Hoyos, Heußenstein u. a. gehörte im 18. Jh. den Grafen Oeynhausen, Begründer der gleichnamigen Ortschaft. Die nach 1945 zum Großteil zerstörte Anlage kann nicht mehr bewohnt werden.

Oberweis, nordöstl. Gmunden, OÖ. Der mittelalterl. Sitz war ein Lehen der Herrschaft Ort. Das Schloß von 1600 wurde im 19. Jh. nach mehrfachem Besitzwechsel 1843 von Grund auf erneuert. Heute ist Oberweis Bürohaus.

Ochsenburg, südl. St. Pölten, NÖ. Eine Marmortafel über dem Portal erinnert daran, daß Bischof Dankesreiter von St. Pölten im Sommer 1821 seinen Verwandten Schober und dessen Freund Schubert auf der Ochsenburg Quartier gegeben hat und der Komponist hier die beiden ersten Akte seiner Oper »Alfonso und Estrella« schuf. Die Ochsenburg war vom 14. bis zum 16. Jh. Besitz des Chorherrnstiftes St. Pölten. Im 18. Jh. beauftragten die geistlichen Herren Jakob Prandtauer, das Renaissanceschloß mit Uhrturm und Basteigärtchen durch Anfügung des Südflügels zu einem barocken Vierkanter mit Arkadenhof zu erweitern. Die Kapelle ließen sie durch Werke des »Kremser Schmidt« (Martin Johann Schmidt) ausstatten, 1760—1770. Als Joseph II. das Chorherrnkloster auflöste, wurde die Ochsenburg dem neubegründeten Bistum St. Pölten zur Verfügung gestellt. Das Schloß dient noch heute seinen Bischöfen als Sommersitz.

Ollern, östl. Sieghartskirchen, nächst Ried am Riederberg, NÖ.

Schloß Reichersberg. Einfacher, zweigeschossiger Bau, Gutshof des 18. Jh., im 19. Jh. als Schloß erwähnt.

Ollersbach, östl. St. Pölten, NÖ.

Schloß Baumgarten. Die von den Türken 1683 zerstörte Burg wurde als Renaissanceschloß wiederaufgebaut. 1945 fast völlig vernichtet, in alter Gestalt wiedererstanden und modern eingerichtet. Privatbesitz.

Ort, OÖ., → Seite 90.

Orth a. d. Donau, östl. Wien, bei Großenzersdorf, NÖ. Das düstere Burgschloß (→ Burgenbuch) am nördlichen Rand der Donauauen, seit dem 12. Jh. urkundlich, erhielt sein heutiges Aussehen um 1550 und durch Zubauten um 1680. Es birgt das Österreichische Fischerei- und Gewässerschutzmuseum (Geschichte der Fischerei, heimische Fischarten, Fischfang, Fischerkapelle etc.) sowie das Heimatmuseum von Orth und Umgebung. Zu besichtigen vom 15. März bis 15. November tägl. 9—18 Uhr, außer Mo.

Ottenschlag, nördl. Pöggstall, NÖ. In der hufeisenförmig um einen weitläufigen Hof angelegten, an der Stelle einer mittelalterl. Burg errichteten Anlage mit drei Rundtürmen und geschmücktem Renaissanceportal sind heute die Ortsgendarmerie und Wohnparteien untergebracht. Ottenschlag spielte während des Bauernaufstandes 1596/97 und als Zentrum des niederösterreichischen Protestantismus im 16. und 17. Jh. eine Rolle.

Ottensheim, westl. Linz, OÖ. Eine historisch bedeutsame Burg (→ Burgenbuch), die im 17. Jh. Ruine wurde und im 19. Jh. ihre heutige Gestalt erhielt.

Ottersbach, im Sulmtal, südwestl. Leibnitz, Stmk. Ein kleiner Zweiflügelbau mit dem Nordflügel aus dem 17. und dem Südflügel mit Saal aus dem 18. Jh., an der Stelle der alten Feste Mantrach errichtet. Den Edelmannssitz errichtete Hans Murn, dem Erzherzog Ferdinand 1616 erlaubte, sich »von Ottersbach« zu nennen. Das Schloß war dann Eigentum der Grafen Khuenburg, Lodron u. a.

Ottmanach, nordöstl. von Maria Saal, Ktn. Ein mehrmals umgebauter, einfacher Edelmannssitz des 17. und 18. Jh., wahrscheinlich von den Herren von Mooshaim errichtet, der seine Besitzer vielfach wechselte.

Paasdorf, südwestl. Mistelbach, NÖ. Der modernisierte Bau im großen Park ist ein um 1740 anstelle eines von den Schweden um 1645 zerstörten Schlosses errichteter Neubau des Grafen Raimund Perlas.

Pachern, nordöstl. Murau, bei Oberwölz, Stmk. Den einfachen Bau mit quadratischen Ecktürmen errichtete um 1700 nach einem Brand des alten Hofes der Gewerke Thomas Provin. In der Nähe dieses Hammerherrnschlößchens, das im 19. Jh. umgebaut wurde, erhielt sich einer der alten Eisenhämmer.

Pack, südwestl. Voitsberg, Stmk. Im heutigen Pfarrhof und Jugendheim der Diözese Graz-Seckau speiste am 29. September 1810 Kaiser Franz I. Das »Gschloß Pack« mit einst gewölbten, jetzt modernisierten und veränderten Innenräumen diente den Stubenberg, Montfort, Herberstein, den Grafen Saurau und Goëß als »Feste«, Verwaltungssitz und Jagdschloß, bevor es 1870 die Gemeinde Pack erwarb.

Packein, östl. Klagenfurt, Ktn. Der schloßartige Edelmannssitz in Hufeisenform zeigt nur im Osttrakt noch gewölbte Decken aus der Entstehungszeit im 17. Jh. Unter den vielen Besitzern zeichnet 1886 Friedrich Freiherr von Gagern.

Schloß Parz, OÖ.

Paltenstein, östl. Trieben, bei Treglwang, Stmk. Ein modernes, schloßähnliches Jagdhaus, das als Pension verwendet wird.

Parz, bei Grieskirchen, OÖ. Die Inschrift über dem wappengeschmückten Rundtor in den riesigen dreigeschossigen Arkadenhof weist auf die Entstehungsgeschichte des Landschlosses Parz-Neutegernbach: »Kaiser Maximilian der Groß Hat Parz disem Schloß Seinen Namen verwandt Und das Schloß neu-Tegernbach genant. Thät das aus Verdienst gnädig Von Polhaim Herrn Sigmund Ludwig Der das Schloß zu Tegernbach Daherbracht und abbrach. Im taußenfünfhundertfünfzehnten Jahr Nachdem Gott Mensch geboren war.« — Siegmund Ludwig von Pollhaim hatte 1514 das Wasserschloß Parz erworben. In den Diensten Kaiser Maximilians I. stehend, war es ihm möglich, seine Burg Tegernbach — sie stand im nahen Ort Schlüsselberg und war eine der ältesten Burgen Oberösterreichs — abzubrechen und sich mit Hilfe seines Kaisers unter Verwendung des Abbruchmaterials der Burg neben dem Wasserschloß das Landschloß Parz zu erbauen. Im Landschloß, ab 1651 im Besitz der Grafen Weißenwolf, sind vier schöne Renaissancedecken zu sehen, im weit älteren, jedoch im 19. Jh. nach einem Brand erneuerten und jetzt modernisierten Wasserschloß haben die Hochschule für künstlerische und industrielle Gestaltung in Linz und Künstler des oberösterreichischen Kunstvereines ein Künstlerzentrum und Räume für Ausstellungen geschaffen.

Paternion, an der Drau, nordwestl. Villach, Ktn. Das zinnengekrönte Renaissanceschloß der Dietrichstein oberhalb des Ortes zerstörte 1856 ein Brand. Nur der Westtrakt des von den Khevenhüllern unter Zwang 1629 an die Widmann, die späteren »Grafen von Ortenburg«, verkauften Schlosses erhielt sich. Beim Neuaufbau verlor die ausgedehnte Anlage ihr historisches Aussehen fast zur Gänze.

Peigarten, nördl. Waidhofen a. d. Thaya, NÖ. Der vom Stift Lilienfeld im 17. Jh. zum zweigeschossigen Schloß um einen unregelmäßigen Hof ausgebaute Sitz der protestantischen Inprucker ist im 19. Jh. zu einer Teppichfabrik umgewandelt worden. Das Doppelwappen des Stiftes, der profanierte Kapellenraum, Sakraments-

Schloß Paternion, Ktn.

nische und Stukkaturen weisen noch heute auf die früheren Schloßherren.

Pellendorf, südl. Mistelbach, NÖ. Das dreigeschossige Gebäude mit Eckrisaliten, im 17., 18. und 19. Jh. umgestaltet und erneuert, ist seit 1752 im Besitz der Grafen Khevenhüller-Metsch und wird bewohnt.

Penkhof, bei Weißkirchen, südöstl. Judenburg, Stmk. Ein im 17. Jh. zum Schloß Penkhoffen ausgebauter Gutshof, der im Jahre 1700, als ihn ein Freiherr von Schätzl erwarb, »Schätzlschloß« hieß. Später Eigentum der Fürsten Schwarzenberg und als Bauernhof in Verwendung.

Perchtoldsdorf, südl. Wien, NÖ. »Petersdorf« mit seiner berühmten Kirche und romanischen Burgruine (→ Burgenbuch) besitzt zwei schloßartige Gebäude.

Knappenhof, Wiener Straße 17. Schon im gotischen Gebäude an dieser Stelle war ein öffentliches Bad untergebracht, im Rokokoschloß des 18. Jh. mit doppelarmiger Freitreppe, Atlanten und mythologischen Steinfiguren im Garten (um 1750) wurde eine Kattundruckerei eingerichtet, bevor das Schlößchen wieder als Badeanstalt diente.

Theresienau ist ein einfacher klassizistischer Bau mit ungleich hohen Trakten östlich der Südbahn, Ende des 18. Jh. entstanden. Er umschließt einen Wirtschaftshof.

Perersdorf, bei Pyhra, östl. St. Pölten, NÖ. Östlich der Perschling unweit des Ortes findet sich die Halbruine eines Herrenhofes, der den Greiß zu Wald und den Sinzendorf gehörte und im 18. Jh. als Jägerhaus benützt wurde. Neben der Kirchenruine St. Cäcilia an der Autobahn, nördlich dieses Restgebäudes, lag der mittelalterl. »Grätzhof«, wahrscheinlich der Vorgängerbau des Herrenhofes.

Pernau, OÖ., → Fischelham.

Pernegg, südwestl. Bruck a. d. Mur, Stmk. Die dreigeschossige Anlage unterhalb der Ruine (→ Burgenbuch) ließ Gallus Freiherr von Racknitz zwischen 1578 und 1582 von einem Schüler des italienischen Baumeisters dell'Allio um einen quadratischen Hof mit Pfeilerarkaden errichten. Die Innenräume sind z. T. noch mit Mobiliar des 18. Jh. ausgestattet, in einem »Kabinett« des Westtraktes sind Dekkenmalereien um 1680 zu sehen, auch eine »Gerichtsstube« enthält noch historische Einrichtungsgegenstände. Im Schloß waren während des 18. Jh. eine landesfürstliche Schießstätte, während des 19. Jh. ein forstliches Museum und eine forstlich-meteorologische Beobachtungsstation untergebracht. Der Neffe des Bauherrn, »Gall der Ältere von Racknitz«, war 1629 als Protestant gezwungen, den Besitz zu verkaufen, und starb als Haupt der österreichischen Exulanten in Nürnberg. Im 18. und 19. Jh. wechselten die Besitzer von Pernegg rasch. Heute ist das Schloß in bürgerlicher Hand und nicht zu besichtigen.

Pernstein, OÖ., → Neupernstein.

Persenbeug an der Donau, NÖ., → Seite 78.

Perwarth, südwestl. Wieselburg bei Wang, NÖ. Ruinen des Schlosses Nieder-Perwarth, das die Herren von Concin um 1560 erbauten und die Bauern 1597 plünderten und brandschatzten. Im 17. Jh. verödet. Die mittelalterl. Burg Hoch-Perwarth wurde schon zu Beginn des 15. Jh. zerstört.

Petronell, NÖ., → Seite 46.

Petzenkirchen, nordöstl. Wieselburg, NÖ. Das heutige Landwirtschaftliche Bundesversuchsinstitut Ybbstalstraße Nr. 18 entstand im 17. Jh. Zwischen 1823 und 1918 war das schlößchenartige Gebäude mit Torturm, Kreuzgrat- und Tonnengewölben sowie einem Wappen aus dem 17. Jh. ein kaiserl. Gutshof.

Peuerbach, nordwestl. Grieskirchen, OÖ. In dem durch die Bauernschlacht auf den Ledererwiesen 1626 berühmt gewordenen Ort besaßen die Schaunberg eine ihrer größten Burgen mit weithin sichtbarem, riesigem Turm. Sie brannte 1571 ab. Der heute hufeisenförmig angelegte Schloßkomplex mit kleinem rechteckigem Turm und Renaissanceportal mit Ritterfiguren erhielt im 19. Jh. eine neue Schauseite und stellt nur einen Rest der alten Anlage dar. Im Gebäude, in dem heute das Bezirksgericht tagt, soll ein Bauernkriegsmuseum eingerichtet werden.

Pfaffenschlag, östl. Waidhofen a. d. Thaya, NÖ. Vom sogenannten »Schloß«, dem Freihof »Zum Himmelstor«, einem Bau des 18. Jh., trug man nach einem Brand im 19. Jh. das zweite Stockwerk ab.

Pfaffstätt, südl. Mattighofen im Innkreis, OÖ. Das einstige Wasserschloß der Freiherrn von Vieregg wurde unter den Grafen von Wartenburg im 18. Jh. ein Landschloß. 1909/10 ließ Adolf Graf von Peckenzell Pfaffstätt, sein Geburtshaus, zu dem heute zweistöckigen Herrensitz mit hohem Mansardendach umbauen. Eigentümer wurde nach dem Markgrafen Pallavicini im Jahre 1923 Prinz Albrecht zur Schaumburg-Lippe.

Pfeilerhof, südöstl. Graz, bei Hausmannstätten, Stmk. Der vermutlich nach einer Besitzerin Maria Pfeilstecherin seit 1790 »Pfeilhof« genannte Landsitz mit Turm stellt sich heute als Bau des 19. Jh. dar.

Pfongau, östl. Neumarkt a. Wallersee, Sbg. Der schlichte zweigeschossige Bau, Anfang 18. Jh., mit Stukko und Wandmalereien um 1730, war bis ins 19. Jh. Jagdschloß der Grafen Uiberacker. Heute ist dem Gebäude von außen her kaum anzumerken, daß es sich um einen barocken Schloßbau handelt.

Piber, Stmk., → Seite 113.

Pichelhofen, nordwestl. Judenburg, nächst der Frauenburg, Stmk. Dem liechtensteinschen Edelhof Püchelaren, im 16. Jh. Besitz der Gleintzer und Prankher, gab nach 1600 Adam von Galler die heutige Gestalt mit dem engen Arkadenhof. Das Schloß ist noch mit Tramdecken und Türen von 1604 und einem Ofen von 1558 versehen. Das »Gschloß am Bichelhofen« wurde im 17. Jh. unter verschiedenen Besitzern das »Schloß Puchelhofen«. Im 18. Jh. besaßen es die von Lachawitz, im 19. Jh. die von Dickmann-Secherau, im 20. Jh. die (von) Conrad.

Pichl, Stmk., → Mitterdorf i. Mürztal.

Pichlern (Pichlarn), östl. Irdning, Stmk. Das heute als Luxushotel umgebaute und eingerichtete Schloß geht auf einen Wehrsitz des 12. Jh. zurück, der — mit Unterbrechungen — vom 14. Jh. an den Stainachern, im 19. Jh. den Welsersheimb und Lamberg gehörte. Zum Schloß ausgebaut wurde er im 17. Jh. Die baulichen Veränderungen des 19. und 20. Jh. haben den Herrensitz von einst zur Gänze verwandelt.

Pichlhof, bei Pfannberg, südl. Frohnleiten, Stmk. Nach 1945 ist der Edelsitz des 18. Jh., den Herrschaften Rabenstein und Pfannberg zugehörig, von der Familie Mayr-Melnhof modern ausgebaut worden.

Pichlschloß, Stmk., → Neumarkt.

Pielach, östl. Melk, NÖ. Die alte Wasserburg der Planckenstein und Greiseneck übernahm 1566 Achaz Enenkel von Albrechtsberg, der sich einen protestantischen Prediger hielt. Als 1605 Ludwig von Starhemberg den verschuldeten Besitz übernahm, ließ er die katholische Kapelle abreißen und ein protestantisches Bethaus an ihrer Stelle errichten. Nach 1619 wurde der Graf geächtet, und der Besitz fiel an das Stift Melk. 1692 ließ der Abt Gregor die Wasserburg abtragen und über den Wehranlagen das Schloß in seiner heutigen Gestalt und einen Park errichten. Die Schloßkapelle zur heiligen Gottesmutter über der Einfahrt stattete Johann Bergl mit illusionistischer Malerei aus, ebenso den großen (heute vernachlässigten) Saal.

Pillichsdorf, nordöstl. Wien, bei Wolkersdorf, NÖ. Der zweistöckige Bau mit Mittelrisalit und Rundbogentor, 1747, ist heute ein Gasthaus.

Pinkafeld, nordwestl. Oberwart, Bgld. Das einst reich ausgestattete Batthyány-Schloß von 1658 war im 17. und 18. Jh. Sitz des Herrschafts- und Landgerichtsbezirkes. Im 19. Jh. traf sich im Schloß der Gräfin Franziska Batthyány, geb. Szechenyi, der romantische Kreis um den Redemptoristenpater Clemens Maria Hofbauer. Nach dem Zweiten Weltkrieg adaptierte man die Innenräume als moderne Landesberufsschule.

Pirkwiesen, südöstl. Graz, bei Krumegg, Stmk. Der nach 1640 errichtete Edelsitz der Gleispach, 1680 zum Schloß ausgebaut und prächtig ausgestattet, erhielt durch weitgehende Umbauten im 19. Jh. seine heutige Gestalt. Ein bürgerlicher Privatbesitz.

Pitten, südl. Wiener Neustadt, NÖ. Die Reste der alten Burg Pitten (→ Burgenbuch) des Nibelungenliedes sind im 16., 17. und 19. Jh. zu einem Jagdschloß ausgestattet worden. Turm und Kapelle erinnern noch an die alte Wehranlage. In den Jahren 1605 bis 1618 grub man im Hof einen 140 Meter tiefen Brunnen — er ist drei Meter tiefer als der Wiener Stephansturm hoch.

Pitzelstätten, nördl. Klagenfurt, Ktn. Der Turmrest in einem der Nebengebäude weist auf das alte Schloß der Aspach von Peczlstetten, Khulmer und Khünburger aus dem 16. und 17. Jh. Schon im 17. Jh. bestand das jetzt mit Barockfassade versehene und als Höhere Bundeslehr- und Versuchsanstalt für landwirtschaftliche Hauswirtschaft adaptierte Gebäude. Einen alten Getreidekasten hat man als Museum für landwirtschaftliche Geräte ausgebaut.

Plankenberg, südwestl. Tulln, NÖ. Das Jagdschloß des Passauer Kameramtsdirektors Stephan Planck, ein Bau des 17. Jh., kam im 18. Jh. mit der Herrschaft Neulengbach an den Fürsten Constantin Lubomirsky, Palatin von Krakau, im 19. Jh. an den Grafen Moritz von Fries. Unter ihm entstand in Plankenberg eine Erziehungsanstalt für Adlige, die Anton Alexander Graf von Auersperg, 1806 bis 1876, absolvierte, der unter dem Namen Anastasius Grün als Lyriker und Freiheitsdichter bekannt geworden ist. Die Fürsten Liechtenstein, an die die Herrschaft nach den Grafen Fries fiel, vermieteten das Schloß an Emil Jakob Schindler, einen der bedeutendsten Landschaftsmaler seiner Zeit. Er bewohnte Plankenberg mit seiner Familie und seinem Schüler Carl Moll bis zu seinem Tod 1892. Schindlers Gemälde »Parklandschaft in Plankenberg« zeigt seine Tochter

Grete mit ihrer Schwester Alma, der späteren Alma Mahler-Werfel, in deren Memoiren, 1963, es über Plankenberg heißt: »Das Schloß war für mich voll Grauen, Legenden und Schönheit. Man sagte, ein Gespenst ginge um, und wir Kinder fürchteten uns ganze Nächte davor. In der Mitte des großen Stiegenhauses prangte ein Altar in einer kleinen Kapelle, und mein Vater fand eine holzgeschnitzte Madonna und vergoldete Barockleuchter. Der Altar wurde mit Blumen umstellt, und Kerzen leuchteten die ganze Nacht. Er wurde natürlich niemals benutzt; er war nur der Schönheit halber da.« Der Schloßbau mit barock behelmtem Uhrturm, Terrasse und einem Neutrakt des Grafen Fries liegt nächst der Bundesstraße 1 bei Abstetten.

Plankenstein, nordöstl. Scheibbs, NÖ. Das Burgschloß erhielt seine heutige Gestalt im 16. Jh., auch im 18. Jh. ist es umgebaut worden. Deutlich erkennbar sind Vorburg, Zwinger und alter Palas, der aus der Zeit der Plankenstein des 12. bis 15. Jh. stammt. In der Zeit der Rauber, die sich Freiherrn von Plankenstein nannten, scheint der alte Torturm zum Treppenturm umgebaut worden zu sein, damals stattete man den gestuften Innenhof an der Westseite mit zwei- und dreigeschossigen Arkadengängen aus und überbaute auch den Osttrakt mit der gotischen Schneckenstiege. Als 1786 die Schloßkapelle zur Pfarrkirche erhoben wurde, erhielt der Pfarrer im Schloß eine Wohnung, und für die Kinder des Ortes wurden Schulräume eingerichtet. Während der zehnjährigen Besatzungszeit nach 1945 wurde die Anlage stark beschädigt. Das Dach über dem alten Palas im Nordteil, der auch einen polygonal ausgebauten Saal enthält, ist eingestürzt. Seit Plankenstein im Jahre 1956 eine eigene Pfarrkirche erhielt, verfällt der einstige Besitz der Windischgrätz, Ortenburg, Malenthein, Tattenbach, Tinti u. a. m.

Plankenwarth, westl. Graz, bei St. Oswald, Stmk. Die Burg der Ritter von Plankenwarth (→ Burgenbuch) war im 16. und 17. Jh. Eigentum der Stürgkh. Unter ihnen entstand die »Ludwigsburg«, heute z. T. verfallen und neuestens wieder teilweise restauriert, nördlich der mittelalterl. Anlage. Um 1754 ließen die Herberstein Plankenwart erweitern. Das nach verschiedenem Besitzwechsel im 18. und 19. Jh. wieder an die Grafen Stürgkh gefallene Schloß erwarb 1913 Dr. Scarpatetti. In dem z. T. noch mit Einrichtung des 17. Jh. versehenen, weitläufigen Komplex ist ein Sanatorium bzw. ein Rekonvaleszentenheim untergebracht.

Pöchlarn an der Donau, westl. Melk, NÖ. Die im Nibelungenlied genannte Burg des Markgrafen Rüdiger, in der zwischen 976 und 984 der Babenberger Luitpold, der spätere Herzog Leopold I., residierte, stand wahrscheinlich an der Stelle der späteren Pfarrkirche von Pöchlarn. Die Regensburger Bischöfe, durch 800 Jahre Herren des Ortes, errichteten ihre Burg an der östlichen Stadtmauer. Bischof David ließ die Anlage im 16. Jh. zum Wasserschloß ausbauen In einem Stiegenhaus des heutigen Schlosses, das durch eine totale Umgestaltung des Gebäudes im 19. Jh. entstand und jetzt im Besitz der (Freiherrn-)Familie Tinti ist, verkündet eine Marmortafel: »Von Gotes Gnaden David Bischove zu Regenspurg erpaute alle Gewölb dises Schloss saumbt der inern Slosmaur, Stiegen und Pad. Damals Oswalt von Fränkhing Pfleger war. Anno Domini 1576.«

Pöckstein (Zwischenwässern), Ktn., → Seite 117.

Pöggstall, nordwestl. Melk a. d. Donau, NÖ. Die Freiherrn von Rogendorf ließen im 16. Jh. die Burg Pöggstall (→ Burgenbuch) zum »Schloß Rogendorf« mit Arkadenhof, Renaissanceportal und Kanonenrondell umbauen. Auch die hier gezeigte Folterkammer ist von ihnen neu errichtet worden. Besonders während des Bauernaufstandes 1596/1597 spielte das Burgschloß der Rogendorfer eine bedeutende Rolle.

Pöglhof, Stmk., → Bruck a. d. Mur.

Poisbrunn, NÖ., → Poysbrunn.

Polheim, OÖ., → Wels.

Polheim, Stmk., → Seggau, Seite 106.

Pöllan, nordwestl. Villach, nächst Paternion, Ktn. Der seit seiner Entstehungszeit im 16. Jh. unverputzt gebliebene dreigeschossige Bau mit nur zwei in voller Höhe ausgebauten Ecktürmen war ein Adelshof der Herrschaft Paternion. Siegmund Georg Dietrichstein verkaufte ihn 1567 seinem Pfleger, von ihm kam er an die Khevenhüller, nach der Emigration des Hans Khevenhüller an die Grafenfamilie Foscari-Widmann-Rezzonico, die ihn noch heute besitzt.

Pöllau, nordwestl. Hartberg, Stmk. Das Chorherrnstift Pöllau entwickelte sich nach 1504 um die Wasserburg der Stubenberg. Gemäuer aus dieser Zeit enthält noch der Westtrakt des ersten Hofes mit dem später zugefügten Bogengang und der Treppe. Zwischen 1670 und 1743 entstand der neue Stifts- und Schloßkomplex, z. T. wahrscheinlich nach einem Plan Carl Anton Carlones. In der zweiten Hälfte des 17. Jh. ließen die Chorherrn den Ost- und Nordtrakt mit den achteckigen Türmen erbauen. Erst seit Ende des 17. Jh. entstanden durch die Errichtung des Mitteltraktes der zweite Hof mit seinen zweigeschossigen Arkaden und das prächtige Tor zum ersten Hof. 1782 fiel das Stift dem Klosteredikt Josephs II. zum Opfer und wurde wieder »Schloß«. Den Staatsbesitz erwarben 1834 die Grafen Lamberg. Seit 1938 ist die Gemeinde Pöllau Besitzer der Gebäude. Aus der ehemaligen Bibliothek entstand 1954 ein Festsaal.

Pöls, an der Kainach, westl. Wildon, Stmk. Den von den Saurau im 16. Jh. zum Edelsitz ausgebauten »hof Polcz« erweiterten im 18. Jh. die Dietrichstein zum geräumigen Schloß, dessen zwei Flügel durch einen fünf Geschosse hohen, als Stiegenhaus verwendeten Uhrturm verbunden sind. Im Nordtrakt befindet sich ein Kapellenraum mit Ausstattung und Deckengemälden um 1770. Im 19. Jh. erwarb Friederike von Washington, geborene Herzogin von Oldenburg-

Gottorp, den Besitz, in dem einige Zeit auch eine Brauerei betrieben wurde. Nach Umbauten richtete man hier eine Geflügel- und eine Fischzuchtanstalt ein. Unter den Wirtschaftsgebäuden des heutigen Privatbesitzes fallen der große Meierhof und ein luxuriöser Pferdestall auf.

Poneggen, nächst Schwertberg, westl. Perg, OÖ. Das hohe dreigeschossige »Stöckl« mit der Jahreszahl 1531 über dem Portal war im 16. Jh. Besitz der Herren von Prag und kam 1630 an die Herrschaft Schwertberg (→), mit ihr im 18. Jh. an die Kueffstein und Grafen von Thürheim. Das nach einem Brand wiederhergestellte Gebäude mit verbauten Arkaden im ersten und zweiten Stock wurde in der Folge für eine Seidenraupenzucht, dann als Strumpffabrik — auf die auch die kleinen Arbeiterhäuser in Poneggen verweisen — verwendet. Nach Stillegung der Fabrik wechselten die Besitzer in rascher Folge.

Poppendorf, südl. Feldbach, Stmk. Das Barockschloß, mit dessen Bau die Freiherrn von Offenheim begannen und das 1676 von Georg Friedrich Freiherrn von Mersperg vollendet wurde, erhielt sich bis heute fast unverändert, verfiel jedoch im 20. Jh. In letzter Zeit wurden die Räume als Fremdenpension adaptiert. Die Gesamtrestaurierung des noch gut ausgestatteten zweigeschossigen Gebäudes mit Eckrisaliten, einem Uhrturm, einem großen Saal, der durch die ganze Tiefe des Baues reicht, mit Spiegel- und Galeriengewölben, einer freistehenden Schloßkapelle um 1720, kann vom Besitzer allein nicht getragen werden.

Porcia, Ktn., → Spittal a. d. Drau.

Pörtschach am Wörther See, Ktn.
Schloß Leonstein. Das aus einem Meierhof entstandene Gebäude an der Hauptstraße liegt unweit der gleichnamigen Ruine nordwestlich des Kurortes. Das Schlößchen ist im 19. Jh. modernisiert worden — 1877/78 wohnte Johannes Brahms in ihm — und wird heute als Hotel geführt.

Pottschach, südwestl. Neunkirchen, NÖ. Um das Wasserschloß der Ursenbeck, 16./17. Jh., im weitläufigen Park zieht sich an drei Seiten altes Mauerwerk. Im dritten Stockwerk des um 1573 errichteten, mit vier Ecktürmchen und einem fünfeckigen großen Turm ausgestatteten Gebäudes finden sich Spähfenster und Schießscharten. Ein Stich aus dem 17. Jh. zeigt Pottschach noch durch einen Gang mit der alten Wehrkirche, der heutigen Pfarrkirche zum hl. Dionysius aus dem 14. Jh., verbunden. Das an den Außenfronten z. T. mit Sgraffitti versehene Schloß, seit 1891 Eigentum der Familie Figdor, besitzt eine kreuzgewölbte, von einer großen toskanischen Säule getragene Eingangshalle, Renaissanceportale sowie tonnengewölbte Räume.

Pottenbrunn (Trauttmansdorff), NÖ., → Seite 70.

Pöttsching, östl. Wiener Neustadt, Bgld. Im zweigeschossigen hufeisenförmigen Bau um einen langgestreckten Hof — ein ehemaliger Esterházyscher Meierhof, der im 16. Jh. schloßartig erweitert, später z. T. wieder abgerissen wurde — ist heute der »Awarenkeller« einer Winzergenossenschaft untergebracht.

Potzneusiedl, nordöstl. Neusiedl/See, Bgld. Ein einfacher klassizistischer Bau des 19. Jh. mit zweigeschossigem vorspringendem Mitteltrakt, in dem sich ein Saal befindet. Der einstige Bàtthyanybesitz ist heute in privater Hand.

Poysbrunn, nördl. Poysdorf, NÖ. Poysbrunn gehörte im 16. Jh. zur landesfürstlichen Herrschaft Falkenstein. Im 18. Jh. erhielt das Schloß unter den Trautson die heutige Gestalt mit Freitreppe und Uhrturm. Die gotische Kapelle rührt von der älteren Anlage her. 1945 wurde die Einrichtung des Gebäudes zerstört.

Prägrad, nordöstl. Villach, am Ossiacher See, Ktn. Das einfache dreigeschossige Pflegerhaus des 16. Jh. mit gekuppelten Renaissancefenstern liegt unterhalb der gleichnamigen Ruine (→ Burgenbuch).

Prank(h), bei St. Marein, nördl. Knittelfeld, Stmk. Als Stammsitz der Prankh, ein schon im 12. Jh. genanntes landesfürstliches Dienstmannengeschlecht, werden seit je zwei Burgen bzw. Schlösser genannt. Auch die heutige Renaissanceanlage mit dem hohen Mittelturm und den zwei schmalen Trakten erscheint als Doppelschloß. Zubauten im 19. Jh. haben den Arkadenhof beträchtlich verengt und die historische Gestalt stark beeinträchtigt. Im 17. Jh. kamen »die beiden Gschlosser Prankh« an das Stift Seckau. 1782, nach Aufhebung des Stiftes, wird von einem »verfallenen Schlössel bei Seckau« berichtet. Es ist in der Folge von Privaten wiederaufgebaut worden und wird auch heute bewohnt.

Prebl, nordwestl. Wolfsberg, Ktn.
Schloß Moosheim. Ein schloßartiger, zweigeschossiger Edelmannssitz der salzburgischen Pfleger von Moosheim mit kleiner, offener Säulenvorhalle aus dem 16. Jh. Heute bäuerlicher Besitz und im Verfall.

Prellenkirchen, südl. Hainburg, NÖ. Vom Wasserschloß um einen Hof mit fünfgeschossigem Torturm und Ecktürmen, wie Prellenkirchen auf einem Stich von 1672 wiedergegeben ist, blieb nur der zweigeschossige Haupttrakt stehen, der seit 1948 als Lagerhaus verwendet wird.

Premstätten, südl. Graz, Stmk. Im 17. und 18. Jh. erweiterten die Grafen von Saurau ihren Sitz zu »Oberpremstetten« zum zweigeschossigen Schloß mit Arkadenhof, ließen ihn fürstlich ausstatten und einrichten. Zum Einzug eines neuen Herrn der Herrschaft versammelten sich jeweils vor dem Schloß Amtmann und Dorfältester mit den Untertanen. Nach Öffnen des Schloßtores leistete man dem neuen Herrn das Treuegelöbnis. Die Freiherrn- und Grafenfamilie Saurau besaß Premstätten vom 15. bis zum 19. Jh. 1870 kam der Besitz an die Grafen Goëß, heute ist er Eigentum der Kongregation der Missionare »Söhne des Heiligen Herzen Jesu«. Das mit einer frühbarocken Fassade versehene Schloß ist noch im Stil des

18. Jh. eingerichtet, die Marienkapelle besitzt wertvolle Fresken von Johann Caspar Fibich, 1722, und einen Marmortabernakel aus derselben Zeit. Kostbare Wandbespannungen wurden 1927 verkauft. Der französische Garten ist mit schönen Steinskulpturen bestückt.

Prielau, nördl. Zell am See, Sbg. Ein Salzburger Ansitz um 1560 mit Türmen und Schindeldach. Die Räume des ersten Stockes sind reich vertäfelt, im dritten Geschoß finden sich in einem Raum, der als Kapelle diente, noch Freskenreste. Aus der Zeit, als Dietrich Kuen-Belasy, Freiherr von Liechtenberg, das Schlößchen besaß, stammt eine Inschrift in einem Zimmer des ersten Stockes: »Gott beu euchen — Dietrich Kuen — im 1592 Jar.« Nach den Kuen-Belasy erwarben 1772 die Bischöfe von Chiemsee das Schlößchen. Beim Eingang im Westturm findet sich ein Wappen der Grafen Zeil-Waldburg, nach dem letzten Erzbischof von Chiemsee, Sigmund Christoph Graf Zeil, 1797 bis 1806. Nach Auflösung des Bistums Chiemsee 1811 bewohnte ein Mesner das Gebäude, bis es 1932 die Familie von Hofmannsthal erwarb. Sie besitzt es nach Unterbrechung zwischen 1938 und 1945 noch heute.

Primersdorf, westl. Drosendorf, NÖ. Die weiträumige Schloßanlage des Stiftes Herzogenburg an der Straße entstand, nach der Jahreszahl am Portal zu schließen, wahrscheinlich 1706 an der Stelle eines älteren Baues der Primersdorf. Die vier niederen Trakte umrahmen einen quadratischen Hof, der Torturm mit Dekor des 17. Jh. überragt den Quertrakt.

Prinzendorf an der Zaya, nordöstl. Mistelbach, NÖ. Das in neuester Zeit durch exhibitionistische »Feste« einer Kommune bekannt gewordene Schloß der Kamaldulenser vom Wiener Kahlenberg, ein dreigeschossiger Bau des 18. Jh. mit dreiachsigem Mittelrisalit und Seitenflügeln im rückwärtigen Trakt samt großer Steinterrasse und schwerbeschädigter Kapelle, ist seit 1945 in schlechtem Bauzustand. Privatbesitz.

Prugg, NÖ., → Bruck a. d. Leitha.

Puch bei Hallein, Stadt Salzburg.

Schloß Puchstein. Der kastenförmige Bau des 15./16. Jh. im Ort fällt nur durch seine Schießscharten aus der Reihe der Bürgerhäuser. Der Besitz der Gutrater, eines Laufener Bürgergeschlechts, das Kaiser Ferdinand II. adelte, war schon im 18. Jh. »in sieben Herbergen versteckt«, d. h. von sieben Parteien bewohnt.

Schloß Urstein. Der zweistöckige Adelssitz um 1600 im schönen Park am Salzachufer ist mit dem Namen der Freiherrnfamilie Dücker (auch Dückher) verbunden. Franz Dücker von Haslau zu Winkl, »hochfürstlich salzburgischer Vicejägermeister, Hof- und Kammerrat«, verfaßte im Jahre 1666 die »Salzburger Chronik«, eine der wichtigen historischen Quellen für die Salzachstadt. Schloß Urstein mit großer Gartenterrasse erhielt seine heutige Gestalt mit auffälligem Giebelgeschoß um 1700. Im zweiten Geschoß Stukkaturen und Öfen des beginnenden 18. Jh. und ein japanisches Tapetenzimmer.

Puchberg, nördl. Wels, OÖ. Das Schloß der Puechner, Ende des 16. Jh. aus einem Gutshof entstanden, von den Seeauern im 17. Jh. neu aufgebaut, ist in der zweiten Hälfte des 19. Jh. völlig umgebaut und nach 1953 von der Diözese Linz als katholisches Bildungsheim adaptiert worden. Der hufeisenförmig angeordneten Dreiflügelanlage im großen Park mit vier Rundtürmen wurden eine Kapelle und ein Gästehaus zugebaut.

Puchenau, westl. Linz-Urfahr, OÖ. Der Hakenbau oberhalb des Ortes war im 17. Jh. Verwaltungssitz für die oberösterreichischen Güter der Grafen Schallenberg. Nach den Kuefstein und Thürheim als Besitzern verlor das Schloß den Rang eines adeligen Landgutes und einer Herrschaft. Heute ist in dem Gebäude ein Restaurant eingerichtet.

Puchheim, OÖ., → Attnang-Puchheim.

Puchstein, Sbg., → Puch.

Purgstall, südl. Wieselburg, NÖ. Burg und Herrschaft der Herren von Lengenbach und der Wallseeer kamen 1492 für Jahrhunderte an die Freiherrn von Auersperg. Das zweiflügelige Burgschloß Purgstall (→ Burgenbuch) am Zusammenfluß der Erlauf und des Feichsenbaches, eine unregelmäßige Anlage des 16. Jh., besitzt einen der schönsten Höfe in noch mittelalterl. anmutender Gestalt mit Laubengängen und Freitreppe, eine gotische Kapelle mit gotischem Sakramentshäuschen und spätgotischer Muttergottesstatue. Purgstall besaß einst einen berühmten Schloßgarten.

Putterer Schloß, Stmk., → Aigen im Ennstal.

Pux, südwestl. Scheifling, Stmk. Unterhalb der beiden Höhlenburgen neben dem im 18. Jh. abgebrannten alten Schloß Pux (→ Burgenbuch) ließen sich im Jahre 1911 die Reichsfreiherrn Pranckh ein neues Schloß errichten. Der Besitz birgt eine kleine private Kunstsammlung, südlich des Schlosses befindet sich die alte Puxer Schloßkapelle aus romanischer Zeit mit Fresken und interessanten Details.

Raab, südöstl. Schärding, OÖ. Im ehemaligen Wasserschloß der Bischöfe von Chiemsee aus dem 16. Jh. und der Grafen von Tattenbach des 17. bis 19. Jh. ist heute das Bezirksgericht untergebracht. Der viergeschossige Treppenturm ist ein späterer Zubau an das gut erhaltene und noch heute mit Wassergraben umzogene Schlößchen.

Rabensburg, an der March, nordöstl. Zistersdorf, NÖ. Die alte Kuenringerfeste, im 14. Jh. Besitz der Zelking, erweiterten die Liechtenstein im 16. Jh. zum Wasserschloß. Das ausgedehnte Wohnschloß entstand im 17. Jh. unter Maximilian von Liechtenstein. 1646 eroberte Feldmarschall Torstenson Ort und Schloß. Bis 1765 diente der durch zwei Geschosse reichende »Rittersaal« als Ersatz für die von den Schweden zerstörte alte Pfarrkirche. In dem während der Grenzkämpfe immer wieder in Mitleidenschaft gezogenen Bau richtete man vor dem Ersten Weltkrieg eine Fabrik ein. Heute ist der noch von einem Wassergraben umgebene Bau mit schönem Arkadenhof, gotischer Spindeltreppe, altem Treppenturm und Renaissanceportal ein düsteres, von Mietsparteien zerwohntes Schloß.

Rabenstein, südl. Frohnleiten, Stmk. Das auf einer Felsklippe an der Mur errichtete Burgschloß Rabenstein (→ Burgenbuch) wird als exklusives Gästehaus geführt. Die Räume der großartigen Anlage sind z. T. mit historischem, z. T. mit modernem, auf den Geschmack vor allem überseeischer Gäste abgestimmtem Mobiliar ausgestattet. Der unter Friedrich von Trauttmansdorff nach 1670 entstandene, barock gestaltete Haupttrakt des Schlosses birgt den Großen Saal mit Balkon.

Radkersburg, südl. Bad Gleichenberg, Stmk. Das jenseits der Mur heute auf jugoslawischem Staatsgebiet gelegene Schloß war im 17. Jh. Eigentum des Hans Ulrich von Eggenberg, vor dem Ersten Weltkrieg der Grafen Chorinsky.

Radmer, westl. Eisenerz, Stmk.

Schloß Greifenberg (Greifenstein). Das einstige kais. Jagdschloß im oberen Radmertal mit viergeschossigen runden Ecktürmen, auf einen Schloßbau um 1600 zurückgehend, im 18. Jh. unter dem Baron von Greiffenberg als Gewerkensitz in die heutige Gestalt gebracht, gehörte im 19. Jh. dem Stift Seitenstetten in NÖ., bevor es am Ende des Jh. Jagdschloß Kaiser Franz Josephs I. wurde. Als Erbteil des Thronfolgers Franz Ferdinand kam es an die (Fürsten-)Familie Hohenberg.

Herrschaftshaus, Radmer Nr. 19. Ein schon zu Zeiten Kaiser Maximilians I. bestehendes kaiserliches Jagdhaus »in Redmeregg«, das 1602 zum Schloß ausgebaut wurde und später als Verwaltungsgebäude für den Bergbau diente. Das Portal, die vermauerten Doppelfenster, mächtige Gewölbe und Türleibungen weisen auf Alter und Bedeutung des Gebäudes.

Jagdschloß östl. der St. Antoniuskirche zu Radmer an der Stube. Ein 1872/73 errichtetes, einstöckiges kais. Jagdschloß im Schweizer Stil.

Radmerer, Stmk., → Buchau.

Radstadt, westl. Schladming, Sbg.

Schloß Lerchen. Das einfache Gebäude unterhalb der Loretokirche im nördlich der Stadt gelegenen Ortsteil, heute Versorgungsheim, trägt unterhalb des Erkers das Wappen des Salzburger Erzbischofs Hieronymus Colloredo 1772—1812.

Schloß Mauer. Das quadratische, mit Erkern versehene Schlößchen östlich der Stadt ist als Sitz des Chunradus de Maur schon im 14. Jh. urkundlich, doch erhielt Mauer seine jetzige Gestalt in der zweiten Hälfte des 16. Jh. Das z. T. noch mit einer Bruchsteinmauer umgebene dreigeschossige Schlößchen mit Satteldach und späterem Anbau war seit dem 17. Jh. bürgerlicher Besitz und wurde nach einem Brand im 19. Jh. in den heutigen Zustand versetzt.

Schloß Tandalier. Den »Hof Sultzberg, so man auch Tantalierhof nennt« ließ sich Christian Tantalier um 1500 erbauen. Unter den in den Grafenstand erhobenen Schernberg, Besitzer des Schlosses Goldegg bei Schwarzach und der Burg Groppenstein in Kärnten, wurde der Tantalierhof durch Aufbau eines dritten Geschosses und Zubau von vier Ecktürmen samt Laubengalerie an der Hauptfront in der zweiten Hälfte des 16. Jh. zum Schloß erweitert. Das »Grafenschloß«, im 17. Jh. als Gasthaus und Tischlerwerkstätte benutzt, ist heute Bundesbesitz und Jugendheim.

Raggendorf, nordwestl. Gänserndorf, NÖ. Den zweistöckigen quadratischen Bau um einen Hof mit Kapelle, heute Mietshaus, ließ sich Ritter Zoppel von Haus im 18. Jh. erbauen.

Raggnitz (Racknitz), bei Steinfeld, westl. Spittal a. d. Drau, Ktn. Der schloßartige Wirtschaftshof um einen geräumigen Hof, eine spätbarocke Anlage, ist auf einen Bau des 16. Jh. zurückzuführen. Als die Drautaler Burg Lind (→ Burgenbuch) nicht mehr zu bewohnen war, ließen sich die Herren von Lind südöstlich des Ortes das Schloß Raggnitz (Racknitz) errichten.

Raiding, nördl. Oberpullendorf, Bgld. Nur das Rundbogenportal mit Wappen der Familie Illéssy, 1587, mit Inschrift und Madonnenfigur berechtigt, vom Geburtshaus des Komponisten Franz Liszt als von einem einstigen Edelhof bzw. vom Gartentrakt eines ehemaligen »Kastells« des 16. Jh. zu sprechen. Der Besitz gehörte zur Herrschaft Landsee, im 18. Jh. war er Eigentum der Esterházy. Als deren Pfleger bewohnte ihn Adam Liszt mit Frau Anna aus Krems an der Donau. Zum Andenken an ihren berühmten Sohn Franz ist im gepflegten Haus ein kleines Liszt-Museum eingerichtet.

Rain, östl. Klagenfurt, Ktn. Der um 1900 modernisierte und aufgestockte Viereckbau mit eckturmartigen Vorbauten in der Straßengabelung am linken Gurkufer entstand im 18. Jh. Er hatte viele Besitzer und wurde 1928 Eigentum der (Grafen) Czernin.

Raipoltenbach, nordwestl. (bei) Neulengbach, NÖ. Die Ruine des einst dreigeschossigen Renaissance-Wasserschlosses stammt von einem Nachfolgebau der Wasserburg Raipoltenbach (→ Burgenbuch). Schloßherr war nach den Zirckendorf, den Trauttmansdorff u. a. auch der 1620 geächtete Andre Thonradl. Die Herrschaft kam nach ihm an die Gräfin Palffy von Neulengbach und an die Liechtenstein.

Ramingdorf, nordöstl. bei Steyr, NÖ. Das turmartige Schlößchen mit Ecktürmchen, barock gestaltetem Mittelturm und Freitreppe ist ein Bau um 1600 mit Dekor des 19. Jh. Es war vom 16. bis zum 18. Jh. an Besitz der Familie Händel. Unter den Wohn- und Wirtschaftsgebäuden des 18. Jh. rings um den Bau befindet sich auch eine ehemalige Brauerei.

Rastenfeld, Ktn.

Ranshofen, südwestl. Braunau, OÖ. Das 1811 zum Schloß gewordene Stiftsgebäude der Augustinerchorherren erwarb Frohberg Montjoie. Nach mehrfachem Besitzwechsel kam es 1851 an die Familie Wertheimer, 1939 Eigentum der Aluminiumwerke, diente es nach 1945 der Stadtgemeinde Braunau als Gefangenen- und Flüchtlingslager.

Rappoltenkirchen, südl. Tulln, NÖ. Das Burgschloß der Ritter von Kreisbach und Seepeck ist durch das Erdbeben von 1590 zerstört worden. Der eigenwillige Schloßbau von heute mit zinnengekröntem fünfstöckigem »Renaissanceturm« und dreigeschossigem Treppenhaus im riesigen Park entstand 1869 über einer alten Anlage nach Plänen des Ringstraßen-Architekten Theophil Hansen im Auftrag des Wiener Bankiers von Sina. 1891 war Rappoltenkirchen gemeinsamer Besitz von Angehörigen der Familien der Hohenlohe-Schillingfürst, der Pappenheim, Ypsilanti, Wimpffen und Maurocordato. Zwischen 1906 und 1964 barg die Schloßgruft die sterblichen Überreste des Fürsten Alexander Ypsilanti, Kriegsheld im griechischen Freiheitskampf von 1820/21. Den Führer des »heiligen Bataillons« ließ Fürst Metternich später gefangensetzen. Noch heute ist das Schloß Besitz der Ypsilanti.

Rastbach, westl. Gföhl, NÖ. Unweit der Ruinen einer Burg des 12. Jh. ließ der Protestant Maximilian Herr zu Polheim vor 1610 unterhalb der Pfarrkirche zum hl. Pankraz ein Schloß errichten und hielt sich einen protestantischen Prediger. Neun Jahre später zerstörten die Dampierreschen Reiter den Besitz. Der wiedererrichtete zweigeschossige Dreiflügelbau mit Rundtor wird heute bewohnt.

Rastenfeld, nördl. St. Veit a. d. Glan, westl. Mölbling, Ktn. Den mächtigen, viergeschossigen Bau um einen kleinen Hof, noch mit Befestigungsanlagen der alten Burg Rastenfeld (→ Burgenbuch) versehen, im 17. und 18. Jh. Besitz der Herberstein und Schluga, bewohnten im 19. Jh. sommersüber die Wiener Operettendiva Marie Geistinger, 1836—1903, seit 1894 Dr. Karl Freiherr Auer von Welsbach († 1929) Erfinder des Gasglühlichtes. Noch heute im Besitz der Familie.

Ratzenegg, westl. Klagenfurt, Ktn. Das mächtige Schloß auf dem Hügel an der Straße von Klagenfurt nach Moosburg, ein Bau des 16. und 17. Jh., trägt die Wappen der Halleg, Staudach, Deutenhofen und Kronegg. Seit 1708 ist die vom totalen Verfall bedrohte vieleckige Anlage mit prächtigem Portal und Rundturm im Besitz der Grafen Goëß.

Rechnitz, östl. Oberwart, Bgld. Das einst riesige Schloß der Jaaker und Grafen Batthyány aus dem 17. Jh. wurde 1945 zerstört und dann abgetragen. Reste der Bastionen, Türme und weitläufigen Keller sind noch zu sehen. Auch der viergeschossige Speicherbau in der Bahnhofstraße des Ortes trägt das barocke Wappen der Batthyány. Das »Öde Schloß«, die Ruine der Burg der Güssinger Grafen aus dem 13. Jh., liegt oberhalb des Faluditales nordwestlich des gleichnamigen Sees.

Rehhof (Gaishof), westl. Baden, bei Thenneberg. NÖ. Der kleine Bau an der Bundesstraße mit Dachreiter, einst Wirtschaftsgebäude des Klosters Klein-Mariazell, hieß bis ins 18. Jh. Gaishof und ist heute Privatbesitz.

Reichenau an der Rax, westl. Gloggnitz, NÖ.

Wartholz. Anstelle der Schloßanlage des Stiftes Neuberg, einem 17.-Jh.-Bau — das Renaissancetor mit Jahreszahl 1614 ist noch erhalten —, ließ sich Erzherzog Karl Ludwig, Bruder Kaiser Franz Josephs I., nach Plänen Heinrichs von Ferstel 1830 eine Schloßvilla errichten, die sein Enkel, Kaiser Karl I., während seiner kurzen Regierungszeit bis 1918 benützte. In dem bis vor kurzem im Besitz von Dr. Otto Habsburg-Lothringen befindlichen Gebäude ist ein Schulungszentrum errichtet worden.

Reichersberg, NÖ., → Ollern.

Reideben, südöstl. Wolfsberg, bei St. Stefan im Lavanttal, Ktn. Das hufeisenförmig angelegte Schloß mit vier Ecktürmen und schönem (allerdings verglastem) Arkadenhof entstand im 16. Jh. Das Südtor zeigt das Wappen der Freyberg mit der Jahreszahl 1590. Das Eigentum der Herren von Pressing, von Freyberg, von Ankenstein, von Dernbach u. a. kam im 17. Jh. an das Domstift St. Andrä im Lavanttal, im 19. Jh. an die Grafen Henckel von Donnersmarck, die es noch heute besitzen. Der nicht im besten Zustand befindliche Bau wurde lange Zeit für Wirtschaftszwecke und als Gestütshof benützt, bevor er von dem jetzigen Eigentümer 1921 wieder als Wohnschloß adaptiert wurde. Hugo (Graf) Henckel von Donnersmarck ließ in den offenen Laubengängen im Erdgeschoß eine Anzahl Reliefs, Wappen, Grabmäler und Steindenkmale des 16. Jh. aufstellen. Nicht zu besichtigen.

Reintal, östl. Graz, Stmk. Den im 19. Jh. zu einem Schloß umgebauten Edelsitz der Rottal, Prankh, Teufenbach u. a. aus dem 16. Jh. bewohnte im 19. Jh. Feldzeugmeister Ludwig von Benedek, der Verlierer der Schlacht von Königgrätz 1866. Das Gebäude wird heute als Erholungsstätte benützt.

Reitenau, bei Grafendorf, nördl. Hartberg, Stmk. Das dreigeschossige, im Sechseck angeordnete, einstige Wasserschloß im großen Park mit vier runden grünbehelmten Ecktürmen ließen die Grafen Wurmbrand im 17. und 18. Jh. zur heutigen Gestalt ausbauen. Der Wassergraben und Reste von Basteien blieben erhalten. Das Gebäude umschließt einen geräumigen Innenhof des 18. Jh. mit Scheinarkaden, auch die Kapelle trägt Dekor aus dieser Zeit. Der Gebäudekomplex mit schönen Wirtschaftsgebäuden ist Privatbesitz der Familie (von) Lenz.

Reiteregg, südwestl. Graz, Stmk. Der 1695 umgebaute »Süz Reiteregg« wurde auch in den folgenden Jahren immer wieder umgebaut, das letzte Mal um 1900. Die Kapelle vor dem Schloß mit Wappen war dem Stift Rein inkorporiert, sie ist um 1800 zusammen mit den Innenräumen unter den Herren von Moscon gut ausgestattet worden. 1871 kam der Besitz an die Reichsfreiherrn von Hahn.

Rettenstein-Schlößl, Sbg., → St. Johann i. Pg.

Retz, nordwestl. Hollabrunn, NÖ.
Schloß Gatterburg. An der Stelle einer gotischen Anlage entstand in der Südostecke der mittelalterl. Stadt im 17. Jh. ein Spätrenaissancebau, den die Herren von Gatterburg, die den Besitz 1709 erwarben, aus- und umbauten und mit Türmchen versehen ließen. Das schmucke dreigeschossige Gebäude mit Steinbrücke zum reichverzierten Tor umschließt einen rechteckigen Hof. Die Chronik von Retz berichtet, daß am 3. März 1742, im Ersten Schlesischen Krieg, Friedrich der Große mit seinem Bruder in das von seinen Truppen besetzte Städtchen kam und im Gatterburgschen Schloß speiste. Da ihm hier der herbe »Retzer« zusagte, befahl er neben anderem auch acht Eimer alten Weins mitzunehmen.
»Schlößchen«, Pfarrgasse 14. Der schloßartige Bau des 18. Jh. mit großem Saal wurde möglicherweise nach den Plänen von Mungenast errichtet.

Retzhof, Stmk., → Leitring.

Ried, im Oberinntal, südöstl. Landeck, Tirol.
Schloß Siegmundsried. Als Herzog Siegmund von Tirol im 15. Jh. zwischen dem Wohnturm und dem kleinen Palas der Herren von Ried ein Stiegenhaus und gewölbte Hallen errichten ließ und die Anlage auch gegen Süden erweiterte, entstand Schloß Siegmundsried, das später die Richter von Laudeck (→ Burgenbuch) bewohnten. Auch heute ist in dem Bau mit Malerei des 16. Jh. ein Bezirksgericht untergebracht.

Riedau, nordöstl. Ried i. Innkreis, OÖ. Der dreigeschossige Dreiflügelbau gegenüber der Pfarrkirche wurde um 1600 als »herrliche Herrenwohnung und Wirtschaft« mit schönen Zimmern, Gemächern, Saal, zwei »Kucheln«, Kellern, Gewölben und Ställen für »50 Roß« und 30 Kühe beschrieben. Der Besitz, der im 16. Jh. Bernhard Zeller, dem letzten Strauchritter Oberösterreichs, gehörte (er besaß auch → Schwertberg), kam im 17. Jh. an die Dietrichstein und Salburg, im 18. Jh. an Johann Zach von Sonnenstein, im 19. Jh. an Bürgerliche.

Riedegg, nördl. Gallneukirchen, OÖ. Eine Inschrift oberhalb des Tores gibt Auskunft, daß Reichard Freiherr von Starhemberg, Herr von Wildberg, Riedeck, Lobenstein und der Grafschaft Schaunberg, Rat Kaiser Rudolfs II., das Schloß im Jahre 1609 erbauen ließ. Der Bauherr hielt auf der Tafel auch fest, daß dieses »Ahnenschloß« über einem älteren Bau errichtet wurde, der wenig Wohnungen enthielt, zum Großteil aus Holz bestand und deshalb feuergefährlich war. Die Inschrift weist ferner darauf hin, daß mit dem Schloß eine Wasserleitung mit Bleirohren errichtet wurde und man die Weingärten am Schloßberg erweiterte. Daß die Arbeiten von gefangenen Türken geleistet wurden, verschweigt die Tafel. Der Vierflügelbau mit Innenhof wurde in die alte Burg Riedegg (→ Burgenbuch) hineingebaut. Seit einiger Zeit ist das Schloß, in dem eine schöne Kapelle und auch eine Reiterstiege in den ersten Stock sehenswert sind, Besitz der Mariannhiller Mission, die hier ein Afrikamuseum eingerichtet hat, welches auch Einblick in das Missionsgebiet Mariannhill bei Durban, Südafrika, gibt. Die Missionare haben dort ein Schulzentrum mit Grundschulen, Gymnasium, Lehrerbildungsanstalt, Industrie-, Fach- und Gewerbeschulen, auch Werkstätten, Druckerei etc. errichtet. Besuchszeit: Sonntagvormittage oder nach Voranmeldung.

Riedenburg, Vlbg., → Bregenz.

Rief, bei Puch, nördl. bei Hallein, Sbg. Nur die Wappen an der Front des Haupttraktes erinnern heute noch an das einstige fürsterzbischöfliche Lustschloß mit Wasserspielen und Tierpark, zu dem sich die Erzbischöfe Johann Jakob Kuen-Belasy, 1560 bis 1586, und Michael Graf Kuenburg, 1586—1587, den Edelsitz des Christoph Perner aus Hallein hatten ausbauen lassen. Der später als Gestüt und Meierhof verwendete hufeisenförmig angeordnete Gebäudekomplex mit Eckrisaliten verfiel nach Bränden. Nach dem Zweiten Weltkrieg wurde Rief als Tagungsstätte der österreichischen Volkshochschulen adaptiert.

Riegersburg, NÖ., → Seite 63.

Riegerting, bei Mehrnbach, westl. Ried im Innkreis, OÖ. Ein im Jahre 1908 von den Freiherrn von Venningen-Ullner zur Herrschaftsvilla erweiterter und umstilisierter Schloßbau der Scharfseder und Seiboltsdorffer im 17. Jh. Das Türmchen der Schloßkapelle zum hl. Isidor aus dem 17. Jh. birgt noch zwei kleine Glokken des 18. Jh.

Ris-Schlößchen, Tirol, → Flauring.

Rittersfeld, NÖ., → Traismauer.

Ritzenschloß, Sbg., → Saalfelden.

Rohr, südöstl. Wildon, bei Haslach a. d. Stiefing, Stmk. Eine von den Zisterziensern des Klosters Rein im 17. Jh. zum Schloß erweiterte Wasserburg. Das Gitter über dem Tor des einstöckigen Dreiflügelbaues mit Uhrtürmchen, schöner Treppe und Saal mit Holzdecke zeigt noch das Wappen des Ordens. Im Nordtrakt — er stammt aus dem 16. Jh. — ist die Johannes-Kapelle des 17. Jh. untergebracht.

Rohrau, NÖ., → Seite 45.

Rohrbach, bei Weistrach, südl. Stadt Haag, NÖ. Das Schlößchen der Anna Marusch, Witwe des Adam von Rohrbach und nachmalige Frau des Barockdichters Wolf Helmhard von Hohberg, Verfasser der »Georgica curiosa« und des »Habspurgischen Ottobert«, 1612—1688, ist ein einfacher Bau des 17. Jh. mit vier zwiebelbehelmten Ecktürmchen. Helmhard von Hohberg erwarb den Besitz 1659/60 von seinen Stieftöchtern, vier Jahre bevor er als Protestant nach Regensburg emigrierte und den Besitz an Matthias von Risenfels verkaufte. Die barocke Kapelle neben dem Schloß zeigt noch Ausstattung des 18. Jh.

Rohrbach, Stmk., → St. Johann a. d. Oisnitz.

Rohrbach an der Gölsen, südöstl. St. Pölten, NÖ.

Schloß Bergau. Die schon im 13. Jh. genannte Burg ließen die Jörger im 16. Jh. zum Schloß ausbauen. Der Besitz der Protestantenfamilie fiel 1664 an das Stift Lilienfeld und wurde 29 Jahre später von den Türken zerstört. Um den dreigeschossigen Vierkanter ziehen sich heute noch Teile der alten Wehrmauer mit Ecktürmchen. Kapelle und barocke Details dokumentieren in Bergau die geistlichen Besitznehmer.

Roitham, nördl. Gmunden, OÖ.

Schloß Au. Das einfache Schlößchen mit Ringmauer und freistehender Kapelle, um 1660, wurde 1642 Besitz des Johann Föderl, 1653 Eigentum des Stiftes Lambach. Das »Schlößl an der Traun«, für Jagd und Erholung der Klosterleute bestimmt, besaß in dieser Zeit ein »Tafelzimmer, Pater Duellers Zimmer, Kammer, Musikantenzimmer, Museum, Dienerzimmer und Ihro Hochwürden und Gnaden Zimmer«. Aus einer anderen Beschreibung geht hervor, daß Au »6 Stuben, 9 Kammern, 3 Gewölber, 2 Kucheln und Ställe für 4 Pferde« besaß. Im 19. Jh. verkaufte das Stift den Besitz seinem Gerichtsschreiber Franz Gebhart, bei dem es mit 12 896 Gulden Wiener Währung in der Kreide stand.

Rorregg (Rohrhof), bei Ysper, südwestl. Pöggstall, NÖ. Als Besitz des Kaspar von Rogendorf in Pöggstall (→ Burgenbuch) kam der Hof zu »Rorveld« 1598 an die Hoyos zu Persenbeug, die ihn 1609 zum »schloß Rorreckh« ausbauten und als Verwaltungssitz für ihre Herrschaft Yspertal verwendeten. Im unscheinbaren rechteckigen Schlößchen mit Uhrtürmchen und Ringmauer befindet sich noch Restmauerwerk aus gotischer Zeit. Ein kreuzgratgewölbter Saal mit Stuck und Malereien weist auf die im 19. Jh. aufgelassene Schloßkapelle hin.

Rosegg, südl. Velden, Ktn. Das stilvoll-einfache Schlößchen ließ sich Philipp-Joseph Graf von Rosenberg, Botschafter Maria Theresias bei der Republik Venedig, Mitte des 18. Jh. errichten. Seit dem 19. Jh. ist der im heutigen Tierpark Rosegg im Schnittpunkt von Alleen errichtete Zweiflügelbau Liechtensteinscher Besitz.

Rosenau, NÖ., → Seite 67.

Rosenbach, Stmk., → Obdach.

Rosenberg, Sbg., → Zell am See.

Rosenbichl, westl. St. Veit a. d. Glan, Ktn. Das einfache Gebäude nächst Pulst, ein Edelmannssitz, den sich im 16. Jh. die Khulmer erbauten und der im 18. Jh. dem Eisengroßgewerken Graf Egger gehörte, wurde 1935 völlig überholt und als Erholungsheim des Elisabethinenklosters in Klagenfurt adaptiert.

Rosenburg, südl. Horn im Kamptal, NÖ. Das im 16. Jh. aus der romanisch-gotischen Burg der Rosenberger und des Caspar von Rogendorf hervorgegangene Paradeschloß der niederösterreichischen Protestantenfamilie Grabner und Tollet wurde in »Von Burg zu Burg in Österreich« auf den Seiten 34 bis 37 ausführlich dokumentiert. Die Darstellung widmet sich besonders auch jener Zeit, in der die Rosenburg als Zentrum der im »Horner Bund« zusammengeschlossenen protestantischen Herren und Ritter Niederösterreichs die Rolle einer »Wartburg« Österreichs spielte. Am 9. Juli 1620 erstürmten die Truppen des Horner Bundes die inzwischen durch Verschuldung des Besitzers an den katholischen Hofrat Vinzenz Muschinger gekommene Rosenburg und richteten hier jenes Blutbad an, das im Liede »Es steht ein Schloß in Österreich . . .« fortlebt. Die im 18. Jh. zur Ruine verfallene Anlage wurde von den Grafen Hoyos-Sprinzenstein wiedererrichtet und mit Möbeln, Gemälden und Waffen ausgestattet. Besichtigung: 1. 4. bis 1. 11. tägl. 8 bis 18 Uhr, sonst tägl. 9 Uhr bis Dämmerung.

Roseneck, Tirol, → Fieberbrunn.

Rosenegg, westl. Steyr, OÖ. Der langgestreckte zweigeschossige, recht imposante Bau mit Ecktürmen und Kapelle am Steyrufer, ursprünglich ein Bauernhof, den Andreas von der

Prucken 1568 als Edelmannssitz mit dem Prädikat »von Rosenegg« zugesprochen bekam, wurde im 17. Jh. Besitz des Klosters Garsten. Er blieb es bis zu dessen Aufhebung. Dann wechselten die Besitzer rasch. Prominente Schloßherren waren noch der Sänger der »Rosenegger Sonette«, Julius von der Traun (Alexander Julius Schindler), und Viktor Werndl.

Rosenhof, nordöstl. Freistadt, OÖ. Das stattliche Schloß der (Grafen) Kinsky inmitten des Parks entstand aus einem Gebäude, das sich Ferdinand Graf Harrach nach 1773 bei Sandl hatte erbauen lassen. Seine endgültige Gestalt erhielt der hufeisenförmig um einen Hof gelagerte Besitz nach 1780 durch Rosa Fürstin Kinsky, geborene von Harrach. Rosenhof ist heute noch Zentrum der Kinskyschen Besitzungen an der Grenze zur ČSSR.

Rossatz, westl. Krems, NÖ. Der dreigeschossige Renaissancebau am Kirchplatz des Marktes mit Rundbogenportal und bescheidenem Arkadenhof war Eigentum der Kirchberger, Aspan, Geymann, der Grafen Lamberg, Mollart und Schönborn, bevor er im 19. Jh. in den Besitz der Guts- und Waldgenossenschaft Rossatz kam.

Rotenturm an der Pinka, südöstl. Oberwart, Bgld. Das wahrscheinlich um 1523 anstelle einer mittelalterl. Wasserburg errichtete Schloß ließ Stephan Erdödy um 1860 zum Großteil abtragen und über ihm nach Plänen des Hansen-Schülers Anton Weber ein Phantasieschloß in maurisch-byzantinischem Stil mit Stufengiebeln, Turm, Türmchen, Galerien, Scharten und Streben errichten. Ein Brand vernichtete 1929 die Inneneinrichtung, auch das Erdödysche Familienarchiv und das Geheimarchiv des Franz Rákoczi. 1945 und später wurde Rotenturm verwüstet. 1970 begann man das heute im Besitz der Burgenländischen Landesregierung befindliche Schloß zu restaurieren.

Rothenau, nächst Eschenau, nördl. Lilienfeld, NÖ.
Schloß Klafterbrunn. Das Schloß in Hanglage westlich der Bundesstraße, heute als »Rasthaus Fürstenberg« in Verwendung, zeigt Bauformen des 17. Jh. und ist als Besitz der Grafen Walderdorff, 1863 bis 1923, umgestaltet und ausgebaut, neuestens unter den Prinzen Fürstenberg, 1923 bis 1960, renoviert worden.

Röthelstein, südl. Admont, Stmk. Der Sommersitz der Admonter Äbte, um 1655 unter Abt Urban am Hang des Klosterkogels entstanden, ist noch mit einer Ringmauer umgeben. Der prächtige Herrensitz mit achteckigem Kapellenturm und zwei Ecktürmen, bestens ausgestattet und eingerichtet, stand lange leer und wurde auch z. T. ausgeplündert. Vor seinem endgültigen Verfall bewahrte ihn die Übergabe an das Österreichische Jugendherbergswerk im Jahre 1974.

Rothenhof, NÖ., → Emmersdorf.

Rothenthurm, westl. Judenburg, Stmk. Das nach außen hin unscheinbare Schlößchen des 17. Jh. mit zwei rechtwinkelig aneinanderstoßenden Flügeln und den über Eck gestellten Erkern besitzt eine gepflegte malerische Arkadenhofanlage. In den mit großer Sorgfalt ausgestatteten Räumen erhielten sich noch Reste gotischer Fresken. Die Kapelle zeigt Ausstattung des 17. Jh.

Rothenthurn, südöstl. Spittal a. d. Drau, Ktn. Ein Torso des Portalwappens weist vielleicht auf die Khevenhüller als Erbauer des Schlosses im 17. Jh. hin. Rothenthurn entstand über einer älteren Anlage und wurde mehrfach umgebaut und erneuert. Besitzer des durch den emporragenden Mitteltrakt mit Dachreiter charakterisierten Gebäudes waren im 17. und 18. Jh die Freiherrn von Mandorf und die Münch-Bellinghaus, im 20. Jh. die (Grafen von) Normann-Ehrenfels.

Röthis, nördl. Feldkirch, Vlbg. Ein Gebäude im Oberdorf von Röthis, dem man die Schlößchenvergangenheit kaum ansieht. Seit dem 16. Jh. verschiedene Besitzer.

Rottenbach, südwestl. Grieskirchen, OÖ.
Schloß Innersee. Über dem Gemäuer eines einstigen Wasserschlosses, das durch drei Jahrhunderte im Besitz der Innerseer war, errichteten die Dietrichstein einen zweigeschossigen Renaissancebau mit Mittelturm. Nach Brand und Zerstörungen in den Bauernkriegen wurde das Schloß neu aufgebaut. Es ist heute zwar noch bewohnt, aber von fortschreitendem Verfall bedroht.

Rottenbach, bei Fohnsdorf, nordöstl. Judenburg, Stmk. Eine Inschrifttafel über dem Eingang hält fest, daß es sich bei diesem zweigeschossigen Renaissanceschlößchen um einen Anfang des 17. Jh. vom bischöflich- seckauischen Verwalter Raimund Eberlin errichteten Edelsitz handelt. Seit dem 18. Jh. ist Rottenbach bäuerlicher Besitz.

Rottenhaus, bei Wieselburg, NÖ. Der noch erhaltene zweigeschossige Ostflügel eines Barock-Wasserschlosses mit Resten eines Wehrgrabens ist im 19. Jh. erneuert worden. Heute als Bundesversuchsanstalt in Verwendung.

Rottenhof, nördl. bei Persenbeug-Gottsdorf, NÖ. In einem Vorgängerbau des heute dreigeschossigen Gebäudes des 17. Jh. mit viereckigem Glokkenturm und Halle mit Kreuzgewölbe war des öfteren bei Jagden Kaiser Maximilian I. zu Gast. Im 16. Jh. wurde Rottenhof Sitz einer kleinen Herrschaft, die im 17. Jh. an die Hoyos, Herberstein und Grafen Preising, im 18. Jh. wieder an die Hoyos kam. Sie vereinigten den Besitz mit ihrer Herrschaft Persenbeug. Heute ist Rottenhof ein Försterhaus.

Rottenmann, südöstl. Liezen, Stmk.
Thalhof. Das einstöckige Gebäude westl. des Ortes entstand im 17./18. Jh. über einem älteren Bau. In seiner Nähe sind Reste der protestantischen Kirche der Hofmann zu Grünbüchel zu finden, die 1599 zerstört wurde (→ auch Trautenfels). Thalhof war zwischen 1636 und 1850 Wohnsitz der admontischen Pfleger von Strechau.

Rottenstein, bei St. Georgen am Längsee, nordöstl. St. Veit a. d. Glan,

Ktn. Ein unter den Grafen von Egger zu Beginn des 19. Jh. errichtetes Gebäude.

Rudersdorf, nordöstl. Fürstenfeld, Stmk. Das einstige Herrenhaus der Batthyány mit den beiden mächtigen Ecktürmen, um 1750 erbaut, wird seit 1920 als Textilfabrik verwendet. Die Wohngebäude des gepflegten Besitzes befinden sich auf der Parkseite.

Rüfling, bei Leonding, westl. Linz, OÖ. Ein Odalsah Rudolfvingen ist schon im 9. Jh. urkundlich. Sitz eines Adligen und einer Herrschaft wird Rüfling erst im 15. und 17. Jh. Unter seinen vielen Besitzern sind die Freiherrn Münch-Bellinghausen und die Familie Everarts aus Belgien zu nennen, deren Wappen sich über dem Eingang des sichtlich erst in jüngerer Zeit aufgestockten Schlosses befindet.

Ruppertsthal, südwestl. Hollabrunn, NÖ. Ein nicht mehr als Schloß anzusprechendes Haus im ungepflegten Park weist auf eine Anlage des 17. Jh. über älterem Mauerwerk hin.

Saager, an der Drau, südöstl. Klagenfurt, in der Drauschleife bei Mieger, Ktn. Das zweigeschossige Gebäude am Steilhang mit diagonal gestellten massigen Vierecktürmen im Norden und Süden stammt aus dem 16. Jh. und ist Nachfolgebau einer älteren Anlage. Das Schloß war bis ins 19. Jh. Sitz der Familie Metnitz. Seither wechselten die Eigentümer.

Saalfelden, am Steinernen Meer, nördl. Zell am See, Sbg. Im Gebiet von Saalfelden standen einst sieben Burgen und Schlösser. Erhalten blieben:

Schloß Dorfheim. Als Sitz der »Hunt zu Dorfheim« wird das Schloß schon im 15. Jh. genannt. Der dreigeschossige Bau mit zwei Trakten, Ecktürmchen und Ringmauer westlich des Marktes stammt aus dem 16. Jh. Der letzte der Hunt — das Geschlecht stellte durch vier Jahrhunderte die Herren von Dorfheim — gab dem Schloß die heutige Gestalt. Nach einem Brand 1901 stürzten die Dekken ein. Dorfheim ist seit 1860 bäuerlicher Besitz.

Schloß Farmach. Der östl. von Saalfelden bei Ramseiden auf einer Anhöhe gelegene langgestreckte, viergeschossige Bau mit Mittelerker und Grundmauerwerk aus der Mitte des 16. Jh. ist heute ein modern ausgestattetes Altersheim. Das Schloß mit Laubengängen an der Rückseite und alten Portalen war nach Johann Zechentner, dem Kaiser Matthias 1614 den Reichsadel verlieh, im Besitz mehrerer Adelsfamilien, der von Töring und von Negro. Die von Rehlingen erweiterten ihn um 1760 beträchtlich.

Schloß Lichtenberg. Die Höhenburg (→ auch Burgenbuch) am Fuße des Steinernen Meeres bewohnten die Herren von Salveld, die von Lichtenberg, von Walchen und Velben. Als 1526 die Bauern die Burg zerstörten, saß auf ihr ein Pfleger der Hunt von Dorfheim. Das wiedererrichtete Burgschloß mit überragendem Turm, kleiner kreuzgewölbter Kapelle und Bastion wurde 1873 umfassend restauriert. Seit dieser Zeit ist es Eigentum der Familie Weiß-Tessbach, die es noch heute bewohnt. Der Rittersaal, eine Kapelle und eine Gemäldesammlung sind sehenswert.

Ritzenschloß, früher Grub. Der hufeisenförmige dreigeschossige Bau am Ritzensee trägt über dem Tor die Jahreszahl 1553, doch sind hier auch ein jüngst renovierter mittelalterl. Rundturm und ein Wehrgang zu sehen. 1603 starb im Schloß Christoph Weitmoser (→ Weitmoserschlößl). Im 17. Jh. wurde die Familie Ritz hier ansässig. Die Ritz waren während der Bauernkriege Parteigänger der Erzbischöfe. Die Hochzeit des Emeran von Ritz mit einem Fräulein Pauernfeindt von Eyß im 17. Jh. wurde der Chronik nach mit 416 Liter Wein und 290 Liter Bier begossen. Nach den Pauernfeindt-Eyß waren die Waltenhofen, dann Bauern Besitzer. Heute ist im bestens restaurierten Schloß das Heimatmuseum untergebracht und ein Saal für Veranstaltungen eingerichtet. Weit über hundert heimische Weihnachtskrippen der Sammlung des Xandl Schläffer vom späten 17. Jh. bis zur Gegenwart sind hier zu sehen. Neben Volkskundlichem aus dem Pinzgau birgt das Ritzener Museum auch eine umfangreiche Mineraliensammlung. Besichtigung: Mi., Sa. und So., 14 bis 16 Uhr, sonst nach Anmeldung.

Saalhof, Sbg., → Maishofen.

Salaberg, NÖ., → Haag (Stadt).

Salau, bei Prinzersdorf, südwestl. St. Pölten, NÖ. Dem Südflügel des drei-

Schloß Salaberg in Haag, NÖ.

geschossigen Hakenbaues mit Arkadenhof ist ein quadratischer fünfgeschossiger Turm vorgebaut, der bis zum Ersten Weltkrieg eine Glocke des 17. Jh. trug. Dem einstigen Edelhof östl. der Pielach gab Siegmund Reichard von Tattenbach die Gestalt, dessen Wappen im Hof noch zu sehen ist. Den zur Herrschaft Fridau (Obergrafendorf) gehörigen Besitz bewohnten im 17. Jh. die Hacker von Hart. Der hier geborene Aquilin Josef Hakker wurde Chorherr und hinterließ Werke im Umfang von zwanzig Bänden. Er schilderte in ihnen seine zahlreichen Reisen, auch eine Besteigung des Ötschers im Jahre 1746, den Bayerneinfall von 1741 und 1742 u. a. m. Nach 1834 kam Schloß Salau in bürgerlichen Besitz.

Salzburg.

Schloß Aigen. Nicht der viergeschossige Viereckbau mit viereckigem Turm — ein Bauwerk des 17. bis 19. Jh. — neben der Aigener Kirche verhalf der Landschaft am Fuß des Gaisberges zu historischer Bedeutung, sondern der von den beiden Salzburger Domherrn Waldherr und Graf Waldburg-Wolfegg im 18. Jh. auf ansteigendem Gelände angelegte Park hinter dem Schloß. Schon im 18. Jh. Treffpunkt eines »Illuminatenordens«, wurde Aigen als Besitz des Domherrn Ernst Fürst zu Schwarzenberg und des Kardinal-Erzbischofs Friedrich Fürst zu Schwarzenberg im 19. Jh. zum weltberühmten Treff der Adelsgesellschaft, die auch das damals hier eingerichtete Heilbad benützte. Schon Simon Rettenbacher hatte 1678 der Gegend die Ode »Laus vallis Aignensis« gewidmet. König Ludwig I. von Bayern, damals Schloßherr auf Leopoldskron, besang sie in fünf Gedichten. Der »Wallfahrtsort für aufrichtige Naturfreunde, für politische und sentimentale Schwärmer, auch eine Zufluchtsstätte für weniger poetisch angelegte Menschenkinder, wollüstiger Aufenthalt für gefühlvolle, sanft schwärmende Herzen ...« ist noch heute — man richtete in ihm einen Fitneß-Parcours ein — beliebter Ausflugsort.

Anif, → Seite 141.

Schloß Arenberg (Arenberg-Palais), Arenbergstraße 8—10. Das nur nach der Parkseite zu schloßartig wirkende Gebäude mit schönem Saal und gediegener Ausstattung wurde erst 1861 unter Ursula Herzogin von Arenberg († 1901) aus einem kleineren Anwesen zur heutigen Gestalt ausgebaut. Es diente 1912 bis 1922 dem Dichter Hermann Bahr als Domizil.

Blumenstein, Fürbergstr. 4. Das zweigeschossige Schlößchen mit Mansardendach und Türmchen entwickelte sich aus einem »freieigenen Hof« über einem Edelsitz des 17. Jh. und hatte viele Eigentümer, u. a. die Grafen Kuenburg und die Reichsgrafen von Salm-Reifferscheid.

Chiemseehof, Chiemseegasse 8. Das Palais war 1814 Sitz und Residenz der Weihbischöfe und Fürstbischöfe von Chiemsee und beherbergt heute die Salzburger Landesregierung.

Doktorschlößl, Glaserstraße, nächst dem Bahnhof Aigen. Das einfache Gebäude, heute eine bürgerliche Pension, erhielt seinen Namen, als es im 17. Jh. Sitz des hochfürstlichen Leibmedicus Franz Mayer war, der eine Tochter des Dombaumeisters Solari zur Frau hatte.

Edmundsburg, am Mönchsberghang oberhalb St. Peter bzw. des Festspielhauses. Das 1695/96 im Auftrag des Edmund Sinnhuber, Benediktinerabt zu St. Peter, errichtete Schloß mit Pyramidendach und Laterne wurde als Pensionat für Klosterbedienstete, später als Knabenerziehungsanstalt, verwendet und beherbergt heute wissenschaftliche Institute.

Elsenheim, Arenbergstr. 35. Ein Edelsitz des 16. Jh., den der Salzburger Stadtrat von Elsenheimer, ein vermögend gewordener venezianischer Handelsherr, errichten ließ. Später wurde Elsenheim Fideikommißschloß der Freiherrn von Rehlingen, denen auch das gegenüberliegende, inzwischen verschwundene Schloß Bürgelstein und die Schlösser Gartenau und Emsburg gehörten. Das von Mietsparteien bewohnte schmale hohe Schlößchen zeigt noch Stukkaturen des 18. Jh.

Emsburg, Hellbrunner Allee 63. Das

Schloß Emslieb in Salzburg.

von Markus Sittikus, dem Schöpfer von Hellbrunn, für seinen Hauptmann Johann Siegmund von Mabon und für dessen Gattin Ursula — die der Erzbischof favorisierte — 1618 errichtete Schloß an der Allee nach Hellbrunn erwarb 1701 Erzbischof Johann Ernst Graf Thun für den von ihm begründeten »St.-Ruperti-Ritterorden«, eine Institution zur »Bildung und Belohnung guter Krieger aus dem Salzburger Landadel«. Der dreigeschossige, mit Obelisken geschmückte Bau mit quadratischem Treppenturm und Auffahrtsrampen wurde 1713 bis 1803 Sitz der Komture des Ritterordens. Ihre Bildnisse hängen auch heute noch im Flur des Gebäudes, das seit 1949 Mutterhaus der Halleiner Schulschwestern geworden ist.

Emslieb, Hellbrunner Allee 65. Ein Schloß, das Markus Sittikus seinem Neffen Hannibal errichten ließ. Das zweigeschossige Gebäude wurde im 18. Jh. umgebaut, im 19. Jh. neu fassadiert und hatte Bischöfe und Freiherrn, wie die von Imhof und Del Negro, als Besitzer. Seit 1935 bewohnt die amerikanische Familie Strongfort den gepflegten Besitz.

Flederbachschlößl, Aigner Straße 13. Den rechteckigen Edelsitz mit achteckigen Ecktürmchen im großen Park, dessen Entstehung bis ins 14. Jh. zu verfolgen ist, erwarb 1912 der Sohn des letzten regierenden Großherzogs von Toskana, Generalmajor Erzherzog Heinrich von Habsburg-Lothringen, dessen Familie es noch bewohnt.

Fondachhof, Gaisbergstr. 46. Das schloßartige Gebäude im weiten Park entstand Ende des 18. Jh. aus einem Gutshof und wird, 1949 großzügig ausgebaut, als Hotel geführt.

Franziskischlößl, auf dem Kapuzinerberg (Imberg). Während des Dreißigjährigen Krieges 1629 unter Erzbischof Lodron als Teil der Stadtbefestigung errichtet, besitzt das als Gaststätte benützte Schlößchen noch Graben, Brücke, Erker und Scharten. Über der Mitteltür sind das Wappen des Bauherrn und eine Inschrift zu sehen: »Als vor rund dreimal hundert Jahr Graf Paris Lodron Bischof war in unserm lieben Salzburger Land, da baute er mit kluger Hand am Imberg dieses Schlößl hin und weihte es mit frommen Sinn dem ›ewigen Frieden‹ allgemach, dieweil in Deutschland Krieg und Schmach.«

Freisaal, Freisaalgasse 12. Das frühere Schloß »Freudensaal« geht auf eine Gründung des Erzbischofs Pilgrim von Puchheim im 14. Jh. zurück und steht mit der Gestalt des Mönchs von Salzburg und dessen bedeutenden Minneliedern im Zusammenhang. Das heutige Gebäude entstand 1549 und verlor durch Restaurierungen im 19. Jh. sein historisches Aussehen. Von Schloß Freisaal aus hielten die Salzburger Erzbischöfe ihren Einzug in die Stadt. Fresken, die 1557/58 anläßlich des Einzugs des Erzbischofs Michael von Kuenberg entstanden, erhielten sich im Großen Saal. Freisaal wird von Mietparteien bewohnt und ist nicht zu besichtigen.

Freyburg, auf dem Mönchsberg, nächst dem Schartentor. Das Schlößchen entstand, als sich der Maler-Romantiker Carl von Frey in der zweiten Hälfte des 19. Jh. den »Roten Turm«, einen Teil der frühmittelalterl. Stadtbefestigung, durch Anbauten erweitern ließ. Seither ist Freyburg Sitz der gleichnamigen Alt-Salzburger-Familie, die der Stadt auch zwei Bürgermeister stellte.

Fronburg, Hellbrunner Allee 53. Das Schloß der Grafen von Kuenburg entstand in den Jahren 1672 bis 1680 über einer Schloßanlage, die Franz von Froberg im 17. Jh. hatte errichten lassen. Der stattliche dreigeschossige Bau mit Renaissanceportal und im Erdgeschoß durchlaufender Halle mit Marmortreppe steht in einem noch ummauerten Park mit Steinbassin. Das Gartenhäuschen im Park, mit spitzem Turm, ist dem Schulgebäude des nach dem Zweiten Weltkrieg entstandenen Orff-Institutes benachbart, dessen Studenten die Fronburg als Heim zugewiesen erhielten.

Fürberg, Pausingerstraße 11. Von dem im letzten Krieg zerstörten Schlößchen des 17. Jh. blieb ein Nebengebäude, das »Feyertagstöckl«, erhalten.

Hellbrunn, → Seite 138.

Herrenau, Eschenbachgasse 21. Der Name des Edelsitzes ist seit dem 16. Jh. nachgewiesen. Dem Gebäude mit grünem Kupferdach und Spitztürmchen abseits der Hellbrunner Allee im Park gab Hofkanzler Freiherr von Rall Mitte des 18. Jh. die heutige Gestalt, als er ein Gebäude aus der Mitte des 17. Jh. erweitern ließ, das sich der Kammerdiener des Fürsterzbischofs Paris Lodron hatte errichten lassen. Im Treppenturm finden sich Wappen der Freiherrn von Rall und der Grafen von Kuenburg. Im 20. Jh. wurden die (Grafen) Edmund von Clary-Aldringen Besitzer des Schlößchens.

Johannesschlößl, auf dem Mönchsberg. Als Erzbischof Wolf Dietrich den Edelsitz des salzburgischen Münzmeisters Thenn, das »Thennschlößchen«, seinen Dekanen zur Verfügung stellte, nannte man es »Dekanatsschlößchen«. Als das Gebäude im 19. Jh. Besitz des russischen Obristen von Paschkoff wurde, der dem Bau das historische Aussehen nehmen ließ, hieß der Besitz »Paschkoff-Schlößl«. Den Namen »Johannesschlößchen« erhielt es nach einer inzwischen verschwundenen Schloßkapelle. Seit der Bau im Jahre 1926 St.-Johannes-Missionshaus der Pallotiner (Gesellschaft vom katholischen Apostolat) wurde, ist das niedrige, aus drei Trakten bestehende, modernisierte Schloß mit zwei Rundtürmen hinter dem Café Winkler wieder zu seinem früheren Namen gekommen.

Kayserburg, Hellbrunner Allee 48. Das schlichte zweigeschossige Schlößchen, im 17. Jh. von einem hochfürstlichen Hauptmann Hans Kayser erbaut, gehörte ursprünglich zum benachbarten »Rupertihof«.

Kleßheim, → Seite 142.

Kupelwieserschlößl, auf dem Mönchsberg. Ein im 19. Jh. neogotisierter, mittelalterl., mit Zubauten versehener Wohnturm, der seine Namen vielfach wechselte (Turmherrnthurm, Constantins-, Landschaftsturm, Achleitnerschlößl u. ä.). Im 20. Jh. erwarb den schon auf das 14. Jh. zurückgehenden Sitz oberhalb des senkrecht abstürzenden Mönchsbergfelsens nächst der »Richterhöhe« die Industriellenfamilie Kupelwieser. Um- und Zubauten ließen eines der schönsten Schlößchen des Mönchsberges mit wertvoller Einrichtung entstehen.

Leopoldskron, → Seite 140.

Marketenderschlößchen, auf dem Mönchsberg. Der turmartige Bau mit Zinnen aus dem 19. Jh. diente im 16. Jh. dem Domkapitel als Sommersitz. Als er später Domizil eines Marketender-»Chefs« wurde, erhielt es seinen heutigen Namen. Derzeit wird der viergeschossige Bau mit Schloßkapelle von den benachbarten Pallotinern als Schülerheim verwendet.

Minnesheim, Minnesheimer Str. 22. Im Gemäuer des heutigen Wohnhauses unterhalb der Burg Neuhaus ist das Schlößchen versteckt, das Erzbischof Paris Lodron im 17. Jh. erbauen ließ und seiner Schwägerin, der Gräfin Katharina von Lodron, unter dem poetischen Namen »Minnesheim« zum Geschenk machte. Im 18. Jh. vergrößerte einer der Besitzer die Anlage im Park und stattete sie kostbar aus. Im 19. Jh. ließ es ein Herr von Schön-Monte Cerro einfallslos umbauen.

Mirabell, → Seite 136.

Mönchstein, auf dem Mönchsberg. Das »Gastschloß Mönchstein« ist ein Neubau an der Stelle eines historischen Schlößchens, das dem Professorenkollegium der Salzburger Universität einst als Sommersitz diente.

Monatsschlößl, → Hellbrunn.

Montforterhof, Montfortweg 12, nächst Hellbrunn. Um 1700 erwarb eine Gräfin Montfort, geborene Gräfin von Thun, Schwester des Fürsterzbischofs Johann Ernst Thun, den »Golserhof«, ließ ihn erweitern und ihm den westlichen Flügel anfügen. 1792 wurde das Schlößchen Eigentum des Fürsterzbischofs Graf von Colloredo.

Neudegg, Nonntaler Hauptstr. 51. Der Edelsitz der Neudegger, die schon im 13. Jh. nachgewiesen sind, kam im 17. Jh. an die Herren von Freisauff, im 18. Jh. an die Rehlingen u. a., ebenso an Bürgerliche. In der Halle des Erdgeschosses findet sich neben einem Nonnberger Klosterwappen aus dem Jahre 1548 ein Wappen der Wolfstein, Schloßbesitzer im 19. Jh., nach denen Neudegg auch »Wolfsteinschlößl« genannt wurde.

Neuhaus, Kühbergstr. 1, im Stadtteil Gnigl. Das im 15. Jh. von Erzbischof Eberhard III. errichtete Sommerschloß, das spätere Pfleggericht der Salzburger Erzbischöfe am Hang des Kühberges oberhalb der Stadt, ließ Graf Oswald von Thun im 19. Jh. in gotisierender Manier entstellen.

Paschingerschlößl, nächst dem Kloster auf dem Kapuzinerberg. Ein im 19. Jh. fassadierter, mit Erker und Aussichtstürmchen versehener, langgestreckter dreigeschossiger Bau des 17. Jh., den zwischen 1915 und 1937 der Dichter Stefan Zweig bewohnte.

Residenz, → Seite 132.

Robinighof, Robinigstr. 1. Bauherr des schloßähnlichen Landhauses mit eindrucksvoller Rokokofassade und schönem Giebel, 1750 bis 1753, war der Handels- und Kammerherr Georg Josef Robinig, Edler von Rottenfeld. Eine Marmortafel an der Hauptfront erinnert an die kulturhistorische Bedeutung des in neuester Zeit nach alten Plänen renovierten und stilvoll eingerichteten Schlosses: »Hier weilte Wolfgang Amadeus Mozart als Jugendgespiele und Freund Siegmunds und Luisens, der Kinder des Erbauers.« Mozartandenken und der Briefwechsel des Komponisten mit der Familie Robinig haben das Schloß zu einer kleinen Mozart-Gedenkstätte gemacht.

Rupertihof, Schloßhotel St. Rupert, Morzger Str. 31. Den Edelsitz Lasserhof, im 17. Jh. Eigentum der Freiherrn von Dücker und der Grafen Martinitz, erwarb 1701 Erzbischof Johann Ernst Graf von Thun und stiftete ihn dem Ritterorden des hl. Rupertus (→ Emsburg). Der Lasserhof wurde zum Ordensritterschloß Rupertihof. Nach 1811 waren die Freiherrn von Imhof und die Grafen von Clam-Martinitz Eigentümer. 1952 baute man das Schloß zum Hotel um.

Schöneck, Elisabethstr. 39. Der heute als Pfarrhof dienende Edelsitz, im 17. Jh. Eigentum des Dombaumeisters Solari (»Solarischlößl«), hieß später »Zillnerschlößl«. Das Wappen der von Kaiser Leopold I. geadelten Familie Zillner von Zillerberg ist über dem jetzt vermauerten Portal zu finden.

Söllheim, → Hallwang.

Theresienschlößl, nächst Hellbrunn. Ein modernisierter, villenartiger Ansitz mit Wappen und der Jahreszahl 1627, der als Restaurant eingerichtet ist.

Vogelsang-Schlößl, Fürbergstr. 65. Ein schon im 13. Jh. urkundlicher Edelsitz, dem die Fürstin Julie von Lobkowitz zur heutigen Gestalt mit Türmchen und Altane verhalf.

St. Bernhardshof, OÖ., → Auhof bei Perg.

St. Christof (Görtschach), bei Prieglitz, NÖ. Ein auf mittelalterl. Mauerwerk errichtetes Herrenhaus, wahrscheinlich des 18./19. Jh., mit zweigeschossigem Haupttrakt, dreigeschossigem turmartigem Trakt im rückwärtigen Teil und zwei vorgelagerten eingeschossigen Zubauten. Der einstige Rittersitz im Seitental der Schwarza ist seit dem 19. Jh. in bürgerlicher Hand.

St. Georgen, am Sandhof, nördl. Klagenfurt, bei Maria Saal, Ktn. Als Deutschordenskommende ist St. Georgen mit Georgskirche schon im 13. Jh. urkundlich. Der einstöckige Bau von heute, im Kern 16. Jh., wurde im 17. Jh. vergrößert und im 19. Jh. in die heutige Gestalt gebracht. Er beherbergt das Institut für angewandte Pflanzensoziologie, eine Außenstelle der Forstlichen Bundesversuchsanstalt des Landes Kärnten.

St. Georgen an der Stiefing, nordöstl. Leibnitz, Stmk. Im Renaissanceschloß der Freiherrn von Glojach aus dem 16. Jh. am Nordrand des Leibnitzer Feldes wohnte von 1920 bis 1933 der Dichter Paul Ernst (»Erdachte Gespräche«, »Das Kaiserbuch«). Der Vierflügelbau mit einer nach dem Vorbild dell Allios gestalteten Treppe des 17. Jh. und dem im 18. Jh. entstandenen Schloßhof verfällt.

St. Johann im Pongau, südl. Bischofshofen, Sbg.

Rettenstein-Schlößl. Das in den Österreich-Karten zu Unrecht mit dem Schloßzeichen versehene Gebäude ist ein bewohnter villenartiger Bau ohne historische Bedeutung.

St. Johann ob Hohenburg, südöstl. Voitsberg, Stmk. Der »Edlmanssiz Hohenberg« des 17. Jh. mit vier schräggestellten Ecktürmen war Sitz einer meist verschuldeten Herrschaft der Trauttmansdorff, Saurau u. a. Heute Privatbesitz.

St. Josef, an der Oisnitz, nordöstl. Stainz, West-Stmk.

Schloß Rohrbach. Der einstöckige Vierkantbau des 16. Jh. um einen rechteckigen Innenhof mit Arkaden, Sitz der Herrschaft Rohrbach, war Eigentum der Ungnad und Saurau, nach 1600 des Stiftes Stainz. Seit dessen Auflösung wechselte der 234 Hektar große Grundbesitz mehrfach seine Herren.

St. Lambrecht, südöstl. Murau, Stmk. Die Ruine auf der Anhöhe westl. des Stiftsgebäudes rührt von der im 15./16. Jh. schloßartig ausgebauten Burg der Äbte von St. Lambrecht (→ Burgenbuch). Der Komplex verfiel nach Aufhebung des Benediktinerstiftes Ende des 18. Jh. endgültig.

St. Leonhard am Forst, südwestl. Melk, NÖ. Das Amtshaus am Marktplatz, ehemals Schloßbesitz der Habsburger, entstand in seiner jetzigen Gestalt im 19. Jh. Der alte Schloßpark wird als öffentliche Gartenanlage genutzt.

St. Leonhard im Lavanttal, nordwestl. Wolfsberg, Ktn.

Schloß Ehrenfels. Das zweigeschossige klassizistische Gebäude entstand durch Umbauten im 18. Jh. und nach einer völligen Renovierung des bombengeschädigten Objektes nach dem Zweiten Weltkrieg. Die Anlage selbst entwikkelte sich im 16./17. Jh. über einer Burg der Ehrenfelser. Den Nordtrakt und den Arkadenhof ließ Graf Georg Nogaroll, Hauptmann von Triest, erbauen. Nach 1759 wurde Ehrenfels als bambergisches Eigentum durch Maria Theresia »verstaatlicht«, im 19. Jh. besaßen Ehrenfels die Henckel-Donnersmark, seit 1963 hat die Firma Hespa-Luzern den Besitz als Försterei eingerichtet.

St. Lorenzen im Mürztal, nordöstl. Bruck a. d. Mur, Stmk.

Nechelheim. Das dreigeschossige Schloß mit zwei barocken runden Ecktürmen, westl. des Ortes in einem kleinen Park gelegen, ist ein Bau um 1790. Er entstand im Auftrag des Freiherrn Franz Xaver von Monzello-Fraydenegg über einer alten Burganlage. In der mit Waffen und Bildern geschmückten Vorhalle sind Wappen des Bauherrn zu sehen, dessen Familie Nechelheim noch heute besitzt.

Oberlorenzen. Das zweigeschossige Schloß mit zwei viereckigen Ecktürmen östlich der Pfarrkirche wechselte seit 1600 die Besitzer vielfach. Der Arkadenhof des 17. Jh. ist im 19. Jh. verbaut worden. Das Gebäude wird heute für Schulzwecke benützt.

St. Marein im Mürztal, nordöstl. Bruck a. d. Mur, Stmk.

Spiegelfeld. Das heutige Mietshaus besaß im 17. Jh. vier stattliche zwiebelbehelmte Ecktürme. Noch 1830 war das Gebäude von einer Mauer umgeben, bis 1930 besaß es ein Glockentürmchen. Der Besitz der Welzer wurde schon 1557 wegen Steuerrückständen gepfändet. Auch die Herrschaft der Freiherrn von Spiegelfeld im 19. Jh. konnte sich nur kümmerlich behaupten.

St. Margarethen im Lavanttal, nordwestl. Wolfsberg, Ktn.

Schloß Schmelzhofen. Seit 1806 ist die Familie (von) Geinsperger im Besitz des dreigeschossigen, im Grundgemäuer aus dem 16. Jh. stammenden Schlosses. Ihr Wappen hängt neben dem des Balthasar Freiherrn von Khulmer, dem Erbauer des Schlosses Hohenstein im Glantal (→). Schmelzhofen war im 16. Jh. Besitz der Weiss, vermögender Gewerken, die sich Weiss von Schmelzhofen nannten.

St. Martin im Innkreis, nordwestl. Ried i. Innkreis, OÖ. Das Schloß der Trenbach und Tattenbach im 16./17. Jh. brannten 1626 die Bauern nieder. Auch das 1630 errichtete neue Schloß fiel im Jahr seiner Entstehung wieder Flammen zum Opfer. Adolf von Tattenbach galt als Bauernschinder. Seinen Enkel erschossen gedungene Leute 1712 in Hart-Wald bei St. Peter, und 1723 brannte das Schloß zum drittenmal ab. Der 1726 vollendete Neubau, ein dreigeschossiges Vierkantschloß im großen Park, steht heute noch. Der Besitz kam 1821 an die Grafen Arco und wird von der Familie Arco-Zinneberg nach einer Restaurierung im Jahre 1970 zum Teil als Hotel geführt. Am Ende des Zweiten Weltkrieges waren hier vorübergehend die Lipizzaner der Spanischen Hofreitschule in Wien untergebracht.

St. Pantaleon, östl. Enns, NÖ. Im Haus Nr. 22 sind im 18. Jh. Reste eines ehemaligen Wasserschlosses aus dem 16. Jh. verbaut worden. Kreuzgratgewölbe, Stiegenhaus und Terrasse mit Graben erinnern noch an die »veste zum Haus pei St. Pantaleon«, einem Besitz der Thürheim und Auersperg, den auch der niederösterreichische Dichter Wolf Helmhard von Hohberg nach 1664 in Pacht genommen hatte.

St. Peter-Freienstein, westl. Leoben, Stmk.

Schloß Freienstein. Der langgestreckte zweigeschossige Bau mit Wirtschaftsgebäuden östlich des Ortes an der Straße nach Donawitz entstand Mitte des 17. Jh. als »Neuschloß Freienstein«. Es handelt sich um einen schloßartig ausgebauten Meierhof, der im Besitz des Leobener Jesuitenkollegiums war und im 19. Jh. dem Gewerken Franz Ritter von Fridau gehörte. Nach den Freiherrn von Mayr-Melnhof ein Besitz der Familie Stibar.

Schloß Friedhofen. Der quadratische einstöckige Bau in der Hammergasse mit vier spitzgedeckten, vorspringenden Ecktürmen, einem Glockentürmchen und Arkadenhof entstand, als nach 1560 Andree Khlettenperger, Pfleger der Herrschaft Freienstein, den »Fridthoff, so ain Freisitz ist«, zu einer Viereckanlage ausbauen ließ. Die kleine Herrschaft, im 17. Jh. auch kurze Zeit Eigen des Stiftes Göß, wechselte vielfach die Besitzer, im 19. und 20. Jh. waren es nur mehr Bürgerliche. Kleines Bergbau-Museum, Ausstellungen und Veranstaltungen.

St. Peter in der Au, östl. Steyr, bei Seitenstetten, NÖ. Das einstige Wasserschloß mit Resten des Grabens und der Zugbrücke, einer kreuzgratgewölbten Einfahrtshalle und einem gedeckten Verbindungsgang zur Kirche spielte als Besitz des Wilhelm Seemann von Mangern während des Bauernaufstandes 1596/97 eine gewisse Rolle. In der Torhalle sind neben einem Grabmal des 17. Jh. Totenschilde, Wappen und Medaillons des 18. Jh. zu sehen. Das Schloß besitzt noch den alten Bergfried und im Hof Arkaden teilweise des 15. Jh. Die alte Einrichtung verlor St. Peter in der Au, als es 1801 als Militärhospital in Verwendung stand.

St. Pölten, NÖ.

Lilienhof, Stattersdorf Nr. 43. Ein Barockschlößchen, das 1757 unter der Oberstvorsteherin des Instituts der Englischen Fräulein, Gräfin Maria Catharina von St. Julien, entstand und heute noch im Besitz dieses Instituts ist. Der achteckige Schloßkapellenbau hinter dem Gebäude wurde am 1. Mai 1594 zu Ehren der Himmelfahrt Mariens geweiht.

Schlößl-Freigut Stattersdorf, Geiblingergasse. Ein spätbarocker, hakenförmig angelegter Bau, heute im Besitz einer Mietergemeinschaft, in dem 1809 Napoleon genächtigt haben soll und der im 19. Jh. einen Fabriksbetrieb beherbergte.

St. Stefan an der Gail, Ktn.

Schloß Greifenstein. Das schmucke Schlößchen mit massigen Eckerkern und schönem Wappen mit der Jahreszahl 1556 über dem runden Tor entstand nach einem Brand 1919. Im Besitz der (Barone) Dreihann-Holenia.

St. Urban, nordöstl. Feldkirchen, Ktn.

Schloß Bach. Im wuchtigen dreistöckigen Schloßbau am Ufer des Badesees findet sich Gemäuer des 14. und 15. Jh. mit Kreuzgewölben. Über dem Tor des späteren Besitzes der Khevenhüller und der Grafen Lodron stehen die Jahreszahl 1609 und die Worte: »Der Herr bewar Dein Ein- und Ausgang.«

St. Veit an der Glan, nördl. Klagenfurt, Ktn.

Schloß Kölnhof. Der frühklassizistische Bau des Prämonstratenserabtes Mayerhofer wurde 1778, wenige Jahre vor der Aufhebung des Griffener Stiftes durch Joseph II., nach Plänen des Salzburger Baumeisters Johann-Georg Hagenauer fertiggestellt. Das schmukke, vornehme Gebäude mit Ecktürmen kam im 19. Jh. in den Besitz der Familie Milesi, deren Erben es noch gehört.

Schloß Weyer. Eine Tafel oberhalb des Portales mit der Jahreszahl 1585 weist die Liechtenstein und Khuenburg als Bauherrn des vielgliedrigen, unregelmäßigen Gebäudekomplexes mit Türmen und Erker aus. Sichtlich ist das noch mit Graben umzogene Schloß die Erweiterung eines Edelsitzes, den ein Hans Rilkho (Rülko) besaß; eine Familie, von der Rainer Maria Rilke abzustammen meinte. Im Arkadenhof finden sich noch spätgotische Details. Nach 1619 kam Weyer, damals Besitz der protestantischen Ladroner, an das Bistum Gurk und in der Folge an das Kloster St. Georgen am Längsee. Nach dessen Auflösung erwarb Graf Th. Max Egger den Staatsbesitz, nach 1891 kam er in bürgerliche Hände.

St. Veit im Mühlkreis, südwestl. Bad Leonfelden, OÖ. Das Wasserschloß des 16. Jh., Lehensbesitz der Steger, Hager u. a., brannte 1821 mit dem Ort ab. Der dann stark veränderte Bau stand nach 1865 als Hutfabrik, nach 1915 als Kloster in Verwendung. 1956 wurde das Gebäude zum Gasthof »Klosterhof«. 1612 hatte in diesem Schloß Seyfried Hager von Allensteig seinem treuen Hund ein Grabmal mit der Inschrift gesetzt: »Mein Herr hab ich mid droi bewachd drum ist mir der Stain gemacht. Telvin ward ich von ihm genand. Hier lig ich vershart im Sant. Die Zeid so ih a lewen war sein gewesen 17 Jahr.« Die St. Veiter meinen, das deutsche Sprichwort »Hier liegt der Hund begraben« hänge mit dem Hundedenkmal zusammen. Eine Tafel am Gebäude erinnert auch an den Lyriker Heinrich Suso Waldeck, 1873 bis 1943.

St. Veit in der Gegend, südl. Neumarkt, Stmk.

Pichlhof. Ein im 17. Jh. zum Schloß ausgebauter Gutshof südlich des Ortes, der nach einer Verpfändung um 1700 an die Freiherrn Putterer, später an Leobener Hammergewerke kam und im 19. Jh. bäuerlicher Besitz wurde.

Schloß Velden. Mathes Jöstl baute sich Ende des 16. Jh. den Hof auf der Anhöhe zum Edelsitz aus und nannte sich »von Velden«. Diesen Edelsitz, zu dem eine kleine Herrschaft und ein Burgfried gehörten, erweiterte Carl Jochen im 17. Jh. schloßartig. Als verschuldeter Besitz fiel Velden danach an die Prandegg, an die Jesuiten und an die Putterer, bis ihn 1768 Jakob Schriefl ersteigerte und mit neuen Wohnräumen versah. Die später bäuerlichen Besitzer des immer noch recht mächtigen Bauwerkes mit Erker, Doppel- und hohen Dreifach-Fenstern nannten sich »vulgo Veldner«.

St. Wolfgang im Salzkammergut, OÖ. Den ehemaligen Pfarrhof aus spätgotischer Zeit baute Leonhard Endthofer aus Vöcklabruck gegen Ende des 17. Jh. zum vierflügeligen Schloßgebäude um einen Innenhof aus. Über dem barocken Haupttor sind ein hl. Wolfgang, im Innern Deckenstuck und Details aus dem 17. Jh. zu sehen.

Salaberg, NÖ., → Haag.

Saubersdorf, südwestl. Wiener Neustadt, NÖ. Der desolate Viereckbau, in der Barockzeit nach 1770 unter den Grafen Palffy entstanden, umschließt eine beschädigte romanische Schloßkapelle mit später erhöhtem Turm. Seit 1965 bäuerlicher Besitz.

Sauerbrunn, nordwestl. Judenburg, Stmk. Ein 1547—1552 im Auftrag des Freiherrn Franz von Teufenbach über einem Sauerbrunn errichteter Schloßbau, der noch im 16. Jh. Armenspital und später z. T. abgetragen wurde. Als Reste der ehemaligen Wehranlagen sind der Turm an der Südecke und die »Sternschanze« oberhalb des Schlosses zu sehen. Neben der Kirche eine Kapelle des 17. Jh. Das Maschinenzeitalter und Schwertransporte haben dem über vierhundert Jahre alten Bau zugesetzt.

Säusenstein, südwestl. Pöchlarn, NÖ. Nach der Aufhebung des Zisterzienserklosters, 1789, diente der Barockbau, 1703—1760, mit stark verändertem Südflügel als Militärlazarett und auch als Schloß. Heute wird das Gebäude — mit der Kapelle und einigen Nebengebäuden trauriger Rest der einstigen großen Mönchssiedlung — als Mietshaus und Magazin verwendet.

Schallaburg, NÖ., → Seite 74.

Scheibbs, südöstl. Amstetten, NÖ. Der Behördensitz im »Gemäuer«, wie man den Gebäudekomplex nennt, ist in der Burg des Otto von Scibes, einem Gefolgsmann der Grafen von Peilstein, und im Schloß der Gaminger Kartäuser eingerichtet. Der fünfgeschossige quadratische Turm schließt in seinem Gemäuer wahrscheinlich den alten Bergfried der Wehranlage ein. Aus der Schloßzeit — 1595 und 1597 erhoben sich die Bürger und Bauern gegen die Grundherrschaft und setzten hier den Prior von Gaming gefangen — stammen das zierliche Achteck-Türmchen, der Laubenhof, ein Tor von 1511 und die jüngere Toranlage mit den Initialen A. T. des Schloßherrn Andreas Töpper, eines Industriellen aus dem Jahre 1868. Im 20. Jh. wurde das Schloß Gemeindebesitz und Amtsgebäude.

Schloß Schönfeld (Ginselberg). Ein im 19. Jh. aus einem Fabriksbau entstandenes Schloßgebäude, das nach den Grafen Schönfeld benannt wurde und 1881 eine Schloßkapelle erhielt. Heute Blindenheim.

Scheifling, nordöstl. Murau, Stmk. *Gjaidhof.* Das Jagdhaus Kaiser Maximilians I. um 1500 dient heute als Gasthaus. Der Graben um das Gebäude ist verschwunden, Reste der alten Wehrmauer mit Ecktürmchen sind noch zu sehen.

Schernberg, südwestl. Bischofshofen, bei Schwarzach i. P., Sbg. Die im 16. Jh. erweiterte Burg der Schernberger, das spätere Schloß der Grafen Schernberg, bis 1710, erwarb 1845 Kardinal Fürst Schwarzenberg und ließ es als Kranken- und Versorgungsheim einrichten. Das heute mehrfach umgebaute und restaurierte Gebäude mit Wehrmauerresten, gotischem Gemäuer und Rundtürmen, mit Renaissanceportal und Wappen aus dem 16. Jh., einer Kapelle aus dem 14. Jh. dient auch heute noch als Sanatorium und Krankenhaus.

Schielleiten, Stmk., → Seite 105.

Schieferegg, bei Kronsdorf an der Enns, südl. Enns, OÖ. Schiferegkh wird als Sitz der Schefoltsecker im 14. Jh. urkundlich erwähnt. Das zweigeschossige Gebäude ist wahrscheinlich ein Nachfolgebau jenes festen Hauses, das die Steyrer Bürger 1466 während des Streites mit Heinrich Geumann belagerten. Es gehört zur Herrschaft Gleink.

Schiltern, nördl. Krems, NÖ. Der im 17. Jh. von dem Protestanten Christoph Leisser erweiterte Sitz der Herren von Schiltern, von Lengenfeld und Seisenegg kam als Teil des Brandenburger Lehens Kronsegg im 18. Jh. an die Habsburger. 1740 erhielt das heute im Besitz der Englischen Fräulein stehende Schloß ein barockes Äußeres und den Lustpavillon im Garten. Das Gebäude mit Zwiebelhelmen über den beiden Rundtürmen und einem reich barock dekorierten Portal war im 19. Jh. freies Eigen der Grafen von Aichelburg — ihr Wappen ist oberhalb des Tores zu sehen —, die 1928 ausstarben. Heute beleben eine Schule, ein Kindergarten und ein Pensionat das Gebäude.

Schleinz, südl. Wiener Neustadt, NÖ. Ein Gut »ad slivnica«, d. h. »zum Pflaumenbach«, wird hier schon im 10. Jh. genannt. Das heutige klassizistische Schlößchen mit Türmchen und Altane im weiten herrschaftlichen Park am Ortsende ist erst etwa zweieinhalb Jahrhunderte alt. Den Herrensitz, in dem 1827 auch Franz Schubert zu Gast war, bewohnten Frühindustrielle, denen eine Chemiefabrik gehörte. Im 19. Jh. umfaßte die »Herrschaft Schleinz« nur noch 4 Joch Waldgrund. Heute Privatbesitz.

Schlüsselberg, südöstl. Grieskirchen, OÖ. Das Schloß oberhalb des Ortes mit riesigem Zwiebelhelm über dem Einfahrtsturm, eine mittelalterl. Anlage, die um 1690 von den Hoheneckern um- und ausgebaut wurde, besitzt neben dem wohnlich ausgestatteten Palas noch eine gotische Kapelle zum hl. Georg, die nach 1400 entstand und 1708 barockisiert wurde. Die Hohenecker kamen aus Bayern. Johann Georg Adam von Hoheneck, berühmter Genealoge, starb 1754. Auf seinem Grabstein in der Pfarrkirche von Gallspach heißt es: »Hier hat sich seine Ruhestatt selbsten auserwählt der hoch und wohlgeborene Herr Johann Georg Adam deß Röm. Reiches Freyherr von Hoheneck. Herr deren Herrschaften Schlüsselberg, Tratteneck, Gallspach, Prunnhofen, Steinbach, Tröstlberg, Stampfeck und Weitersfelden, welcher geboren worden den 18ten Jenner anno 1669 und gestorben den 11ten August anno 1754.« Seit 1932 sind die (Grafen) Spiegelfeld Eigentümer des schönen Besitzes mit Stukkaturen und Fresken vom Anfang des 18. Jh.

Schmelzhofen, Ktn., → St. Margarethen im Lavanttal.

Schmida, westl. Stockerau, NÖ. Das kleine zweigeschossige einstige Wasser-Jagdschlößchen, um einen rechteckigen Hof gebaut, geht auf eine von den Türken 1529 zerstörte Anlage zurück und wurde Anfang des 18. Jh. umgebaut. Damals erhielt es auch die Nikolauskapelle im Südtrakt, deren Altarbilder Martin Altomonte zugeschrieben werden. Schmida verlor 1945 seine Inneneinrichtung. Grundherren waren das Kloster Göttweig und die Grafen von Hardegg auf Stetteldorf, die hier eine Zeitlang ein Gestüt unterhielten.

Schmiding, nördl. Wels, OÖ. Das spitzgiebelige Gebäude am Teich im Park steht auf Piloten und war früher vom Weiher völlig umgeben. Seine alte Gestalt mit den Wehranlagen — ein verkleideter Abtrittserker u. a. weisen noch immer auf die alte Wasserburg — verlor Schmiding unter den Batthyány im 18. Jh. Schon im 19. Jh. waren die Schloßherrn meist bürgerlich.

Schneeberg, Tirol, → Trins.

Schönau an der Triesting, südl. Baden, bei Kottingbrunn, NÖ. Das als Durchgangslager für jüdische Flüchtlinge in unserem Jahrhundert berühmt gewordene Schloßareal bietet heute außer einem verwilderten und durch Lagereinrichtungen verunstalteten Park nur das einem englischen Landhaus gleichende sogenannte Schloß mit Haupt- und Nebentrakt; letzte Überreste einer Schloßherrlichkeit, die sich ein Peter von Braun nach dem Vorbild von Laxenburg im 19. Jh. zu schaffen wußte. Im Wettbewerb mit Kaiser Franz I., dessen Gemahlin er in pseudoritterlicher Minne verehrte, verlor der Schloßherr — der Vater des Librettisten zu Konradin Kreutzers Oper: »Das Nachtlager von Granada« — mit der großzügigen Um- und Ausgestaltung des Parkes und Schlosses sein Vermögen. Fürst Johann Liechtenstein kaufte Braun das mit Österreichs erster Gasbeleuchtung ausgestattete Ruinen-, Tempel-, Teich- und Grotten-Eldorado ab. Nach Daniel von Eskeles und anderen kam Schönau 1895 an Habsburg.

Schönborn, NÖ., → Seite 58.

Schönbühel, NÖ., → Seite 78.

Schönfeld, NÖ., → Scheibbs.

Schönkirchen, nördl. Gänserndorf, NÖ. Der hufeisenförmig gestaltete dreigeschossige Bau im gepflegten Park, Ende des 17. Jh. entstanden, im 19. Jh. klassizistisch erneuert, ist nach den Zerstörungen von 1945 heute ein vorbildlich restauriertes Schloß im Privatbesitz.

Schrattenberg, bei St. Lorenzen, nordwestl. Neumarkt, Stmk. Die Ruine einer einst mächtigen Schloßanlage, 1680—1685 entstanden, die 1799 Napoleon und dem russischen Marschall Suworow als Hauptquartier diente. Damals brachte man im Schloß und Meierhof des Fürsten Schwarzenberg 1400 Soldaten unter.

Schrattenthal, südwestl. Retz, NÖ. In Österreichs zweitkleinster Stadt, einer Gründung der Brüder Eytzinger im 14. Jh., (→ Burgenbuch), schlug der Feldmarschall Torstenson 1645 sein Hauptquartier auf. Der Um- und Ausbau der Stadt und der Burg zum Schloß erfolgte erst nach 1660 durch den Freiherrn Putz von Adlersthurm. Der Schloßbau mit seiner heute noch z. T. mittelalterl. Umgebung ist auch durch den Aufenthalt des Dichters Nikolaus von Lenau berühmt geworden.

Schrems, nordöstl. Gmünd, NÖ. Die Herrschaft Schrems erhielt 1634 das neue Wasserschloß, als sie, von Gmünd getrennt, ein eigenes Herrschaftszentrum wurde. Im Vierflügelbau mit zwei Toren an der Hauptfront und runden Erkertürmchen an den Ecken waren die Puchheim, die Bartenstein, die Grafen Falkenhayn und Thurn-Valsassina Herren, bevor 1928 die Gemeinde Schrems das Schloß und 1933 auch das Restgut erwarb.

Schüttbach, südl. bei Spittal, Ktn. Auf die Entstehungsgeschichte des Schlosses an der Stelle einer früheren, wahrscheinlich durch eine Naturkatastrophe vernichteten Burg weist eine Inschrift in gotischen Lettern: »Ano 1529 Disen sitz hat der edlvest Hans vn Manstarf zu ob Aich haubtma d. grafschaft orttburg un Ursula vo rasegh sei hausfraw vo newem erpawt.« Besitzer des im unteren Geschoß noch mit gotischen Details versehenen dreigeschossigen Baues gab es im Laufe der Jahrhunderte viele, vor dem Ersten Weltkrieg waren es eine Zeitlang Italiener. Heute privat.

Schwadorf, südöstl. Wien, NÖ. Ein zweigeschossiger, wenig gegliederter, kastenartiger Hakenbau mit Altane, wahrscheinlich 17. Jh., von Mietsparteien bewohnt und vernachlässigt. Ohne historische Bedeutung.

Schwallenbach, in der Wachau, südwestl. Krems, NÖ. »Das Glöcklein von Schwallenbach«, ein stattliches Schloß um 1600, besitzt noch manche spätgotische Einzelheiten vom Sitz der Lehensritter von Schwallenbach, spätgotische Fenster- und Türleibungen, gewölbte Räume, Stiegenaufgänge, einen schönen Innenhof und den alten zinnengeschmückten Bergfried. Das bewohnte Schloß wurde 1617 umgebaut und in jüngerer Zeit vielfach modernisiert.

Schwanberg, südl. Deutschlandsberg, Stmk. Als Wilhelm von Galler das 1581 von ihm errichtete Schloß 1629 seines Glaubens wegen verlassen mußte, kam die große Herrschaft zuerst an die Grafen von Wagensberg, bald darauf für zwei Jahrhunderte an die Grafen Saurau, zuletzt an die Liechtenstein. 1891 erwarb das Land Steiermark den Besitz und richtete im Schloß eine Anstalt für unheilbar Geisteskranke ein. Das nicht zu besichtigende mächtige Vierflügelschloß besitzt z. T. noch barocke und spätbarocke Ausstattung.

Schwarzau am Steinfeld, östl. Neunkirchen, NÖ. Einem Besuch Richard Wagners im Barockschloß der Grafen Wurmbrand, das sie sich Ende des 17. Jh. (vielleicht von Fischer von Erlach) errichten ließen, verdanken wir eine interessante Milieuschilderung. In einem Brief vom 13. September 1861 an Mathilde von Wesendonck nach Zürich heißt es: »Ein liebenswürdiger Mann, Fürst Liechtenstein . . . geleitete mich nach dem Fuß der Hochgebirge, wo Schwarzau liegt. Wundervolle Lage: die Ebene, wäre sie mit Wasser ausgefüllt, könnte mit Glück an einen Schweizer See erinnern. Die Errichtung des Schlosses, von durchaus ungewöhnlichem Geschmacke, verriet den seltensten phantasievollen Sinn in der Wahl, Anordnung und Erfindung. Die Gräfin, eine Dame am Ende der Dreißigerjahre, mit überraschend geistvollem großem schwarzem Auge, ist berühmt durch ihr eigentümliches musikalisches Naturtalent. Sie hält eine Zigeunerbande als musikalische Hauskapelle . . . Etwas Ähnliches wie ihr Atelier habe ich noch nie gesehen . . .« Damals war Schwarzau im Besitz des Grafen Koloman Nakó, 1889 erwarb es Herzog Robert von Parma, Vater der späteren österreichischen Kaiserin Zita. Erzherzog Karl lernte sie bei Besuchen in dem von Herzog Robert als exterritoriale provisorische Bourbonenresidenz erklärten Schloß (→ auch Frohsdorf) — über dem Sitz wehte die Lilienstandarte — im Kreise von zwanzig Geschwistern kennen. Am 21. Oktober 1911 ließ sich der spätere letzte Kaiser Karl I. im Beisein seines Onkels, des 81jährigen Franz Joseph I., in der Schloßkapelle mit Zita Maria delle Grazie, Prinzessin von Bourbon-Parma, trauen. Die katholischen Hochadelsfamilien (die Bourbonen ausgenommen) waren Zeuge des letzten bedeutenden Familienereignisses im Hause Habsburg-Lothringen. Prinz Elias von Bourbon-Parma, seit 1919 Majoratsherr der Familie, hielt den Besitz bis 1951. Am 24. November dieses Jahres verkaufte er das Schloß der Österreichischen Justizverwaltung, die es 1957 als Strafanstalt für weibliche Gefangene adaptieren ließ.

Schwarzenau, nordöstl. Zwettl, NÖ. Das Schloß des Reichard Streun von Schwarzenau, 1538 bis 1600, ist eines der bedeutendsten Renaissanceschlösser Niederösterreichs. Der Staatsmann und Gelehrte hatte in dem inzwischen verschwundenen Schloß Freydegg (→) im 16. Jh. ein Gegenstück zur Schallaburg (→) seines Freundes Wilhelm von Losenstein errichten lassen. Die große dreigeschossige Anlage um den rechteckigen Hof mit den beiden mächtigen, im Oberbau achteckigen Ecktürmen nächst Zwettl war acht Jahre vor seinem Tod fertiggestellt worden. Ein Bekenntnisprotestant wie sein Vater Reichard, war Georg Streun, der Sohn, am Adelsaufstand von 1620 beteiligt. Er wurde geächtet und wieder begnadigt, doch mußte er den verschuldeten Besitz 1639 verkaufen und außer Landes gehen. Dreizehn Familien waren bis 1939 Besitzer der Herrschaft. Nach 1945 verlor Schwarzenau seine ganze Einrichtung und war dem Verfall preisgegeben. Den in jüngster Zeit versteigerten Besitz sucht der neue Schloßherr in Zusammenarbeit mit der Gemeinde und einem ins Leben gerufenen Erhaltungsverein vor der totalen Zerstörung zu bewahren. Im Schloß finden sich noch die überaus reichen Stukkaturen des Oberitalieners Giovanni Battista Allio aus dem Jahre 1732.

Schwarzenegg, nächst Kainach, bei Wildon, Stmk. Der Ende des 16. Jh. oberhalb Kainach unter Kaspar Herberstorf errichtete Bau ist heute ein architektonisch wenig reizvolles Gebäude, doch wurde der einstige Besitz der Grafen Lengheim und der Galler in den dreißiger Jahren des 20. Jh. von Dr. Strafella geschmackvoll ausgestattet und eingerichtet.

Schwechat, bei Wien, NÖ.

Alt-Kettenhof. Im repräsentativen Amtsgebäude am Ufer der Schwechat — einem Bau des 18. Jh., der seine original barocken Formen im 20. Jh. einbüßte — war bis Mitte des 19. Jh. die »Privilegierte Zitz- und Kottonfabrik Kettenhof« eingerichtet.

Rannersdorf-Wallhof. Der heute bewohnte, wenig gepflegte Wirtschaftshof mit mächtigem Turm entstand um 1775 über einer älteren Anlage (um 1660). Im Hof Laubengänge mit Kreuzgratgewölben. Kapelle mit Ausstattung des 17. und 18. Jh.

Rothmühle. 1972 ist das hochbarocke Schlößchen mit Zwiebeltürmen aus dem späten 18. Jh. unter großem Kostenaufwand restauriert und als Tagungs-, Ausstellungs- und Veranstaltungsstätte sowie als Heimatmuseum eingerichtet worden.

Thurnmühle, Sendnergasse 65. Ein zweigeschossiger Vierkanter mit schönem Barockportal vom Ende des 18. Jh. Er entwickelte sich aus dem Schloß Parz an dieser Stelle, das unter Kaiser Karl VI. am Anfang des 18. Jh. aus einer Burg entstanden war. Als Verwaltungsgebäude der »Orientalischen Companie«, später als Comptoir der Schwechater Baumwollfabrik benützt, dann Besitz des Bierbrauers Anton Dreher.

Schloß Freienturm, Mannswörther Straße 31. Aus einem mittelalterl. »Freyn Thurn« entstandenes, nach einem Brand im Jahre 1650 von Otto Heinrich von Zinzendorf neuerrichtetes Barockschloß, von dem sich der zweigeschossige Ostflügel mit drei kurzen Quertrakten erhielt. Im Besitz der Grafen Mollart, der Freiherrn Pechmann und Waldstätten, dann der Familien Wilczek und Dreher.

Schwertberg, OÖ., → Seite 84.

Seebarn, nördl. Korneuburg, NÖ.
Schloß Oberseebarn. Das einst gut ausgestattete Barockschloß der Grafen Wilczek, um 1740 — zwei getrennte Gebäude bilden einen rechteckigen Hof —, mit zweigeschossiger länglicher Westfassade und einer Kapelle des 18. Jh. erlitt in den Kriegsjahren schwere Schäden und ist jetzt als Gutshof und Reitschule in Verwendung.

Seebarn am Wagram, nordwestl. Tulln, NÖ. Das Mietshaus und Wirtschaftsgebäude, mit weithin sichtbarem zinnengekröntem Wehrturm im Hof, ist ein Schloßbau des 17. Jh. und gehört zum Gutshof des Schlosses Grafenegg.

Seebenstein, südwestl. Wiener Neustadt, NÖ.

Das *»Neue Schloß«* unterhalb der mächtigen Burg Seebenstein (→ Burgenbuch) liegt in einem großen englischen Garten. Die dreigeschossige Anlage der Grafen von Pergen, 1733 erbaut, erlitt 1945 schwere Schäden und wurde z. T. abgetragen.

Seefeld, nordöstl. Hollabrunn, NÖ. Das Schloß an der Grenze — im Mittelalter Sitz hervorragender Adelsgeschlechter, Sterbeort des letzten Kuenringers Johann IV. Ladislaus († 9. Dezember 1594) — erwarben im 17. Jh. die Grafen zu Hardegg. Als sie ihre Burg Hardegg (→ Burgenbuch) 1656 verkauft hatten, bezogen sie die Wasserburg Seefeld, die Anfang des 18. Jh. zum heutigen Landschloß umgebaut wurde. Der dreigeschossige mächtige Vierflügelbau um einen kleinen quadratischen Arkadenhof mit elfachsiger Hauptfront und Mittelrisalit mit Dreiecksgiebel birgt eine Kapelle mit Maulpertschfresko, Säle und Gemächer z. T. noch in der Ausstattung des 18. Jh. Im Hof und um das Schloß Steinplastiken des 18. Jh. und später.

Seefeld, nordwestl. Innsbruck, Tirol. Das heutige »Schloßhotel« steht an der Stelle eines mittelalterl. Burgschlosses, von dem sich nur spärliche Reste erhielten.

Seekirchen, nordöstl. Stadt Salzburg.
Schloß Seeburg. Der noch immer schmucke Bau oberhalb der Bahnlinie ist ein Mitte des 18. Jh. über einem hochmittelalterl. befestigten Adelssitz errichtetes Schlößchen des Grafen Ernst Maria Lodron, mit einer Rupertus-Kapelle. 1848 ließ der vermögende Bauernsohn Matthias Bayerhamer dem Gebäude einen dritten Stock aufsetzen und widmete es der Armenstiftung Seekirchen. Heute steht Seeburg als Schülerheim in Verwendung.

Seggau, Stmk., → Seite 106.

Seibersdorf, östl. Baden bei Wien, NÖ. Das Wasserschloß entstand im 17. Jh. über dem Grundmauerwerk einer Wasserburg. Im 18. Jh. erhielt es die heute noch überraschend gefällige barocke Gestalt. Zwischen keulenschwingenden Giganten und Flußgöttern am Fuß von Obelisken schreitet man über eine Steinbrücke am schmiedeeisernen Tor vorbei auf das von einer Art barockbehelmtem Kirchturm überbaute Portal zu. Die (nicht eingerichtete) Kapelle in diesem Turm, der Stiegenaufgang, Rundtreppen, Arkadengang und Festsaal lassen das heute im Privatbesitz befindliche Schloß in der unmittelbaren Nähe des Atomreaktors als ein hier nicht erwartetes kunsthistorisches Juwel erscheinen. Als Gutsherrn sind im 16. Jh. Freiherr Leonhard von Pichler, im 17. Jh. Graf Nádasdy von Pottendorf, nach dessen Tod durch Henkershand (→ Kobersdorf) die Grafen Erdöd, Busellini und Cavriani (bis 1932) nachgewiesen.

Seisenburg, südl. Wels, bei Pettenbach, OÖ. Die Schloßruine von heute — nach dem Einsturz des Turmes stehen nur noch die Grundmauern — geht auf eine Burg der Volkendorfer im 14. Jh. und auf einen Schloßbau der Äbte von Kremsmünster im späten 17. Jh. zurück.

Seisenegg, nordöstl. Amstetten, an der Autobahn, NÖ. Die von den Freiherrn von Risenfels zum Schloß umgebaute Burg der Herren von Seisenegg (→ Burgenbuch) erinnert an Catharina Regina von Greiffenberg, 1633 bis 1694, die bedeutendste Lyrikerin des deutschen Barock. Eine geborene »Freyherrin zu Seyszenegg«, verlebte sie ihre Jugend auf diesem Schloß oberhalb des Seisenbaches. Ihr Onkel und späterer Gatte Rudolph von Greiffenberg sammelte ihre Gedichte und gab 1662 »ihr zu Ehren und Gedächtniß, zwar ohne ihr Wissen« ihre »Lieder und Gedichte zu Gottseeligem Zeitvertreib« heraus. Das malerische Schloß mit Bergfried, schönen Wandmalereien des 14. Jh. in der gotischen Kapelle und zahlreichen Bauelementen des 17. und 18. Jh. ist z. T. noch verwahrlost.

Seltenheim, bei Wölfnitz, nordwestl. Klagenfurt, Ktn. Eine um 1845 gelungene Wiederherstellung des im 15. Jh. zerstörten Schlosses der Saldenhofen, Liechtenstein und Windischgrätz. Im Neubau — einzelne Trakte, die sich unregelmäßig um

Wasserschloß Seibersdorf, NÖ.

einen kleinen Hof gruppieren — ist der vom katholisch gewordenen Johann-Friedrich Freiherrn von Windischgrätz (1689) gestiftete schöne Barockaltar zu sehen. Seltenheim dient heute als Schloßpension.

Senftenegg, südöstl. Amstetten, NÖ. Das Schloß hinter dem einst tiefen Wehrgraben mit zwei Rundtürmen besitzt noch den alten Bergfried aus der Zeit des Hans Häusler im 14. Jh. Durch den Torturm mit steilem Pyramidendach gelangt man in den Hof. Er ist z. T. mit zweigeschossigen Arkaden versehen. Senftenegg war seit 1797 starhembergisches Gut.

Siegmundslust, Tirol, → Vomp.

Siegmundsried, Tirol, → Ried.

Sierndorf, NÖ., → Seite 57.

Sierning, westl. Steyr, OÖ. Der zweiflügelige Schloßbau, um 1600, war landesfürstliches Lehen und gehörte seit Mitte des 18. Jh. dem Domkapitel von Passau, von 1827 bis 1935 den Baronen von Kast. Seit 1969 Besitz der Gemeinde Sierning, die den verwahrlosten Bau im Verein mit Interessenten restauriert.

Sigharting, südöstl. Schärding, OÖ. Das verwahrloste zweistöckige Renaissanceschloß mit vier runden Ecktürmen ist wegen seiner Wappen links und rechts des Tores und der überaus reichhaltigen Wappenfresken in den Arkadenwölbungen des Hofes sehenswert. Die 1912 restaurierten Malereien zeigen in den beiden Stockwerken z. T. originelle Wappen des 14. bis 17. Jh. Das heute von Mietsparteien bewohnte einstige Wasserschloß der Pürchinger — sie besaßen Sigharting durch 400 Jahre — kam im 17. Jh. an die Grafen Tattenbach-Rheinstein, im 19. Jh. an die Arco-Valley. 1809 diente Sigharting als Lazarett, nach 1837 als Schule, seit 1870 ist es Gemeindebesitz.

Sighartstein, bei Neumarkt am Wallersee, nordöstl. Stadt Salzburg. Der einfache Schloßbau der Grafen Uiberacker erhielt 1714 seine heutige Gestalt. Die barocke Schloßkapelle daneben birgt einen Hochaltar aus dem Jahre 1747. In den noch mit dem Stuck der Bauzeit ausgestatteten Räumen befinden sich die Privatsammlungen des Grafen: Gemälde, Waffen, Rüstungen. Ein Teil des Schlosses ist als Hotel eingerichtet.

Silberberg, bei St. Johann im Lavanttal, südl. Wolfsberg, Ktn. Vom einst ausgedehnten Schloß der Glojacher und Siegersdorff, früher »Großwinklern« genannt, blieb ein schmuckloser Vierkanter. Erst im Jahre 1953 brachte man aus ihm eine reichbemalte Balkendecke fort, die heute in restauriertem Zustand einen Liebhaber alter Kunst in München erfreut.

Silberegg, bei Althofen, nordöstl. St. Veit a. d. Glan, Ktn. Das Schloß des Bernhard Khulmer zum Rosenbichl aus dem 16. Jh. ist ein dreigeschossiger Dreiflügelbau mit zwei viereckigen Ecktürmen. Silberegg hatte viele Besitzer.

Sitzenberg, nordöstl. Herzogenburg, NÖ. Das dreigeschossige Renaissanceschloß der Greiß zu Wald — Hans Wilhelm Greiß zu Wald, zwischen 1610 und 1631 genannt, ist Verfasser einer Geschichte des Landes Österreich — erwarben 1693 die Freiherren von Aichbühel. Unter ihnen erhielt das Hügelschloß mit den zwei Rundtürmen, dem malerischen Innenhof, den (verglasten) Arkaden und z. T. noch erhaltenen Bastionen und Wehrmauern seine barocke Gestalt. Im 19. Jh. trug man den vierten Flügel des Schlosses ab und schuf die heute hufeisenförmige Anlage. Auch im 20. Jh. ergänzte man das im Besitz des Landes Niederösterreich befindliche, nicht zu besichtigende Gebäude.

Sitzendorf an der Schmida, nordwestl. Hollabrunn, NÖ. Der dreigeschossige unvollendete Ziegelrohbau mit Eckrisalit entstand nach 1765 anstelle einer abgetragenen Burg.

Sitzenthal, bei Loosdorf, südöstl. Melk, NÖ. Ein von Graf Ledochowska im 19. Jh. umgebauter und modernisierter Schloßbau des 16. Jh., der im Obergeschoß eine Säulenhalle und Räume mit Gratgewölben, historisches Mobiliar und wertvolle Gemälde besitzt. Ein Lehensbesitz des Stiftes Melk, der dem 1619 geächteten Grafen Ludwig Starhemberg gehörte. Im 20. Jh. kam Sitzenthal an die Freiherren Hammerstein-Equord. Hans Hammerstein-Equord, hier geboren, Dichter und Politiker, war 1936 österreichischer Bundesminister für Justiz und nach 1938 Häftling im Konzentrationslager Mauthausen (gest. 1947).

Söding (Großsöding), südöstl. Voitsberg, Stmk. Das versteckt im kleinen Ort liegende weinumrankte Schloß, um 1563 erbaut, im späteren 18. Jh. umgestaltet, ist seit 1665 im Besitz der Kheller von Kellersperg. In jüngster Zeit entdeckte man während Restaurierungsarbeiten in dem mit einer Anzahl stilvoll eingerichteter Räume und einer kleinen Hauskapelle versehenen Gebäude originelle Fresken.

Södingberg, nordwestl. Voitsberg, Stmk.

Münichhof. Einstige Grangie (Landgut) des Zisterzienserklosters Rein, nordwestlich Stallhofen am Münichberg, ein Bau des 17./18. Jh.

Solbad Hall, östl. Innsbruck, Tirol.

Hasegg. Die landesfürstliche Burg (→ Burgenbuch), 1567 als Münzstätte eingerichtet, mit Münzerturm und St.-Georgs-Kapelle, 1515, ist ein von Mietsparteien bewohnter, sehenswerter spätgotischer Bau.

Scheibenegg. Nach dem »an der Lend«, am Innufer, gelegenen Gebäude, 1534/1535 Glashütte des Augsburgers Wolfgang Vitl, konnten sich spätere Besitzer »von Scheibenegg« nennen. »Alt« an dem früher als Kaserne, heute als Altersheim verwendeten Bau ist die Umfassungsmauer und eines der Eckrondelle.

Taschenlehen. Das guterhaltene Schlößchen südlich der Innbrücke aus dem 16. Jh., im 17. Jh. umgebaut, erhielt seinen Namen von der Familie Tasch, die es im 18. Jh. besaß. Im malerischen Hof, den der Haupttrakt mit Wirtschaftsgebäuden bildet, ließ das Haller Damenstift im 17. Jh. eine Kapelle errichten.

Thöml-Schlößl. Am Ostrand der Stadt. Ein Bau des 17. Jh., den das Haller Damenstift als Erholungsheim für die Haller Jesuitenpatres errichten ließ. Das ehemalige Refektorium mit Holzkassettendecke wird auch heute als Speisesaal verwendet.

Söllheim, Sbg., → Hallwang.

Someruga, südwestl. Gutenstein, NÖ. Ein schloßartiger Bau des 20. Jh., Eigentum der Österr. Bundesforste, im Verfall.

Sommerau, östl. Mürzzuschlag, Stmk. Ein säulengeschmückter, zweigeschossiger Bau des 19. Jh. ohne historische Bedeutung.

Sommerein am Leithagebirge, südwestl. Bruck a. d. Leitha, NÖ. Bauherrin des heutigen Gemeindehauses war »die Fuchsin«, Maria Theresias Erzieherin Maria Fuchs, geborene Gräfin Mollarth (→ auch Mannersdorf). Den später kais. Besitz — man sieht ihm das einstige Barockschloß kaum an — erwarb die Gemeinde schon 1833 für eigene Zwecke.

Sonnberg, südwestl. Hollabrunn, NÖ. Ehemals habsburgischer Besitz, heute als Strafanstalt verwendet, entstand 1596 über einer im Mittelalter bedeutsamen Burg der Sunnberger, Rorer, Ludmannsdorfer u. a. Das mächtige Wasserschloß, gekennzeichnet durch den achteckigen Turm mit wuchtigem Helm und umlaufender Galerie — eine lange Steinbrücke überquert den verrasten Graben —, wurde im Dreißigjährigen Krieg vom Grafen Matthias Thurn und von den Schweden erobert. Als die Bauherrn, die verschuldeten Reichsfreiherrn von Gilleis, deren Wappen den Torturm schmückt, den Besitz 1664 an den Grafen Gundaker von Dietrichstein verkaufen mußten, wurde Sonnberg Verwaltungszentrum für einen Domänenbesitz, dessen Herrschaften Merkenstein (bei Baden), Schwallenbach und Spitz in der Wachau, Sitzendorf bei Tulln und Arbesbach im Waldviertel hießen. Nach dem Aussterben der Dietrichstein fiel der Besitz an die Grafen von Schönborn-Kuchheim, nach ihnen 1854 an Anton Habsburg-Salvator.

Sonneck, westl. Graz, im Liebochtal, Stmk. Das auch »Buschenschlößl« genannte Gebäude östlich des Kreuzecks ist ein Bau des 19. Jh. mit älteren Teilen des einstigen, meist im bürgerlichen Besitz befindlichen »Stöckhls« Sonnegg.

Sonnegg, südl. Völkermarkt, Ktn. Als die mächtige Burg Sonnegg (→ Burgenbuch) im 17. Jh. Ruine wurde, ließen sich die Rosenberg am Fuß des Burghügels einen Wirtschaftshof zum Schloß ausbauen. Das zweigeschossige rechteckige Gebäude mit freistehender Kapelle ist noch heute Rosenbergscher Besitz (Forsthaus).

Sooß, südöstl. Melk, NÖ. Im schmukken Schlößchen unterhalb der Ruine an der Straße Loosdorf—St. Leonhard am Forst ist eine moderne landwirtschaftliche Fachschule für Mädchen eingerichtet. Der Bau des 16. Jh. wurde im 19. Jh. verändert und nach 1950 restauriert, im Innern jedoch völlig modernisiert.

Spiegelfeld, Stmk., → St. Marein.

Spielberg, bei Knittelfeld, Stmk. Das weithin sichtbare Schloß oberhalb des Eichfeldes mit dem Uhrturm-Dachreiter, den vier über Eck gestellten Türmchen und den drei schönen Renaissance-Doppelfenstern im Obergeschoß ließ sich Cyriak von Teuffenbach an der Stelle seiner alten Burg um 1570 errichten. Nach verschiedenen Besitzern im 17. und 18. Jh. erwarben 1816 die Arbesser von Rastburg den auch wegen seines schönen Arkadenhofes mit toskanischen Säulen gerühmten Sitz. Er ist noch heute ihr Eigentum.

Spielfeld, südöstl. Leibnitz, Stmk. Anfang oder Mitte des 16. Jh. bauten sich die Hollenegger den Wehrturm am alten Murübergang, einen Ansitz der Burgmannen von Ehrenhausen, zum Hof »Eylberg« aus, »den man Spielfeld zu nennen pflegt«. Das prächtige Schloß von heute mit den drei mächtigen Ecktürmen und den viergeschossigen Bogengängen entstand unter den Stübich 1580—1620. Man nimmt an, der südliche der drei Türme sei der ursprüngliche »turn Spilvelden« aus dem 14. Jh. Im 19. Jh., unter den Grafen Attems, erhielt das Schloß — in dem hin und wieder bei Reisen in den Süden auch der kais. Hof nächtigte — die Freitreppe und den mittleren Erkerturm. Der heute vernachlässigte Bau gehört vier Besitzern. — Unter den Grafen Attems wurde auf dem Hoarachkogel (Bubenberg) oberhalb der Eisenbahnstrecke auch das weithin sichtbare *Attemsstöckl,* ein früheres Ehrenhausener Herrenhaus, erneuert.

Spittal an der Drau, Schloß Porcia, Ktn., → Seite 126.

Spitz, in der Wachau, südwestl. Krems, NÖ.

Das *»Niedere Schloß«* — zum Unterschied vom »Oberen Schloß«, der heutigen Ruine Hinterhaus (→ Burgenbuch) — ist jetzt Forstamtsgebäude. Urkundlich schon im 14. Jh., bietet sich das zweigeschossige Gebäude mit zwei Portalen jedoch in der Gestalt, die Hans Lorenz Kuefstein ihm nach 1600 geben ließ. Neben dem Schloß liegt der Ruinenrest der von ihm 1613 erbauten und dann 1620 zerstörten protestantischen Kapelle. Im vieleckigen Hof des Gebäudes sind Steinpforten und schöne Doppelwappen zu sehen, die des Bauherrn mit seiner Frau Anna von Puchhaimb und des Gundaker Dietrichstein sowie der Constantia Questenberg.

Erlahof. Schloßartig ausgebauter, einstiger Wirtschaftshof und Sommersitz der Prälaten des Klosters Niederaltaich mit schöner barocker Giebelfassade und Torbauten, 17. Jh., sowie Stuckdecken und Deckengemälden im Bischofssaal und Bischofszimmer, 18. Jh. Im Obergeschoß Fresken des 14. Jh., Kapelle, 1309. Als Schifffahrtsmuseum eingerichtet.

Spitzenberg, südöstl. Braunau, bei Mauerkirchen, OÖ. Das um 1700 zum Großteil neu aufgebaute Schloß auf dem Berg mit Lauben aus dem 16. Jh. wurde häufig verändert, teilweise auch demoliert. Nach Besitzern aus verschiedensten Adelsfamilien ist Spitzenberg seit der Jahrhundertwende bäuerliches Eigentum und von Mietern bewohnt.

Sprinzenstein, südwestl. Rohrbach, bei Altenfelden, OÖ. Das hangwärts gelegene Schloß mit schönem Hof und Renaissancetor, 1607, trägt auf dem Turm das Wahrzeichen des Besitzes: den »Sprinz«, einen kleinen Falken. Der Haussage nach soll ein Ritter die frühe Burg auf dem Felsen oberhalb des Kleinen Mühltales begründet haben, weil sich auf ihm immer wieder ein kleiner Falke niederließ, den er vergeblich jagte. Stammvater der neuzeitlichen Schloßherrn — Sprinzenstein ist heute im Besitz des (Grafen) Dr. Hieronymus Spannocchi, eines Enkels des letzten Grafen Sprinzenstein — war Dr. Paul Rizius aus Mailand, Rat und Protomedicus Ferdinands I. und Professor der Philosophie. Die Familie Rizi erhielt unter Kaiser Ferdinand III. die Bewilligung, sich unter Weglassung des Familiennamens »von Sprinzenstein« zu nennen.

Staatz, nordwestl. Mistelbach, NÖ. Das neue Schloß unterhalb der Ruine Staatz (→ Burgenbuch) aus dem 17. und 18. Jh. ist 1945 ausgebrannt.

Stadl, bei Mitterdorf an der Raab, südl. Weiz, Stmk. Ein durch seinen Außentorturm charakterisierter Schloßkomplex. Auf ihm sind neben ihren Reliefs und Wandschmuck die Wappen der Stadl, Schloßherren im 16. bis 18. Jh., sowie ihrer Frauen zu sehen. Das in jüngster Zeit umfassend von seinem jetzigen Besitzer restaurierte einstige Wasserschloß besitzt im malerisch-unregelmäßigen Innenhof zwei- und dreigeschossige offene Laubengänge mit Korbbogen über schlanken Pfeilern. Der jetzt modern eingerichtete Wohntrakt weist z. T. noch Stuckdecken des 17. Jh. auf.

Stadlhof, bei St. Veit an der Glan, Ktn. Das dreigeschossige Schloß im Stil des ausgehenden 18. Jh. wird durch den über der siebenachsigen Hauptfront angebrachten, kleinen bizarr geschwungenen Giebelaufsatz charakterisiert. Bauherr und Architekt von Schloß Stadlhof und Schloß Pöckstein (→) sind identisch: Josef-Anton Graf von Auersperg, Bischof von Gurk (bis 1783), und Johann-Georg Hagenauer, 1764—1835. Das Privatschloß des Bischofs mit den beiden kleinen zurückgesetzten Seitenflügeln hatte im 18. und 19. Jh. viele Herren, nach 1951 fiel es an die (Freiherrn von) Dreihann-Holenia.

Stainach, südwestl. Liezen, Stmk. Von der alten Burg der Herren de Gruscharn und de Steinae, die im 16. Jh. ausbrannte, im 17. Jh. als *Schloß Oberstainach* genannt wird und im 18. Jh. verfiel, finden sich nur mehr Reste.

Schloß Mitterstainach im Ort, im 16. Jh. aus einem Bauernhof entstanden, wurde im 19. Jh. zum Großteil abgetragen und ist heute wieder Bauerngehöft.

Unterstainach, westlich des Ortes, ein zweigeschossiges hufeisenförmiges Gebäude, das ein Rundturm mit modischen Zinnen überragt, entstand im 18. und im 19. Jh.

Schloß Sonnhof bei Stainach ist ein Bau aus dem 19. Jh.

Stainz, nordöstl. Deutschlandsberg, Stmk. Das ehemalige Augustiner Chorherrenstift, eine im 17. Jh. ausgebaute Anlage, erwarb im 19. Jh. Erzherzog Johann. Es ist noch heute Eigentum seiner Nachkommen. Die zweihöfige Anlage mit Kirche, barocken Türmchen und Gartenterrasse, steinerner Stiege und Treppenhaus, altem Refektorium und Bibliotheksaal wurde 1974/75 restauriert und in einem Teil für ein geplantes steirisches Bauernmuseum adaptiert. Neben den noch mit Stuck und Deckenmalereien versehenen Räumen und Sälen des Schlosses ist der zweite Hof mit seinen vermauerten Arkaden bemerkenswert.

Stanglau, NÖ., → Steinbach.

Starhemberg, OÖ., → Haag im Hausruck.

Starkenberg, Tirol, → Tarrenz.

Starrein, südöstl. Geras, NÖ. Der von Wasser umschlossene Vierflügelbau des 16. Jh. um einen z. T. mit dreigeschossigen Arkaden gesäumten Innenhof besitzt auch noch den Bergfried von der Burg der Herren von Staren und der Stockhorner. Über dem Spitztor jenseits der Steinbrücke heißt es: »Renov. 1685.« Im Südflügel liegt die Kapelle des 16. Jh. mit auffällig schönen Maßwerkfenstern und einer Ausstattung des 17. und 18. Jh. Ein Herrschaftssitz der Polheim, seit dem 18. Jh. der Khevenhüller.

Staudachhof, Ktn., → Weilern.

Stauf, bei Frankenmarkt, OÖ. Ein historisch bedeutungsloser dreigeschossiger, auch »Schloß« genannter Adelssitz des 16. Jh., dessen Wirtschaftsgebäude von einem Sägewerk genutzt werden.

Stegersbach, südl. Oberwart, Bgld. Im einfachen zweigeschossigen Bau mit Arkadengang, Überrest einer Anlage der Merzinger des 16. Jh., die im 17. Jh. von den Batthyány zum großen Schloß erweitert wurde, ist ein Landschaftsmuseum mit natur- und volkskundlicher, auch geologischer Abteilung untergebracht.

Stein, südöstl. Feldbach, Stmk. Einfacher Schloßbau des 19. Jh. mit Wirtschaftshof, heute als Bauerntöchterschule in Verwendung.

Steinabrunn, nordwestl. Korneuburg, NÖ. Vier mächtige, die niederen Häuser weit überragende, jedoch verschieden gestaltete viereckige Türme kennzeichnen die Anlage der Herren von Volkra aus dem 17. Jh. Der repräsentative Komplex, dessen Wohnschloß Wenzel Graf von Sinzendorf im 18. Jh. abbrechen ließ, ist heute bäuerlicher Besitz und im Verfall.

Steinbach, südöstl. Göstling an der Ybbs, NÖ.

Groß-Stanglau. Schlößchenartiges, großes Herrenhaus im Ybbssteinbachgraben mit Renaissance-Runderker und Sgraffitoverzierungen. Eine Giebelsonnenuhr nennt 1580 als Erbauungsjahr des hakenförmig angelegten Gutshofes, der schon im 14. Jh. als Lehen der Freisinger Bischöfe genannt wird.

Steinberg, westl. Graz (Thal), Stmk. Das Schloß oberhalb des Ortes mit Dachreiter, ein Bau des 18./19. Jh., wird als Kinderheim verwendet.

Steinhaus, südl. Wels, OÖ. Das dreiflügelige Schloß im gepflegten Park erwarben die Freiherrn von Eiselsberg im Jahre 1693, es ist auch heute noch Sommersitz der Familie. Dr. Otto Eiselsberg, der Sohn des berühmten Chirurgen, ist Österreichs Botschafter in Tokio.

Stetteldorf am Wagram, nordwestl. Stockerau, NÖ. Im Jahre 1582 erwarb Graf Julius II. zu Hardegg, Glatz und Machland Dorf und Herrschaft Stettelberg der Starhemberg. Das 1588 fertiggestellte Schloß erhielt den Namen »Juliusburg«. Als ein Nachfahre des Bauherrn um den späteren Verwaltungssitz eine Gartenanlage mit Springbrunnen, Skulpturen und seltenen Gewächsen anlegen ließ, wurde Stetteldorf zur Sehenswürdigkeit. Der »Sobieskyturm« des Schlosses erinnert daran, daß der Polenkönig Johann Sobiesky im Jahre 1683 hier Kriegsrat hielt, bevor er zum Entsatz von Wien aufbrach. Der zu Beginn des 18. Jh. von Johann Jakob Castelli barock ausgestatteten Anlage ließ der Bauherr im Jahre 1731 ein von Lukas von Hildebrandt entworfenes Portal mit Säulenportikus und reichem figuralem Schmuck hinzufügen. Im 19. Jh. erweiterte man den Komplex um das sogenannte »Kleine Schloß«. 1945 ist Stetteldorf verwüstet und sämtlicher Einrichtung beraubt worden. Auch die bedeutende Waffensammlung und der größte Teil des Schloßarchivs gingen verloren.

Steuerberg, nördl. Feldkirchen, Ktn. Die im 19. Jh. noch bewohnte und »Marbauerschloß« genannte Burg Steuerberg (→ Burgenbuch), einst Sitz des St.-Georgs-Ordens in Millstatt, verfiel im 20. Jh.

Steyr, südl. Enns, OÖ.

Schloß (Lamberg), → Seite 89.

Aichet-Schlößchen, Sierninger Str. 82. Das zweigeschossige Gebäude mit Erker entstand im 16. Jh.

Englhof, Haratzmüllerstraße 66—68. Ein schöner Renaissancebau mit Laubenhof, in den eine ältere Anlage verbaut wurde. Er wurde wahrscheinlich von Engl zu Wagrein errichtet, war im 18. Jh. einige Jahre Eigentum des Jesuitenordens und der Stadt, und ist seit dem 19. Jh. Privatbesitz.

Englsegg, Redtenbachergasse 9. Ein wahrscheinlich im 17. Jh. errichteter zweigeschossiger Bau am rechten Steyrufer oberhalb der Stadt, mit quadratischem Turm im restaurierten, teilweise mit Arkaden versehenen Hof. Ein Besitz der Freiherrn von Rifenfels, später der Familie Werndl und der Grafen Lambach. Heute Eigentum der Stadt.

Gwenghof (Quenghof), Spitalskystraße 12. Ein Barockschlößl, das aus einem Meierhof entstand. Der noch reichlich mit Stuck des 18. Jh. versehene Bau, meist im Besitz Bürgerlicher, verfällt.

Vogelsang, Prewenhuberstraße. Ein im 19. Jh. von Josef Werndl errichtetes Gebäude, heute Knabenkonvikt.

Steyregg, östl. Linz, OÖ. Das romanisch-gotische Burgschloß Steyregg (→ Burgenbuch) war im 17. Jh. Besitz des Helmhard Jörger, der es nach der Konfiskation von 1623 wieder zugesprochen erhielt. Von diesem im 16. und 17. Jh. ausgebauten *Alten Schloß* erhielt sich ein hakenförmiger viergeschossiger Bau, im ursprünglichen Zustand nur der Westtrakt mit frühbarockem Festsaal durch zwei Geschosse. Die toskanischen Riesenpilaster der Süd- und Ostfront entstanden erst um 1700. Während Restaurierungsarbeiten im Jahre 1956 entdeckte man in der gotischen, später barockisierten Schloßkapelle gotische Fresken. Das *»Neue Schloß«* am Fuß der alten Burg, 1778 von den Ungnad, den späteren Grafen Weissenwolf, errichtet, die seit 1635 Herren auf Steyregg waren, ist im Zweiten Weltkrieg z. T. zerstört worden. Der dreigeschossige Restbau mit wappengeschmücktem Portal liegt neben einem Wirtschaftshof um 1600.

Stibichhofen, Stmk., → Trofaiach.

Stiebar, NÖ., → Gresten.

Stiegerschlößl, Sbg., → Maishofen.

Stockerau, nordwestl. Korneuburg, NÖ. Das heutige Rathaus der Stadtgemeinde, Rathausplatz 1, im 16. Jh. ein Wasserschloß der Puchheim, erhielt sein jetziges Aussehen, als es nach 1738 zum Rathaus umgestaltet wurde.

Stockern, östl. Horn, NÖ. Die Burg der Stockorner wurde im 16. Jh. ein Wasserschloß. Der um einen fast quadratischen Innenhof gelagerte Renaissancebau mit Ecktürmchen erhielt sich fast unverändert. Er weist Reste einer Sgraffitomalerei auf. Das Haupttor mit den Wappen der Engelshofen und Lamberg ist erst um 1770 entstanden. Das mit Ausstattung aus dem 16. bis 18. Jh. und Mobiliar des 17. und 18. Jh. versehene Gebäude, Schloß Harmannsdorf (→) benachbart, besitzen seit 1880 die Barone Suttner, die Stockern zu einem landwirtschaftlichen Musterbetrieb machten.

Stoitzendorf, östl. Eggenburg, NÖ. Das um 1629 umgebaute, im 18. Jh. veränderte Vierflügelschloß um einen Hof, ein ehemaliger Pfarr- und Gutshof mit Zinnenturm — das Wappen des Stiftes Klosterneuburg über dem Haupttor weist auf das einst klösterliche Eigentum —, besitzt einen Prälatensaal, einen bildgeschmückten Josefssaal mit Ausstattung des 18. Jh. und eine Kapelle zum hl. Leopold mit Hochaltar des 17. Jh. 1945 ist Stoitzendorf geplündert und schwer beschädigt worden. Heute Besitz eines Künstlers und Sammlers.

Stollberg, südöstl. St. Pölten, NÖ. Der unansehnliche, zweigeschossige Bau, ein Gutshof in Höhenlage, angeblich vom kaiserl. Hofdiener Leopold Khainacher errichtet, der 1571 ein Ritter wurde, erscheint als Bau des 17. Jh. Unter den vielen Besitzern kamen nach den Zinzendorf die Freiherrn von Sala und die Fürsten von Cory, die Grafen Wimpffen und 1939 die Fürsten Esterházy.

Strannersdorf, bei Mank, südwestl. Melk, NÖ. Ein kleines, unauffälliges Renaissanceschloß mit Torturm, auf altem Bestand errichtet. Privatbesitz.

Straß, südöstl. Leibnitz, Stmk. Ein unter den Eggenberg im 16. Jh. begonnenes, erst im 17. Jh. vollendetes Schlößchen, das im 19. Jh. gotisiert und im 20. Jh. modernisiert wurde. Heute Kaserne.

Straß im Straßertal, östl. Langenlois, NÖ. An der Straßenkreuzung nach Hadersdorf liegt das spätbarocke *Kellerschlößl* mit Dreiecksgiebel und Mansardendach.

Straß im Zillertal, Tirol.

Schloß Thurneck (Thurmeck) in Rotholz. An der Stelle des unter Erzherzog Ferdinand II. errichteten und Ende des 17. Jh. abgetragenen Schlosses ließen die Grafen Tannenberg um 1704 das Schloß mit den mächtigen Rundtürmen errichten. Die Kapelle des ehemaligen Gerichtssitzes, ein saalartiger Raum, ist mit einem Deckengemälde von 1706 geschmückt.

Strechau, südwestl. Admont, bei Rottenmann, Stmk. Die mächtige Burg Strechau (→ Burgenbuch), im Mittelalter Streitobjekt zwischen den Salzburger Erzbischöfen und Habsburg, kam 1528 an die Hofmann von Grünbüchel, die ungekrönten Könige des protestantischen Ennstales. Diese vermögendsten Grundherrn der Obersteiermark (→ auch Trautenfels) feierten auf Strechau ihre Feste, richteten in der Burg aber auch einen protestantischen Betraum ein. Zum mächtigen Herren- und Wohnschloß mit prachtvollem dreigeschossigem Arkadenhof und kunstvoller Innenausstattung ließen die Admonter Äbte Strechau zwischen 1629 und 1632 erweitern. Das heute im Verfall befindliche, weithin sichtbare Burgschloß diente 1800 als Krankenhaus, war im 19. Jh. Amtssitz und wurde im 20. Jh. Pension, Schulungsheim und Ferienschloß für Kinder und Jugendliche.

Strelzhof, an der Schneebergbahn, nördl. Neunkirchen, NÖ. Ein Gutshof, den die Zisterzienser vom Wiener

Schloß Thurneck in Rotholz, Straß im Zillertal, Tirol.

Neustädter Neukloster 1662 erwarben und im 17. und 18. Jh. zum Vierflügelschloß um einen großen Hof ausbauten. Der Südflügel mit Prälatenzimmer entstand um 1700, der Westtrakt in der ersten Hälfte des 18. Jh. Bis 1873 Klosterbesitz, brannte Strelzhof 1925 ab, 1945 verlor es seine Einrichtung und die Kunstgegenstände. Heute wird das im Eigentum einer gemeinnützigen Hilfsorganisation befindliche Schloß wieder bewohnt.

Stronsdorf, südwestl. Laa a. d. Thaya, NÖ. Das Mietshaus ist ein im 18. Jh. aufgestockter Schloßbau des 17. Jh.

Stubenberg, Südwestl. Hartberg, Stmk. Das Schloß am Ostende des Ortes entstand im 16. Jh. über einer hier schon seit dem 13. Jh. bestehenden Anlage. Als Bauherrn des zweigeschossigen Viereckgebäudes mit Vierecktürmen um einen Hof mit Arkaden sind die Drachsler überliefert. Sie sanierten den Bau durch Verkauf ihrer Burg Neuhaus bei Stubenberg (→ Burgenbuch). Unter den späteren Besitzern sind die Herberstein zu nennen, die Schloß Stubenberg erst im 19. Jh. an die Grafen Wurmbrand abtraten. Nach 1925 wurde im Schloß das St.-Josef-Kloster der Franziskanerinnen eingerichtet.

Stübing, nordwestl. Graz, Stmk. Nach dem Aussterben der Eggenberg kam das mit der Herrschaft Waldstein vereinigte Stübing 1730 an die Dietrichstein. Sie ließen den Besitz verfallen. 1863 ist er unter Graf Palffy-Daun im Windsor-Stil wiederaufgebaut worden, 1960 wurde es für die Verwaltung eines SOS-Kinderdorfes adaptiert.

Stuhlfelden, östl. Mittersill, Sbg. *Schloß Labach (Lambach).* Ein behäbiges, wenig gegliedertes »Bauernschloß«. Der Herrensitz des 16./17. Jh. ist noch mit zirbengetäfelter »schöner Stube« versehen. Der spätgotische Kapellenraum besitzt Ölgemälde, die in jüngster Zeit restauriert und konserviert wurden.

Schloß Lichtenau. Das den Ort überragende viergeschossige, fast quadratische Schloß mit hohem Dach und sechs Türmchen, heute ein Jugendheim, ist ein Bau der Herren von Rosenberg vom Anfang des 16. Jh., das die Kuen-Belasy 1624 prächtig erneuerten. Ausstattung und Einrichtung verlor Lichtenau, als es im 19. Jh. Sitz der k. k. Forstverwaltung wurde. Einige damals in das Museum nach Salzburg verbrachte Gegenstände fielen 1944 den Bomben zum Opfer. Heute besitzt Lichtenau nur noch zwei Räume mit Kassettendecken.

Stuppach, bei Gloggnitz, südwestl. Neunkirchen, NÖ. Mit dem 1945 z. T. zerstörten Schloß der Grafen Wurmbrand — sie ließen ihre Burg aus dem 13. Jh. im 16. Jh. zu einem Renaissanceschloß umbauen — sind zwei historische Ereignisse verbunden. Am 21. März 1782 empfing hier der auf der Reise nach Wien befindliche Papst Pius VI. den Kardinal-Erzbischof von Wien sowie Gesandte und Minister, die sich zur feierlichen Begrüßung eingefunden hatten. Im Februar 1791 sandte der damalige Schloßherr und große Musikfreund Graf Franz Josef Walsegg, 1763—1827, seinen Gutsnachbarn Anton Leitgeb mit einem anonymen Schreiben zu Wolfgang Amadeus Mozart in die Wiener Rauhensteingasse und beauftragte den Komponisten, für seine eben verstorbene Gattin ein Requiem zu komponieren mit der Auflage, der Name des Auftraggebers müsse geheim bleiben. Zwei Jahre nach Mozarts Tod fand unter der Stabführung des Grafen — die eigenhändige Abschrift der Mozartschen Komposition hatte er mit der Überschrift »Composto del conte Walsegg« versehen — in der Zisterzienserkirche des Neuklosters in Wiener Neustadt die Uraufführung des berühmten, von Süßmayer vollendeten Requiems statt.

Sulz, nordwestl. Güssing, Bgld. Dem klassizistischen, um 1800 erbauten »Kastell«, einem Gutshof mit Säulengang, droht der Abbruch. Die Güssinger Mineralwasser AG als Eigentümerin findet für den Bau keine Verwendung.

Sunzing, östl. Braunau, OÖ. Der einstige Meierhof, den Siegmund Puechleitner zum Wasserschloß ausbauen ließ und deshalb 1656 von Kaiser Ferdinand I. in den Freiherrnstand erhoben wurde, ist heute Gasthaus, bei dessen Eingang die Wappen der Puechleitner mit Jahreszahl 1650 zu sehen sind.

Süßenbrunn, Wien, → Wien.

Tallenstein, Ktn., → Thalenstein.

Tamsweg, östl. Mauterndorf, Sbg. Das

zweigeschossige Schloß der Grafen Kuenburg an der Straße nach Mauterndorf ist ein Neubau, den Fidelius Hainzl nach dem Brand von 1742 aufführte. Der Herrensitz birgt noch Teile der älteren Anlage, im Saal sind Stukkaturen aus der Entstehungszeit zu sehen.

Tannbach, bei Gutau, südöstl. Freistadt, OÖ. Das zwischen 1873 und 1878 im Türmchen-Stil errichtete Gebäude geht auf einen Renaissancebau mit Ecktürmen und kleinem Uhrturm zurück, der aus einem Edelmannssitz entstand, den die obderennsische Salzbereiter-Familie Kurz zum Schloß erweiterte. 1906 erwarb dann Graf Ludwig von Polzer-Hoditz Schloß und Gut.

Tannenmühle, NÖ., → Manzing.

Tanzenberg, Ktn., → Seite 122.

Tarrenz, nördl. Imst, Tirol.
Schloß Neustarkenberg. Der im 14. Jh. in Zusammenhang mit Altstarkenberg (→ Burgenbuch) erweiterte Neubau der Starkenberger ist heute ein allzu nachdrücklich restauriertes Gebäude mit angeschlossenem Brauereibetrieb.

Tausendlust, Stmk., → Altenburg.

Teichstätt, südöstl. Mattighofen bei Heiligenstadt, OÖ. Die von weitem sichtbaren Rundtürme mit Kegeldächern lassen auf ein Schloß schließen, von der Nähe besehen ist Teichstätt ein Bauernhof. Auf der Marmortafel oberhalb des Eingangs findet sich die Jahreszahl 1563. Das Schlößchen der Freiherrn von und zu Hackled, das im 16./17. Jh. aus einem Meierhof entstanden war, wurde im 19. Jh. wieder zum Bauernhof.

Tentschach, nordwestl. Klagenfurt, Ktn. Der in schönster Höhenlage befindliche dreigeschossige Bau des 16. Jh. mit den massiven drei runden Ecktürmen war im 16. Jh. Besitz der Pibriacher und Rumpf, im 18. Jh. der Kaiserstein und kam im 19. Jh. an die Leipziger Verlegerfamilie Göschen. Das mit wertvollem Mobiliar ausgestattete Schloß ist noch heute ihr Eigentum.

Teufenbach, bei Taufkirchen, südöstl. Schärding, OÖ. Das Gasthaus Flieher in der gleichnamigen Ortschaft war der einstige Reitstall des im 20. Jh. zum größten Teil abgetragenen Wasserschlosses der Hackledter, Pelkover, von Meggenhofen u. a.

Teufenbach, westl. Judenburg, Stmk. Das Schloß neben der Kirche, ein von zwei Ecktürmen flankierter, einstökkiger Bau, entstand im 16. Jh. aus einem Meierhof unterhalb der alten Burg Teufenbach (→ Burgenbuch), die im 19. Jh. wieder bewohnbar gemacht wurde. Die Teufenbacher, im 13. Jh. eine der bedeutendsten steirischen Ministerialenfamilien, besaßen mit der Herrschaft Teufenbach auch Einödhof, Farrach, Landschach, Maßweg und Spielberg. Ihr Besitz kam an die Saurau und die Fürsten Schwarzenberg. Im 17. Jh. ließen Angehörige des Geschlechtes die alte Burg wiederherstellen.
Neuteufenbach, 16. Jh., wurde im 17. und 18. Jh. Eigentum der Putterer zu Aigen. Nach wechselnden Besitzern kam das Schloß an die Gemeinde, die es als Altersheim verwendete.

Thal, bei Graz, Stmk.
Harterschlößl. Das im 17. Jh. entstandene »Stöckl« mit viereckigem Turm und Wirtschaftsgebäuden um einen Hof war Besitz der Trauttmansdorff, Eggenberg, Herberstein u. a., bevor es nach dem Zweiten Weltkrieg vom Land übernommen und als Landwirtschaftsschule eingerichtet wurde.
Unterthal. Die Burgschloßruine entstand, als die Eggenberg im 17. Jh. Unterthal von Schloß Algersdorf/Eggenberg aus verwalteten und im 18. Jh. die Herrschaft an die Herberstein fiel.
Schloß Oberthal. Die Grabplatte des Bauherrn, Bischof Andreas Trauttmansdorff, 1515, ist im Schloßhof zu sehen. Den Ausbau des Schlosses zur heutigen Vierflügelanlage mit Ecktürmen, Torturm und Arkadenhof durch den Baumeister Domenicus Rossi bezeugt die Inschrift über dem Portal: »1661 Sigmund Friedrich Trauttmannsdorff«. Auch das 19. Jh. ist mit Umgestaltungen und unvermeidlichem Zinnenaufputz im Schloß vertreten. Die im 17. Jh. errichtete Marienkapelle ist noch mit Originalausstattung versehen. Nach den Trauttmansdorff, die Oberthal bis 1766 besaßen, wechselten die Besitzer rasch.

Thalenstein (Tallenstein, Thalandstein), nördl. bei Völkermarkt, Ktn. Das Dreiflügelschloß mit Kapellenvorbau im Westtrakt geht auf eine Burg des Bernhard Thaland im 15. Jh. zurück. Vom 18. bis zum 20. Jh. wurde sie zum heutigen Gebäudekomplex ausgebaut. Die z. T. noch mit der Ausstattung des 18. Jh. versehene Anlage der Rauber von Reinegg, der Urschenbeck, der Rosenberg und der Grafen von Egger kam im 19. Jh. an die Freiherrn von Helldorf.

Thalerhof, bei Premstätten, südl. Graz, Stmk. Ein kleines Renaissanceschloß in Hakenform, zuletzt im Besitz der Grafen des Enffans d'Avernas. Heute eine landeseigene Landwirtschaftsschule.

Thalheim, nordwestl. Neulengbach, NÖ. Ein Alt-, ein Neubau, Schloßkapelle, Wirtschafts- sowie Nebengebäude umschließen einen ausgedehnten Hof. Die Kapelle zum hl. Nepomuk und ein Terrassengarten mit Gartenhaus hinter dem Schloß, früheste Werke des Barockbaumeisters Jakob Prandtauer, sind zerstört. Er schuf sie um 1690 im Auftrag der Herren von Gurland, die Thalheim zwischen 1630 und 1707 besaßen. Eine Kammerzofe der Schloßherrin wurde Prandtauers Frau. Der Hauptbau der Gebäudegruppe ist um 1606 errichtet worden, die Nebentrakte an der nordöstlichen Langseite des Hofes entstanden erst um 1910. Als Besitzer werden im 17. Jh. die Althan von Murstetten, die Jörger und die Gurland, im 18. Jh. die Polheim, Kuefstein und Khevenhüller-Metsch, im 19./20. Jh. die Grafen Bussy und Wurmbrand, der Bankier Elbogen und Kammersänger Otto Braun angegeben.

Thalheim, südl. Wels, OÖ.

Schloß Traunegg. Die barockisierten Fassaden des unregelmäßigen dreigeschossigen Bauwerkes verbergen Gemäuer aus dem 16. Jh. Das von Bernhard Jörger 1577 errichtete Bauwerk erhob Rudolf II. zum Edelmannssitz, unter Matthias Castner von Sigmundslust erhielt das Schloß 1643 sein barockes Gewand und auch Stuck in verschiedenen Räumen. Seit 1874 ist Traunegg ein im Verfall begriffener Familienbesitz der Herrschaft Frankenstein.

Thalhof, Stmk., → Rottenmann.

Than(n), nächst Feistritz bei Weißkirchen, südl. Zeltweg, Stmk. Schloßruine einer ausgedehnten Renaissanceanlage, 1556—1561 entstanden, über älterem Bestand errichtet. Im Besitz der Grafen Saurau, 16./17. Jh., dann der Grafen Wurmbrand und der Seßler.

Thanneck, Stmk., → Moosheim.

Thannhausen, bei Weiz, Stmk. Über dem Ostportal des eindrucksvollen, gepflegten Renaissanceschlosses ist festgehalten, daß Konrad Freiherr von Thannhausen und Dorothea von Teuffenbach das neue Schloß bis 1595 errichten ließen. Das regelmäßige Gebäudeviereck mit mächtigen Ecktürmen umschließt einen schönen Arkadenhof. Im Nordflügel sind Teile der früheren Wehranlage verbaut, die zweigeschossige Kapelle im Osttrakt wurde Anfang des 17. Jh. fertiggestellt. Auch unter den späteren Besitzern im 17. und 18. Jh., den Grafen Wurmbrand, Khevenhüller u. a., wurden kleine Umbauten vorgenommen. Prunktreppe und im Stil des 17./18. Jh. ausgestattete Räume, Zimmer und Korridore mit Details des 16. Jh. kennzeichnen das nicht zu besichtigende Schloß.

Therasburg, nordöstl. Horn, bei Missingsdorf, NÖ. Die mächtige alte Feste Therasburg (→ Burgenbuch), unter den Grafen von Hardegg zum Burgschloß und Renaissancebau erweitert, war Ruine, bevor sie die Reichsgrafen Attems zwischen 1842 und 1893 wiederherstellen ließen.

Thernberg, östl. Scheiblingkirchen, NÖ. Die mächtige, verfallene Burganlage oberhalb Thernberg (→ Burgenbuch) erlangte im 19. Jh. Bedeutung, als sie nach 1807 Erzherzog Johann bewohnte.

Thonegg, Stmk., → Moosheim.

Thierburg, bei Fritzens, nördl. Wattens, Tirol. Ein Jagdschlößchen aus der Zeit Kaiser Maximilians I., das im 16. Jh. zum Edelsitz ausgebaut wurde. Das Herrenhaus und die Kapelle in einer Lichtung des Gnadenwaldes, später Eigentum des Tiroler Kanzlers Matthäus Burglechner und der Freiherrn von Sternbach, sind noch heute im besten Zustand.

Thinnfeld, Stmk., → Deutsch-Feistritz.

Thorhof, südl. Judenburg, oberhalb Schloß Weyer, Stmk. 1616/1617 zum Edelsitz ausgebauter Gutshof der Brüder Hans und Hermann Heinricher von Judenburg, auch »Schlößchen Heinrichsperg« genannt. Die Halle im ersten Stock ist noch mit Malereien der Bauzeit ausgestattet. Später bäuerlicher Besitz.

Thöml-Schlößchen, Tirol, → Solbad Hall.

Thörl (Törlein), nordwestl. Kapfenberg, Stmk. Eine aus einer Straßensperre des 14. Jh. von der Hammergewerkenfamilie Pögl errichtete »Veste am Thörl«, die nach ihrem schloßartigen Ausbau im 17. Jh. und Zubauten im 18. Jh. das »Thörler Schloß« genannt wurde. Der Torturm erhielt sich fast in ursprünglicher Gestalt, im östlichen Rundturm des 16. Jh. liegt die Barbarakapelle. 1740/41 unter dem Gewerken Gasteiger entstanden, mit Fresken und Ölbildern des Wiener Hofmalers Joseph von Mölk. In der Straßenkapelle am südlichen Ortsende befindet sich eine Kreuzigungsgruppe um 1530, eines der bedeutendsten Werke der Spätgotik in der Steiermark.

Thürn, südwestl. Wolfsberg, bei St. Marein, Ktn. Auf beherrschender Höhe ist das Burgschloß Thürn (→ Burgenbuch) mit Kellergeschossen aus dem frühen 15. Jh. zwischen 1580 und 1589 um eine mittelalterl. Wehranlage errichtet, im 18. und auch noch im 20. Jh. umgebaut und verändert worden. Der Besitz der Eibiswalder, später auch eines Salzburger Erzbischofs und eines Lavanter Bischofs, war bis 1859 Eigentum des Domstiftes St. Andrä, bis 1916 des Jesuitenordens. Heute Privatbesitz.

Thurneck, Tirol, → Straß im Zillertal.

Thurnfeld, Stmk., → Moosheim.

Thurnhof, westl. Gurk, bei Zweinitz im Gurktal, Ktn. Der »Turmhof«, ein an einen mächtigen gotischen Turm angebautes, schloßartiges Gebäude mit rechteckigen Dachtürmchen, erhielt seine heutige Gestalt wohl unter den Grafen Egger, an die der Besitz von Amtsmännern und Anwälten des Gurker Domstiftes nach 1700 kam. Seit dem 19. Jh. Eigentum der Familie Funder.

Thürnthal, nordwestl. Tulln, NÖ. Die verfallende, auch als Fabrik benützte (nie vollendete) barocke Schloßanlage des Grafen Wenzel von Enkevoirt, um 1720, mit hohem Wohngeschoß und ehemals prächtiger Barockkapelle, birgt noch immer kunsthistorisch interessante Details. Nach 1918 versuchte man vergeblich, das Schloß abzutragen, ein Großteil der zahlreichen Steinbüsten, die den Hof mit Arkaden, Einfahrtshalle, Park und Schloßmauer schmückten, wurde verkauft.

Tigring, südöstl. Feldkirchen, Ktn. Der dreigeschossige Bau aus dem 17. Jh. nördlich der Ortschaft, mit Giebelvorbau, besitzt noch Räume mit historischem Stuck. Er wird seit 1945 als Altersheim verwendet.

Tillysburg, südöstl. Linz, bei St. Florian, OÖ. 1629 erwarb Werner Graf T'Serclaes von Tilly aus den Niederlanden, Neffe des berühmten Feldherrn des Dreißigjährigen Krieges, Burg und Herrschaft von den protestantischen Erben der Volkenstorf. Mit dem Abbruchmaterial ihrer Burg ließ Tilly auf dem Hügelrücken über dem Kristeinerbach das neue viertürmige Schloß um einen rechteckigen Hof erbauen und nannte es Tillysburg. Die Nachbildung von Prandtauers berühmtem barockem Stiegenhaus in St. Florian im Ostflügel des Schlosses — eine Zufügung des 18. Jh., als die Tillysburg dem Stift St. Florian gehörte — machen den sonst nicht zu besichtigenden, bewohnten Schloßbau mit Steinfiguren vor dem Tor und benachbarter Golfanlage bemerkenswert.

Tobelbad, südl. Graz, Stmk. Der an einen mächtigen mittelalterl. Turm angefügte Renaissancebau mit Arkaden im ersten und zweiten Stockwerk gegenüber dem Sanatorium, heute Pfarrhof, diente den Landesfürsten seit dem 16. Jh. als Jagdschloß, sicher auch als Erholungsort neben dem Heilbad.

Töllerberg, westl. Völkermarkt, Ktn. Ein von einem älteren, einem jüngeren Trakt, einer Mauer und einem Wirtschaftsgebäude gebildeter Schloßkomplex um einen im Südflügel mit Arkaden versehenen Hof. Im südlichen »neuen Schloß« aus dem späten 16. Jh. finden sich im ersten und zweiten Stockwerk jüngst restaurierte Stuckdecken aus dem beginnenden 18. Jh. und ein mit Stuck und Malerei derselben Zeit ausgestattetes Jagdzimmer. Im westlichen »alten« Trakt um 1500 sind Spuren einer alten Schloßkapelle zu sehen. Bauherren von Töllerberg waren die Welzer von Eberstein und die Windischgrätz. Nach den Khulmern, Goëß und Christallnigg erwarben im 19. Jh. die Herren von Jessernig das Schloß, deren Nachkommen es noch besitzen.

Tollet, nordwestl. Grieskirchen, OÖ. Herrschaft und Burg waren schon im 15. Jh. Eigentum der Jörger »von Tollet«. Hans Jörger ließ die alte Burg abbrechen und nach 1607 das neue Schloß erbauen. Als einer der Führer des protestantischen Adels ob der Enns verlor er 1620 seine Besitzungen. Kaiser Ferdinand II. überließ Tollet dem Kurfürsten Maximilian von Bayern, und für eine lächerliche Summe kam Graf Adam von Herberstorff 1628 in den Besitz: »Zur Ersetzung des Schadens, den Ihr in jüngster Bauernrebellion erlitten habt...« Nach Herberstorff waren die Sprinzenstein, Fieger und Peckenzell Herren auf Tollet, seit 1854 die Grafen Revertera y Salandra zu Helfenberg (→). Das im 19. Jh. völlig umgebaute und umstilisierte Schloß mit kuppelbedecktem altem Torturm, mit z. T. noch altem, z. T. imitiertem Gitterwerk und Stukkaturen des 17. Jh. war bis vor kurzem an das Land Oberösterreich verpachtet.

Töltschach, nördl. Maria Saal, Ktn. Der einfache Rechteckbau ist im 16. Jh. über älterem Mauerwerk errichtet und später mehrfach »modernisiert« worden. Die kleine barocke Kapelle an der Ostfassade besitzt bemerkenswerte Fresken. Verschiedene, z. T. bürgerliche Besitzer.

Töscheldorf, nördl. St. Veit an der Glan bei Althofen, Ktn. Der Saal des dreigeschossigen Schlosses mit Mittelrisalit und Altane besitzt Fresken von Josef Ferdinand Fromiller. Bauherr war der Gewerke Georg Gschwind von Pöckstein (→). Seit einigen Jahren wird Töscheldorf als Schulgebäude verwendet.

Trabuschgen, Ktn., → Obervellach.

Traismauer, westl. Tulln, NÖ. *Stadtburg.* Der düstere, als Mietshaus verwendete Bau entstand im Grundmauerwerk als Teil der Stadtbefestigung Anfang des 16. Jh. An die römische Tradition der Stätte erinnern Grabsteine über dem Eingang und im mit Zubauten des 16. bis 18. Jh. versehenen Innenhof. Neidhart von Reuenthal erwähnt im 13. Jh. das mittelalterl. Traismauer als Stadt, wo es sich leben läßt; ein Wappen des Salzburger Erzbischofs Franz Anton Graf Harrach im Schloß dokumentiert, daß Stadt und Markt bis 1803 erzbischöflich waren.

Rittersfeld, Rittersfelder Str. 17. Ein im 17. Jh. aus dem Pruelhof entstandener zweigeschossiger Schloßbau. Um 1730 ließ Josef Baron von Fiali im Gebäude eine Papierfabrik mit angebautem Papierstampfwerk einrichten, die von den Freiherrn von Tinti weiterbetrieben wurde. Im 19. Jh. erwarben zwei Holländer den Besitz und begründeten in ihm die »k. k. privilegierte Rittersfelder Tuchfabrik«, die bis an die fünfhundert Arbeiter beschäftigte. Sie ist 1853 stillgelegt worden. Im 19. Jh. wurde Rittersfeld Besitz der Freiherrn von Geymüller und ihrer Nachkommen.

Tratzberg, westl. Jenbach im Inntal, Tirol. Über Entstehen und Ausstattung des spätgotischen Burgschlosses im Renaissancestil, über Kaiser Maximilians I. Beziehungen zu Tratzberg und den Brüdern Tänzl wird auf den Seiten 147 bis 149 des Burgenbuches berichtet.

Traun, südwestl. Linz, OÖ. An der Stelle der im 16. und 17. Jh. errichteten, im 18. Jh. mit der heutigen Barockfassade versehenen Schloßanlage stand schon im 12. Jh. die Stamm-Wasserburg der Herren von Traun. In ihr lebten die Urväter der heute noch bestehenden Familie der (Grafen) Abensberg-Traun. Mit Ausnahme einer Unterbrechung im 17. Jh. war dieses Geschlecht seit dem Jahr 1111 im Besitz von Burg, Schloß und Herrschaft Traun. Der dreigeschossige Bau mit z. T. gotischer Schloßkapelle und vier Ecktürmchen, nach 1955 teilweise restauriert, ist z. T. als »Heimathaus« eingerichtet. Die Exponate kunstgewerblicher und volkskundlicher Art, auch eine Dokumentation der Traunfischerei können wochentags zwischen 11 und 12 Uhr besichtigt werden.

Traunegg, OÖ., → Thalheim.

Traunsee (Württemberg), südl. Gmunden, OÖ. Das heute als Bundeserziehungsanstalt für Mädchen eingerichtete Schloß der Herzoge von Württemberg im großen Park westlich oberhalb der Straße Gmunden—Altmünster ist zwischen 1873 und 1875 erbaut worden. Die Schloßkapelle entstand nach Plänen Heinrich Ferstels, des Erbauers der Wiener Votivkirche.

Schloß Treffen, Ktn.

Trautenburg, Stmk., → Leutschach.

Trautenfels, Stmk., → Seite 114.

Trautmannsdorf an der Leitha, westl. Bruck a. d. Leitha, NÖ. Das dreigeschossige, in Hufeisenform errichtete Gebäude mit siebzehnachsiger Hauptfront ist ein Bau des 19. Jh., wahrscheinlich nach Plänen des Wiener Architekten Josef Kornhäusel errichtet. Er entstand anstelle eines Renaissanceschlosses, das nach einer Abbildung aus dem 17. Jh. eine Wehranlage mit Bastionen, Rondellen und Rundtürmen darstellte und im 15./16. Jh. Besitz des St.-Georgs-Ritterordens war. Über die Windischgrätz kam die Herrschaft an die Batthyány, die das Burgschloß 1810 schleifen und das Neuschloß errichten ließen. Ein Teil der alten Befestigungen und ein Tor blieben erhalten. Seine Eindrücke über die prächtig ausgestatteten Räume des (nicht zugänglichen und vernachlässigten) Schlosses aus dem 19. Jh. faßt der Kunsthistoriker Franz Eppel zusammen: » . . . symptomatisch für die geschlechtslose Zwischenstellung zwischen Nachrokoko, Klassizismus und Romantik. Die äußeren Formen, die noch aus dem Rokoko entnommenen Rocaillen und Chinoiserien, dürfen nicht darüber hinwegtäuschen, daß hier subkutan, nicht in Erscheinungen, sondern — viel entscheidender — in Blüte die Romantik einströmt. Die barocke Kraft ist perdu. Und die Freude am adeligen Landleben entbehrt bereits offensichtlich der Selbstverständlichkeit; abstrakte Träume und Sehnsüchte sind ihm nicht zuträglich.«

Trauttmansdorff, NÖ., → Seite 70.

Treffen, nördl. Villach, Ktn. Ein nach dem Erdbeben vom Dezember 1690 wiedererrichtetes, dreigeschossiges palaisartiges Schloß. Die Herrschaft Treffen war vom 14. bis ins 16. Jh. im Besitz der Liechtenstein. Nach ihnen kam sie an Barbara Seenuß, die Witwe des Wilhelm Neumann (→ Wasserleonburg), und deren Tochter Anna (→ Murau). Eine Votivtafel in der Eingangshalle des heute vernachlässigten Schlosses, gestiftet von Anna Freifrau von Teuffenbach (sie war damals mit ihrem vierten Mann verheiratet), stellt Eltern, Brüder und Tochter der »Neumannin« dar. In jener Zeit verfiel die alte Burg Treffen (→ Burgenbuch) auf dem riesigen Felsen oberhalb des Ortes, und es entstand das Neuschloß, das dem Erdbeben zum Opfer fiel. Auf einem (nicht mehr vorhandenen) Epitaph in der Pfarrkirche von Treffen war zu lesen, daß Eva-Rosina Freifrau von Grotta, geborene Freiin von Aichelburg, »in dem großen Erdboeden in dem Schloß Treffen verschittet worden ist«. Nach den Grotta waren die Grafen Goëß Besitzer der Herrschaft.

Tribuswinkel, östl. Baden bei Wien, NÖ. Das einstöckige Vierflügelschloß besitzt noch den Turm der Burg, über deren Gemäuer es im 16./17. Jh. entstand. Ein im 19. Jh. sowie 1918 umgebautes und neuestens als »Ludwig-Urbansches Kinderheim der Stadt Wien« eingerichtetes Gebäude.

Trins, westl. Steinach an der Brennerstraße, Tirol.

Schloß Schneeberg. Das mittelalterl. landesfürstliche Lehen der Herren von Schneeberg, das sich Johann Wellinger im 16. Jh. hatte ausbauen lassen, brannte 1771 ab und verfiel. Zwei Türme und Mauerreste erhielten sich am Burghügel. 1780 entstand aus der früheren Meierei unter den Grafen Sarnthein das heutige Schloß.

Trofaiach, nordwestl. Leoben, Stmk.

Schloß Mell (Möll). Das ursprünglich bewehrte Schloß, Besitz des Frauenstiftes Göß, verlor im 19. Jh. seine beiden wuchtigen Zinnentürme. Der seit 1869 als Schloßherr zeichnende Radgewerke Heinrich Mitsch ließ das Obergeschoß des Südturmes abtragen und mit dem Haupttrakt unter ein Dach bringen. Der Nordturm von einst überragt in verkleideter Gestalt auch heute noch das Gebäude.

Schloß Stibichhofen. Das evangelische Pfarrhaus, Rebenburggasse 2, ein dreigeschossiger Rechteckbau mit zwei Ecktürmen, im 17. Jh. entstanden, bewohnte zwischen 1674 und 1684 der Barockpoet und Pestarzt Anton Adam Lebwald von und zu Lebenwaldt aus Sarleinsbach in Oberösterreich. Im 19. Jh. trennte man Schloß und Herrschaft Stibichhofen, den einstigen Besitz der »Stübich zu Troffay«. Das Gebäude wurde verändert. Heute ist in ihm der Betsaal der evangelischen Pfarrgemeinde eingerichtet.

Ansitz Zmöll (Schloßbauer), oberhalb des Schlosses Mell. Der mittelalterl. Sitz des Dietmar der Czmoelnaer zu Traveyach wird erst im 17. Jh. als »Gschlößl Zmöll« urkundlich. Als Eigentum der Eisenerzer Radmeisterfamilie Prevenhueber nannte man es im 18. Jh. »Prevenhuber-Schlößchen«. Die einstige Herrschaft Zmöll mit 43 untertänigen Häusern und 64 Tagwerken Acker- und Waldbesitz war noch im 19. Jh. Adelssitz, später Eigentum bürgerlicher Gewerkenfamilien.

Trumau, östl. Baden bei Wien, NÖ. Ein seit dem Jahre 1136 im Besitz des Stiftes Heiligenkreuz befindliches Gut, im Mittelalter die größte Grangie (Landwirtschaftsbetrieb) der Zisterziensermönche, heute ausgedehnter Gutshof mit Wirtschaftsgebäuden und Schloß. Trumau wurde 1621 von den Ungarn zerstört und brannte 1811 aus. Im 16./17. Jh. diente das Schloß zuzeiten als Nächtigungsort und Jagdaufenthalt der Kaiser. Der große einstöckige vierseitige Bau mit Zwiebeltürmchen trägt über dem Portal die Jahreszahl 1650. Vom Mai 1945 bis Juli 1947 war Trumau Nachrichtenzentrale der russischen Besatzungsmacht.

Uhlheim, westl. Ilz, Stmk. Ein langgestreckter Bau des 19. Jh. in einem Seitental der Ilz, nach seinem Bauherrn Ritter von Uhl genannt.

Ulrichskirchen, südl. Mistelbach, NÖ. Das Dreiflügelschloß, ein im 17. Jh. verändertes Renaissance-Wasserschloß der Zelkinger, ist noch mit Graben, Ringwall und Bastionen umgeben. Die Herrschaft Ulrichskirchen war im 17. und 18. Jh. Eigentum der Kollonitsch und Grafen Gudenus, 1809 diente das Schloß als Kriegsspital. Die Kapelle im Südflügel besitzt noch eine Ausstattung des 17./18. Jh.

Unken, nördl. Saalfelden, Sbg.

Oberrain. Ein erst 1912 schloßartig ausgebauter Gasthof des 18. Jh., der als Kindererholungsheim der Salzburger Landesregierung verwendet wird.

Unterach am Attersee, OÖ.

Lasserschlößl. Von einem Lasser im 16. Jh. errichtet, bis ins 19. Jh. Khevenhüllerbesitz, um 1900 umgestaltet.

Unter-Dürnbach, westl. Hollabrunn, NÖ. Das rechteckige zweigeschossige Gebäude schließt einen Arkadenhof ein und ist noch mit einem Wassergraben umzogen. Die Feste der Herren von Durrinbach wurde im 15. Jh. einmal, im 17. Jh. dreimal zerstört. Das heutige Schloß ist im 17. Jh. errichtet worden. Die Zisterzienser von Lilienfeld ließen das Gebäude im 18. Jh. umbauen. Unter-Dürnbach ist noch heute Lesehof des Stiftes. Säle, Kapelle und Räume besitzen schöne barocke Ausstattung und Einrichtung des 18. Jh.

Untergrafendorf, nordöstl. St. Pölten, NÖ.

Schloß Neutenstein. Namen und Entstehungsdatum des Schlosses hält ein kaiserl. Schreiben vom 20. Mai 1608 fest, in dem von einem Haus die Rede ist, »das einem Schlosse wohl zu vergleichen sei ... welches aber bis dato keinen eigenen Bewohner gehabt«. Der Name des Bauherrn war Hans Georg Wisent. Er hatte sich den dreigeschossigen Vierkanter um einen Hof mit dreigeschossigen Lauben an den Längsseiten, mit quadratischem Turm über dem Hauptportal und rundturmbestückter Wehrmauer Ende des 16. Jh. erbaut. Turm und Wehrmauer sind verschwunden. In der Tordurchfahrt finden sich Wappenschild und Grabstein mit den Jahreszahlen 1590 und 1621. Die barocke Kapelle von Neutenstein zur »Himmelfahrt Mariens«, 1773, erhielt noch im Jahre 1864 eine päpstliche Meßlizenz. Schloßherrn waren damals die Grafen Boussy, die 1792 mit den Bourbonen ins Exil gegangen waren. 1909 kam der Besitz an die Grafen Segur-Cabanac.

Unternberg, bei Aspang, südl. Neunkirchen, NÖ. Ein nach alten Vorbildern und unter Assistenz des Kreuzenstein-Erbauers Walcher von Moltheim in den Jahren 1924 bis 1934 erstelltes Pseudoschlößchen mit Ecktürmen.

Unter-Rohrbach, NÖ., → Rohrbach.

Unterstainach, Stmk., → Stainach.

Unterstinkenbrunn, südwestl. Laa a. d. Thaya, NÖ. Der anspruchslose zweigeschossige Schloßbau mit Wirtschaftsgebäuden um einen rechteckigen Hof, um 1630 unter den Grafen Zinzendorf-Ernstbrunn entstanden, wird von Mietparteien bewohnt.

Unterzeiring, nordwestl. Judenburg, Stmk.

Schloß Hanfelden. Den altertümlichen Viereckbau mit den erkerartigen Vierecktürmen und dem kleinen Hof mit Arkadengängen an zwei Seiten ließ um 1500 der landesfürstliche Pächter der Maut am Triebener Tauern, Hans Han, errichten. 1580, unter Hans Rauchenberger, entstand das heute noch bestehende Hanfelden. Im 18. Jh. fiel das Burgschloß mit der verschuldeten Herrschaft an die Fürsten Schwarzenberg. Heute ist es ein verfallender Privatbesitz.

Schloß-Propstei Zeiring. Das zweiflügelige Wohngebäude, die Agathenkapelle und die Wirtschaftsgebäude, Bauten des 15. bis 17. Jh., umschließt eine alte Ringmauer mit Schießscharten und einem achteckigen pavillonartigen Türmchen. Die Agathenkirche ist schon im 12. Jh. urkundlich, die heutige Gestalt erhielt sie Mitte des 15. Jh. Der »Brobsthof auf der Zeyrikg« war Sitz der Admonter Pröpste. Im 16. Jh. verpfändete das Stift den Besitz an die Moosheim und Galler. Seit dem 19. Jh. ist Zeiring in privater Hand.

Urschendorf, nördl. Neunkirchen, NÖ. In seinem »Buch von den Wienern« erzählt Michael Beheim, 1416 bis 1474, in den Kapiteln »Wie man sich für urssendorff slug« und »Wie urssendorff gewunnen wart« die Eroberung der Feste im Jahre 1464 durch die Kaiserlichen. »Der Kaiser liess es auff der stunt genczlichen prechen in den grunt.« Wer heute vor dem bescheidenen, in klassischem Stil aufgemachten Gebäude mit Säulenportikus und Balkon im weiten Park steht — bis zu Kaiser Josephs I. Zeiten ein klösterlicher, dann privater Besitz —, sieht ihm die historische Vergangenheit kaum an.

Ursprung, bei Elixhausen, nordöstl. Stadt Salzburg. Den ehemaligen Ansitz, schon im 12. Jh. urkundlich, im

Schloß Siegmundslust in Vomp, Tirol.

17. Jh. Besitz der Herren von Hegi, ließen die Freiherrn von Rehlingen um 1707 in ein kleines Barockschlößchen mit zweiflügeliger Freitreppe, schönen Stuckdecken mit Deckengemälde verwandeln. Das barock-rokokohaft ausgestattete Tapetenzimmer im zweiten Stock ist in jüngster Zeit restauriert worden. 1825 kam Ursprung in bäuerlichen Besitz. Seit 1965 führt das vornehme Adelsschlößchen an der Seite des neben ihm entstandenen riesigen modernen Schulgebäudekomplexes ein recht bedeutungsloses Dasein.

Urstein, Sbg., → Puch.

Vasoldsberg, südöstl. Graz, Stmk. Von der historischen, vielumkämpften Burg Vasoldsberg (→ Burgenbuch) der Seckauer Bischöfe erhielt sich neben einem (jetzt mit Spitzhaube überstülptem und erhöhten) Turm der nördliche Flügel mit dem inneren Burgtor. Mitte des 16. Jh. ließ der landesfürstliche Vizedom Koloman Prunner das Schloß erneuern, im 17. Jh. kam die Herrschaft an die Herberstein, später an die Stürgkh, Waidmannsdorf und Lengheim. Im 19. Jh. wurde Vasoldsberg bürgerlich, heute ist es ein Erholungsheim.

Velden, Ktn., → Seite 125.

Velden, Stmk., → St. Veit in der Gegend.

Velm, bei Himberg, südl. Wien, NÖ. Das einfache, zweigeschossige Gebäude im Dorf mit Mittelrisalit geht auf einen Gutshofbesitz des 14. Jh. zurück, der zur Herrschaft Himberg gehörte.

Vestenötting, nördl. Waidhofen an der Thaya, NÖ. Im 16. Jh. ließ Pilgrim von Puchheim mit Stein- und Mauerwerk von der alten Burg das einstöckige, langgestreckte Talschloß mit drei Flügeln und niedrigem quadratischem Turm erbauen. Im 18. Jh. erhielt der Turm seine heutige Haube, auch die einfachen Räume wurden damals mit etwas Stuck versehen.

Vestenthal, bei Ramingdorf, nordöstl. Steyr, NÖ. Der anmutige Schloßbau, ursprünglich »Veste zu Thal« genannt, mit kecken Kegeldach-Ecktürmchen und einem heiteren Arkadenhof, entstand Anfang des 17. Jh. und war Sitz der Hohenegg, Clamm, Auersperg u. a.

Viehofen, nördl. St. Pölten, NÖ. Die weithin sichtbare Schloßruine mit eingestürztem Dachstuhl des mächtigen »Altschlosses«, noch stehendem Rundturm des »Neuschlosses« und gotischer Kapelle am Hang ist Rest der Lehnsfeste der Passauer Bischöfe, die im 15. Jh. Wallseer und Liechtensteiner, später landesfürstlicher Besitz war. Seit 1745 sind die Grafen Kuefstein Eigentümer. Sie ließen eine der schönen Decken aus Viehofen in ihr Schloß Greillenstein bringen.

Villach, westl. Klagenfurt, Ktn.

Schloß Mörtenegg, Villach-St. Martin, Schloßgasse 11. Das frühere Jagdschloß der Khevenhüller — zwei Rundtürme vor dem Gebäude weisen noch heute auf die ehemalige Wehranlage — kam im 17. Jh. an die Gewerken Grotta von Grottenegg, im 18. Jh. an die Fürstin Dorothea Porcia u. a. Ende dieses Jahrhunderts erhielt das dreigeschossige Gebäude mit Ecktürmen die schöne Empirefassade mit dem Rundportal. Mörtenegg hatte viele Herren, bevor es 1952 durchgehend restauriert und als Lehrlingsheim eingerichtet wurde.

Wertenau (Milesischloß), Villach-Völkendorf 86. Das Schlößchen mit Ecktürmchen, Zwiebelkuppeln und einer Barockkapelle mit Fromillergemälde ist Besitz der Familie (von) Milesi, Nachkommen vermögender Handelsherrn aus dem Venetianischen, denen Maria Theresia das Prädikat »Edle von« verlieh.

Voitsberg, westl. Graz, Stmk.

Schloß Greissenegg, Unter-Voitsberg. Zusammen mit der alten Feste Voitsberg (→ Burgenbuch) bildete die »Veste enhalb der Kainach« eine Straßensperre. Das spätere »Gschlos auf dem Greysnegk« erinnert an Andreas Greißenegger, der mit seinem Kampfgefährten Andreas Baumkircher auf Burg Schlaining (→ Burgenbuch) im Frühjahr 1471 in Graz hingerichtet wurde. Als desolaten Besitz erwarb die alte Feste im 16. Jh., jetzt »Greissenegg« genannt, Georg von Herberstein. Bis ins 19. Jh. besaßen die Grafen Wagensperg die Herrschaft, deren Wappen in dem 1877 vom Kohlengewerken August Zang zum Landhaus umgebauten Schloß noch zu sehen ist.

Volders, östl. Innsbruck, Tirol.

Schloß Aschach. Nach 1575 erwarb Ernst von Rauchenberg, langjähriger Erzieher der als »Findelkinder« deklarierten Sprößlinge Erzherzog Ferdinands aus seiner Verbindung und späteren Ehe mit Philippine Welser (→ Ambras), den mittelalterl. Viereckturm Jacob des Volrers »von Aschach«. Er ließ sich aus ihm ein

Schlößchen mit Eckerkern erbauen. Wenig verändert sehen wir es heute noch vom alten Turm und einem Türmchen mit Laterne überragt. Auch spätgotische Steinportale und eine gratgewölbte Halle verweisen auf das ehrwürdige Alter von Aschach, heute Besitz der (Barone) Altenburger.

Vomp, westl. Schwaz, Tirol.

Schloß Siegmundslust. Das Jagdschloß Siegmund des Münzreichen oberhalb des Ortes entstand Mitte des 15. Jh. Nach dem Tode des Erzherzogs erneuert, kam der einfache Sitz mit Wohntrakt, Erker und einer Kapelle, 1582, als Lehen an vielerlei Herren und Bürgerliche. Im 19. Jh. ließ ihn die Familie Riccabona neugotisch umbauen.

Von der Weide, NÖ., → Maria Enzersdorf.

Vorchdorf, nordöstl. Gmunden, OÖ.

Schloß Hochhaus in Vorchdorf-Eggenberg. Der wuchtige Renaissancebau um 1600, mit einer Art Wehrgang — auf Kragsteinen aufsitzende, vorspringende Rundbögen — im obersten Geschoß, gehörte zur nahegelegenen, längst verschwundenen Burg Messenbach, die im 14. Jh. als Gut »Vorichtenwerch« und als festes Haus »datz Vorchtenbergh« genannt wurde. Der Besitz der Fernberg und Kuefstein kam im 17. Jh. an das Stift Schlierbach. Hochhaus ist 1962 renoviert worden und dient als Gasthof.

Vösendorf, nördl. Mödling, NÖ. Das zweigeschossige Gebäude mit quadratischem Turm an der Bundesstraße 17 in Siebenhirten, ein ehemaliges Wasserschloß, ist noch heute von einem Graben und einer Ziegelmauer umzogen. Seine Gestalt erhielt es nach einem Umbau im 17. Jh. Den Besitz der Herren von Winden im 16. Jh., der Hofkirchen, Henckel von Donnersmark u. a. im 17. Jh., kam Ende des 18. Jh. an den k. k. Familienfonds und wurde mit Laxenburg verwaltet, 1918 an den Invalidenfonds, 1934 vorübergehend wieder an Habsburg. Heute ist der bewohnte Bau Eigentum der Gemeinde Wien.

Vöslau, NÖ., → Bad Vöslau.

Vöstenhof, südwestl. Neunkirchen, NÖ. Einen Besuch der »Veste zum Hof«, einem wehrhaften Herrensitz der Neudecker, seit dem 16. Jh. der Hoyos, Wurmbrand und Czernin, schildert Ferdinand Embel um 1811: »Der Hof ist mit hohem Grase und wildem Gesträuche verwachsen — herabgestürzte Steine, Mauerschutt und morsches Holzwerk liegen als Beweise der langen Zeit, seit welcher das Gebäude verlassen worden ist, zerstreut umher, und Nesseln und Disteln wuchern hoch dazwischen empor. Auf einem steinernen Brunnbecken liest man noch die Jahreszahl 1594. Ich versuche es, das Innere des Gebäudes zu besehen, allein der Schutt eingestürzter Gewölbe, die theils herabgefallenen, theils noch herabhängenden Dippelböden, und verfaulten zerrissenen Dachungen, die mit jedem Augenblicke auf mich herabzustürzen drohten, verhinderten mein weiteres Eindringen.« Durch einen intakten Tortrakt über eine steinerne Brücke, am »Waffenplatz« vorbei, erreicht man heute das im 19. Jh. restaurierte und teilweise stark veränderte Vöstenhof. Dem Renaissancetor mit der Jahreszahl 1597 wurde eine mittelalterl. nachempfundene Fußgängerpforte angefügt. In einer Rundbogennische des vieleckigen Hofes steht der Brunnen von 1594, jetzt mit einer Schmiedeeisenhaube versehen. Auch der Bergfried und die hohe Kapelle weisen noch unverfälschtes gotisches Mauerwerk auf.

Waasen, nördl. Wildon, Stmk. 1434 wurden der »Turm« und die »Kapelle« von Waasen urkundlich, 1442 ist von einer »vest zum wasen« die Rede, 1448 von einem »gsloss wasen«. Im 17. Jh. ließen die Herrn von Galler im massigen Viereckbau um einen zweigeschossigen Arkadenhof unter ein Dach bringen und erweitern, was seit dem 15. Jh. von »Turm«, »gsloss« und Kapelle noch an Nebengebäuden entstanden war. Der Nordtrakt der Anlage bis zum Torturm erscheint als der ältere Teil des heutigen Waasen. Nach den Gallern waren zwischen 1817 und 1872 die Lewohl Herren auf Waasen. Sie erneuerten das Schloß und richteten einen landwirtschaftlichen Musterbetrieb ein.

Wachsenberg (Waxenberg), westl. Oberneukirchen im Mühlviertel, OÖ. Unterhalb der bizarren Ruine Waxenberg (→ Burgenbuch) ließen sich die Starhemberg, wahrscheinlich über der Schloßanlage der Jörger, 1756 das heutige Schloß errichten. Es ist 1910 erweitert worden, war bis 1938 starhembergischer Besitz und seit 1948 Kriegsblindenheim.

Wagram an der Traisen, nordwestl. Traismauer, NÖ. Ein zweigeschossiges Schlößchen im Park an der Ortsstraße, um 1725 aus einem Lehnshof des Bischofs von Freising entstanden, mit späteren Zubauten versehen. Im 19./20. Jh. Besitz der Freiherrn von Geymüller und deren Verwandten.

Wagrein, südöstl. Vöcklabruck, OÖ. Ein als Schule verwendeter Gebäudekomplex mit zwei Ecktürmen und Laubengang, inmitten eines Parks gelegen. Vom 15. bis Anfang des 20. Jh. waren die Grafen Engl von Wagrein Besitzer des Schlosses. Als Albrecht Engl 1499 von Maximilian I. die Erlaubnis erhalten hatte, den Edelsitz an dieser Stelle zu erweitern und mit dessen Ausbau beginnen wollte, stürmten die Vöcklabrucker die Baustelle des verhaßten Aufschlägers (Steuereinnehmers). Im Juni 1506 attackierten ihn drei Vöcklabrucker und verletzten ihn so schwer, daß er wenige Tage später starb. Das spätere Schloß ließen sich die Engl um 1600 errichten. Es besaß vier Ecktürme. Im 18. Jh. entstand der Nebenflügel der Anlage.

Wagrein, Tirol, → Ebbs.

Waidbruck, Stmk., → Natters.

Waidhofen an der Ybbs, südwestl. Amstetten, NÖ. Die im 19. Jh. vom Wiener Dombaumeister »modernisierte« Burg Waidhofen (→ Burgenbuch) ist als Bundesförsterschule eingerichtet.

Waikhartsberg, bei Waizenkirchen,

nördl. Grieskirchen, OÖ. Der zweigeschossige Bau im Garten war im 17. Jh. im Besitz der Prank und Weissenwolff, im 18. Jh. der Kuefstein, im 19. Jh. der Grafen Attems. Der jetzige Besitzer ist Land- und Gastwirt.

Waizenkirchen, nördl. Grieskirchen, OÖ.

Schloß Hochscharten. Der dreigeschossige Dreiflügelbau im großen Park, wahrscheinlich ein zu Beginn des 19. Jh. entstandenes Gebäude, wird als Berufsschule verwendet.

Walchen, OÖ., → Seite 92.

Wald, südl. St. Pölten, bei Pyhra, NÖ. Den Sitz des berüchtigten »Schreckenwald« von Aggstein in der Wachau, des Scheck von Burg Wald (→ Burgenbuch), ließ Greiß von Wald im 16. Jh. zum Renaissanceschloß erweitern. Unter den rasch wechselnden Besitzern wurde das Burgschloß im engen Perschlingtal im 17., 18., 19. Jh. um- und ausgebaut.

Waldegg (Narreneck), westl. Feldbach, Stmk. Ein früher langgestreckter viereckiger Bau, der mit dem Wirtschaftsgebäude einen durch Mauern nach außen hin abgeschlossenen Hof bildete, ist im 19. Jh. zum Großteil abgetragen worden. Der einstige Wohntrakt wird als Meierei benützt, während das frühere Wirtschaftsgebäude heute bewohnt ist. Erst 1642 erhielt Christof Freiherr von Eibiswald die Bewilligung, den 1477 zerstörten und von ihm wiederaufgebauten Sitz »Narreneck« Waldegg nennen zu dürfen. Nach den Eibiswaldern und den Freiherrn von Schwitzern wechselten im 19. Jh. die Besitzer rasch. Heute privat.

Waldenfels, nordwestl. Freistadt, bei Reichenthal, OÖ. Die mittelalterl. Grenzfeste Waldenfels (→ Burgenbuch) ist seit dem 17. Jh. im Besitz der Reichsfreiherrn und späteren Grafen Grundemann von Falkenberg. Konstantin von Grundemann, der Begründer der österreichischen Linie des fränkischen Geschlechtes, ehelichte Zäzilia Alt von Altenau, die Tochter des Salzburger Erzbischofs Wolf Dietrich und der Salome Alt (→ Mirabell). Ernst (Graf) Grundemann, Bundesrat a. D., der heutige Schloßherr, gestattet die Besichtigung des interessanten Burgschlosses sommersüber nach Anmeldung.

Waldenstein, nördl. Wolfsberg, Ktn. Das Burgschloß Waldenstein (→ Burgenbuch) war als Druckort von Lutherbibeln unter den Ungnad im 16./17. Jh. ein Zentrum des protestantischen Kärnten. Im Verlies von Waldenstein endete der Kornet von Pekkern aus Wolfsberg (→ Seite 118). Heute wird das vernachlässigte mächtige Gebäude von Mietsparteien bewohnt.

Waldreichs, östl. Zwettl, NÖ. Die einst stattliche Schloßanlage der Herren von Waldreichs (→ auch Burgenbuch), der Althan, Kielmannsegg, Sickingen und Pereira-Arnstein aus dem 15. und 16. Jh., ist bereits so stark verfallen, daß ein Wiederaufbau wohl nicht mehr erwogen werden kann.

Waldschach, nordwestl. Leibnitz, Stmk. Das nach außen schmucklose Schloß am Fuß des Nikolaiberges besitzt einen vielgerühmten anmutigen zweigeschossigen Säulen-Arkadengang. Ein Turm überragt den von den Gallern um 1630 errichteten Renaissancebau. Von 1636 bis 1805 war Waldschach Eigentum der Grafen Breuner, ihnen folgten die Khuenburg, seit 1879 ist das Schloß in bürgerlichem Besitz.

Waldstein, östl. Deutschfeistritz, Stmk. Das neue Schloß unterhalb der historisch interessanten Ruine der alten Burg Waldstein (→ Burgenbuch) ist 1957 unter der fachkundigen Leitung seines derzeitigen Besitzers, (Prinz) Dr. Heinrich (von) Liechtenstein, restauriert worden. Das zur Zeit der Windischgrätz im 16. Jh. entstandene und erweiterte einstöckige Gebäude ließen die Eggenberg im 17. Jh. vergrößern und zu einer regelmäßigen Vierflügelanlage um einen Arkadenhof zusammenfassen. Im nordwestlichen Trakt mit dem fünfgeschossigen Turm sind zwischen 1660 und 1678 die Wände mit riesigen Hirschen und Forstleuten in Lebensgröße bemalt worden. Während der Restaurierungsarbeiten kamen auch in den übrigen Teilen des Schlosses Dekorationsmalereien zutage, Bestandteile der einst luxuriösen Ausstattung des Schlosses unter den Grafen Dietrichstein, die Waldstein von 1730 bis Ende des 19. Jh. besaßen. Die große saalartige Kapelle im Südflügel mit drei Altären, Stukkaturen und Gemälden des 18. Jh. stammt ebenso wie der mit Fresken ausgestattete Gartenpavillon wahrscheinlich noch aus der Zeit der Fürsten von Eggenberg. Seit 1910 ist Waldstein Liechtensteinsches Eigentum.

Walkenstein, nordöstl. Horn, NÖ. Das im Rechteck um einen Hof mit Arkaden angelegte zweigeschossige Schloß mit fünfgeschossigem Torturm entstand zwischen 1660 und 1671 unter Johann Freiherr von Sonnau. Bevor es zwischen 1890 und 1938 als Kaltwasser-Kuranstalt diente, war Walkenstein im Besitz des Prämonstratenserstiftes Geras. Zu dem mauerumfriedeten Schloß mit einer im 19. Jh. illusionistisch ausgestatteten Kapelle gehören 12 000 m^2 Grund. Vor dem Verfall sucht man Walkenstein durch Teilrestaurierungsarbeiten zu bewahren.

Walkering, westl. Vöcklabruck, OÖ. Das ehemalige Schloß, ein im 14./15. Jh. genannter gotischer Bau, war Sitz der Dachsenbeck und Walchinger. Mit der Herrschaft Viecht vereinigt, nannten sich die ritterlichen Lehnsinhaber des landesfürstlichen Besitzes »von und zu Walkering auf Viecht«. Sie waren Herren über etwa 23 Untertanen. Unter einem der vielen Besitzer des 18. Jh. wurde Walkering zur heutigen Gestalt umgebaut: ein zwei Stock hoher, rechteckiger Bau mit zwei Ecktürmen und barocker Kapelle im ersten Stock des nordwestlichen Turmes, deren Altar mit 1733 datiert ist. Nach häufigem Besitzwechsel wurde Walkering Landhaus. Das Besitztum wird als Landwirtschaft geführt.

Walkersdorf, südl. Hadersdorf am Kamp, NÖ. Ein Landschlößchen des 18. Jh. mit Nebenflügel, Balkon und Flachgiebel.

Wallsee, südöstl. Enns, NÖ.

Niederwallsee. 1346 verlegte Reinprecht III. von Wallsee seinen Wohnsitz von Burg Oberwallsee (→ Burgenbuch) bei Aschach auf das südliche, in Niederösterreich gelegene Donauufer und bezog die soeben gebaute Burg Niederwallsee (→ Burgenbuch). Nach dem Tod des letzten Wallseers — ein Geschlecht, das mit König Rudolf von Habsburg nach Österreich gekommen war —, überließ die Erbtochter den Besitz Kaiser Maximilian I. Im Jahre 1619 war Niederwallsee Stützpunkt des Protestanten Gotthard von Starhemberg im Kampf gegen den Habsburgerkaiser Ferdinand II. 1630 erwarb Freiherr Heinrich von Saint-Julien den Besitz, ein südfranzösischer Adliger, dem Ferdinand II. wegen seiner Verdienste als Heerführer den Titel »Graf von Wallsee« verlieh. Die Grafen von Saint-Julien waren eineinhalb Jahrhunderte Herren auf Wallsee. Sie ließen die Burg schloßartig erweitern. Auch unter Generalfeldmarschall Graf Leopold von Daun, dem Sieger von Kolin, der Wallsee 1755 kaufte, ist das Burgschloß ausgebaut worden. Umbauten und Veränderungen wurden auch unter den Grafen Wimpffen und Wikkenburg sowie den Herzogen von Sachsen-Coburg-Gotha im 19. Jahrhundert vorgenommen. Das heutige Wahrzeichen, den auf 80 m erhöhten, mit Helm und Laterne geschmückten, ursprünglich mit Zinnen versehenen Bergfried mit umlaufender Galerie, erhielt die Anlage erst unter Kaiser Franz Joseph I., der Wallsee für seine Tochter Valerie und deren Gatten Franz Salvator erwarb. Die Familie Salvator-Habsburg bewohnt Wallsee noch heute. Das Hochschloß ist durch drei Tortürme gesichert und von zwei Wehrgräben umgeben. Der innere Graben ist teilweise 15 m tief aus dem Felsen gehauen. Im vieleckigen engen Hof liegt die spätgotische Schloßkapelle. Der Gebäudekomplex im Park ist zum Teil von Wirtschafts- und Nebengebäuden umgeben.

Schloß Walpersdorf, NÖ.

Walpersdorf, nördl. St. Pölten, NÖ. Helmhard III. von Jörger, Präsident der niederösterreichischen Hofkammer, Oberster Erblandhofmeister in Oberösterreich und Führer der protestantischen Stände, einer der reichsten Edelleute seiner Zeit, erwarb zu seinen zahlreichen Besitzungen in Niederösterreich 1576 auch Walpersdorf. Er ließ das Schloß umbauen, gab ihm eine neue Fassade und errichtete den »Prangerhof« mit Wirtschaftsgebäuden. In der Gruft der von ihm erbauten Saalkirche wurde er 1590 in Harnisch und Küraß in einem Kupfersarg bestattet, mit Rapier, Dolch und Sporen in bester Vergoldung. Das Begräbnis hatte etwa so viel gekostet wie eine kleine Herrschaft. Walpersdorf fiel an seinen Bruder Georg Wilhelm, 1617 an Helmhart den Jüngeren. Als Protestantenführer, der Kaiser Ferdinand II. die Huldigung verweigert hatte, wurde er 1621—1625 gefangengesetzt und verlor seine Besitzungen. Walpersdorf kam an Eleonora Gonzaga, die Gattin Kaiser Ferdinands II. Die Doppeladler auf den beiden Jörgertürmen der Hauptfront mit dem L auf der Brust erinnern an die Kaiserin, die als Witwe des öfteren in dem von ihr geschätzten Schloß die Sommermonate verbrachte. 1656 gab der Kaiser die Hälfte des Besitzes an die Jörger zurück. Eine der Töchter war mit dem Grafen Georg Ludwig Sinzendorf verheiratet, der im Schloß kurze Zeit eine Seidenfabrik einrichtete und den Südtrakt erweitern ließ. Als der Graf 1680 wegen Veruntreuung öffentlicher Gelder aller Ämter enthoben wurde, verjubelte seine Gemahlin, eine geborene Herzogin von Holstein, den Besitz und die zugehörigen Güter mit dem jungen Grafen J. L. Boussy-Rabutin, den sie 10 Wochen nach dem Tod ihres Mannes geheiratet hatte. Walpersdorf war im 18. und 19. Jh. Besitz der Montecuccoli, der Colloredo-Wallsee (im Schloß prunkvoll beigesetzt), der Falkenhayn u. a. Die Schwester des Moritz Graf Falkenhayn hinterließ 1956 die Herrschaft mit den Besitzungen Hausenbach, Absdorf und Landersdorf den Missionsschwestern vom hl. Petrus Claver, deren Generaloberin sie gewesen war. Das 1945 völlig devastierte Schloß ist wiederhergestellt und bietet mit seinem alten Teil, den Trakten um den Innenhof (Roter Hof) und dem Neuschloß um den Ehrenhof, mit Prangerhof und abseitsliegender Fasanerie (mit interessanten Türmen und Kaminen), 17. Jh., das Bild einer der imposantesten Schloßanlagen des 16. bis 18. Jh. in Niederösterreich.

Walterskirchen, südöstl. Poysdorf, NÖ. Ein Vierflügelbau des 17. Jh. mit dreigeschossigem Haupttrakt und zweigeschossigen Seitenflügeln um einen kleinen rechteckigen Hof.

Wang, nordwestl. Scheibbs, NÖ. Das heute vernachlässigte und von Mietsparteien bewohnte Schloß ließ sich ein Nikolaus Grünthal im Jahre 1592 errichten. Es ist ein einstöckiger Bau, der im Hof zweigeschossige Lauben und eine Freitreppe besitzt.

Wanghausen, bei Ach am Inn, südwestl. Braunau, OÖ. Das vier Stock hohe Bauwerk des 17. Jh. mit steilem Walmdach und den Wappen der Prielmayr und Wenning über dem Portal verzierte man im 19. Jh. mit einem modischen Treppengiebel. Wanghausen besitzt noch Räume mit Renaissancedecken. Der Vorgängerbau, ein Rittersitz, wird im Epos vom Meier Helmbrecht, um 1280, als »Wanchusen« erwähnt.

Wartberg, südwestl. Kindberg, Stmk. *Neu-Liechtenegg (Unter-Liechtenegg).* Ein im 18. Jh. entstandener und später veränderter Schloßbau unterhalb der mächtigen Ruine Liechtenegg (→ Burgenbuch). Seit dem 19. Jh. ist das Schloß Wohnsitz von Gewerken der Wartberger Industrie.

Wartenburg, OÖ., → Neu-Wartenburg.

Wartenstein, südwestl. Gloggnitz, NÖ. Das Burgschloß Wartenstein (→ Burgenbuch), einst Sitz des St.-Georg-Ritterordens, 1529 zerstört, ist im 17. Jh. zum Schloß erweitert und mit Basteien versehen, im 19. Jh. durch die Franzosen verwüstet worden. Das von den Liechtenstein restaurierte Bauwerk ist heute Sitz der »Wenner-Gren-Foundation«.

Wartholz, NÖ., → Reichenau.

Wasenhof, NÖ., → Biedermannsdorf.

Wasserberg, nordwestl. Knittelfeld, in der Gaal, Stmk. Die alte Burg Wasserberg (→ Burgenbuch), durch sechs Jahrhunderte Besitz der Seckauer Bischöfe, ist im 15./16. Jh. zu einem Vierflügelbau um einen ausgedehnten Arkadenhof erweitert worden. Im 19. Jh. erwarb Max Seßler das Schloß und ließ es zwischen 1844 und 1848 unter großen Kosten umbauen. Die Familie Seßler besaß damals neben Wasserberg auch Großlobming, Thann, Fohnsdorf-Baierdorf, Weißenthurn, Farrach und Eppenstein. Heute ist Wasserberg Eigentum des Stiftes Heiligenkreuz.

Wasserburg, NÖ. → Pottenbrunn, Seite 70.

Wasserhofen, bei Kühnsdorf, südl. Völkermarkt, Ktn. Der zweigeschossige klobige Bau des 15./16. Jh. mit einem vorgesetzten Turm schließt einen quadratischen Hof ein. Wasserhofen war bis 1529 Besitz des Chorherrnstiftes Eberndorf und wurde auch 100 Jahre später, nach den Khulmern, wieder geistliches Eigentum des Stiftes Arnoldstein. Nach verschiedenen Besitzern kam es im 19. Jh. an das Stift St. Paul.

Wasserleith, bei St. Marein, nordöstl. Knittelfeld, Stmk. Ein Hammerherrn-Schlößchen, das nach 1737 anstelle eines Bauerngehöfts errichtet wurde.

Wasserleonburg, Ktn., → Seite 128.

Waxenberg, OÖ., → Wachsenberg.

Weichselbach, südwestl. Melk, NÖ. Der Dreiflügelbau mit zwei Rundtürmen ist eine im 19. Jh. wiederaufgebaute und restaurierte Schloßruine, die auf die Burg des Embicho de Wichselpah aus dem 12. Jh. zurückgeht.

Weidenburg, südöstl. Kötschach-Mauthen, Ktn. Das unterhalb der Ruine Weidenburg (→ Burgenbuch) im 16./17. Jh. errichtete einfache Schloß, um 1630 Eigentum des Christoph Fromiller, ist heute bäuerlicher Besitz.

Weidenholz, nordwestl. Waizenkirchen, OÖ. Eine heute von Mietparteien bewohnte, mächtige, noch wasserumgebene, im 15. und 16. Jh. aus einer quadratischen Wasserburg entstandene unregelmäßige Schloßanlage um einen Hof, in dem noch ein Arkadengang erhalten ist. Weidenholz brannte 1876 vollständig aus und wurde nach und nach wieder aufgebaut. Im 15./16. Jh. Besitz der Schaunberger, im 17./18. Jh. Eigentum der Hohenfeld, Kuefstein, Gilleis u. a. Nach den Grafen Attems im 19. Jh. waren nur mehr Bürgerliche Besitzer, heute gehört Weidenholz der Marktgemeinde.

Weierburg (Weyerburg), östl. Hollabrunn, NÖ. Seit 1714 war die zweihöfige Anlage aus dem 16. Jh. im Besitz des Reichsvizekanzlers Friedrich Karl Schönborn (→ Schönborn). Er ließ das Schloß — es besaß vierzig Wohnräume — mit aufwendigem Portal und einer Freitreppe versehen. Parkanlagen mit Springbrunnen, Pavillon und — wie in seinen anderen Schlössern — mit gepflegtem Gemüse- und Obstgarten umgaben das Gebäude. Man plant, den 1945 z. T. zerstörten Bau zu restaurieren. — Mit der Weierburg bei Hollabrunn ist ein historisches Ereignis besonderer Art verbunden: Am 21. November 1716, 10 Uhr abends, stürzte ein Mann in russischen Bauernkleidern in die Wohnung des Reichsvizekanzlers Schönborn. Aus Furcht vor den Spionen seines Vaters hatte der russische Kronprinz Alexius Zuflucht in Österreich gesucht. Für die damalige Monarchie eine mehr als peinliche Angelegenheit, da man einen Anverwandten der Kaiserin — der Zarewitsch hatte eine Habsburgerin zur Gemahlin — nicht abweisen konnte und auch den Zaren fürchtete. Dazu war anzunehmen, man habe es mit dem künftigen Beherrscher Rußlands zu tun. Schönborn bekam die Leidensgeschichte des jungen Mannes zu hören. Er schilderte die Exzesse des entmenschten Vaters, die Quälereien der aus niedrigsten Schichten zur Kaiserin aufgestiegenen Stiefmutter und Menschikoffs, ihres Favoriten. Auch von der unerträglichen Lage des geknechteten Volkes bekam Schönborn einiges zu hören. Er beschloß, Alexius vor den Verfolgern zu verstecken und ließ ihn zuerst auf die Weierburg bringen, zusammen mit einem als Pagen verkleideten Mädchen, das den Zarewitsch begleitete. Schon bevor man den jungen Russen später auf die Feste Ehrenfels in Tirol und — da Rußland mit seiner gewaltsamen Befreiung drohte — nach Oberitalien brachte, hatte man es mit einem meist in betrunkenem Zustand befindlichen Gefangenen zu tun. Im August 1717 übergab Österreich ihn nach langen Verhandlungen dem Grafen Tolstoj, der ihn nach Rußland zurückbrachte, Mereschowsky hat das Ende der Tragödie geschildert: Am 7. Juli 1718, 8 Uhr abends, wurde Alexius erwürgt. Während der Folterung hatte er gegen Schönborn ausgesagt. Der Zar brach daraufhin die Beziehungen mit Österreich ab.

Weikendorf, östl. Gänserndorf, NÖ. Der schloßartige Pfarrhof, heute Gutshof des Klosters Melk, 1718 bis 1721 nach Plänen Jakob Prandtauers entstanden, der nach 1700 auch die Pfarrkirche des Ortes schuf, beherbergt ein kleines Marchfeldmuseum.

Weikersdorf, NÖ., → Baden.

Weildegg (Waldegg) bei Würmlach, südöstl. Kötschach-Mauthen, Ktn. Hieronymus Weyland, ein Villacher Ratsbürger, dessen Söhne sich von »Weilandegg« und »Weildegg« nennen durften, ist der Bauherr des in der zweiten Hälfte des 16. Jh. errichteten, schönen Renaissancegebäudes mit über Eck stehenden Rundtürmen und Rundbogendoppelfenstern über dem Portal. Seit dem 18. Jh. bäuerlicher Besitz.

Weilern, nordwestl. Friesach im Metnitztal, Ktn.

Staudachhof. Das dreigeschossige Gebäude mit zwei diagonal gestellten viereckigen Ecktürmen, noch mit gotischen Details, geht auf einen mittelalterl. Sitz der Herren von Wilaren im 12. Jh. zurück. Die Herren von Staudach, Ministerialen des Bistums Gurk, seit dem 14. Jh. urkundlich, errichteten im 16. Jh. über ihm das heute in bürgerlichem Besitz befindliche Gebäude.

Weinberg, OÖ. → Seite 96.

Weinburg am Saßbach, nordwestl. Mureck, Stmk. Das wehrhafte Burgschloß auf dem Hügel oberhalb des Ortes mit fünfeckigem Arkadenhof entstand im 16. Jh. Der den Komplex überragende Turm der Pfarrkirche, der ehemaligen, schon im 14. Jh. erwähnten Schloßkapelle zur hl. Katharina, entstand in seiner jetzigen Form um 1700. Weinburg war ursprünglich seckauisches, dann landesfürstliches Lehen und ist nach 1550 unter Max Leisser und nach 1578 unter Erzherzog Karl ausgebaut worden. Zwischen 1578 und 1590 errichtete der kaiserl. Baumeister Andrea Bertoletti die Hoflauben und erweiterte die Wohntrakte der Anlage. Im 18. Jh. besaßen Weinburg die Grafen Breuner, im 19. Jh. wurden Weinburg und Brunnsee (→) unter Graf Eduard Wimpffen zu einer Herrschaft verbunden. Seit 1918 ist sie im Besitz der (Grafen) Lucchesi-Palli.

Weinern, östl. Waidhofen an der Thaya, NÖ. Das mit Stuck und Gemälden des 17./18. Jh. ausgestaltete und mit wertvollem barockem und biedermeierlichem Mobiliar eingerichtete Schloß im reizvollen frühromantischen Park ist in seinem älteren, zweistöckigen, mit zwei runden Ecktürmen versehenen Trakt im 16. Jh. entstanden. Der neuere, hufeisenförmig angeordnete, einstöckige Schloßteil mit prächtigem wappengeschmücktem Säulentor der Barockzeit entstand um 1740. Die Kapelle ist mit einem Altar um 1720 und einem Altarbild des Kremser Schmidt ausgestattet. Weinern war im 16./17. Jh. Puchheimbesitz, im 17./18. Jh. Eigentum der Freiherrn von Selb und gehört heute der (Grafen-)Familie Frederigotti.

Weinzirl, südwestl. Wieselburg, NÖ. An den fast quadratischen dreigeschossigen Vierkanter des 17. Jh. mit runden Ecktürmen, dreigeschossigem Laubenhof und Kapelle des 18. Jh. ist nach 1951 ein modernes Schulgebäude gebaut worden, im Park entstanden bis 1959 Nebengebäude. Seit 1934 — mit Unterbrechung in den Jahren 1945 bis 1964 — ist Weinzirl Sitz der Höheren Landwirtschaftsschule Francisco-Josephinum, einer 1869 in Mödling begründeten Institution. Zwischen 1755 und 1759 war auf Schloß Weinzirl Joseph Haydn des öfteren Gast des Karl Joseph Weber von Fürnberg. Das Schloß wurde Entstehungsort mehrerer Haydnscher Streichquartette. Den im 19. Jh. kaiserl. gewordenen Besitz machte Franz Joseph I. der Gemeinde Wien als Jugendheim zum Geschenk.

Weißenau, bei St. Marein, südwestl. Wolfsberg, Ktn. Ein im 19. Jh. gotisierter Schloßbau des 16. Jh., den sich Andreas Weiß, Pfleger der Burg Twimberg (→ Burgenbuch), errichten ließ. Um den Schloßcharakter des einfachen Bauwerkes zu unterstreichen, wurde ihm im vorigen Jahrhundert ein Zinnentürmchen-Turm an die Seite gestellt.

Weißenberg, südl. Linz, bei Neuhofen an der Krems, OÖ. Unter Wolfgang von Volkensdorf entstand nach 1570 über der Burg der Herren von Wizenperch eine Dreiflügelanlage mit Torturm. Anfang des 19. Jh. ließ das Stift Kremsmünster die Befestigungswerke des alten Schlosses abtragen und den einstöckigen Komplex mittels eines Quertraktes zu einem unregelmäßigen Fünfeck um einen Hof erweitern. Der heutige Privatbesitz stand in den letzten Jahren einige Zeit leer.

Weißenberg (Batschunser Schlößchen), Vlbg., → Zwischenwasser.

Weißenegg, nördl. Wildon, Stmk. Das Schloß in beherrschender Höhenlage über dem Steilufer in der Murschleife entstand in seiner ersten Gestalt, als sich die Weißenegger im 16. Jh. die Burg des »Konrad von Turn«, das »Thürnlein«, im 14. Jh. ein landesfürstliches Lehen der Grafen von Cilli, ausbauen ließen. Die heutige langgestreckte fünfeckige Anlage mit zwei Türmen — den Zinnenkranz erhielt der westliche Turm erst vor etwa 100 Jahren — und Vorhof ent-

Schloß Weitra, NÖ.

stand im 17. und 18. Jh. unter den Grienpach und ihren Nachfolgern. Seit 1923 ist Weißenegg Besitz der (Grafen) Trauttmansdorff. Die Kapelle mit pathetischer Stuckdecke des Antonio Quadrio und exotischen Wandmalereien des 18. Jh. wurde in neuerer Zeit restauriert.

Weißenstein, Tirol, → Seite 155.

Weißkirchen, südwestl. Zeltweg, Stmk.
Vom *Schloß Weißenthurn* der Pürkher vom Anfang des 17. Jh. — die Herrschaft der Pürkher reichte damals bis ins Lavanttal und bis Wildon — sind in der Burggasse Nr. 107/108 Grundmauern, die mit Schießscharten versehene Gartenmauer und ein Wappen zu finden.

Weitmoserschlößchen, Sbg., → Seite 144.

Weitra, südwestl. Gmünd, NÖ. Der durch Grillparzers Drama »Ein Bruderzwist in Habsburg« allgemeiner bekannt gewordene Oberste Kämmerer Kaiser Rudolfs II., Wolf Rumpf Freiherr von Wullroß, beauftragte nach 1580 den kaiserl. Baumeister Pietro Ferabosco, die zwischen 1200 und 1208 auf dem Granitfelsen oberhalb der Stadt errichtete Burg der Kuenringer in ein der Herrschaft entsprechendes Schloß umzubauen. 1584 lag das Modell vor. Mit der Durchführung des Vorhabens beauftragte Rumpf Meister Anton aus Wien, der später für seinen Herrn und Kaiser auch mit dem Neubau des Linzer Schlosses beauftragt wurde. 1600 war der mächtige dreigeschossige Vierecksbau in Weitra vollendet. Der Turm besaß damals einen Helm, gegen die Stadt zu waren die mächtigen Bastionen errichtet, mit Türmen versehene Mauern verbanden das Burgschloß mit der Stadt. Man betritt den inneren großen Schloßhof mit dreigeschossigen Arkaden an den Schmalseiten und einem Renaissancebrunnen durch das große Rundbogenportal. Links von der Einfahrt befindet sich die barockisierte Kapelle. Der Schloßturm mit schöner Aussicht von der Plattform birgt zwei Glocken aus dem 17. und 18. Jh.

Weitwörth, südl. Oberndorf, Sbg. Drei Jahre nach seiner Inthronisation, im Jahre 1671, hatte sich Kardinal-Erzbischof Max Gandolf Graf Kuenburg am Haunsberghang ein Jagdschlößchen errichten lassen, das man anfänglich »Gandolfswörth« nannte. Hieronymus Graf Colloredo, der letzte geistliche Landesfürst, ließ es 1777 erweitern und völlig umbauen. Eine Zeitlang beherbergte das anspruchslose Schlößchen das Pfleggericht für die Gerichtsbezirke rechts der Salzach, im 19. Jh. erwarb es Prinz Auersperg, heute wird die Anlage als Lagerhaus verwendet.

Weiz, nordöstl. Graz, Stmk.
Schloß Ratmannsdorf. Das dreigeschossige Gebäude mit zweigeschossigen Seitenflügeln in Hufeisenform und der ihm gegenüberliegende »Jagdgang« mit Hofarkaden und Ecktürmen des 17. Jh. ist im Grundbestand in der Mitte des 16. Jh. von den Ratmannsdorf errichtet und später mehrfach verändert worden. Es dient heute als Bezirksgericht.

Wellenstein, bei Lochau, nördl. Bregenz, Vlbg. Ein in der zweiten Hälfte des 16. Jh. errichteter einfacher zweigeschossiger Ansitz mit einem niederen, behelmten Turm.

Wels, OÖ.
Schloß Eisenfeld, Linzer Straße 85. Das ehemalige Schloß des Freiherrn Ferdinand Carl von Eyselsberg, um 1700 errichtet, erhielt im 19. Jh. die Empirefassade. Es ist nach Beschädigungen in der Nachkriegszeit restauriert worden.

Schloß Lichtenegg, einst westlich der befestigten Stadt, heute in der Nähe des Fernheizwerkes gelegen, ließ sich Ludwig von Polheim um 1570 als ländlichen Sitz errichten. Die ursprünglich als Wasserschloß begründete Anlage im englischen Park mit zwei Ecktürmchen ist im 18. Jh. unter den Mannstorf umgebaut und nach Kriegsschäden 1952/53 wiederhergestellt worden.

Pernau. Das frühere Wasserschloß am östlichen Stadtrand, an der Bundesstraße nach Linz, trägt die Inschrift: »Juliana von Rothenburg, geborene Freyin von Ödt, 3. May 1610«. Im 18. Jh. ist das Schloß verkleinert und verändert worden.

Schloß Polheim, Polheimerstraße. Die in der Nordwestecke der alten Stadtbefestigung gelegene Burg Polheim (→ Burgenbuch) war im 16. Jh. Sitz der Welser Meistersingerschule, in der auch der junge Hans Sachs zu Gast war. 1627 wird Polheim als »ein uraltes großes Schloß« mit Schloßkapelle, 24 Zimmern, 20 Kammern,

4 Kucheln, 7 Kellern, 10 Gewölben und Stallungen für 20 Pferde beschrieben. Umbauten im späteren Stadtschloß haben das ursprüngliche Gebäude völlig verändert. Der Turm, die gotische Schloßkapelle, einige Tür- und Fensterleibungen erinnern noch an das einst berühmte Geschlecht, das sich in dem von ihm begründeten Minoritenkloster eine Begräbnisstätte schuf.

Welsbach, bei Mölbling, St. Veit an der Glan, Ktn. Ein Schloßbau, den sich Dr. Karl Freiherr von Auer-Welsbach, 1858—1929, Erfinder des Gasglühlichtes, errichten ließ.

Welsberg, südöstl. Landsberg, Stmk. Das langgestreckte rechteckige Gebäude mit zwei Querflügeln ließ sich Leopold Graf Welserheimb 1765 an der Stelle des abgebrannten Schlosses von 1687 errichten, das aus einem mittelalterl. Hof der Metnitzer und Hollenegger hervorgegangen war. Nach den Welserheimb waren 1816 die Khuenburg in seinem Besitz, seit 1936 sind es die Mallmann. Die Kapelle des architektonisch eigenwillig gestalteten Rokokoschlosses ist in jüngster Zeit restauriert worden.

Welsdorf, südwestl. Fürstenfeld, Stmk. Das Schloß der Herren von Wilfersdorf, um 1600, ist erst als Besitz des Chorherrnstiftes Pöllau Ende des 17. Jh. zur Vierflügelanlage mit vier Ecktürmen um einen geräumigen zweigeschossigen Arkadenhof erweitert worden. Der Sommersitz der Chorherren wurde nach Auflösung des Stiftes Staatsbesitz und kam an die Grafen Batthyány u. a. 1945 wurde Welsdorf geplündert und verwüstet. Vom alten Bau erhielten sich noch der Nordflügel mit der Schloßkapelle Maria Schnee, der Westflügel und drei Ecktürme. Eine alte Allee, die zum Schloß führte, wurde in den Nachkriegsjahren geschlägert.

Wernberg, Ktn. → Seite 121.

Werthenau, Ktn. → Villach.

Wetzelsdorf bei Kirchberg, südwestl. Feldbach, Stmk. Das kleine einstöckige schloßartige Gebäude mit Wirtschaftstrakt wird 1605 als »Edelmannssitz Wötzlstorf« erwähnt und ist heute Privatbesitz.

Wetzlas, östl. Zwettl, nächst dem Dobra-Stausee, NÖ. Felix Freiherr von Ehrmanns vereinigte die Herrschaften Krumau und Dobra und wählte das 1720 aus einem Gutshof erbaute Schloß Wetzlas als neuen Herrschaftssitz. 1725 hielt man feierlichen Einzug in das langgestreckte Gebäude mit Auffahrt unter dem mehrachsigen Mittelrisalit. 1729 ließ der neue Schloßherr neben der Einfahrt einen turmartigen Bau für seine astronomischen Beobachtungen und hinter dem Gebäude ein Lusthaus errichten. Im 19. Jh. ist die heute vernachlässigte Anlage aufgestockt worden. Noch zu Anfang des 20. Jh. war sie mit reichen biedermeierlichem Mobiliar und einer Gemäldesammlung ausgestattet.

Weyer, Ktn., → St. Veit an der Glan.

Weyer, an der Enns, südöstl. Steyr, OÖ. Das Schloß am Nordostende des Marktes trägt auf einem Erker die Jahreszahl 1561. Der schmale Trakt mit den beiden Ecktürmen ist jedoch älter als der an ihn anschließende quadratische Bau mit dem stimmungsvollen Laubenhof. Das noch mit Kreuzgratgewölben, spätgotischen Leibungen, Eckerkern und Rundportalen versehene Gebäude wurde im 19. Jh. nicht besonders glücklich »stilisiert«.

Weyer, OÖ., → Kematen.

Weyer, östl. Gmunden, OÖ.
Schloß Roith, Weyrer Straße 81. Das einstöckige Schlößchen, aus dem »Gut in der Reuth« unter Siegmund Jäger 1597 entstanden, trägt über dem Eingangsportal ein Wappen aus dem Jahre 1659 mit der Inschrift: »Georg Adalbert Plaß von Mühlleiten, Röm. Kais. Majestät Mautner zu Gmunden et Regina Plaßin von Mühlleiten conjunx sua«. Im 19. Jh. war Roith Wohnsitz des Johann Nepomuk Hörner, »Edler von Roithberg«, der sich hier eine große Urkundensammlung und eine Bibliothek mit über 6000 Bänden angelegt hatte.

Weyer, Stmk., → Judenburg.

Weyer, an der Mur, bei Frohnleiten, nordwestl. Graz, Stmk. Der alte Sitz der Pfannberger aus dem 13. Jh., um 1590 zum Schloß ausgebaut, vom 17. bis 19. Jh. Eigentum der Edlen von Haydtegg, ist im 19. Jh. von den Frh. Mayr-Melnhof als Altersheim eingerichtet worden. Das einstige Wasserschloß mit dreigeschossigen Arkadengängen auf einer Hofseite besitzt einen achteckigen Saal und einen hohen, mit Zwiebelhelm versehenen Turm.

Weyerburg, NÖ., → Weierburg.

Weyregg am Attersee, südl. Vöcklabruck, OÖ. Das Schlößchen des Siegmund Widerroiter, der sich Anfang des 17. Jh. »von und zu Weyereck« nennen durfte, verfiel im 18. Jh. Aus dem Restmauerwerk entstand der Pfarrhof des Ortes. Um 1890 ließ Graf Othmar Überacker an der Stelle des alten Schlößchens ein neues errichten. Es ist nach Umbauten zum heutigen Lehrerheim geworden.

Wielandsthal, nördl. Herzogenburg, NÖ. Kleines Stiftsschlößchen des Klosters Herzogenburg mit Salon und vorgebautem »Stöckl«, ehemaliger Weinkeller, 18. Jh.

Wien.
Alt-Erlaa, 23. Bezirk. Das an der Ausfahrtsstraße nach Atzgersdorf und Mauer gelegene Schlößchen ist zwischen 1766 und 1770 unter Georg Adam von Starhemberg über einer älteren Anlage entstanden. Der Straßentrakt des Schlosses mit einst berühmtem Park wurde niedergerissen. Der jetzige Zweiflügelbau mit Freitreppe gegen die Gartenseite — im Mittelsaal finden sich noch Marmordekoration und eine spätbarocke Stuckdecke — ist nicht zu besichtigen, auch nicht der verwilderte Park, in dem neben einer künstlichen römischen Ruine auch der Torso einer Atlasfigur zu sehen ist, der »Kugelmann«, nach dem im 23. Bezirk eine

Gasse benannt wurde. Zur Zeit, als die Herzogin Elimar von Oldenburg Alt-Erlaa bewohnte, besuchte Berta von Suttner das Schloß des öfteren. Die Demolierung des Besitzes begann schon im 19. Jh. unter Adolf Bäuerle, Herausgeber der Wiener Theaterzeitung, dessen Gläubiger Schloß und Park ausräumten.

Augarten, → Seite 33.

Belvedere, → Seite 26.

Erzbischöfliches Schloß Ober St. Veit, 13. Bezirk, Wolfrathplatz. Die dreigeschossige Anlage um den quadratischen Hof ließ 1742 Erzbischof Graf Kollonitsch an der Stelle eines 1529 und 1683 von den Türken zerstörten Besitzes des Wiener Bistums errichten. Als das Schloß nach 1762 an das Kaiserhaus kam, ließ es Maria Theresia von ihrem Baumeister Pacassi umbauen und in ihm auch ein Gartenzimmer nach Schönbrunner Art mit illusionistischen Malereien von Johann Bergl ausstatten. Der dann wieder erzbischöfliche Besitz wurde 1817 neuerdings umgestaltet und restauriert.

Eßling, 22. Bezirk, Eßlinger Hauptstraße 81—87. Das langgestreckte, zweigeschossige Gebäude mit dreieckigem Uhrengiebel ist um 1625 über einem älteren Bau entstanden, als die Freiherrn von Teufel das Gut der Familie Eslarn aus dem 15. Jh. erworben hatten. Nach ihnen besaßen es die Grafen Bouquoi, Kinsky u. a., heute Eigentum der Gemeinde Wien. Eine Tafel auf dem Hause Eßlinger Hauptstraße 95 erinnert daran, daß in den Maitagen 1692 oder 1693 in einem Nebengebäude des einstigen Schlosses der Bildhauer Raphael Donner geboren wurde, und auf einer Tafel des riesigen dreigeschossigen Gebäudes im Wirtschaftshof des Schlosses heißt es: »Dieser Schüttkasten wurde in den Maitagen 1809 von den Franzosen zu einem fast unangreifbaren Bollwerk ausgestaltet. Bei wiederholten Angriffen darauf erlitten die österreichischen Grenadiere unter d'Aspre große Verluste.« Die Franzosen nennen die Schlacht bei Aspern am 21./22. Mai 1809 auch die Schlacht von Eßling.

Geymüller-Schlössel, 18. Bezirk, Khevenhüllerstraße 2. In seinen Memoiren »Aus dem Leben eines Wiener Phäaken« schildert der Wiener Schriftsteller, Humorist und Begründer des Tierschutzvereines, Ignaz Franz Castelli, 1781—1862, das Schloß des aus Basel stammenden Wiener Bankiers Johann Jakob Geymüller als ein in seiner luxuriösen Ausstattung und Haushaltsführung durchaus mit einem Adelssitz vergleichbares Besitztum. Der in gotisierendem, ägyptisierendem und orientalisierendem Stil errichtete Bau — ursprünglich überragte ihn ein minarettartiger Turm — entstand um 1809 nächst dem Pötzleinsdorfer Schloß, damals Besitz von Johann Jakobs Bruder Heinrich, wahrscheinlich nach Plänen des Belgiers Louis Montoyer, Erbauer des Brüsseler Lustschlosses Laeken. Nach 1888 ist das Geymüller-Schlößchen von der Familie Mautner erweitert worden und war bis 1938 Treffpunkt von Künstlern, Literaten und Wissenschaftlern. Die kostbare Einrichtung ging während der Kriegsjahre verloren, 1945 war das Gebäude eine abbruchsreife Ruine, sein einst bewunderter Park mit Koniferen, seltenen Eichen und Gartenkünsten verwüstet. Dr. Sobek, Generaldirektor der Österreichischen Staatsdruckerei, ließ den Bau restaurieren, mit erlesenen Empire- und Biedermeiermöbeln stilgemäß ausstatten und übergab den Besitz, in dem er auch seine Gemälde- und eine einmalige Sammlung von Alt-Wiener-Uhren des 19. Jh. aufstellte, 1965 der Republik Österreich. Heute ist das als Schloßbau des 19. Jh. mit seinem Landschaftspark, seiner Einrichtung und der Sammlungen wegen einzigartige Gebäude Außenstelle des österreichischen Museums für angewandte Kunst. Besichtigung vom März bis November, Mo. bis Fr., So. mit Führungen um 11 und 15 Uhr.

Hermesvilla, → Seite 37.

Hetzendorf, → Seite 36.

Hirschstetten, 22. Bezirk, Hirschstettenstraße 91. Vom großen Barockschloß im alten »Herstetten« stehen nach den Zerstörungen von 1945 nur mehr zwei dekorative alte Gartentore der einstigen Parkanlage, die Barockkapelle, 1739, und in die moderne Kirchenanlage verbaute Mauerreste.

Hofburg, → Seite 18.

Kaiserebersdorf, 11. Bezirk, Kaiserebersdorfer Straße 297. Die Geschichte des ortsbeherrschenden Gebäudekomplexes um den rechteckigen Hof mit vorgelegten jüngeren Seitenflügeln, 1558/61, spiegelt durch all die Jahrhunderte seines Bestandes ein Stück Geschichte von Wien und den jeweiligen »Geist der Zeit«. 1499, unter Maximilian I., wurde der Besitz der Herren von Ebersdorf im klassischen Jagdgebiet in den Auen kaiserlich. 1529 eroberte ihn Sultan Soliman. Nach 1558 ließ Erzherzog Maximilian II. das Schloß im Zusammenhang mit der Errichtung des Neugebäudes (→) erhöhen und vergrößern. Es diente auch als Unterkunft für seine exotischen Tiere und stellt somit die erste »Menagerie« in Österreich dar. Den später beliebten Jagdsitz Kaiser Leopolds I., der sich hier wie in der alten Favorita, im Augarten und in Laxenburg ein Spinett aufstellen ließ, umgaben Gartenanlagen, in denen Roßkastanien, Tulpen, Levkojen und Flieder blühten. 1619 machte der böhmische Rebellenführer Graf Thun Kaiserebersdorf zum Hauptquartier seiner Aktionen gegen Kaiser Ferdinand II. Nach den Zerstörungen von 1683 entstand das Schloß nach Plänen des Ludovico Burnacini neu. Von hier aus hielten viele der künftigen Kaiserinnen der Habsburger als Infantinnen ihren Einzug in Wien. Maria Theresia verschenkte den Besitz an Bischof Doktor Marxer (→ Heiligenkreuz-Gutenbrunn), der hier ein Armen- und Waisenhaus einrichtete. Unter Joseph II. wurde Kaiserebersdorf Kaserne, im 18. Jh. ein Sitz der Hoch- und Deutschmeister. Bis 1918 war das Schloß Artilleriekaserne und Monturdepot, ab 1921 verrufene »Besserungsanstalt« für Jugendliche. Seit kurzer Zeit dient der noch mit Renaissancedecken und interessanten architektonischen Details versehene Bau als Strafvollzugsanstalt.

Landhaus, I., Herrengasse 13. Zwischen 1513 und 1516 ließen sich die niederösterr. Stände das ehemalige

Liechtensteinsche Freihaus zum Landhaus umbauen. Das wahrscheinlich nach Plänen von Anton Pilgram errichtete Gebäude ist zwischen 1533 und 1586 unter Sigmund Hueber und Hans Saphoy umgebaut worden. Der spätklassizistische Quaderbau von heute mit aufwendigen Fronten gegen Herrengasse und Minoritenplatz entstand nach Entwürfen von Ludwig Pichl zwischen 1832 und 1848. Die zur Kapelle umgestaltete frühere Durchfahrtshalle zum Minoritenplatz mit Netzrippengewölbe, Pförtnerwohnung, gotischem Zimmer und Bibliothekssaal stammt aus der Zeit Anton Pilgrams, die Vorhalle im ersten Stock, Marmor- und Holzportale aus der zweiten Hälfte des 16. Jh., ebenso der Landtagssaal. Er wurde 1710 neu gestaltet und spielte im Musikleben Wiens eine bedeutende Rolle. 1973 ist er durchgreifend restauriert worden. Der »Rittersaal« mit Justizthron entstand im 18. Jh., Herren- und Prälatensaal sind 1845/46 eingerichtet worden.

Schloß Laudon, → Seite 34.

Leopoldsberg, 19. Bezirk. Die zwischen 1705 und 1780 entstandene Anlage mit drei Trakten — sie ist um 1830 neugotisch umgestaltet und nach dem Brand von 1892 stark verändert wiederaufgebaut worden — wird heute als Gastwirtschaft benützt. Im Osttrakt befindet sich der »Rittersaal« des alten Schlosses. Zur Zeit des Wiener Kongresses hatte sich in diesem Schloß oberhalb der Donau Fürst Josef de Ligne, 1735—1814, ein romantisches Domizil geschaffen. Über der 1679 unter Kaiser Leopold I. entstandenen Schloßkapelle, 1683 Versammlungsmittelpunkt des Entsatzheeres für das von den Türken eingeschlossene Wien, ließ Kaiser Karl VI. 1718 die große zweitürmige Barockkirche errichten.

Liesing, 23. Bezirk, Perchtoldsdorfer Straße 188. Das heutige Altersheim der Stadt Wien ist im Wasserschloß der einstigen kleinen Siedlung eingerichtet. Schon im 12. Jh. urkundlich, wurde das Gebäude sowohl 1529 als auch 1683 von den Türken zerstört. Das im 17. Jh. wiedererrichtete Gebäude mit dem (früher höheren) Eingangsturm, der saalartigen Kapelle und den unregelmäßig um einen Hof gelagerten Flügeln ist verschiedentlich verändert worden.

Maria-Theresien-Schlössel, 19. Bezirk, Hofzeile 18—20. Ein Barockbau, der heute als Nervenheilanstalt der Stadt Wien eingerichtet ist.

Miller von Aichholz-Schlößl, 14. Bezirk, Linzer Straße 429. Das spätbarocke kleine Schlößchen ist heute als »Europahaus« adaptiert.

Neugebäude, → Seite 29.

Neuwaldegg, → Seite 31.

Pötzleinsdorfer Schloß, 18. Bezirk, Geymüllergasse 1. 1797 erwarb Johann Heinrich Geymüller, Bruder des Johann Jakob (→ Geymüller-Schlößchen), Schloß und Park der Gräfin Philippina von Herberstein. Unter ihm entstand das heute als »Jugendgästehaus der Stadt Wien« verwendete Gebäude in seiner jetzigen Gestalt. Von dem einst weitberühmten Park, den der Bankier — nach dem Bankkrach von 1841 flüchtete er in seine Baseler Heimat — vom Kunstgärtner Konrad Rosenthal hatte anlegen lassen, erhielten sich noch Gartenhäuser und Tempel, auch einige Statuen, wie der »Alxingerstein«, schmiedeeiserne Gitter und die beiden Portallöwen.

Rodaun, 23. Bezirk, Willergasse 55. Jüngste Restaurationsarbeiten in dem als Schulgebäude benützten dreigeschossigen *Schloß* mit frühklassizistischem Äußeren haben verbautes Burggemäuer sichtbar werden lassen. Außer dem heute noch erhaltenen mittelalterl. Rundturm blieb auch ein Renaissancetor aus dem Jahre 1578 erhalten. — Das ehemalige Schlößchen Ketzergasse 471, zeitweise Wohnsitz und Sterbeort Hugo von Hofmannsthals, 1874—1929, als *Hofmannsthal-Schlößchen* bekannt, ließ Maria Theresia für ihre Erzieherin, die Gräfin Fuchs, im 18. Jh. erbauen. Das Gebäude, später Wohnsitz der Dichterin Maria Grengg, zeigt im Obergeschoß noch reichen Freskenschmuck aus dem 18. Jh.

Schikaneder-(Lehár-)Schlößchen, 19. Bezirk, Hackhofergasse 18. Den schlößchenartigen Besitz mit Freitreppe erwarb 1802 Johann Emanuel Schikaneder, 1751—1812, als er sich zum Direktor des unter seiner Patronaz entstandenen Theaters an der Wien gemacht hatte. An den leichtlebigen Komödianten und Verfasser des Textes zur »Zauberflöte« erinnern im Schlößchen Darstellungen aus der Oper. Die im 19. Jh. mehrfach umgebaute Anlage mit einer 1972 restaurierten, schön ausgestatteten Barockkapelle und Steinfiguren, Keramiken im Park, erwarb im 20. Jh. der Komponist Franz Lehár, 1870—1948.

Schönbrunn, → Seite 22.

Schwarzenberg-Palais, → Seite 30.

Süßenbrunn, 22. Bezirk. Die Grundherrschaft Süßenbrunn, zu der seit dem 16. Jh. auch Deutsch Wagram gehörte, war Eigentum der Losenstein, Auersperg, Grundeman, Dubsky u. a. Das zweistöckige Schloß des 19. Jh. mit Uhrturm, zwei Toren und Seitenflügeln um einen Hof birgt eine ältere Anlage.

Theresianum, 4. Bezirk, Favoritenstraße 15. Die alte »Favorita« der Kaiser Matthias und Ferdinand II., 1616 bis 1625 entstanden, ist im Türkenjahr 1683 weitgehend zerstört worden. Nach Plänen des Lodovico Burnacini wurde sie zwischen 1687 und 1690 wiedererrichtet und diente Leopold I., Josef I. und Karl VI. als Sommerresidenz. In ihr verbrachte Maria Theresia im Sommer ihre Mädchenjahre. Als ihr Vater Karl VI. 1740 in dieser »Favorita« gestorben war, bestimmte die Kaiserin das Gebäude als adlige Erziehungsanstalt. Der 1746, 1753 und 1773 (von Pacassi) erweiterte Bau war zuerst Sitz einer »Orientalischen Akademie«, dann — unter der Leitung der Jesuiten — der »Theresianischen Ritterakademie«. Aus ihr entwickelte sich das unter der Leitung der Piaristen stehende Gymnasium »Theresianum«. Nach dem letzten Krieg diente das 1804 klassizistisch umgestaltete Gebäude als Kaserne, seit 1957 beherbergt das Schloß wieder ein Gymnasium, seit 1964 auch die »Diplomatische Akademie«. Der langgestreckte Bau mit Mittelgiebel und Seitenportalen besitzt ein sehenswertes Stiegenhaus, Prunk- und Kaiserzimmer, Bibliothek und Kapelle zum hl.

Michael mit z. T. noch guter Ausstattung des 18. Jh.

Thürmlhof, 11. Bezirk, Münnichplatz Nr. 5. Das Schloß des Grafen R. J. Korženský von Thereschau, nach 1755 in seiner jetzigen Gestalt entstanden, besaß einen stadtbekannten, auch literarisch hochgerühmten Garten. Nach der Schlacht bei Aspern soll in dem heute als Heurigen benützten Gebäude Napoleon in einen Erschöpfungsschlaf gefallen sein, der 36 Stunden dauerte und seine Generale das Schlimmste befürchten ließ.

Wilhelminenberg-Schloß, 16. Bezirk, Savoyenstr. 2. Schloß und Park des Fürsten Demeter Gallitzin erwarb 1824 der aus Frankreich emigrierte Fürst Julius Montléart. Nach seinem Tode machte ein Sohn des Fürsten das Schloß seiner Gemahlin Wilhelmine zum Geschenk, die zur Wohltäterin der Gegend wurde. Der Schloßname, das Wilhelminen-Spital, die Wilhelminen-Straße und ihr Grabmal neben dem Schloß erinnern an diese Prinzessin von Montléart († 1895). Das jetzige Gebäude, ein unwohnlicher, pompöser Bau, ließ nach 1900 ein Enkel der Fürstin anstelle des alten errichten. Bis 1918 bewohnte es Erzherzog Leopold Salvator, danach diente es als Genesungs- und Kinderheim. Während des Zweiten Weltkrieges waren in ihm die Wiener Sängerknaben untergebracht. Heute ist hier ein städtisches Erziehungsheim für Mädchen eingerichtet.

Wieselburg, nördl. Scheibbs, NÖ.

Das *Schloß* der Freiherrn von Prandau in der Ortsmitte, um 1792 in josefinischem Stil entstanden, 1824 als kaiserlicher Besitz umgebaut, wird von Mietsparteien bewohnt. In seinem Park sind fünf Marmorplastiken aufgestellt — sie symbolisieren die Flüsse Donau, Enns, Mur, Traun und Ybbs —, welche älteren Wienern noch von ihrem Standort an der Albrechtsrampe her bekannt sind. Diese Statuen aus dem 19. Jh. wurden 1950 der Gemeinde Wieselburg zum Geschenk gemacht.

Perzelhof, Mankerstraße 12. Der jetzige »Waldbauhof Wieselburg« der Österreichischen Bundesforste entstand im 19. Jh. durch Umbauten aus dem Schloß »Pertzelhofen«, das den Zinzendorf, »Erblandjägermeistern« von Niederösterreich, den Auersperg und Khevenhüllern gehörte und nach 1825 Sitz der Zentralkanzlei für die kaiserl. Patrimonialherrschaften war.

Wiesenau, südl. St. Leonhard im Lavanttal, Ktn. Das stattliche dreigeschossige Renaissanceschloß mit hohem Dach, Ecktürmen und Doppelfenstern entstand 1579 unter Siegmund von Pain. Johann Söllner, Direktor der Wolfsberger Bleiweißfabrik, begründete hier im 19. Jh. ein landwirtschaftliches Mustergut. Elisabeth, die Gattin Söllners, machte das Schloß zum Mittelpunkt des »Wiesenauer Kreises«, dem Philosophen und Naturwissenschaftler angehörten. Heute Verwaltungssitz eines Industrieunternehmens.

Wiespach, Sbg., → Wispach.

Wildalpen, nordöstl. Hieflau, Stmk. Anstelle eines älteren abgebrannten Jagdschlosses des Benediktinerstiftes Admont nach 1730 im Ort Wildalpen errichtet.

Wildbach, nördl. Deutschlandsberg, Stmk. Ein Gedenkstein bezeichnet Siegmund von Wildenstein als Bauherrn des landesfürstlichen Schlosses mit Ecktürmen. Es entstand zwischen 1534 und 1540 und ist zwischen 1730 und 1788 von Nachfahren des Erbauers durch Trakte um einen kleinen Hof erweitert, auch mit der reich stuckierten Fassade und der z. T. noch bestehenden Ausstattung versehen worden. Die St.-Anna-Kapelle mit Altar um 1760 besaß seit 1681 eine Meßlizenz. Ein Besuch Franz Schuberts im Oktober 1827 machte Wildbach zu einer Schubert-Gedenkstätte.

Wildberg, nordwestl. Horn, bei Messern, NÖ. Die als Österreichs »Wappenburg« oft zitierte mittelalterl. Wehranlage Wildberg (→ Burgenbuch) ließen die protestantischen Puchheimer im 16. Jh. zum Schloß ausbauen. Ihre hier zwischen 1573 und 1630 eingerichtete Druckerei machte Wildberg im Zusammenhang mit dem »Horner Bund« (→ Greillenstein) zu einem Mittelpunkt des niederösterreichischen Protestantentums. Unter den zahlreichen im Schloß gedruckten Traktaten entstand 1586 auch die Schrift des Schloßpredigers Johann Tettelbach von Karlstein (→): »Christlich Bekäntnis Einhelliger Consens, Bedenken und Ratschläge.« Die heute in Privatbesitz befindliche vielgliedrige Anlage — im Hof ist die riesige Rauchküche mit vorgesetzten Lauben, um 1560, besonders sehenswert — wird mit Unterstützung des Denkmalamtes vom Burg- und Schlösser-Erhaltungsverein Wildberg-Kaja teilrestauriert. Es ist geplant, in dem z. T. noch desolaten weitläufigen Gebäudekomplex Ausstellungen zu veranstalten.

Wildegg, westl. Mödling, bei Sittendorf, NÖ. Die alte Burg der Herren von Wildegg (→ Burgenbuch), im 16. Jh. von den Herren von Neideck zum Renaissanceschloß um einen dreieckigen Arkadenhof erweitert, Eigentum des Stiftes Heiligenkreuz und Jugendherberge der Erzdiözese Wien, soll zum Ferien- und Schulungsheim ausgebaut werden, doch fehlen derzeit die Mittel dazu.

Wildenau, südöstl. Braunau, bei Aspach, OÖ. Von der einstmals prächtigen Anlage des 14. bis 17. Jh. auf der Flußinsel standen nach Plünderungen im Spanischen Erbfolgekrieg und zur Napoleonzeit Mitte des 19. Jh. noch beachtliche Reste mit Kapelle, Sälen und Bibliothek. Ein Bauer namens Baier ließ dann niederreißen, was noch schloßartig aussah, gerade daß der Pfarrer von Aspach die Schwanthaler-Arbeiten aus der Kapelle retten konnte. Das Restgebäude steht heute mitten in einer »Gstätten«.

Wildshut, nächst St. Georgen bei Salzburg, nordwestl. Oberndorf, OÖ. Die mit Palas, Torturm und Wehrgang noch deutlich an die alte Burg Wildshut (→ Burgenbuch) erinnernde Anlage, heute Amts- und Mietshaus, birgt eine barocke Schloßkapelle mit einer Kopie des Passauer Maria-Hilf-Bildes.

Wilfersdorf an der Zaya, nordöstl. Mistelbach, NÖ. Der vornehme langgestreckte zweigeschossige Bau in

Schönbrunner Gelb, 18. Jh., an der Landstraße, mit Auffahrt und wuchtigem Säulenportal unter dem wappengeschmückten Uhrengiebel, ist einer der Verwaltungssitze der Familie Liechtenstein. Der zugehörige Landwirtschaftsbetrieb — die Wirtschaftsgebäude umschließen einen Hof — beliefert den Wiener Markt jährlich mit bis zu 6000 Schweinen.

Wimsbach, OÖ., → Bad Wimsbach-Neydharting.

Windern, an der Traun, bei Desselbrunn, östl. Vöcklabruck, OÖ. Eine mit zwei Rundtürmen bewehrte hohe Mauer umschließt das Vierturm-Schloß mit schönem Säulenportal. Der im 16./17. Jh. entstandene Besitz der Grienthaler, Moser und Polheimer — kurze Zeit auch in der Hand des Adam Graf Herberstorff — ist nach einem Brand 1817 erneuert worden. Die Schloßkapelle zum hl. Nepomuk mit einem (restaurierten) Nepomuk-Gemälde von Bartolomeo Altomonte, 1769, besitzt drei Rokokoaltäre und Ausstattung aus der Erbauungszeit. Seit 1888 wurde Windern durch die Freiherrn von Gagern in gutem Zustand erhalten.

Windigsteig, südl. Waidhofen an der Thaya, NÖ. Der Pfarrhof besteht z. T. aus einem 1562 von Kraft von Helmsau erweiterten, im 17. Jh. umgebauten, im 18. Jh. von Josef Munggenast um einen Trakt erweiterten Schloßgebäudekomplex. Die Innenräume sind z. T. noch mit Stuckwerk des 17. und 18. Jh. versehen.

Winkl, Sbg., → Oberalm.

Wipffen, Stmk., → Großlobming.

Wisent, nordwestl. Maissau, NÖ. Der zweigeschossige Gutshof des Stiftes Altenburg, von einem seichten Graben umzogen, entstand, wie die Inschrifttafel über dem Portal besagt, 1571. Den schönen Hof umschließen zweigeschossige Laubengänge. Einige spätgotische Details weisen auf die Wehranlage aus früherer Zeit, andere lassen erkennen, daß Wisent nach dem Brand im Jahre 1900 nachhaltig verändert wiederaufgebaut wurde.

Wispach, nördl. Hallein, Sbg. Der schon im 13. Jh. urkundliche Sitz der Herren von Wispach u. a. erhielt seine heutige Gestalt — ein viergeschossiger Rechteckbau mit Ost- und Westtürmchen am hohen Satteldach und zweiflügeliger Freitreppe — im 17. Jh. Das noch mit Tonnengewölbe, in den beiden Stockwerken mit Balken-, Stuck- und Flachdecken ausgestattete Schlößchen im Park ist bestens restauriert und als Jugendherberge in Verwendung. In der angebauten Schloßkapelle mit Ausstattung um 1720 befindet sich ein Rokokoaltar.

Wolfpassing, südwestl. Wieselburg, NÖ. Der stattliche viergeschossige Vierflügelbau mit fünfgeschossigen runden Ecktürmen und zweigeschossigem Arkadenhof entstand durch Umbauten im 18. Jh. Bevor er nach 1929 als Molkereifachschule bzw. Bundesversuchsanstalt Verwendung fand, diente der seit 1834 kaiserl. Besitz als Remontenanstalt des k. k. Kriegsministeriums und als Erholungsheim für Offiziere. Zwischen dem 15. und 18. Jh. war Wolfpassing, ehemals Eigentum der Wolfstein, meist im Besitz der Auersperg.

Wolfsberg, nordöstl. Völkermarkt, Ktn.

Schloß, → Seite 118.

Bayerhofen (Paierhofen, Payerhofen). Wappensteine und Steinporträts oberhalb des Einganges, im Hof und am Südwestturm der imposanten Schloßanlage verweisen auf Matthias Freydl († 1578) als Bauherrn, die Jahreszahlen 1564, 1566 als Entstehungszeit des Haupttraktes. 1582/1584 sind wahrscheinlich die Laubengänge an den drei Hofseiten und die beiden Türme entstanden. Unter dem enragierten Protestanten Matthias Freydl — er war mit den Ungnad auf Waldenstein (→) und Johann-Friedrich Hoffmann von Grünbüchl auf Strechau (→ Trautenfels) befreundet — war Bayerhofen ein Zentrum des Kärntner Protestantismus mit Prediger, Bethaus und eigenem Friedhof. Durch kinderlose Ehen kam der Besitz in rascher Folge an Dr. Siebenburger, den bambergischen Sekretär Haid von Haidenburg, die Siegersdorff und Waidmannsdorf. Bethaus und Friedhof fielen der Gegenreformation zum Opfer. Den verwahrlosten Besitz ließen im 19. Jh. die Schnerich erneuern, auch in jüngster Zeit ist der durch die Umfahrungsstraße jetzt in günstige Lage versetzte Gebäudekomplex restauriert worden.

Wolfsberg, NÖ., → Angern.

Wolfsegg am Hausruck, nördl. Vöcklabruck, OÖ. Eine unter den Giengern im 17. Jh. zum Schloß erweiterte landesfürstliche Burg, die 1626 von den Truppen des Pappenheim, 1632 von aufständischen Bauern eingenommen wurde. Im 18. Jh. erwarb der Staatsminister Thaddäus Adam von Reischach Schloß und Herrschaft als Konkursmasse, im 19. Jh. stand Wolfsegg eine Zeitlang unter Zwangsverwaltung. Im Rittersaal des romantisch gelegenen Schlosses mit dreigeschossigem Haupt- und Nebentrakt sowie in der Kapelle sind noch Details der Ausstattung des 17. Jh. und ein Gemälde von Bartolomeo Altomonte, 1746 zu sehen.

Wolfsthal, bei Hainburg, nordöstl. Bruck a. d. Leitha, NÖ. Am 7. April 1544 erwarb Ritter Georg Walterskirchen auf Hundsheim die Veste Wolfsthal samt landesfürstlichem Lehen und Gericht von den Erben des Wilhelm von Zelking. Seine Nachkommen, die (Freiherrn von) Walterskirchen, besitzen die im 17./18. Jh. zum frühbarocken Schloß erweiterte und im 19. Jh. durchgehend gotisierte Anlage mit viereckigem Nordturm und rundem Nordwestturm noch heute.

Wolfurt, südöstl. Bregenz, Vlbg. Die kleine Anlage mit romanischem Bergfried aus dem 13. Jh. war früher Gerichtssitz. Das von einem Bregenzer Kaufmann im 19. Jh. romantisierte Schloß entstand nach einem Brand 1940 in neuer Gestalt. Die Wohnflügel umschließen einen langgestreckten Hof, im Untergeschoß befindet sich die ehemalige Kapelle. Privatbesitz.

Wolkersdorf, südl. Mistelbach, NÖ. In der Einfahrtshalle zu dem jetzt als

Schloß Wolkersdorf, NÖ.

Amts- und Mietshaus verwendeten mächtigen Schloß belehren Tafeln, daß die einstige Wasserburg der Wolkersdorfer und Dachsberger Bestandteil der Herrschaft Seefeld war und der Besitz im 15. Jh. an die Starhemberg fiel. Damals belagerte sie der Böhmenkönig Podiebrad vergeblich. Zum Schloß mit den zwei riesigen Ecktürmen — im nördlichen mag noch das Gemäuer des alten Bergfrieds stecken — wurde Wolkersdorf 1706 unter Kaiser Karl VI., der die Jagdgründe im nahen Hochleitenwald zu schätzen wußte. Daß die Schloßmauern auch Napoleon sahen, verkündet eine Inschrifttafel mit den Worten: »Hier nahm Kaiser Napoleon nach der Schlacht bei Wagram vom 7. bis 9. Juli 1809 sein Hauptquartier.« Überliefert ist ferner, daß in Schloß Wolkersdorf jenes kaiserl. Handbillett entstand, in dem Franz I. den Tiroler Freiheitskämpfern seine Hilfe versagte, daß hier einander 1814 auch Friedrich Wilhelm III. von Preußen und Zar Alexander I. von Rußland trafen.

Würmla, nordöstl. St. Pölten, NÖ. Im verwahrlosten zweigeschossigen, hufeisenförmig um einen sogenannten »Ehrenhof« angelegten 19.-Jahrhundert-Gebäude ist das Renaissance- und Barockschloß der Ritter und späteren Grafen Kornfeil verbaut. Es diente nach dem Ersten und nach dem Zweiten Weltkrieg als Erholungsheim.

Würnitz, nördl. Korneuburg, NÖ. Die im 15. Jh. urkundliche Wehranlage Bernhard des Krottendorfers, wahrscheinlich im 16. Jh. zum Schloß erweitert, ist 1880 bis auf das jetzt noch bestehende zweigeschossige, in U-Form angelegte Gebäude abgetragen worden.

Würting, OÖ., → Seite 98.

Zeillern, westl. Amstetten, NÖ. Das heutige Kur- und Genesungsheim entstand durch Umbauten eines zweistöckigen Wasserschlosses des 17. Jh. im 19. und 20. Jh. Tonnengewölbe und Säulenarkaden im Osttrakt, der große Festsaal im Südflügel mit Stuckdecke aus der Erbauungszeit, ebenso wie die Umfassungsmauer mit den Rundtürmen weisen noch auf das Schloß der Starhemberg, das über dem Mauerwerk der Wasserburg des Kuno von Cidelaren errichtet worden war.

Zeiring, Stmk., → Unterzeiring.

Zeißing, bei Maria Laach, südwestl. Spitz in der Wachau, NÖ. Oberhalb der Einfahrt in den einstöckigen Gebäudekomplex um einen Hof begrüßt die Inschrift einer Marmortafel mit der Jahreszahl 1617 den Eintretenden auf spanisch: »Con Dios y la ventura ...« Hans Ludwig Freiherr von Kuefstein, 1582—1656, Herr auf Greillenstein (→), Buchberg/Kamp und Zaissing, in den Krisenjahren 1619/20 bekannt als Vermittler zwischen Kaiser Ferdinand II. und seinen protestantischen Standesgenossen, 1628/29 kaiserl. Botschafter in Konstantinopel, war als Übersetzer spanischer Schäferdichtungen tätig. 1619 erschien von ihm die Übertragung der »Diana« des Jorge de Montemayor, 1625 ließ er das »Gefängnis der Liebe« des Diego di San Pedro erscheinen, ein Lehrbuch höfischer Liebeskunst. Vorhalle, Gewölbe und Zimmer von Zeißing zeigen noch die Ausstattung der Erbauungszeit des ehemaligen »Wasserhofes«. Ihm gegenüber sind die Ruinen eines Schlosses vom Anfang des 17. Jh. mit schönen Fassadenresten, runden Ecktürmchen und Bogengiebeln zu sehen.

Zell am See, südl. Saalfelden, Sbg. *Schloß Rosenberg.* Der stattliche Ansitz der beiden Gewerken Hans und Karl Rosenberger aus dem 16. Jh., ein quadratischer drei- und viergeschossiger Bau mit vier Ecktürmchen und einem kleinen südlichen Rundtürmchen um das Schindelzeltdach, ist zwischen 1971 und 1973 zum Rathaus der Stadtgemeinde umgebaut und von Grund auf erneuert und restauriert worden. Das Gebäude, im 16/17. Jh. Eigentum der Kuen-Belasy, im 18. Jh. Besitz eines Gastwirtes und Bierbrauers, diente seit 1806 als Amts- und Verwaltungssitz. Heute beherbergt Schloß Rosenberg die Diensträume des Bürgermeisters und Amtsdirektors, Finanzverwaltung und Stadtbauamt, Standesamt, Sicherheitswache, Fundamt und Fremdenmeldeamt, Heimatmuseum und Galerie. Flur und Alkoven des dritten Stockwerkes werden für kulturelle Veranstaltungen genützt. Im Dachgeschoß brachte man weitere Dienst- und Besprechungsräume, ein Archiv und einen Gemeinschaftsraum unter.

Zell an der Pram, südöstl. Schärding, OÖ. Graf Ferdinand Josef von Tattenbach-Rheinstein hatte sich zwischen 1709 und 1712 die alte Wasserburg der Zeller schloßartig umbauen lassen, zwischen 1760 und 1774 entstand unter seinem Nachfolger nach Plänen des François de Cuvilliés der heutige Bau mit wenig gegliederten Fronten und hohem Mansardendach. Der Münchner Hofmaler Christian Wink und der Münchner Theatermaler Josef Damian Struber statteten den Stiegenaufgang und den mit Galerien auf jonischen Säulen versehenen, theatralisch eingerichteten und durch zwei Geschosse reichenden Festsaal zeitgemäß mit Landschaftsmalerei und Figuren aus. Neben den üblichen allegorischen und mythologischen Szenen — Segnungen des Friedens, Apollo auf dem Sonnenwagen, Jagd, Fischfang und »Landleute bei der Arbeit« — finden sich unter den erst in jüngster Zeit restaurierten Kunstwerken an den Wänden des Saales auch üppige Darstellungen berühmter Liebespaare. Nach dem Tod des königlich-bayerischen Kämmerers Heinrich Ignaz Graf von Tattenbach-Rheinstein erwarb 1821 Graf Maximilian von Arco-

Valley den Tattenbachschen Besitz zusammen mit St. Martin im Innkreis und Sigharting. Heute ist Schloß Zell Gemeindebesitz.

Zell an der Ybbs, bei Waidhofen, NÖ. Der fünfgeschossige quadratische Turm mit Zwiebelhelm, Kreuzgratgewölbe und die durchlaufende Halle im Obergeschoß der heutigen Hotelpension in der Burgfriedstraße verweisen ebenso wie das Wappen über dem rundbogigen Portal auf das Schloß des 16. Jh., das bis 1848 als Amtssitz der Herrschaft Gleiß diente.

Zellerndorf, südl. Retz, NÖ. Das Mühlengebäude von heute steht an der Stelle der Burg der Dappacher und des Schlosses der Grabner von der Rosenburg (→). Im 18. und 19. Jh. waren das Wiener Jesuitenkollegium und das Kloster der Schotten Eigentümer der Herrschaft.

Zellhof, nördl. Perg, OÖ. Vom Schloß der Jörger aus dem 17. Jh. — »mit vielen schönen und gelegsamen Zimmern, Kammern, Gewölben, Kästen, Schmiede und Pfisterei, auch zwei großen ansehnlichen, gewölbten Stallungen und guten, kühlen Kellern . . . Meierstuben samt Ställen . . .« — blieben nur ein bescheidener dreigeschossiger Wohntrakt und ein östlicher Flügel mit Wirtschaftsgebäuden erhalten. In letzterem liegt auch die Kapelle aus dem 18. Jh., aus der Zeit, als Franz Ferdinand Graf von Salburg Zellhof noch einmal vergrößern und zwischen der Kapelle und dem Schloß einen langen Gang anlegen ließ.

Ziegersberg, südöstl. Aspang, bei Zöbern, NÖ. Ein in Ort Schlag nächst Ziegersberg in den Jahren 1896/97 entstandenes schloßähnliches Gebäude. In keinerlei Zusammenhang mit der unweit (nördlich) gelegenen Ruine Ziegersberg (→ Burgenbuch) stehend.

Zinsenhof, NÖ., → Zwerbach.

Zistersdorf, nördl. Gänserndorf, NÖ. Von der alten Burg der Kuenringer in der Südwestecke der im 13. Jh. planmäßig angelegten Stadt ist nichts mehr zu sehen. Vom Ende des 16. Jh. bis zur Mitte des 17. Jh., unter den Grafen Althan, Landau und Teuffenbach, entstand das neue Schloß, das 1683 verwüstet wurde. Als es im Jahre 1706 Graf Simon Forgatsch von seinen Kuruzzenhaufen stürmen ließ, ermordete man in ihm vierhundert Flüchtlinge. Die Überlebenden wurden als Gefangene nach Ungarn verschleppt. Nach den Althan, 1653 bis 1810 Herren von Zistersdorf, kam der Besitz an die Theresianische Akademie. Seit 1927 ist das Schloß Eigentum der Stadtgemeinde, 1960 wurde eine Landesberufsschule eingerichtet.

Zwentendorf, westl. Tulln, NÖ. 1747, nach dem Tode des Gundaker Ludwig Josef Althan, Generalhofbaudirektor Kaiser Karls VI., Herr auf Goldburg zu Murstetten (→), ließen die Nachkommen auf ihrer Herrschaft Zwentendorf nächst Tulln an der Donau ein neues Schloß errichten. Es ist noch heute im Besitz der (Grafen) Althan. Dem spätbarocken Gebäude mit Dreiecksgiebel sind im 19. Jh. zwei quadratische Ecktürme mit Blechhelmen und Laternen, auf der Hofseite eine ausladende Altane zugebaut worden. Gegen die Donau zu entstand damals auch ein neuer Wohntrakt. In dem von langgestreckten Wirtschaftsgebäuden gebildeten Hof sind Putten und Steinvasen von der ehemaligen Goldburg bei Murstetten zu sehen.

Zmöll, Stmk., → Trofaiach.

Zwerbach, bei Ruprechtshofen, östl. Wieselburg, NÖ. 1779 erwarb Friedrich Freiherr von der Trenk mit der Ablösungssumme, die er für ererbte Ländereien in Slawonien erhalten hatte, die niederösterreichische Herrschaft Zwerbach, zu der neben Zinzenhof — nordöstlich von Zwerbach, Stammsitz des gleichnamigen Geschlechts — auch Grabenegg gehörte. Vom Schloß der Zinzendorf, ein Reichsgrafengeschlecht, das im Jahre 1800 in der männlichen Linie ausstarb, erhielt sich nur ein Nebengebäude, vom einstigen Wasserschloß Zwerbach blieben Reste des Wassergrabens. Von der Trenk erwarb die Herrschaft Zwerbach im 53. Lebensjahr nach seiner Festungshaft in Glatz, der Flucht nach Wien, den Abenteuern am russischen Hof und nach zehnjähriger Gefangenschaft in Magdeburg. Er bewirtschaftete den Besitz mit seiner Frau, der Tochter des Aachener Bürgermeisters, und seinen acht Kindern in ärmlichsten Verhältnissen lebend und schrieb hier den Großteil seiner dreibändigen Lebensgeschichte. 1787 reiste er 63jährig nach Berlin. Kurz darauf erschienen seine gesammelten Werke in acht Bänden. Am 25. Juli 1794 endete der große Abenteurer in Paris unter der Guillotine.

Zwickledt, nördl. Schärding, OÖ. Nur das Türmchen über dem First verleiht dem einstöckigen kleinen Bauwerk an der Straße nach Passau mit rundem Portal und stukkoverzierten Fensterleibungen etwas wie Schlößchen-Charakter. 1576 soll es Julius Graf Salm von der Grafschaft Neuburg jenseits des Inns seinem Diener Leonhard Schmelzing zum Geschenk gemacht haben. Als Herren von Wernstein (→ Burgenbuch) besaßen die Schmelzing Zwickledt bis ins 19. Jh. 1906 erwarb der jungverheiratete Alfred Kubin, Österreichs bedeutendster Graphiker neuerer Zeit, den Besitz. Am 20. August 1959 starb er hier im 83. Lebensjahr. Das Land Oberösterreich richtete in Zwickledt eine Kubin-Gedächtnisstätte ein. Sie ist vom April bis Oktober, 8—11 und 14—17 Uhr, zu besichtigen.

Zwischenwasser, nordöstl. Rankweil, Vlbg.

Weißenberg (Batschunser Schlößchen). Der anspruchsvolle Ansitz, den sich eine Feldkircher Patrizierfamilie, die Brock, im 15. Jh. errichten ließ — im 19. Jh. bäuerlicher Besitz, im 20. Jh. auch als Erholungsheim in Verwendung —, ist in jüngster Zeit restauriert worden.

Zwischenwässern, Ktn., → Pöckstein. Seite 117.

Zwölfaxing, südöstl. Wien, nächst Schwechat, NÖ. Das Hauptschloß der Ritter von Gattersburg aus dem 17./18. Jh. wurde 1945 zerstört. An seiner Stelle ist heute eine Wohnbauanlage entstanden. Ein hufeisenförmiges Wirtschaftsgebäude mit Wohnräumen im oberen Geschoß blieb erhalten.

Quellen- und Literaturverzeichnis

Allgemeine Literatur, Handbücher und Nachschlagewerke

Baravalle, R., Steirische Burgen und Schlösser. 3 Bde., 1936/43. Einbändig 1961. *Binder, G.*, Die niederösterreichischen Burgen und Schlösser. 2 Bde., 1925. *Büttner, R.*, Burgen und Schlösser an der Donau, 1964. *Büttner, R.*, Burgen und Schlösser zwischen Wienerwald und Leitha, 1966. *Büttner, R.*, Burgen und Schlösser zwischen Greifenstein und St. Pölten, 1969. *Büttner, R.*, Burgen und Schlösser, Dunkelsteiner Wald, 1973. *Büttner, R.*, Burgen und Schlösser zwischen Araburg und Gresten, 1975. *Dehio, K.*, Handbuch der deutschen Kunstdenkmäler, 1933 ff. (Wien, Bgld., NÖ., OÖ., Stmk., Ktn., Sbg., Tirol). *Ebner, H.*, Burgen und Schlösser im Ennstal und Murboden, 1963. *Ebner, H.*, Burgen und Schlösser, Mürztal und Leoben, 1965. *Ebner, H.*, Burgen und Schlösser, Graz, Leibnitz, Weststeiermark, 1967. *Feuchtmüller, R.*, Kunst in Österreich. 2 Bde., 1972. *Frass*, O., Quellenbuch zur österreichischen Geschichte. 4 Bde., 1956 ff. *Grabherr, R.*, Burgen und Schlösser in Oberösterreich, 1970. *Grüll G.*, Burgen und Schlösser im Salzkammergut und Alpenland, 1963. *Grüll G.*, Burgen und Schlösser im Innviertel und Alpenvorland, 1964. *Grüll, G.*, Burgen und Schlösser im Mühlviertel, 1968. *Halmer, F.*, Burgen und Schlösser zwischen Baden, Gutenstein, Wr. Neustadt, 1968. *Halmer, F.*, Burgen und Schlösser im Raume Bucklige Welt, Semmering, Rax, 1969. *Hantsch, H.*, Die Geschichte Österreichs. 2 Bde., 1959/62. *Henckel, H.*, Burgen und Schlösser in Kärnten. 2 Bde., 1964. *Hille*, O., Burgen und Schlösser in Oberösterreich, 1975. *Kohla, F. X.*, Kärntens Burgen und Schlösser, 1953. *Kretschmayr, H.*, Geschichte von Ö., 1936. *Lechner, K.*, Handbuch der historischen Stätten Österreichs. 2 Bde., 1961/70. *Merian, M.*, Topographia 1649. Neudruck 1963. *Österreichische Kunstmonographien:* Egg, E., Das Tiroler Unterland, 1971; Eppel, F., Das Waldviertel, 1963; Eppel, F., Die Wachau, 1968; Eppel, F., Die Eisenwurzen, 1968; Schmeller, A., Das Burgenland, 1971; Ulm, B., Das Mühlviertel, 1971. *Österreichische Kunsttopographie,* 1889 ff. *Pongratz, W.*/Seebach, G., Burgen und Schlösser, Litschau, Zwettl, Ottenschlag, Weitra, 1971. *Pongratz, W.*/Seebach, G., Burgen und Schlösser, Ysper, Pöggstall, Weiten, 1972. *Popelka, L.*, Marchfeldschlösser, 1959. *Prickler, H.*, Burgen und Schlösser im Burgenland, 1972. *Reclams Kunstführer Österreich*, Baudenkmäler. 2 Bde., 1961. *Sartori, F.*, Die Burgvesten und Ritterschlösser der österreichischen Monarchie. 12 Bde., 1819/20. *Sekker, F.*, Burgen und Schlösser Oberösterreichs, 1925. *Sieghardt, A.*, Südostbayrische Burgen und Schlösser und die Salzburger Schlösser und Edelsitze, 1952. *Tillmann, K.*, Lexikon der deutschen Burgen und Schlösser, 1958/61. *Ulmer, A.*, Die Burgen und Edelsitze Vorarlbergs und Liechtensteins, 1925. *Weingartner, J.*, Tiroler Burgen und Schlösser, 1971. *Weller, F.*, Die kaiserlichen Burgen und Schlösser, 1880. *Wiessner, H.*, Burgen und Schlösser Kärntens. 3 Bde., 1965/67. *Zöllner, E.*, Geschichte Österreichs, 1974.

Sonstige Literatur, Einzelveröffentlichungen, Periodica in Auswahl

Adler, Heraldisch-genealogische Zeitschrift, 1871 ff. *Archiv* für Geschichte und Landeskunde Vorarlbergs, 1904/1905 ff. *Archiv* für österreichische Geschichte, 1848 ff. *Archiv* für vaterländische Geschichte und Topographie Kärntens, 1849 ff. *Becker, A.*, Niederösterreichische Landschaften mit historischen Streiflichtern, 1879. *Beiträge* zur Kunde steiermärkischer Geschichtsquellen (= Beiträge zur Erforschung steirischer Geschichtsquellen), 1903 ff. *Blätter* des Vereins für Landeskunde von Niederösterreich, 1867 ff. *Breunlich, M.*/Wagner, H., Die Tagebücher des Fürsten Johann Joseph Khevenhüller-Metsch, 1775—1780, 1972. *Brunner*, O., Adeliges Landleben und europäischer Geist, 1959. *Burgen* und Schlösser in Österreich, Zeitschrift des österreichischen Burgenvereins, 1965 ff. *Burgenland,* Jahrbuch für ein Land und seine Freunde, 1974/75. *Burgenländische* Forschungen, 1947 ff. *Burgenländische* Heimatblätter, 1932 ff. *Carinthia,* Zeitschrift für Vaterlandskunde usw., 1811 ff. *Egger, J.*, Geschichte Tirols. 3 Bde., 1872/80. *Eppel, F.*, Kunst im Lande rings um Wien. Ein Kunstführer, 1963. *Feuchtmüller, R.*, Schloß Schallaburg, 1974. *Fontes* rerum Austriacarum, 3 Abteilungen, 1855 ff. *Forschungen* zur Geschichte Oberösterreichs, 1952 ff. *Geschichtliche* Beilagen zum St. Pöltener Diözesanblatt, 1878 ff. *Ginhart, K.*, Die Kunstdenkmäler Kärntens, 1928/33. *Graz* als Residenz. Katalog, 1964.

Gutkas, K., Geschichte des Landes Niederösterreich, 1974. *Jahrbuch* für Landeskunde von Niederösterreich, 1902 ff. *Kärntner* Heimatkundliche Schriftenreihe. 2 Bde., 1949. *Kühnel, H.*, Die Hofburg zu Wien, 1964. *Martin, F.*, Salzburgs Fürsten in der Barockzeit, 1949. *Mitteilungen* der Gesellschaft für Salzburger Landeskunde, 1861 ff. *Mitteilungen* des Historischen Vereins für Steiermark, 1850 ff. *Mitteilungen* des Instituts für österreichische Geschichtsforschung, 1880 ff. *Mitteilungen* des steirischen Burgenvereins, 1951 ff. *Montfort,* Zeitschrift für Geschichte, Heimat- und Volkskunde Vorarlbergs, 1946 ff. *Oberösterreichische* Heimatblätter, 1947 ff. *Österreich in Geschichte* und Literatur, 1957 ff. *Österreichische* Zeitschrift für (Kunst- und) Denkmalpflege, 1947 ff. *Pirchegger, H.*, Geschichte der Steiermark. 3 Bde., 1936/42. *Renaissance* in Österreich, Schloß Schallaburg. Katalog, 1974. *Scheiger J.*, Über Burgen und Schlösser Österreichs unter der Enns, 1837. *Der Schlern,* 1920 ff. *Schmidl, A.*, Wiens Umgebung. 3 Bde., 1835/39. *Schweickhardt, F.*, Darstellung des Erzherzogtums Österreich unter der Enns. 37 Bde., 1831/41. *Sedlmayr, H.*, Österreichische Barockarchitektur, 1930. *Sedlmayr, H.*, Johann Bernhard Fischer von Erlach, 1956. *Sekker, F.*, Burgen und Schlösser in G. Vischers Topographia Austria Superioris, 1674. 1925. *Siebmacher, L.*, Großes und Allgemeines Wappenbuch, 1856 ff. *Siegert, H.*, Adel in Österreich, 1971. *Stieve, F.*, Der oberösterreichische Bauernaufstand 1626. 2 Bde., 1905. *Tiroler* Heimatblätter, 1923 ff. *Valvasor, J. W.*, Topographia archiducatus Carintiae, 1688. 1928. *Vancsa, M.*, Geschichte Nieder- und Oberösterreichs. 2 Bde., 1905/1927. *Vischer, G. M.*, Topographia Austriae superioris modernae, 1674. 1920. *Vischer, G. M.*, Topographia Austriae inferioris modernae, 1672. 1920. *Wagner, H.*, Wien von Maria Theresia bis zur Franzosenzeit. Aus den Tagebüchern des Grafen Karl von Zinzendorf, 1972. *Widmann, H.*, Geschichte Salzburgs. 3 Bde., 1907/1911. *Wiedemann, Th.*, Geschichte der Reformation und der Gegenreformation im Land unter der Enns. 4 Bde., 1879 ff. *Wißgrill, F. K.*, Schauplatz des landsässigen Nieder-österreichischen Adels . . . 1794 ff., 1872 ff. *Wolf, A.*, Geschichtliche Bilder aus Österreich. 2 Bde., 1878. *Wurm, H.*, Die Jörger von Tollet, 1955. *Zeitschrift* des Historischen Vereins für Stmk., 1903 ff. *Zykan, J.*, Laxenburg, 1969.

Bildnachweis

Anrather 137, 140; Archiv Frontispiz, 22, 25, 26, 27, 36, 40, 42, 46, 48, 51, 52, 54, 56, 60, 62, 64, 66, 69, 70, 72, 74, 78, 82, 84, 85, 86, 87, 88, 92, 96, 98, 99, 100, 101, 104, 106, 107, 110, 114, 118, 120, 121, 122, 123, 124, 126, 128, 129, 130, 131, 134, 153, 154, 157, 165, 175, 184, 185, 190, 191, 196, 204, 207, 208, 214, 218, 219, 236, 238; Archiv der Österr. Fremdenverkehrswerbung 174; Beckel 19, 47, 53, 55, 58, 59, 67, 71, 79, 82, 91, 93, 95, 103, 108, 109, 111, 113, 115, 119, 143, 145, 151, Schutzumschlag-Vorderseite; Demanega 150; Dip 41; Eiersebner 80, 81; Feith 57; Gächter 159; Gottfried 105, 112, 125, 138; Gürer 31; Kirsch 38, 39; Kunsthistorisches Museum 18, 24, 43; Landesfremdenverkehrsamt NÖ. 170, 177, 198, 205, 227, 241, 244, 250; Löbl 21, 23, 28, 65, 83, 127, 133, 135, 136, 139, 141, 142, 144, 147, 148, 153, 155, Schutzumschlag-Rückseite; Lorenz 90; Mejchar 63, 94; Milar 70; NÖ. Landesbildstelle 44, 45, 61, 65, 66, 68, 72, 76, 77; Österr. Nationalbibliothek 20, 29, 33, 49, 73, 89, 97, 117, 149; Rüsch 158; Schloßhotel Itter 156; Schloßhotel Laudon 34, 35; Schloßverwaltung zu Innsbruck und Ambras 146; Sedlacek 46, 50, 54, 63; Swoboda 30, 32, 37, 64, 75, 102 160, 167, 232; Trenkwalder 116.